风险为本视域下
中国自贸区反洗钱研究

高增安 著

国家社会科学基金项目（批准号 16XGJ001）研究成果

科学出版社

北京

内 容 简 介

本书系统阐释自贸区反洗钱监管背景和理论依据，结合区外洗钱威胁与区内反洗钱漏洞及影响评估相关风险，专题深入研究自贸区洗钱风险影响因素、设自贸区省市对外贸易与金融发展对洗钱规模的影响、自贸区反洗钱监管风险评价、自贸区反洗钱监管演化博弈、自贸区反洗钱资源优化配置、自贸区反洗钱监管机制设计等问题，并提出政策建议，为捍卫新时期总体国家安全提供科学决策依据和行动指南。

本书可作为自贸区和反洗钱相关研究人员、从业人员、决策咨询机构等的参考资料。

图书在版编目（CIP）数据

风险为本视域下中国自贸区反洗钱研究/高增安著. —北京：科学出版社，2023.6

ISBN 978-7-03-075850-7

Ⅰ. ①风… Ⅱ. ①高… Ⅲ. ①反洗钱法–研究–中国 Ⅳ. ①D922.281.4

中国国家版本馆CIP数据核字（2023）第108878号

责任编辑：王丹妮／责任校对：王晓茜
责任印制：张 伟／封面设计：有道设计

科 学 出 版 社 出版
北京东黄城根北街16号
邮政编码：100717
http://www.sciencep.com

北京虎彩文化传播有限公司印刷
科学出版社发行 各地新华书店经销

*

2023年6月第 一 版 开本：720×1000 1/16
2023年6月第一次印刷 印张：17 1/4
字数：345 000
定价：188.00元
（如有印装质量问题，我社负责调换）

作者简介

高增安，1965年生，四川天全人，管理学博士，复旦大学理论经济学博士后，西南交通大学经济管理学院教授、博士生导师，中国管理现代化研究会廉政建设与治理研究专业委员会（廉政学会）副理事长，四川省人大常委会委员、监察司法委员会委员，民盟四川省委副主委，第二届四川省特约监察员，成都市人民政府参事，四川省中华职业教育社社务委员会副主任，第十一批、第十三批四川省有突出贡献的优秀专家，四川省首届"干部教育名师"。长期潜心反洗钱研究，是著名反洗钱学者，亚太区10名、我国3名公认反洗钱师（certified anti-money laundering specialist, CAMS）注册培训师之一。作为我国贸易洗钱研究的开拓者，率先全面、系统、深入研究贸易领域洗钱与恐怖融资、人民币国际化诱发的新兴洗钱行为与对策、国家系统性洗钱风险管理、中国自贸区反洗钱与反恐融资等问题，研究选题、视角、方法、内容、观点等具有重要创新，研究成果独树一帜，研究水平处于国际前沿和国内领先地位，在学界和业界有较大影响力。

在反洗钱研究领域，主持完成国家社会科学基金项目3项、教育部人文社会科学基金项目1项，出版专著2部、教材1部，发表高水平论文40余篇。上报《成果要报》受到多位党和国家领导人批示及有关部门重视，主要观点被《中国2008~2012年反洗钱战略》采纳。研究成果被军方采用，受到中央军委政治工作部职能部门（军级）肯定并在系统内部全文转发。《中国产生的洗钱规模及其流出研究》成果被外交部引用，作为强力反驳美国无端指责中国是"新洗钱天堂"的最强有力证据。报送信息《新兴互联网支付洗钱需引起重视》被民盟中央采用并转报国家有关部门。接受《法治日报》专访2次，被人民网、光明网、法治网、中新网等广泛转载，产生了巨大的社会影响。多次应邀担任国内外反洗钱与反恐融资论坛主席、演讲嘉宾等，为中国人民银行及金融机构、高等院校等作反洗钱专题报告40余场，受到业界和学界的广泛赞誉。

反洗钱研究成果两次荣获高等学校科学研究优秀成果奖（人文社会科学），

并获得四川省哲学社会科学优秀成果奖、四川省优秀博士学位论文奖、西南交通大学科技工作先进集体重大科技成果奖等。全国哲学社会科学工作办公室曾致函四川省委宣传部和西南交通大学党委《关于西南交通大学高增安同志研究成果受到有关领导和部门重视的通报》，表扬高增安教授"坚持正确导向，自觉关注现实问题，深入开展调查研究，努力推出高质量的学术研究成果，体现了较强的责任感和使命感，为国家社会科学基金更好地服务党和国家工作大局做出了贡献"。

序

增安请我为他的第三部反洗钱研究专著作序,我有点小惊喜。记得五年前为他的第二部专著作序时,我曾为他的工作表示些许隐忧,担心他工作头绪太多、精力不济;担心他科研时间不能保证,手头的多项科研项目不能按时结题;担心他因繁重的行政事务影响乃至荒废了自己比较成熟、有扎实基础、成果颇丰的反洗钱领域的研究。感觉他担任行政和社会职务的机会成本太高,甚至"有些得不偿失"……但今年 2 月获悉他顺利通过国家社会科学基金结项评审,并在同批次 467 个项目中被评为"优秀"(共 29 项)时,我释然了。特别是看到匿名评审专家对结项报告一致好评,对研究成果质量一致高度肯定时,我更踏实了!这至少证明我当时的担忧是多余的,同时也再次证明了增安的努力和实力,所以在其书稿付梓之际,我欣然应允第三次为他的著作作序,以志祝贺!

我孤陋寡闻,肤见谫识。虽然我曾经读到一些关于自由贸易区反洗钱的单篇论文,但迄今为止,尚未见到关于中国自贸区反洗钱的系统研究成果或专著,而呈现在读者面前的这一专著无疑将在一定程度上弥补这一研究领域的空白。增安领衔的科研团队克服了巨大的困难,高质量完成了预定研究任务,并在研究选题、研究内容、研究方法、研究观点等方面进行了重要创新。该书中的许多实证研究结论,对我国自贸区反洗钱具有重要的参考借鉴价值。作者提出的"在开放中监管"与"在监管中开放"有机结合,以"适度监管"推动"有序开放",确保国家自贸区战略行稳致远的一系列政策建议,对我国新时期总体国家安全战略的推进,具有重要的理论和实践意义。

在我看来,全书凸显了三个特点。一是紧跟时代潮流,体现"四新"要求。"中国自由贸易试验区"是具有典型中国特色的新生事物;"洗钱和恐怖融资"是国家面临的典型的新安全威胁;"风险为本"是国际反洗钱和反恐融资的最新监管理念;"总体国家安全观"是习近平新时代中国特色社会主义思想的新内容之一。该书融"四新"研究于一体,顺应国际潮流与我国的现实需求,体现了重要理论创新和实践创新。二是遵循"总—分—总"研究逻辑。比较系统地阐述了自贸区反洗钱监管的背景及理论依据，为全书的研究奠定了立论基础。六个专题研究选题新颖、立意高远、前瞻性强、创新性显著。六个专题研究成果既自成一体又相互衔接，共同构成中国自贸区反洗钱研究的有机整体。政策建议紧密结合我国国情和自贸区特点，操作性强。三是突出"两多"。运用经济学、金融学、政治学、法学、管理学及国际问题研究等多学科交叉分析，通过理论与实证研究、案例分析、逻辑推理、仿真实验等多方法的综合运用，为我国自贸区内外联动、本外币监管合一、反洗钱与反恐融资互促共进、协同提高监管合力和整体效能的监管机制设计建诤言、献良策。

增安以前的两部反洗钱专著都曾经获得了全国哲学社会科学研究的最高奖，产生了很好的社会影响，希望该书同样能够得到学界和业界的认可，再次为我国反洗钱事业贡献智慧和力量！

"书山有路勤为径，学海无涯苦作舟。"读者也可以在阅读之际深刻体会到作者在该书研究和撰写过程中的"勤"、"苦"和"甘"。我欣赏作者敬畏科研、求真务实、上下求索的精神。同时祈愿更多的研究人员和读者，立足"两个大局"，不断深化中国的反洗钱和反恐融资研究，为中国的反洗钱和反恐融资实践奠定越来越坚实的基础。也希望心怀"国之大者"，在金融和贸易领域为反洗钱和反恐融资（包括反腐败、反涉税犯罪等）不断提供"中国方案"，贡献"中国智慧"。

复旦大学经济学院教授、博士生导师
复旦大学中国反洗钱研究中心教授

2022 年 8 月 28 日
于复旦大学经济学院

前　　言

　　当前全球贸易经济体系正面临新一轮重构，以改革促发展、以开放求进步、以创新谋赶超是我国经济社会发展不断取得新成就的重要法宝。在改革创新的驱动和先行先试的感召下，一方面，中国自由贸易试验区截至 2020 年已累计形成 260 项制度创新成果并面向全国复制推广，取得了很好的效果；另一方面，自贸区扩大投资领域开放、推进贸易发展方式转型升级、深化金融领域改革创新、着力培育新模式新业态等，会加大洗钱与恐怖融资风险。习近平总书记在党的十九大报告中提出"坚持总体国家安全观"，"完善国家安全制度体系，加强国家安全能力建设，坚决维护国家主权、安全、发展利益"（习近平，2017）。自贸区作为我国深化改革、扩大开放、展现全新国际形象的窗口，绝不能成为洗钱、恐怖融资、大规模杀伤性武器扩散融资、涉税犯罪、贪腐转赃的温床，相应地，反洗钱、反恐融资、反逃税等工作应该受到学界和业界的高度重视。

　　本书的基础是我主持完成的第三个国家社会科学基金项目"风险为本视域下中国自贸区反洗钱与反恐融资研究"的结项报告。该项目将中国自由贸易试验区、洗钱和恐怖融资国家安全新威胁、风险为本国际反洗钱与反恐融资监管新理念、新时期总体国家安全观等研究融为一体，首先从自贸区相关洗钱和恐怖融资风险研究、贸易洗钱与反洗钱研究、跨境投资洗钱风险研究、洗钱规模测度、反洗钱监管研究等方面，述评国内外相关研究成果。在厘清内陆开放、自由贸易区、自由贸易园区、自由港等基本概念及其相互关系的基础上，从总体国家安全理论、公共利益理论、制度经济学理论、社会控制理论、风险管理理论及犯罪心理学的破窗理论等视角，论述自贸区反洗钱与反恐融资的理论依据。结合区外洗钱威胁与区内反洗钱漏洞及影响评估相关风险，专题就自贸区洗钱风险影响因素、设自贸区省市对外贸易与金融发展对洗钱规模的影响、自贸区反洗钱监管风险评价、自贸区反洗钱监管演化博弈、自贸区反洗钱资源优化配置、自贸区反洗钱监管机制设计六个方面进行深入的理论、实证与应用研究，得出了许多有价值的结论，提出了一系列富有前瞻性、操作性和创新性的政策建议与自贸区反洗钱监管机制构想。

从国家社会科学基金项目设计构思到申报立项后的潜心苦研，从结项报告撰写定稿到研究专著的不断修订完善，无不凝聚着许多人的心血、智慧和40摄氏度酷暑下的汗水。几年来，我与我的博士后合作导师、复旦大学中国反洗钱研究中心原常务副主任唐朱昌教授亦师亦友，他总是给我以鼓舞和力量。课题组成员、我的博士研究生张贵科、洪鑫涛、廖民超、柏建成、侯雨欣、金虹敏，硕士研究生张鹏强、童宇、汪小草、席浠又、李肖萌、黄云飞直接参与了课题研究和部分章节的撰写，徐垚、陈聪颖、吴晓芳、宋晓露、许博睿、陈雅佳、潘凝盼、何田积极参与课题研讨，张贵科、张鹏强参与了结项报告撰写，张芮、康小玉、胡颖及中国农业银行四川省分行的张霞参与了定稿前的勘误和一些细节处理。课题研究期间，由我指导毕业论文的多位本科生也帮助收集了不少资料。特别值得一提的是，中国人民银行反洗钱局国际处曹作义处长一如既往地关心和支持我的研究，并提出了很好的专业意见。在本书即将付梓之际，我作为项目负责人，向课题组全体成员的辛勤付出和专业贡献表示诚挚的谢意！向国家社会科学基金项目中期检查和结项评审专家、所有参考文献的作者、长期以来一直关心和支持我的各位至爱亲朋致以最衷心的感谢！

课题研究期间，也是我受学校党委信任，在实验室及设备管理处、资产与实验室管理处（分析测试中心）、峨眉分校（校区）、计划财务处（采购与招标管理办公室）等从事行政管理工作的几年。从教授到"双肩挑"干部的转变是一种历练，也是人生难得的一笔财富。我思故我在，山水画自成。衷心感恩学校的培养，感激各位领导的关心和厚爱，感谢各位同仁的理解和支持。

同时，本书出版承蒙西南交通大学研究生教材（专著）建设项目专项资助（项目编号 SWJTU-ZZ2022-020），谨此一并鸣谢！

由于本书研究内容涉及问题多、技术难度大，很多第一手数据资料因为各种原因而难以获取，留下一些缺憾，疏漏在所难免，真诚恳请学界和业界同仁不吝赐教，以便有机会时予以更正。

最后，我得承认，本书润色定稿的最近一年，是我有生以来最为昏暗的一年，也是内心极度痛苦的一年。2021年5月27日，慈爱仁厚、含辛茹苦、正该好好享受天伦之乐的妈妈突遭不幸。一声"妈"，家就在。一个没有母亲的家庭，是没有真正的幸福和欢乐可言的。妈妈带走了家里往日的温馨、幸福、欢欣和闲适，"家"在一夜之间就判若两样。与母亲相濡以沫五十余载的父亲受到极其沉痛的打击，情绪低落，意志消沉，不思茶饭，身体每况愈下，日常起居冷暖令家人们牵挂不已。我在没有课、没有会、不出差的时候，尽量赶回老家陪伴父亲，同时也尽可能抽些时间改改书稿、润色措辞。妈妈忍辱负重、坚毅果敢、自立自强、敢闯敢拼的"硬汉"品格，为整个家庭做出了极大的贡献。妈妈几乎未受过学校教育但明事理、识大体，在重视子女教育学习上与父亲保持高度一致，为子女成人成才、孙辈健康成长付出了毕生心血。妈妈虽为家庭妇女，但知道我是专门研究反洗钱的，也大概懂得反洗钱是怎么回事，所以，我愿以此书敬献亲爱的妈妈，告慰妈妈的在天之灵，愿妈妈在天堂安息……因为我深知，妈妈从来不嫌儿子写得不好！

2022 年 8 月 18 日

目　　录

第 1 章　绪论	1
1.1　研究背景	1
1.2　研究对象界定	3
1.3　研究目的与意义	4
1.4　主要研究内容及方法	5
1.5　研究技术路线	7
1.6　主要创新点	8
1.7　研究不足与展望	8
第 2 章　文献述评	10
2.1　关于自贸区相关洗钱和恐怖融资风险研究	10
2.2　关于贸易洗钱与反洗钱研究	13
2.3　关于跨境投资洗钱风险研究	16
2.4　关于洗钱规模测度研究	19
2.5　关于反洗钱监管研究	21
2.6　本章小结	25
第 3 章　相关理论基础	26
3.1　自贸区相关概念	26
3.2　自贸区反洗钱监管的理论依据	31
3.3　本章小结	39
第 4 章　专题一：自贸区洗钱风险影响因素研究	40
4.1　自贸区洗钱风险现状分析与影响因素识别	40
4.2　基于模糊认知图的自贸区洗钱风险影响因素分析	47
4.3　基于解释结构模型的自贸区洗钱风险影响因素分析	59

4.4　本章小结 ·· 65

第 5 章　专题二：设自贸区省市对外贸易与金融发展对洗钱规模的影响研究 ········ 67
　　5.1　设自贸区省市产生的洗钱规模测度 ··· 67
　　5.2　PVAR 模型分析与变量选取 ·· 76
　　5.3　实证分析 ·· 80
　　5.4　本章小结 ·· 87

第 6 章　专题三：自贸区反洗钱监管风险评价研究——以上海自贸区为例 ········ 88
　　6.1　上海自贸区反洗钱监管机制风险评价指标体系构建 ······················· 88
　　6.2　基于网络分析法的上海自贸区反洗钱监管机制风险评价模型构建 ······ 99
　　6.3　上海自贸区反洗钱监管机制风险评价 ·· 104
　　6.4　风险评价结果与讨论 ·· 111
　　6.5　本章小结 ·· 112

第 7 章　专题四：自贸区反洗钱监管演化博弈分析 ································· 113
　　7.1　不同监管机制下自贸区反洗钱博弈分析 ····································· 113
　　7.2　自贸区洗钱者与义务机构演化博弈分析 ····································· 123
　　7.3　自贸区义务机构与监管部门演化博弈分析 ·································· 133
　　7.4　本章小结 ·· 148

第 8 章　专题五：自贸区反洗钱资源优化配置研究 ································· 149
　　8.1　反洗钱资源配置 ··· 149
　　8.2　基于可疑交易报告制度的自贸区金融机构反洗钱资源配置
　　　　 分析框架 ··· 154
　　8.3　自贸区金融机构反洗钱资源优化配置研究 ·································· 156
　　8.4　本章小结 ·· 179

第 9 章　专题六：自贸区反洗钱监管机制设计 ······································· 180
　　9.1　自贸区洗钱犯罪的主要方式 ··· 180
　　9.2　我国自贸区反洗钱监管现状 ··· 183
　　9.3　境外自贸区反洗钱监管经验借鉴 ··· 188
　　9.4　我国自贸区反洗钱监管机制构想 ··· 204
　　9.5　本章小结 ·· 208

第 10 章　结论与政策建议 ·· 209
　　10.1　主要研究结论 ·· 209
　　10.2　政策建议 ··· 211

参考文献 ·· 219

附录 1　我国自贸区洗钱风险影响因素专家访谈提纲 ································ 233

附录 2　我国自贸区洗钱风险及其影响因素相互关系专家评分表 ············ 234

附录 3　我国自贸区洗钱风险影响因素模糊认知图迭代运算结果 ············ 237

附录 4　2000~2015 年我国设自贸区省市洗钱上游犯罪案件的单位洗钱规模 ··· 238

附录 5　我国自贸区反洗钱监管机制风险评价调查问卷 ···························· 244

附录 6　我国自贸区反洗钱监管机制风险评价指标相互比较重要性程度的
　　　　　调查问卷 ··· 247

附录 7　我国自贸区反洗钱监管机制风险评价判断矩阵一致性检验 ········ 251

附录 8　1944~2022 年国内外反洗钱大事纪要 ··· 254

第1章 绪　　论

1.1　研究背景

当前全球贸易体系正面临新一轮重构，以改革促发展、以开放求进步、以创新谋赶超是我国经济社会发展不断取得新成就的重要法宝。我国对外开放的第一阶段是利用了经济全球化机遇参与国际分工，主要是借力于他国提供的经济发展机会。在新一阶段的对外开放中，我国主动为自己和他国提供经济发展机会，这是适应经济全球化新趋势的客观要求，也是全面深化改革、构建开放型经济新体制的必然选择。党的十八大提出加快实施自由贸易区战略，十八届三中、五中全会进一步要求形成面向全球的高标准自由贸易区网络，党的十九大报告明确赋予自由贸易试验区更大改革自主权，探索建设自由贸易港。我国要在深化沿海开放的同时，加大西部开放力度，推动中西部内陆和沿边地区走向开放前沿，成为开放新高地，形成陆海内外联动、东西双向互通的开放格局，促进各区域协调发展。在实践中，各地（特别是内陆地区）要结合自身优势和特点，在主动布局中创造机会，自造红利。

2013年9月27日，国务院正式批准建立中国（上海）自由贸易试验区［China（Shanghai）Pilot Free Trade Zone，以下简称上海自贸区，其他同］，实施积极主动开放战略，探索我国对外开放的新途径和新模式。2015年4月20日，国务院决定扩展上海自贸区实施范围，批复成立广东、天津、福建自贸区。2017年3月31日，国务院批复成立辽宁、浙江、河南、湖北、重庆、四川、陕西自贸区。2018年10月16日，国务院批复同意设立海南自贸区。2019年8月2日，国务院批复同意设立山东、江苏、广西、河北、云南、黑龙江自贸区。2020年9月21日，国务院批复同意设立北京、湖南、安徽自贸区。截至2020年底，我国自贸区总数已达21个，分67个片区，从沿海到内陆、从发达省份到中西部欠发达省份的全新战略格局——"雁阵模式"已然形成，260项制度创新成果面向全国复制推广，为进一步实现政府职能转变、管理模式创新、投资便利化、贸易自由化等创造了更好契机。

从其他国家和地区的实践来看，自贸区极易被用作洗钱、恐怖融资、涉税犯罪的工具，所以，上海自贸区挂牌后不久，中国人民银行上海总部颁发了《关于切实做好中国（上海）自由贸易试验区反洗钱和反恐怖融资工作的通知》（银总部发〔2014〕24号），要求自贸区内各金融机构落实反洗钱制度规定，积极应对利用人民币跨境流通与自贸区实施洗钱带来的风险，这对自贸区反洗钱监管具有一定的指导意义。2017年，中国人民银行牵头召开反洗钱工作部际联席会议[①]，国务院办公厅发布《关于完善反洗钱、反恐怖融资、反逃税监管体制机制的意见》，该意见指出要建立特定非金融机构（designated non-financial institutions，DNFIs）反洗钱监管制度，更好地预防洗钱和恐怖融资风险。尽管这些文件从顶层设计上为自贸区开展反洗钱工作进行了宏观谋划部署，但在实际操作过程中，自贸区相关法律法规并没有明确规定各监管部门的具体职责，因而难以在反洗钱监管方面做到全方位把控。同时，在自贸区发展的初级阶段，管理体系不够健全、监管经验不够成熟，某些领域、某些环节难免存在较大的隐患、漏洞或风险。

习近平总书记在党的十九大报告中提出，"坚持总体国家安全观"，"完善国家安全制度体系，加强国家安全能力建设，坚决维护国家主权、安全、发展利益"（习近平，2017）。党的二十大报告指出，"推进高水平对外开放"，"中国积极参与全球治理体系改革和建设"，"增强维护国家安全能力"，"筑牢国家安全人民防线"（习近平，2022）。自贸区作为我国深化改革、扩大开放、展现全新国际形象的窗口，绝不能成为洗钱、恐怖融资、大规模杀伤性武器扩散融资、涉税犯罪、贪腐转赃的温床，相应地，反洗钱和反恐融资等工作理应引起学界和业界的高度重视。本书旨在剖析我国自贸区潜在的洗钱与恐怖融资行为诱因，识别、测度、评估相关风险，探索优化配置监管资源、完善反制政策举措、提高监管工作的整体有效性，为顺利实施国家自贸区战略保驾护航。

[①] 2004年我国建立和完善了由中国人民银行牵头，最高人民法院、最高人民检察院、国务院办公厅、外交部、公安部、国家安全部、监察部、司法部、财政部、建设部、商务部、海关总署、国家税务总局、国家工商总局、国家广播电影电视总局、法制办、银监会、证监会、保监会、国家邮政局、国家外汇管理局、解放军总参谋部等部门参加的国务院反洗钱工作部际联席会议，作为全国反洗钱工作最高权威机关。由于机构改革，现有21家成员单位为中央纪委国家监委、最高人民法院、最高人民检察院、国务院办公厅、外交部、公安部、国家安全部、民政部、司法部、财政部、住房和城乡建设部、商务部、中国人民银行、海关总署、国家税务总局、国家市场监管总局、国家广播电视总局、银保监会、证监会、国家外汇管理局、中央军委联合参谋部。

1.2 研究对象界定

1.2.1 关于"中国自贸区"的界定

如 1.1 节所述，本书的研究对象"中国自贸区"专指我国境内经国务院批准设立的自由贸易试验区（以下简称"自贸区"或"自贸试验区"），不包括一般意义上的自由贸易区（如中国—东盟自由贸易区、中韩自由贸易区等）。考虑到上海自贸区成立较早、相关基础条件相对较好、作为第一个"试验田"的示范效应和政策意义更加显著，而其他自贸区为先后多批次批准成立，因为数据的可获得性和可比性等诸多原因，所以本书选取的案例主要是上海自贸区。

1.2.2 洗钱与恐怖融资的关系

恐怖融资是恐怖主义赖以生存和发展的基础。洗钱作为恐怖融资的重要方式，为恐怖主义的繁衍提供资金上的支持。2001 年 10 月，反洗钱金融行动特别工作组（Financial Action Task Force on Money Laundering，FATF）在美国华盛顿特别会议上规定，一切向恐怖主义提供资金的行为（即恐怖融资）都属于洗钱活动，而不论其来源从形式上看是否合法。2012 年 2 月，FATF 修订发布《打击洗钱、恐怖融资和扩散融资的国际标准：FATF 建议》（以下简称 FATF 新标准），全面确立了反洗钱与反恐融资的新标准，以保障国际金融体系的稳定，提高国际金融体系的透明度。而且，FATF 新标准将风险为本作为指导各国反洗钱和反恐融资工作的首要原则。

按照 FATF 新标准的要求，以及相关国际组织关于贸易融资（通过信用证和托收）过程中反洗钱、反恐融资、防范制裁风险的行业指引（Wolfsberg et al., 2017）系列文件的精神，广义的反洗钱包括反恐融资及打击大规模杀伤性武器扩散融资、涉税犯罪、贪污腐败等相关活动。换言之，"反洗钱"是"反洗钱和反恐融资"的合称。因此，除非特别予以区分，本书研究中的"洗钱"和"反洗钱"都是广义的概念，分别包括"恐怖融资"和"反恐融资"在内。

1.2.3 自贸区洗钱风险定义

洗钱是指出于掩饰犯罪收益（犯罪所得财产的总称）的性质、来源、处所之目的，故意利用现有法律制度的漏洞，通过财产权利或所有权的处置或者转移，谋求或者谋求未遂该非法财产的合法化，包括参与、合伙、共谋及帮助、教唆、便利和参谋等一切行为。简言之，洗钱是对隐瞒或掩饰犯罪收益并使之表面上合法化的整个活动过程的总称。FATF（2007）强调，洗钱风险是外部洗钱威胁（threats）和内部反洗钱漏洞（vulnerabilities）共同作用的结果（consequences），可以简单理解为发生洗钱活动的可能性。这里，外部洗钱威胁包括显性威胁和潜在威胁，前者主要表现为洗钱需求，后者主要表现为洗钱吸引力；内部反洗钱漏洞是指洗钱风险防范体系中易被不法分子利用的薄弱环节。外部洗钱威胁的客观存在与内部反洗钱漏洞的不可避免，决定了洗钱风险的现实存在，因此，洗钱风险不能完全消除。在有限的时间和空间里，只能通过改变一定的条件对其影响加以控制或降低（孙婧雯，2014）。基于对洗钱风险的上述认知，本书将自贸区洗钱风险定义为"自贸区内部蕴含的洗钱威胁和反洗钱规制体系自身的漏洞及由此而造成的影响"，这里，如1.2.2节所述，"洗钱"同样是包括"恐怖融资"在内的广义概念。

度量风险的方法有多种，包括对风险的损失额估计、对风险发生的概率估计及二者的结合估计。在本书中，直接估计洗钱风险的损失额较为困难，因为洗钱活动具有隐蔽性。现有研究通过估算洗钱规模来衡量洗钱风险，这主要是基于已侦查的上游犯罪案件数目等数据。也有研究通过估测大额交易和可疑交易规模来衡量洗钱风险。但我国自贸区建立不久，相关数据十分缺乏，且各地区大额交易和可疑交易报告数据较为敏感，因而无法直接进行自贸区洗钱规模或可疑交易规模估计。基于此，本书遵循FATF指引，从"可能性"这一角度研究自贸区洗钱风险，即将自贸区洗钱风险简单理解为自贸区被不法分子恶意用于洗钱（含恐怖融资）目的的可能性。

1.3 研究目的与意义

1.3.1 研究目的

本书研究目的如下：①深入挖掘我国自贸区特殊的制度安排、先行先试的改革创新性业务等对洗钱和恐怖融资活动的诱因，结合区外洗钱威胁与区内反洗钱漏洞及影响评估相关风险，揭示国家安全新威胁；②识别、评估我国自贸区洗钱风险的影响因素，为践行风险为本的监管原则提供决策依据；③基于我国设自贸区省市的数据分析，研究对外贸易与金融发展对洗钱规模的影响效应，探究洗钱风险传导机制；④科学评价我国自贸区的反洗钱监管风险，研究反洗钱监管演化博弈问题，进而提出自贸区内外联动、本外币监管合一的反洗钱与反恐融资资源优化配置及配套政策举措建议。

1.3.2 研究意义

在理论上，我国自贸区完全区别于国外自贸区，有其自身特殊的"改革试验田"、"开放压力测试平台"性质和"先行先试"、"形成可复制、可推广的经验"任务，没有成熟的、成功的经验可以借鉴。本书运用国际最新风险为本（risk-based approach，RBA）理念，探索新兴的中国自贸区反洗钱与反恐融资问题，既有助于促进相关学科的理论创新，早日形成符合我国国情的反洗钱和反恐融资理论体系，又有益于探索自贸区的政府治理模式，妥善处理推进自贸区战略与形成高水平对外开放新格局、实施国家安全战略与健全公共安全体系的辩证关系，提升我国在全球经济治理中的制度性话语权。

在实践上，中国自贸区涉及众多理论与实践创新。面对日益严峻的国际洗钱、恐怖融资和大规模杀伤性武器扩散融资趋势，如何界定、识别、度量自贸区蕴含的洗钱和恐怖融资风险，防范国家安全新威胁，并通过适度监管促进自贸区深化改革和扩大开放？如何实现有限监管资源的优化高效配置，切实提高防范工作的预见性和有效性？如何完善符合我国国情和国际标准的监管规则，以可控方式和节奏主动释放经济金融风险？本书成果有助于科学回应这些关切，推动实现我国自贸区"在开放中监管"与"在监管中开放"的对立统一，以"适度监管"推动"有序开放"，为顺利实施国家自贸区战略保驾护航，为捍卫新时期总体国家安全提供科学决策依据和行动指南。

1.4 主要研究内容及方法

本书主要围绕六个专题展开研究。

专题一（第4章）：自贸区洗钱风险影响因素研究。全面分析我国自贸区洗钱风险现状；从外部洗钱威胁和内部反洗钱漏洞两个方面，剖析自贸区洗钱风险的影响因素；在文献回顾与专家访谈基础上，从社会、地理、经济金融、政治、法律环境和洗钱的上游犯罪状况六个方面，归纳提炼14个影响我国自贸区洗钱风险的因素。基于专家访谈意见，构建我国自贸区洗钱风险的影响因素模糊认知图（fuzzy cognitive map，FCM）模型，使用模糊认知图的迭代推理机制区分各影响因素的影响强度次序，采用灰色关联度分析对模型结果进行印证。通过设置情景，运用模糊认知图模型，模拟分析当自贸区反洗钱法律法规健全度提高、监管部门和义务主体的履职效力提升及上游犯罪规模减小时产生的影响。紧密围绕自贸区洗钱风险的关键影响因素，提出有针对性的政策建议。

专题二（第5章）：设自贸区省市对外贸易与金融发展对洗钱规模的影响研究。遵循 FATF 的评估指引，运用沃克洗钱规模测度模型（Walker's generated money for laundering model，WGMLM，以下简称沃克模型），估算2000~2015年我国设自贸区省市每年产生的洗钱规模。选定洗钱规模流量最大的金融和对外贸易两个领域，通过建立面板数据向量自回归（panel data vector autoregression，PVAR）模型，实证研究我国设立自贸区省市的对外贸易、金融发展对洗钱规模的动态影响效应，为后续优化反洗钱资源配置、提升监管工作的针对性和时效性研究奠定基础。

专题三（第6章）：自贸区反洗钱监管风险评价研究——以上海自贸区为例。通过搜集、查阅、梳理现有文献，界定自贸区反洗钱监管机制的内涵，结合上海自贸区反洗钱监管现状，深度剖析目前自贸区反洗钱监管机制存在的问题。结合风险管理理论，构建我国自贸区反洗钱监管机制风险评价体系，编制上海自贸区反洗钱监管机制风险评价调查问卷，完成数据收集与整理工作。利用网络分析法（analytic network process，ANP），构建上海自贸区反洗钱监管机制风险影响要素的评价模型并展开分析，从而确定自贸区反洗钱监管机制的重大风险因素。根据实证研究结果，从公共管理理论角度，提出防范自贸区洗钱风险的政策建议。

专题四（第7章）：自贸区反洗钱监管演化博弈分析。通过静态博弈，分析在不同监管机制下洗钱者和义务机构的决策及收益情况，为后续演化博弈分析奠定基础。通过构建中国自贸区洗钱者与义务机构、义务机构与监管部门的反洗钱演化博弈模型，研究中国自贸区特殊背景下相关利益主体的演化稳定策略（evolutionarily stable strategy，ESS）及关键影响因素，并运用软件仿真动态演化过程，观察参与者的博弈演化过程，得到完善自贸区反洗钱监管体系的关键因素。根据博弈分析结果，提出针对性的政策建议，为中国自贸区反洗钱工作提供理论参考。

专题五（第8章）：自贸区反洗钱资源优化配置研究。根据"风险为本"反洗钱监管原则，以可疑交易报告制度的工作流程为基础，在综合考虑可疑交易风险程度和反洗钱收益与成本的条件下，构建自贸区金融机构反洗钱资源配置系统（anti-money laundering resource allocation system，AMLRAS），提出基于半马尔可夫决策过程（semi-Markov decision process，SMDP）的自贸区金融机构反洗钱资源动态自适应优化配置模型及策略，给出最优策略的解决方案，计算系统的最大收益和延迟分析高风险可疑交易的概率,并通过仿真实验对模型的性能进行验证。

专题六(第 9 章):自贸区反洗钱监管机制设计。通过文献梳理、案例分析等,归纳总结出自贸区主要利用离岸中心优惠政策、骗取出口退税、国际贸易、公司交易、虚开增值税发票等方式洗钱。从我国反洗钱法律体系、现行的自贸区反洗钱监管政策、目前存在的主要监管缺陷等方面,总结分析我国自贸区反洗钱监管的现状。从法律体系、监管组织结构、监管政策制度、激励机制等方面,系统梳理美国、德国、英国及联合国、欧盟、巴塞尔银行监管委员会、FATF 等组织先进的自贸区反洗钱监管经验,并对这些经验做法进行简要评价。结合国际先进经验,从法律制度、执行管理、国内协调、国际合作等层面,提出适合我国自贸区的反洗钱监管机制构想,以为完善我国自贸区反洗钱监管制度体系提供有益借鉴。

1.5 研究技术路线

本书研究遵循"总—分—总"逻辑思路,首先概述选题背景及我国自贸区反洗钱与反恐怖融资的理论依据等,其次围绕六个专题进行深入研究,最后汇总归纳主要研究结论与政策建议,其技术路线图如图 1-1 所示。

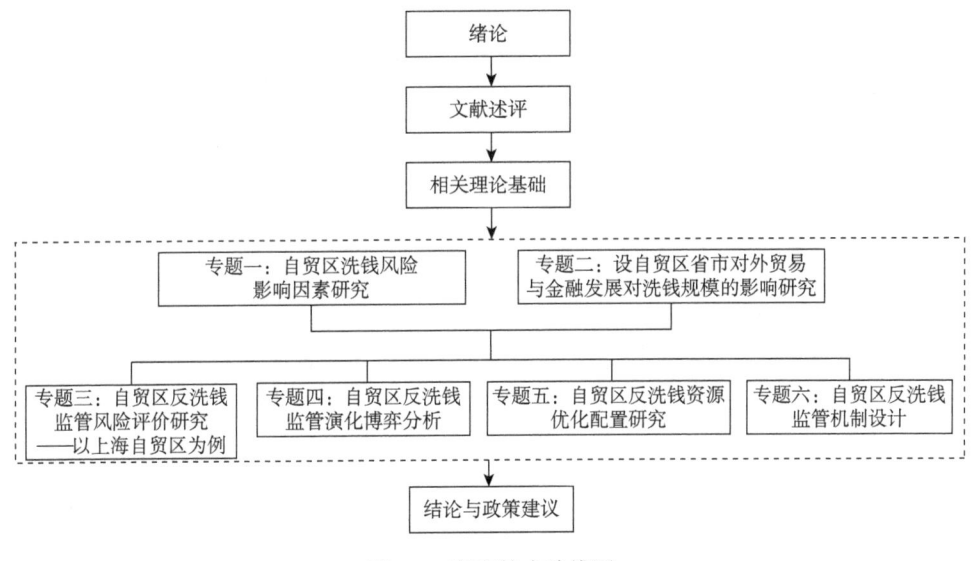

图 1-1 研究技术路线图

1.6　主要创新点

（1）立意高远，视角独特。本书紧跟国际最新"风险为本"反洗钱与反恐融资监管主流，针对具有中国特色和丰富内涵、正在不断创新发展的中国自贸区，从捍卫新时期总体国家安全的高度，结合健全公共安全体系的需要，尝试探讨以"适度监管"促进"有序开放"、以可控方式和节奏主动释放经济金融风险，妥善处理推进国家自贸区战略与形成高水平对外开放新格局、维护新时期总体国家安全与健全公共安全体系的辩证关系，提升我国在全球经济治理中的制度性话语权等问题。在研究过程中，融多学科交叉研究于一体，逻辑推演与案例研究相结合，计算机仿真与真实交易数据相补充，理性分析、规范分析、实证研究各展其长。

（2）内容创新，自成一体。中国自贸区是新生事物，国内外鲜有对其反洗钱与反恐融资的系统研究。本书率先专题深入研究我国自贸区洗钱风险影响因素、设自贸区省市对外贸易与金融发展对洗钱规模的影响、自贸区反洗钱监管风险评价、自贸区反洗钱监管演化博弈等内容，提出我国自贸区反洗钱资源优化配置、监管机制设计与政策举措建议，为改革创新双轮驱动的中国自贸区可持续高质量发展保驾护航。各专题研究选题富有前瞻性、开拓性和创新性，相关成果自成一体又相互衔接，共同构成中国自贸区反洗钱与反恐融资研究的有机整体。

（3）观点新颖，见解独到。本书提出了一系列创新性观点，如洗钱和恐怖融资是典型的国家安全新威胁，自贸区疏于监管必然沦为洗钱、恐怖融资、大规模杀伤性武器扩散融资、涉税犯罪、贪腐转赃的温床。"监管"表面看来与"开放"对立，但没有监管的开放无异于放任自流，只有有效监管下的高水平开放才是深化改革的要义所在。"在开放中监管"与"在监管中开放"的对立统一，是我国自贸区创新发展、可持续发展、高质量发展的应然与必然选择。提高我国自贸区反洗钱与反恐融资监管整体效能之关键，乃在践行"风险为本"理念，聚焦高风险领域、地域、业务、条线，着力关键影响因素，优化监管资源配置，全面系统推进工作。我国自贸区作为深化改革、扩大开放、展现全新国际形象的窗口，其反洗钱效能是国家治理体系和治理能力现代化的重要标志。

1.7　研究不足与展望

本书研究数据资料获取困难，远远超过课题申报之初的预期，直接影响整个研究工作的进度、深度和广度。其主要原因是，中国自贸区总体上设立时间不长，发展定位各有侧重，"先行先试"的任务分工差异较大，相关的数据本身体量较小、可比性较差，而且大量数据不宜公开，即使通过官方渠道提供"保密承诺"也无法获取，因而造成了实证研究方面困难重重。同时，作为对我国自贸区洗钱与恐怖融资问题的开拓性、先驱性、前瞻性研究，国内外相关论文、报告等文献资料不多，关于自贸区内离岸金融业务等特定业务及特定金融产品的洗钱问题研究更是不足，因而理论建模和案例分析均受到较大限制。课题组曾向多个省市司法部门和统计部门发函申请相关数据信息公开，但总体效果不理想，要么未得到回应，要么回复"不予公开"，要么所提供数据与需求不符，要么数据质量较差使用价值不大等。

下一步，我们将持续关注我国自贸区建设发展情况，积极有效拓展数据资料收集渠道，及时整理相关案例、统计数据及其他资料，一旦条件成熟，将继续深化相关研究，并将目前主要以上海自贸区为主的研究触角延伸扩展到我国所有自贸区，特别是海南自贸区，不断为我国自贸区反洗钱与反恐融资提供决策依据和行动参考，为捍卫新时期总体国家安全做出新的贡献。同时，结合金融科技发展、法定数字货币应用场景拓展、强匿名性数字货币监管等新兴趋势，进一步加强相关反洗钱与反恐融资研究，助力维护国家金融稳定与经济安全。

第 2 章 文 献 述 评

本章从自贸区相关洗钱和恐怖融资风险研究、贸易洗钱与反洗钱研究、跨境投资洗钱风险研究、洗钱规模测度研究、反洗钱监管研究等方面，述评国内外相关研究成果，并进行简要评价。

2.1 关于自贸区相关洗钱和恐怖融资风险研究

自贸区扩大投资领域开放、推进贸易发展方式转变、深化金融领域开放创新（肖本华，2014）等，有利于加速人民币国际化进程（陈雨露等，2005；李稻葵和刘霖林，2008；高海红和余永定，2010），也会加大洗钱与恐怖融资风险（巴曙松，2004；贺瑛，2013），因为离岸金融中心向来是避税和洗钱天堂（Masciandaro，2008）。以避税港型离岸金融中心为平台进行的跨境资本流动给我国带来的问题和挑战，主要表现在资本外逃和"返程投资"现象加剧、公共资产流失等方面（杨胜刚和何靖，2004；刘晨阳和田华，2011）。自贸区通常通过制度创新促进区域的自由开放，而这些制度创新可能导致洗钱等经济犯罪（谢波，2019）。随着自贸区提供的金融工具的范围不断扩大，更多的洗钱可能性也被激活（Moulette，2000）。

国内外关于自贸区反洗钱和反恐融资的研究，早期来自 FATF（2008）对该问题的关注。FATF 系列文件表明，在自贸区范围内，洗钱的方法手段多种多样。朱毅敏等（2016）总结了上海自贸区设立尤其是扩区后发生的刑事案件，发现金融犯罪案件数量攀升，利用自贸区实施犯罪的特征正在凸显。梁剑和乔海曙（2003）、杨冬梅等（2008）提出了反洗钱监管立体网络构建与政策组合建议。Pierre 等（2011）分析了压力政策对离岸金融中心遵守反洗钱规章的影响，认为当压力能足够引发名誉损失时，离岸银行会被激励去执行严格的了解客户身份和资金来源制度。贺瑛（2013）、叶葆华和袁达松（2014）提出了自贸区离岸市场监管建议。黎宜春（2013）分析了中国—东盟自贸区反洗钱刑事司法合作机制的构建问题。2014年2月28日，中国人民银行上海总部发布了《关于切实做好中国（上海）自由贸易试验区反洗钱和反恐怖融资工作的通知》及配套的分账核算业务实施细则与风险审慎管理细则。

2.1.1 自贸区洗钱风险的诱因

诱因是存在于机体外部的动机因素。自贸区洗钱风险的诱因，主要在于优惠政策易被恶意利用、监管环境相对宽松、跨境资金流动愈发频繁、某些业务或产品自带高风险、自贸区内外法律法规适用性有所差异等。

王思维和随鲁辉（2017）指出，自贸区所特有的政策优惠与"自由"的监管环境给了犯罪分子以较大的空间，因而自贸区洗钱活动高发。税收优惠政策在为自贸区内企业和个人带来好处的同时，也给不法分子以逃税、漏税等违法活动之机。Omar和Zolkaflil（2015）研究发现，具有避税优势的跨国公司比没有避税优势的跨国公司更广泛地进行利润转移，其中不乏以避税为幌子进行的逃税、洗钱等违法活动。例如，货物进出境、准运等手续的简化，使得自贸区骗取出口退税等犯罪多发（王筱和杨一鑫，2019）。在投资方面，设立公司时的便利及对公司信息披露方面的宽松条件，使得公司实际拥有人与受益人不够明确，透明度降低，投资真实性存疑，犯罪分子可假借投资进行洗钱（朱军，2017）。在贸易方面，由于境外运入自贸区内的货物不受海关惯常监管，贸易洗钱行为不易被立即发现与查处（Naheem，2017）。在资本与金融项目逐步开放、利率市场化与外汇管制程度放松背景下，跨境资金频繁流动，洗钱的渠道和方式增多且更加隐蔽，潜在投机行为、税收优惠带来的避税行为和洗钱行为的界限越来越模糊，监管机构在大量资金流中甄别"黑钱"的难度加大（叶葆华和袁达松，2014）。童文俊（2014）指出，某些商品因其自身价值、税率、尺寸大小等因素影响，天然带有风险属性，受到不法分子青睐，可能构成对自贸区内洗钱罪的上游违法犯罪活动的吸引。

FATF（2010）认为，自贸区易被洗钱分子滥用的主要原因有以下几点：一是区内反洗钱和反恐融资措施缺失；二是反洗钱和反恐融资措施推广和更新不及时不全面；三是区内监管宽松且缺乏透明度，货物查验和企业实体登记等环节放松；四是区内各部门缺乏有效协调和合作。王筱和杨一鑫（2019）分析了我国自贸区经济犯罪的现状，指出我国自贸区内外法律适用性存在差异，不法分子易利用法律漏洞实施诸如非法集资、偷税漏税、洗钱等经济犯罪。任红（2018）指出，自贸区监管主体机构之间存在隐形沟通，部门间职责与考核机制有所差异，对反洗钱态度有所不同，沟通协调不够顺畅，且情报信息共享程度不高，影响自贸区洗钱风险及反洗钱工作成效。同时，自贸区存在立法不完善、工商制度改革不到位、社会信用体系不健全等问题，使得自贸区内洗钱、合同诈骗等经济犯罪风险不断聚集（叶媛博，2019）。

2.1.2 自贸区洗钱风险的内驱力

内驱力是存在于机体内部的动机因素。自贸区洗钱风险的内驱力，主要表现为行为人恶意利用制度安排和监管政策的漏洞、缺陷或脆弱性进行洗钱活动。自贸区固有的洗钱风险，一定程度上是由其政策背景和运作模式决定的。我国自贸区贸易、投资、金融领域的制度创新在提供便利、激发经济活力的同时，增大了洗钱等经济犯罪的风险（谢波，2019）。上海自贸区离岸金融中心的建立，带来了投机者利用离岸金融业务及其监管的灰色地带进行洗钱犯罪的风险（蔡伊鸽等，2017）。Holden（2017）指出，自贸区是非法资金往来的主要通道。Liao 和 Acharya（2011）研究了在自贸区内使用转运手段洗钱的方式和特征。张进（2017）指出自贸区贸易洗钱的主要方式有三种，即货物贸易、贸易融资工具和公司形式，犯罪分子常采用虚构贸易事实如虚报价格、高买低卖、重复开票、虚假描述商品质量、虚报数量、虚假发货等方式洗钱。此外，转移定价、保险欺诈、贵重物品交易、谎报海关编码混淆商品类别进而规避高税率等贸易洗钱方式也很常见（高增安，2007a）。任红（2018）分析了我国自贸区面临的洗钱风险，指出了自贸区内四种洗钱途径与方式分别为贸易洗钱、贸易融资洗钱、离岸金融业务洗钱和跨境双向人民币资金池业务洗钱，提出了加强反洗钱监管多维联防机制建设的建议。

2.1.3 自贸区洗钱风险的防控策略

除了分析自贸区面临的洗钱风险和风险成因，学者们也围绕自贸区洗钱风险防范和控制策略展开了研究。FATF（2010）对自贸区洗钱案例进行研究，认为自贸区风险防控措施不足、区域监管执行效力不足、审计与备案程序宽松和监管部门之间缺乏沟通协调等因素使自贸区成了洗钱高危区域。袁达松（2016）指出我国自贸区采取"边设区，边立法"模式，关于自贸区反洗钱相关法规和规范性文件等在内容及操作性上有待进一步系统化、精细化和完善。Yan 和 Tong（2016）指出要防范自贸区洗钱风险，上海自贸区应构建有效的反洗钱机制，建立反洗钱主管部门与海关、税务、工贸等部门的协调机制，加强反洗钱培训教育，加强对贸易洗钱的类型和特点的研究，开发和应用相应的互联网技术和工具。黄敏（2016）认为自贸区反洗钱工作应扩大可疑交易报告主体，扁平化实时报送可疑交易报告，设立自贸区反洗钱监管机构，分层划分监管机构及报告主体的反洗钱职责，利用大数据等先进技术开发统一的可疑交易监测系统。朱军（2017）指出应借鉴国外自贸区反洗钱监管经验，完善我国自贸区反洗钱法律法规体系，建立健全自贸区反洗钱组织体系。王怡靓（2018）分析了人民币国际化及自贸区建设对跨境洗钱监管的影响，指出我国应接轨国际标准，参考国际先进经验，修订完善反洗钱相关法律法规，加强离岸公司及非居民管理，强化新业务风险评估，完善多部门合作机制。王思维和随鲁辉（2017）认为自贸区可能的洗钱手段还有货币走私、利用人民币自由兑换的便利洗钱、利用空壳公司和前台公司洗钱等几种方式，建议秉持"风险为本"的监管原则，加大对特定非金融机构的监管，完善和细化对洗钱犯罪的刑事立法。

2.2 关于贸易洗钱与反洗钱研究

自由贸易区为贸易而生，而且是为国际贸易而生，因此，关于贸易领域洗钱与反洗钱的研究对防范和打击自由贸易区的洗钱活动至关重要。

2.2.1 贸易洗钱的定义

国际贸易领域洗钱活动频发，是反洗钱的主战场。贸易洗钱，顾名思义，就是通过虚构的交易事实使行为人及其相对人对所转移的资产享有表面上合法的财产权利的行为（高增安，2007a）。其本质是借助贸易活动来实施洗钱行为，是洗钱与表面上正常、合法贸易的结合，是洗钱活动在贸易领域的延续，也是贸易走向犯罪的表现和结果之一。

"基于贸易的洗钱"（trade-based money laundering，TBML）概念最早见于2005年12月美国财政部、司法部、国土安全部、美联储、邮政总局等联合发布的《美国洗钱威胁评估报告》（U.S. Money Laundering Threat Assessment），主要是指"黑市比索交易"（black market peso exchange，BMPE）（FinCEN，1997）。美国2007年的《国家反洗钱战略报告》认为，借助贸易把资产转进或转出美国是最复杂的洗钱方法，并强调了建设贸易透明中心（trade transparency unit，TTU）的必要性。

FATF/OECD（2006）将贸易洗钱定义为"掩饰犯罪所得，通过贸易过程来转移价值，企图使犯罪所得的非法来源合法化的过程"，FATF/OECD（2008）使用"基于贸易的洗钱和恐怖融资"（TBML/FT）术语，这两个文件是贸易领域反洗钱的重要指导性文件，它们将贸易洗钱界定为当今世界三大洗钱方式之一。

贸易洗钱与恐怖融资是自贸区的一大风险。贸易开放度越高，受到外部冲击影响的可能性就越大（郭峰等，2013）。贸易洗钱旨在逃避金融市场更严格的反洗钱规制。任何一笔交易，无论合法与否，几乎都可以追踪到恐怖融资的影子（Passas，2012）。

2.2.2 贸易洗钱的识别

FATF/OECD 系列文件的宗旨是，提高有关机构收集和有效利用国内及国际贸易数据的能力，以便它们能够以风险为本的方式侦破和调查通过贸易系统实施的洗钱和恐怖融资。FATF 将传统的恐怖融资罪行扩大为包括任何有意采取各种手段直接或间接地提供或收集资金，将资金用于或明知资金将全部或部分用于实施恐怖活动、为恐怖组织所利用、为个别恐怖分子所利用的行为，因此，扩大了贸易洗钱的识别对象及对疑似洗钱对象的行为、意图的识别范围。2010 年 3 月，FATF 公布了《自贸区的反洗钱漏洞》（Money Laundering Vulnerabilities of Free Trade Zones）报告，总结近几年洗钱和恐怖融资问题以及自由贸易区在反洗钱方面的难点和盲区。

Wolfsberg 等（2017）关于在贸易融资（通过信用证和托收）过程中反洗钱、反恐融资、防范制裁风险的行业指引，以"反洗钱"统称"反洗钱和反恐融资"。2010 年 12 月，在莫斯科召开的欧亚反洗钱和反恐怖融资组织（Eurasian Anti-Money Laundering and Anti-Terrorist Financing Group，EAG）会议，发布了《外贸交易中的洗钱风险》，重新总结了转型经济国家贸易洗钱的上游犯罪，将贸易洗钱的范围再一次扩大。在贸易洗钱的识别与防范方面，可作为理论依据的正是国际组织提出的规范性文件。

在学术界，Zdanowicz 等（1999）、Pak 等（2003）、Zdanowicz（2004）、Boyrie 等（2005a，2005b）、陆符玲和丁志杰（2004）实证研究美国与巴西、希腊、俄罗斯、瑞士、中国等在贸易中基于低价出口和高价进口引发的资本外逃问题，这引起了美国海关和美国国会的高度关注。Zdanowicz（2004）率先将数据挖掘方法用于探测基于贸易活动的洗钱和恐怖融资行为；Zdanowicz（2009）详细说明了如何借助对美国贸易数据库的统计分析来度量非法资金流动以及可以用来探测和监控异常交易的统计方法。Kelly（1998）、Kumar（2003）、Baker（2005）和 US Immigration and Customs Enforcement（2005）分别列举了通过国际贸易系统洗钱的方法及识别和限制这些洗钱活动的措施。

Vassileva（2007）指出，贸易洗钱是理性的"赢利"行为，不需要遵守有关金融透明度的规制而在世界范围内转移大额有形资产，贸易的有利条件同时也是贸易洗钱的有利条件。该研究认为，贸易洗钱有四个假定前提：①成本最小化原则；②洗钱活动集中在规制程度低、对报告可疑信息和保存交易记录要求最少的领域；③在离析阶段，赃钱优先投资于生命周期短的流动资产或者商业活动；④在融合阶段，贸易洗钱涉足的是透明的合法交易，执法机构易于获取相关信息。Chunhachida 等（2008）实证研究了 1990~2005 年通过国际贸易虚开发票的方法使资本从泰国流向美国的问题，指出泰国大量资本外逃是伴随泰国政治不稳定的投资行为，其诱因在于美国国库券利率、泰国存款利率及对泰铢升值的预期。Patnaik 等（2009）测算了中国和印度通过虚开发票而引起的资本外逃，指出资本控制和自由贸易是大量开具虚假发票的诱因。McSkimming（2010）研究了贸易洗钱在美国的具体表现形式及其对美国经济的危害，着重分析了美国对贸易洗钱和恐怖融资犯罪的重视程度和应对政策。

Scott（2008）认为，银行在识别贸易洗钱中扮演着重要的角色，因此，银行部门不应该只是简单地向客户提供资金贷款，还要了解客户，了解公司经营的产品及其市场需求和价格，了解特殊商品交易的一般模式。Scott（2008）从培训的重要性、利用公共监管信息、国内与国际合作、银行对策等方面，对 FATF/OECD（2008）提出的行动指南进行了讨论。

Delston 和 Walls（2009）识别了金融领域之外基于贸易的洗钱和恐怖融资行为，指出贸易洗钱不仅可以用来洗钱，还可以用来资助国际恐怖主义、便利武器扩散、藏匿和运送大规模杀伤性武器（weapons of mass destruction，WMD）及其原材料。

2.2.3 贸易洗钱的防范

西南交通大学高增安教授团队长期致力于反洗钱研究，其对国际贸易领域洗钱、恐怖融资、涉税犯罪的系列理论、实证与应用研究成果奠定了我国贸易洗钱研究的基础和框架，并被学界和业界广泛引用（Gao and Weng，2006；Gao，2008；高增安，2007a，2007b，2008，2009，2011，2014）。

Gao 和 Weng（2006）将跨国公司的转移定价策略推广到一般的国际贸易当事人之间，建模分析了一般贸易中高价进口和低价出口背景下基于资本外逃和税收偷逃的洗钱行为。高增安（2007a）正式将贸易洗钱定义为"通过虚构的交易事实使行为人及其相对人对所转移的资产享有表面上合法的财产权利的行为"，揭示了贸易洗钱的产生背景，提出了"洗钱与贸易共生"的重要思想，阐述了贸易洗钱不同于账户洗钱的判别标准，并结合国际贸易实务剖析了洗钱的具体表现形式，进而建立了相关的研究框架。

Gao（2008）和高增安（2009）进一步构建了洗钱与转移定价和资本外逃的关系模型，认为转移定价与洗钱和资本外逃三者之间呈"路径—目标—结果"关系，洗钱处于枢纽地位，起着承上启下的作用，它既是转移定价的诱因，又是资本外逃的起因，也就是说，转移定价和资本外逃都是具有洗钱性质的行为，这同时也从洗钱角度解释了资本外逃的原因，即资本外逃成因与动机的"洗钱说"。基于此，Gao（2008）构建了转口贸易的转移定价策略（组合）模型和洗钱规模估算方法，揭示了转口方"高进高出"（高价进口后再高价出口，下同）、"高进低出"、"低进高出"、"低进低出"等定价策略（组合）背景下通过资本外逃、所得税偷逃、进口关税偷逃等形式表现出来的洗钱问题，尤其是识别了在账面亏损情况下暗藏的洗钱行径，并就打击转口贸易基于转移定价的洗钱问题提出了对策建议。

高增安专著《贸易洗钱与反洗钱研究》（2011年）从非传统安全视角较全面地深入分析了贸易洗钱问题，探析了贸易洗钱机理，并分别从转移定价和支付方式等不同角度探究了贸易洗钱的惯常手法，提出了出口信用保险机构在贸易促进中的反洗钱机制、金融机构在贸易结算和融资中的反洗钱机制、国家反贸易洗钱的保障机制及国际反贸易洗钱的合作机制构想，构建了基于贸易洗钱特点和现状的反贸易洗钱体系，极大丰富和发展了我国反洗钱研究成果。

另外，针对人民币国际化程度逐渐提高、跨国资金流动日趋频繁的现实，高增安（2011）发现人民币国际化研究与反洗钱研究基本脱节，关于资本项目开放下新兴洗钱行为与国家层面人民币反洗钱战略的专题研究更是空白，因而，率先从国家面临的非传统安全威胁高度，专题研究了人民币资本项目开放可能诱发的新兴洗钱行为，并提出了人民币反洗钱的战略与对策建议。

2.3 关于跨境投资洗钱风险研究

2.3.1 资本外逃与直接投资

跨境投资意味着资本的流出与流入。资本流动在繁荣资本输出国和资本接收国经济的同时，往往使人们忽视了其中可能蕴藏的洗钱风险。由于投资是一个动态开放的过程，伴随着大量资金的流出与流入，难免有非法资金混入其中。当非法资金在不同国家和地区之间相互渗透时，洗钱犯罪也会随之大肆蔓延。现实中，境外企业不以营利为目的，而是利用境内外监管漏洞，以境外公司为载体，利用对外投资和外资内流的双向通道进行洗钱活动。

洗钱与跨境投资关系密切。传统的跨国公司理论，已无法完全解释跨境投资资金的全球流动。越来越多的非传统因素，甚至是负面的、非法的因素，已经逐渐被纳入对外直接投资的理论框架。Reuter 和 Truman（2004）认为，通过各种手段、渠道进行资金的跨国家（地区）转移，以实现隐匿资金的来源和性质的目的，即通常意义上的洗钱，也是外商直接投资（foreign direct investment，FDI）的重要驱动因素之一。Perez 等（2012）运用 Tobit 模型和 Probit 模型，分别分析了东欧转型国家 2001~2003 年对外直接投资的区位选择和投资动机，结果表明，洗钱因素对投资区位选择、投资规模有显著的正向影响。上述国家流往洗钱高风险国家的外商直接投资比例高达 50%，其中将近 10% 是出于洗钱目的。

资本外逃包含在对外直接投资之中。邹红华（2007）在以往文献研究的基础上，对资本外逃的定义及主要测度方法进行了综述，用 21 年样本测度出中国资本外逃的发展趋势，并对中国资本外逃与中国对外直接投资进行了比较。钱科（2010）分析认为，我国通过各种途径转移出境后又以外商直接投资的名义返回国内的逃离资金，大量来自于英属维尔京群岛等离岸金融中心；该研究采用游资法和结构法计算了我国 1982~2008 年资本外逃的数额，对我国对外直接投资和资本外逃数据作了格兰杰因果检验，证明了我国过渡性资本外逃的客观存在。韩福荣和许诺（2006）运用协整分析和误差修正模型，分析了 1982~2003 年外商直接投资和资本外逃的有关数据；根据格兰杰定理，运用 EG 两步法，建立误差修正模型，量化分析了资本外逃与外商直接投资的关系。杨海珍和 Gunter（2002）采用相关性分析、因子分析和因果分析三种方法，分析了中国资本外逃与外商直接投资之间的关系，结果表明中国资本外逃与外商直接投资之间存在显著性很强的正相关关系，且因子分析与因果分析的结果进一步支持了该结论。

有学者从金融开放导致金融系统风险的视角，分析金融开放、国际资本流动与洗钱之间的内在关联性。高增安（2014）指出，金融开放会加大国际资本流动，进而可能伤害开放国的金融体系并危及金融稳定。大量直接投资的出现，伴随着黑钱流入的风险，可能导致开放国因为金融开放而成为黑钱流入的主要国家。Ranciere 等（2006）分析了金融自由化的成长和危机效应，发现金融自由化后银行破产和货币危机发生概率显著提高。Giannetti（2007）分析了银行违约的倒闭机理后指出，金融自由化会破坏新兴市场银行的稳定性。Fecht 等（2012）研究发现，金融一体化对减少单个银行发生危机的可能性有微弱作用，但同时加剧了金融风险传导，并因此引发大范围银行破产的可能性。

也有学者认为，金融自由化与银行危机没有必然联系，至少金融自由化与银行危机发生概率间没有显著的相关关系，但信贷杠杆［私人贷款与 GDP（gross domestic product，国内生产总值）之比］与银行危机发生概率呈正相关关系。在金融开放中，银行业的开放是重要组成部分。Demirgüç-Kunt 和 Huizinga（1999）发现，1995~1998 年，外资银行规模的增加降低了东道国银行发生危机的概率，提高了金融体系的效率。Goldberg 等（2003）认为，大型跨国银行试图通过提供一系列新的金融产品来争夺市场份额，其中包括场外衍生产品、结构型债券及股权互换等。在金融体系监管不到位的国家，这些新的衍生产品可能被用来逃避审慎性监管和承担过量风险。王维安（2003）指出，银行业开放会导致外资银行大量涌入，从而在金融竞争、制度冲击及政策干扰三个方面对我国金融安全产生影响。

可见，金融开放将引起我国金融系统的重大变革，其中银行业的中资外资成分将发生重大的结构性变化，这将加大我国对金融系统尤其是银行业的监管难度，同时对银行业反洗钱监管体系提出新的挑战。

2.3.2 洗钱与资本外逃

资本外逃是国际直接投资的重要影响因素，众多的学者都认定了资本外逃中资本的"非正常性特征"。Dooley（1986）认为，外逃的资本一般是非法收益，其目的是逃避本国的资本管制。李晓峰（2000）认为，资本外逃是为了规避本国经济的异常风险和不确定性，资本的逐利特性是资本外逃的根本动机。资本外逃会冲击国内金融市场，造成大量税收流失，这已成为发展中国家，尤其是转型经济体面临的突出问题。Toft（1996）利用同期相关和主成分分析法，对资本外逃与外商直接投资的关系进行分析后得出结论：外商直接投资的流入和资本外逃的减少有较高的相关性；资本外逃主要由经济社会的管理不善和市场的低效率造成，而不是对外国资本的优惠条款；减少市场摩擦的政策将促进外资的流入，同时抑制资本外逃。

学术界对投资、转移定价和洗钱的研究可以说是脱节的。现有研究多从跨国公司各关联方之间的内部定价来研究转移定价，从定义、成因、动机和实证检验等角度研究资本外逃，从账户洗钱角度切入洗钱研究，而忽略了三者之间的内在关联。高增安（2009）从贸易洗钱的角度提出了资本外逃的"洗钱说"，认为洗钱与资本外逃是原因和结果的关系，洗钱必然会导致违法或违规的资本流动。同时，国际贸易中转移定价与资本外逃共生，但是，转移定价的技巧性、洗钱的隐蔽性、资本外逃成因与动机的复杂性交相混杂，使三者之间的内在联系似隐若现。事实上，国际贸易的迅猛发展使得非法财产的模糊化和合法财产的非法转移与占有都有涉嫌洗钱的特征，因而从洗钱角度来看，"转移定价—洗钱—资本外逃"链条总体上呈现出"路径—目标—结果"关系,转移定价是洗钱的策略和手段,洗钱是转移定价的诱因和归宿,洗钱引发资本外逃,基于转移定价的洗钱等于资本外逃与税收偷逃之和。

2.4 关于洗钱规模测度研究

2.4.1 国外洗钱规模测度研究

文献回顾发现,约翰·沃克(John Walker)是国际上最先从微观视角测度洗钱规模的学者。Walker(1995,1999)研究分析了犯罪成本与收益间的关系,创造性地提出了沃克模型,其测算范围包括世界上 226 个国家和地区,结果发现所研究国家和地区的洗钱规模高达 2.85 万亿美元,其中英国、美国等 20 个国家(地区)的洗钱规模占全球洗钱数额的 90%以上。Unger 和 Walker(2009)研究发现,发达国家和发展中国家的洗钱规模大幅上升,而且国家层面的洗钱规模和流动性研究远远不及国际洗钱犯罪的发展速度。根据 UNODC[①](2005,2008)的估计,2000 年全球洗钱总额 5 900 亿~1.5 万亿美元,2006 年全球洗钱总额已超过 2.8 万亿美元,2008 年全球洗钱总额约 3.2 万亿美元。据国际货币基金组织(International Monetary Fund,IMF)估计,全球每年的洗钱规模在 1.5 万亿~3 万亿美元,占全球 GDP 总额的 2%~5%,并且每年以 1 000 亿美元的数额不断增加(Camdessuss,1998)。意大利在 20 世纪末的洗钱规模高达其 GDP 的 10%~33%(Quirk,1997)。Agarwal 和 Agarwal(2004,2006)对全世界洗钱规模进行一系列实证分析后发现,2004 年全球金融部门清洗的非法资金数额为 5 000 亿~1 万亿美元,2006 年全球洗钱规模为 2 万亿~2.5 万亿美元,占当时全球 GDP 总量的 5%~6%。Walker(2007)研究发现,进入 21 世纪开始,世界各地的洗钱规模不断扩大,商业诈骗已经超过了毒品产生的洗钱规模。Unger(2006,2007)基于修正的沃克引力模型(revised Walker gravity model,RWGM)测度荷兰的洗钱规模,发现从各个国家进入荷兰清洗的赃款高达 260 亿美元,而由荷兰产生的洗钱规模留在本地清洗的每年大概只有 40 亿美元,平均来看,荷兰产生的洗钱规模约占其 GDP 的 5%。Schneider(2010)运用 MIMIC 模型研究经济合作与发展组织(Organization for Economic Cooperation and Development,OECD)国家的洗钱规模,结果发现,1995~2006 年,20 个发达国家的洗钱规模增加了 3 440 亿美元,增

---

① UNODC:the United Nations Office on Drugs and Crime,联合国毒品和犯罪问题办公室。

长规模较大，同时，全世界有组织犯罪的洗钱数额增加了 1950 亿美元。根据 FATF（2006，2007）研究，1988 年全球洗钱总额约占全球 GDP 的 3%。IMF（2010）指出，2009 年，世界范围的洗钱规模占全球 GDP 比例上升至 5%；从 1999 年到 2005 年，世界洗钱规模增加了 36%；到 2009 年，世界洗钱规模比 2005 年增加了 33%。Villa 等（2016）采用卡尔曼滤波模型实证研究哥伦比亚洗钱规模，发现 2002 年"清洗"后的资产规模占当时哥伦比亚 GDP 的 14%。Ardizzi 等（2014）研究发现，金融机构中较多数据可以作为研究使用，其中现金存入量是一个值得关注的数据，可以通过此研究数据来追溯上游犯罪活动。该研究对意大利的现金洗钱规模进行观测，发现其约占当时意大利 GDP 的 6%。Alldridge（2001）细致研究了"洗钱"和"金融机构"两个方面，发现二者存在密切联系，前者转换资金的渠道主要是经由后者，但其行为具有隐蔽性，导致后者会出现决策失误，进而影响后者的发展。Bartlett（2002）基于"声誉"和"信任危机"展开研究，并结合洗钱的危害性阐释洗钱带来的风险，认为一个国家，尤其是发展中国家金融机构最重要的经营基础就是信任，而洗钱具有很大的诱惑性，导致机构雇员易受其影响，一旦内部人员出现问题，信任危机爆发，就会对金融机构产生很大影响。

2.4.2 国内洗钱规模测度研究

国内在洗钱规模及其影响方面的研究起步较晚，且成果有限。李建军（2008）指出，潜在洗钱规模是指未被观测的经济活动（non-observed economy，NOE）中的非法生产、部分地下生产活动、隐蔽性二次收入分配等形成的，需要通过洗钱行为转化为合法收入的规模。裴平和金素（2011）使用三部门动态随机一般均衡模型衡量中国 2001~2009 年的洗钱规模。梅德祥和高增安（2015）利用基于各种犯罪类型的收益来测度洗钱规模的沃克模型，估算 2001~2011 年中国产生的洗钱规模及其在世界 183 个国家和地区间的流动情况。为进一步深入研究，梅德祥（2015）基于修正的沃克引力模型估算全球范围内的洗钱规模进入我国的比例与规模，并在洗钱对中国经济发展影响的实证研究中引入了洗钱虚拟变量，发现洗钱给我国经济发展带来了负面影响，认为无论是基于政治原因还是经济原因，更准确地测度洗钱的规模和影响都变得越来越重要。刘俊奇和安英俭（2017）运用沃克模型测度我国产生的洗钱规模，并对我国洗钱规模和资本项目开放程度之间的相互影响进行研究。薛耀文等（2008）研究构建了大额交易的洗钱模型，对金融机构开展大额与可疑交易监测具有一定参考价值。

2.5 关于反洗钱监管研究

由于"规则为本"和"合规为本"不能很好地满足反洗钱监管需要，英国金融服务管理局（Financial Service Authority，FSA）2000 年发布的《新千年的新监管者》首次提出"风险为本"原则，并得到了欧洲议会、欧盟理事会及 FATF 的积极响应。2007~2014 年 FATF 系列文件，确立了国际反洗钱与反恐融资监管的风险为本理念（Sathye and Islam，2011）。FATF/OECD（2008）和 Wolfsberg 等（2017）提出了行动指南，便于有关机构以风险为本理念侦破和调查基于贸易的洗钱和恐怖融资行为，并发布了防范制裁风险的行业指引。2012 年 FATF 新标准将税收犯罪纳入洗钱的上游犯罪类型，将反恐怖融资和反扩散融资列为反洗钱的核心任务，因为恐怖活动会加剧国际洗钱行为（Chong and López-de-Silanes，2015）。

2.5.1 风险为本的反洗钱监管

伴随经济金融全球化进程加快和金融业务融合程度加深，各种洗钱手法不断翻新且更趋隐蔽。在 FATF 和沃尔夫斯堡集团等国际反洗钱组织的倡导和影响下，反洗钱监管出现了由"规则为本"向"风险为本"的转变。

"规则为本"是反洗钱处于起步阶段的国家比较通行的模式。该模式通过建立规则，制定规范性条文，以法律、法规或行政命令要求金融机构一一遵照执行，并通过现场检查等强制性措施督促指导金融机构严格遵守反洗钱法规。在"制定规范—检查执行—调整规范—再检查执行"的过程中，金融机构根据规范要求履行相应反洗钱义务，监管部门通过检查等手段了解金融机构的执行情况，并根据执行情况采取相应的监管措施。同时，监管部门通过对金融机构的监管获取涉嫌洗钱的可疑交易线索，移送司法部门以便打击洗钱及其上游犯罪。

从我国的实践来看，《中华人民共和国反洗钱法》出台后，在法规层面上，中国人民银行会同中国银行业监督管理委员会（以下简称银监会）、中国保险监督管理委员会（以下简称保监会）①、中国证券监督管理委员会（以下简称证监会）出台了《金融机构反洗钱规定》、《金融机构大额交易和可疑交易报告管理

---

① 2018 年，将中国银行业监督管理委员会和中国保险监督管理委员会的职责整合，组建中国银行保险监督管理委员会（以下简称银保监会）。2023 年，根据国务院机构改革方案，在中国银保监会基础上组建国家金融监督管理总局，统一负责除证券业之外的金融业监管。

办法》《金融机构客户身份识别和客户身份资料及交易记录保存管理办法》《金融机构报告涉嫌恐怖融资的可疑交易管理办法》等，逐步完善了反洗钱相关规章制度。这对金融机构如何建立反洗钱内控制度、报送大额和可疑交易报告及涉嫌恐怖融资的可疑交易报告、识别客户身份、保存交易记录等提出了更加具体和明确的要求，体现了在反洗钱起步阶段我国金融机构反洗钱工作以规则为本的监管理念。

但是，各国在贯彻规则为本监管理念的同时，发现金融机构提供的经营业务或服务项目多种多样，往来的交易客户形形色色，交易的方式和渠道日新月异，对应的洗钱风险也高低不一。日常反洗钱工作如果不加分别、不辨主次地一概平均用力，既会增加合规成本支出，又不一定能收到较好的效果。一些反洗钱国际组织在汇总分析相关数据资料以后，较早意识到了上述问题，开始发出反洗钱制度要采取"风险为本的方法或手段"的原则建议。例如，FATF、巴塞尔银行监管委员会、国际保险监督官协会（International Association of Insurance Supervisors，IAIS）、国际证监会组织（International Organization of Securities Commissions，IOSCO）及沃尔夫斯堡集团等组织的反洗钱文件均对此有所涉及。2001年美国"9·11"恐怖袭击事件发生后，国际社会越发认识到反恐怖主义融资的极端重要性，风险为本原则也随即被加入反恐融资行动中。如今，"风险为本"已成为各国监管机关制定政策的重要参考，并推动反洗钱与反恐融资工作走向精准化和科学化。

"风险为本"实质是相关主体从风险管理的角度来组织实施反洗钱工作，通过风险识别、评估、控制、检查和措施改进等诸多环节，将洗钱风险控制在主观风险容量和客观风险容量范围之内，以获得最大的反洗钱成效。按照美国金融犯罪执法网络（Financial Crimes Enforcement Network，FinCEN）的说法，可以简单理解为相关主体应"将最多的反洗钱合规资源投入洗钱风险大的业务领域"。按照英国反洗钱联合指导小组（Joint Money Laundering Steering Group，JMLSG）的总结，风险为本的核心要求在两个方面。一是反洗钱制度体系必须能够充分反映与业务和客户相关联的洗钱风险，二是必须充分考虑真正的交易客户不在场时更大的洗钱及恐怖主义融资风险。所以，风险为本要以规范的监管程序，通过建立科学的风险分类与评价体系，对被监管对象面临的洗钱风险进行识别、测度和评估，关注其最大风险环节，激励义务主体主动防范洗钱风险和潜在隐患，维护金融体系的安全。

顺应国际潮流，我国自2003年中国人民银行负责组织协调全国反洗钱工作以来，在推动反洗钱立法和加强反洗钱监管方面进行了积极有益的探索，逐步构建了较为完整的合规监管体系。2011年后，监管理念开始转向风险为本。

在学术界，Ross 和 Hannan（2007）剖析了反洗钱规制与风险为本决策的关系。Camacho（2013）分析了打击洗钱和恐怖融资活动中客户风险特征建模问题。Ai（2013）探究了中国金融机构实施风险为本反洗钱监管的具体条件，通过比较两种监管模式，指出发展中国家存在的"能力约束"是直接实施风险为本反洗钱监管的障碍，建议金融机构根据自身具体状况，选择适合自身特点的监管方法，并且他还提出一种"基于规则但面向风险"（rule-based but risk-oriented）的"半风险为本"反洗钱监管模式，认为这更符合中国金融机构自身状况。Sathye和 Islam（2011）提出了针对非银行部门的风险为本洗钱风险评估方法。严立新（2013）提出了我国新时期反洗钱"盾矛一体式"战略升级转型构想。高增安（2017）基于风险为本理念，系统、深入、全面研究了国家蕴含的系统性洗钱风险，提出了宏观审慎的反洗钱构想与政策建议。

2.5.2 反洗钱博弈研究

在反洗钱问题上，监管部门和金融机构是对立统一的双方，只要存在监管，就必须落实机构的义务。但是，对"理性"的金融机构来说，出于追逐利润的需要，存在超范围吸收客户资金、将来历不明的资金转入储蓄账户、办理不合法票据、不执行或不完全执行内部控制制度等违规操作以获取非法收益的冲动总是难免的。而且，金融机构直接面对客户，能较为准确地掌握客户的信息，并有着反洗钱努力程度选择的主动权，而监管部门不可能监测到金融机构的所有业务及其详细运作过程。在反洗钱信息由金融机构传递到监管部门的过程中，必然会受到某些噪声干扰而使得反洗钱信息在一定程度上失真。因此，在信息非对称情况下，金融机构会从自身利益出发选择利己的行动，而使监管部门在反洗钱上不能达到效用最大化的目标（杨胜刚等，2007；高增安，2007a，2007b）。

各国（地区）主要采取大额与可疑交易报告等制度来规范反洗钱行为，而在反洗钱监管部门对金融机构监管不力的国家和地区，金融机构往往采取不进行或至少不积极进行大额与可疑交易报告的对策（Masciandaro，2000）。商业银行为了自身的利益，不顾法律的约束参与洗钱活动，给国家、机构和个人造成了重大的损失（Baker，2005）。Idowu 和 Obasan（2012）通过实证研究尼日利亚三家银行的反洗钱系统发现，即使银行积极开展反洗钱活动，洗钱活动在数量上也不会减少，并且很难被银行和监管部门发现，而且，洗钱活动大大减少了政府的收入，恶化了社会环境。

朱宝明（2004）运用博弈论方法对洗钱者与商业银行、监管机构与商业银行的关系进行了分析，指出我国对洗钱活动打击不断深入，但是仍然与发达国家存在较大的差距，其主要原因在于缺乏比较完善的反洗钱激励约束环境，从而导致反洗钱成本居高不下，洗钱的成本却很低，并建议加大对洗钱的处罚力度，使整个社会达到帕累托最优。严立新（2006）运用动态博弈理论，建立了一个银行业反洗钱约束与激励机制为一体的模型，提出中央银行必须"强化约束，适度激励，约束与激励搭配实施"，才能使反洗钱政策达到一个比较好的效果。杨胜刚等（2007）探讨了金融监管机构和商业银行的博弈关系，在假设反洗钱约束机制发挥作用的情形下，提出监管机构可以通过设计一系列的激励机制来引导商业银行做出符合自身利益和监管机构目标的反洗钱行为。

李子白等（2007）分析认为，金融机构反洗钱工作与自身商业利益存在着根本的冲突，应通过制定反洗钱激励机制诱导金融机构积极参与反洗钱工作。通过分析引入反洗钱激励机制对监管部门和金融机构利益的影响，得出激励机制的引入对双方来说都是一项"帕累托改进"的结论。张合金等（2011）运用"委托—代理"理论，构建了反洗钱监管机构与金融机构监督激励模型，分析了金融监管机构的最优监管水平和金融机构的最优努力水平，揭示了影响金融机构反洗钱总收益的影响因素，认为最优监督水平和激励水平受到反洗钱成本、风险水平等因素影响；金融监管机构对于金融机构的激励能够使金融机构反洗钱工作收支相抵，并能够充分调动它们的积极性。韩光林（2010）从博弈论出发分析最优监管问题，得出金融监管机构必须要对金融机构进行监管，否则金融机构就会出现洗钱行为，并认为监管只是将洗钱行为降到一定的范围，不能完全消除洗钱行为，有效的反洗钱监管必须要以大量的成本为代价。

杨冬梅等（2008）对洗钱者、金融机构和国家反洗钱监管机构进行了静态博弈分析，得到在不同反洗钱政策组合下的社会福利损失，并得出结论：对金融机构进行反洗钱奖励或处罚政策都能降低社会福利损失，但是处罚政策对社会福利损失的影响效果更明显。邢妍和王薇（2009）认为反洗钱工作是一个正外部性的活动，能够给国家和社会带来一系列的好处，但是商业银行不能够从中直接获得利益，银行员工也不能直接获得收益，这些因素导致反洗钱工作的低效率，有必要建立一套对商业银行及银行员工的激励机制，使其有足够的理由提高反洗钱工作效率，并主动配合中央银行进行反洗钱工作。韩光林和孙森（2011）用博弈论分析了风险为本与反洗钱激励之间的关系，提出监管机构在建立相对完善的反洗钱约束机制后，应建立相应的激励机制，并用模糊评价的方法构建了金融机构反洗钱风险等级评价体系。

除了对洗钱者、金融机构和监管方的博弈分析外，还有学者对具体领域或更加多元的反洗钱主体进行博弈分析。霍明（2010）针对贸易洗钱对各国的监管方构建演化博弈模型，对他们的合作行为展开分析，认为如果缺乏有效的监督机制，就不能约束博弈方采取消极的合作策略；只要其中一方选择了消极的合作策略，就会给合作带来不利影响。高增安等（2012）对离岸银行与在岸银行、离岸税收机构与在岸税收机构进行博弈分析，认为有效金融自由度可以保证离岸市场反洗钱监管的适度性。詹欣和乔晗（2015）针对网络支付行业反洗钱问题，以洗钱者、支付机构、金融机构和监管机构为主体，构建博弈模型并得到各类主体行为选择的主要影响因素，其中，监管机构查处力度、市场主体自查力度的提高可以有效减少国家效用损失，而对市场主体处罚力度增加能够提高国家效用水平。李葆斐（2017）选择 P2P（peer to peer，个人对个人）网贷平台与其他金融机构进行完全信息博弈分析，认为双方"采取较为宽松的反洗钱措施"，能达到自身的最大收益。Imanpour 等（2019）对洗钱中的社会网络进行博弈分析，得到了一个使社会中的犯罪活动总量最小化的最优决策。

从国内外对反洗钱及反洗钱激励机制的研究来看，国外的学者更偏向于实证研究，而国内的学者更偏向于制度研究。博弈论作为研究反洗钱的有效工具得到了学者们的广泛运用，并从完全信息静态博弈向不完全信息动态博弈及非动态信息博弈等发展。非对称信息博弈和委托—代理模型成了研究反洗钱的重要方法。

从总体上看，我国学者对反洗钱及反洗钱激励制度的研究取得了很大的进步，但仍然存在一些不足，如没有形成完整的体系，碎片化特征明显；政策举措具体建议多，本质问题深刻剖析少；定性研究居多，定量研究较少；验证性重复研究多，探索创新性研究少。

2.6 本章小结

从经济学角度看，自贸区的设立给一国或地区带来了机遇，也带来了挑战。一方面，它作为双边和多边贸易协定的替代及补充，可以降低生产和交易成本，促进生产要素的国际流动，进而推动资源有效配置，增加地区消费者福利和就业机会，促进地区经济增长（Miyagiwa，1986；Tiefenbrun，2013；Sunkara，2016；项后军等，2016；殷华和高维和，2017）。另一方面，自贸区的优惠政策、金融创新和宽松环境也诱发了腐败、逃税、走私等非法活动，洗钱风险有增加态势。

已有关于自贸区洗钱风险的研究，以定性分析为主，定量研究较少。内容上以自贸区可能存在的洗钱风险及其成因、洗钱方式等为主，而对自贸区洗钱风险的影响因素及其影响程度等问题的定量研究比较缺乏。自贸区作为一个复杂系统，其洗钱风险往往受到社会、经济、政治、文化等多方面因素的影响。而且，各影响因素彼此相互作用，少有完全独立的存在。反洗钱作为一个大工程，叠加在自贸区这样一个复杂系统之上，注定了自贸区反洗钱工作的极端复杂性和艰难性。

第 3 章　相关理论基础

洗钱和恐怖融资是典型的国家安全新威胁，自贸区疏于监管很可能沦为洗钱和恐怖融资的温床。借鉴境外国家和地区的经验教训，强化自贸区反洗钱与反恐融资监管，实现"开放中监管"与"监管中开放"的对立统一，以"适度监管"推动"有序开放"，确保国家自贸区战略行稳致远并取得预期绩效，是我国自贸区可持续发展的应然与必然选择，也是维护新时期总体国家安全的现实需要。本章着重解析自贸区相关概念，阐释我国自贸区实施反洗钱与反恐融资监管的理论依据。

3.1　自贸区相关概念

3.1.1　内陆开放

中国自贸区建设本质上是内陆开放。内陆是相对于沿边和沿海城市而言，具有远离出海口岸、产品进出口运输成本较高、产业结构偏重型化等特点的部分特定地区。内陆开放是指一国地处内陆的地区，在全球化背景下，在内需型经济发展的基础上，通过营造开放的比较优势，不断完善交通体系，改善贸易通道、物流通道和互联网信息通道，积极提升对外开放水平，聚集整合国内外生产要素，加强国内外分工合作，培育经济增长极，推动区域经济社会实现跨越式发展的一种经济发展模式。

内陆开放，从开放范围来讲，包括国内区域经济合作和国际经济合作两个方面；从开放内容来讲，以国际、国内两个市场和两种资源为基础，建立适应国际、国内经济发展要求的市场经济体制和运行机制；从推进重点和路线来讲，一方面扩大国际开放度，积极融入国际市场体系，对接国际市场平台，另一方面以国内区域合作为首要出发点，从国内到国际，最终达到国际、国内综合并举；从推进主体和动力来讲，充分发挥市场的决定性作用、企业的主体作用及政府营造发展环境和平台的引导作用。

3.1.2 自由贸易区与自由贸易园区

中文"自贸区"在英文中有两种说法，一个是 free trade area（FTA），另一个是 free trade zone（FTZ），二者虽然只有一词之差，但意思全然不同。本书根据 2008 年 5 月 9 日，我国商务部和海关总署联合公开发布的《关于规范"自由贸易区"表述的函》（商国际函〔2008〕15 号）中给出的建议，将 free trade area 翻译为"自由贸易区"，将 free trade zone 翻译为"自由贸易园区"。

关于自由贸易区（FTA）最早的规定源于世界贸易组织（World Trade Organization，WTO）1947 年的《关税与贸易总协定》（General Agreement on Tariffs and Trade，GATT），该协定第 24 条第 8 款（b）将自由贸易区定义如下：自由贸易区是由两个或两个以上独立关税领土所组成的集团，就贸易自由化对这些领土内的产品贸易实质上取消关税和其他限制性贸易法规。张娟（2013）认为，自由贸易区是指两个或两个以上的国家（地区）通过签订自由贸易协议，在世界贸易组织最惠国待遇基础上，相互进一步开放市场，分阶段消除或减少彼此关税和非关税限制，改善服务和投资的市场准入条件，从而形成实现贸易和投资自由化的特殊经济性区域。自由贸易区的特点在于它是由两个或多个主权国家（地区）组成的集团，集团成员之间相互取消或减少关税和其他贸易限制，但又各自保留独立的对外贸易政策。自由贸易区具有排他性，即非集团成员不能自动享受集团内的各类优惠待遇，而只能通过加入集团、与集团成员国签订双边协定等方式实现优惠待遇。自由贸易协定内容最初仅涉及货物贸易，后来逐渐涵盖货物贸易、服务贸易、政府采购和知识产权保护等众多领域（冯叔君，2015）。

关于自由贸易园区（FTZ），国内外专家学者和权威机构的定义各不相同。一般认为，自由贸易园区源于 1973 年国际海关合作理事会（现称世界海关组织，World Customs Organization，WCO）在《京都公约》中对于"自由区"的有关规定：自由区是指一国或地区的部分领土，在这部分领土内运入的任何货物就进口税及其他各税而言，被视为在关境外，并免于实施惯常的海关监管制度（杨建文和陆军荣，2008）。自由贸易园区是关税领土内的一小块区域，是单个主权国家（地区）的自主开放行为。

联合国贸易和发展会议对自由贸易园区的定义是，自由贸易园区是货物进出无须通过国家海关的特殊经济性区域。货物进出自由贸易园区可免缴关税，也不受配额限制。此外，货物还可以在自由贸易园区内无限期地储存。最初自由贸易园区主要用于货物的储存和贸易，在发展中开始涉及制造、加工和装配等业务活动（高海乡，2006）。

世界银行将自由贸易园区定义如下：单独隔离的区域，为区域内企业提供自由贸易的条件和自由的监管制度，并专门用于生产出口产品。《智利自由贸易园区法》指出自由贸易园区是界限隔离明确、紧靠某港口或机场、受海关治外法权保护的区域或单独的地块，在这些地方，货物可以进行自由储存、制造、加工或销售（杨建文和陆军荣，2008）。

在美国，自由贸易园区被称为对外贸易区（foreign-trade zones）。《美国对外贸易区委员会通用条例》中将对外贸易区定义为：是一个单独隔离的、受管辖的封闭区域，作为公共设施进行运作；任何国内外商品，除法律明令禁止或对外贸易区管理当局认定为妨害公共利益、健康或安全外，都可以进区，而不受美国有关海关法约束；商品可以初包装或其他形式出口或从区内发送到关境内，若运往关境内，应缴纳关税；进入园区内的商品可以任何方式存贮、展示、制造、混合或使用，但不能违反法律法规及相关条例（杨建文和陆军荣，2008）。

以上表述的共同点在于，自由贸易园区是位于一国国境之内和关境之外，享有海关治外法权，在关税、配额及进出口海关手续等方面有优惠规定的单独隔离区域，区内可进行制造、加工、储存、贸易、装卸等活动。

国务院原副总理李岚清主编的《中国利用外资基础知识》一书对自由贸易园区的称谓、性质、功能、业务及作用做出了比较全面且权威的定义："自由贸易园区，又称免税贸易区或对外贸易区、自由关税区，也有国家称之为自由区（free zone）或自由市（free city），称谓虽不同，但其性质是一样的。自由贸易园区是划在所在国或地区的海关管辖区的关卡以外，以贸易为主的多功能经济性特区，它主要以促进对外贸易为主，也发展出口导向的加工业和工商业、金融业、旅游及其他服务业。对设区国家或地区来说，它起到了增加对外窗口、促进内外交流、引进外资和技术的作用，这种作用对于克服贸易保护主义倾向和越来越多的非关税壁垒，以及促进发展中国家的对外开放、发展经济是有益的。"① 在不同国家不同时期，自由贸易园区称谓有所不同，表 3-1 列举了关于自由贸易园区的专业名称、主要使用国家、首次使用时间的相关信息。

表 3-1　各国各时期自由贸易园区的名称

专业名称	主要使用国家及首次使用时间
自由贸易园区（free trade zone）	19 世纪开始使用的传统名称
对外贸易区（foreign trade zone）	美国，1934 年

---

① 在商务部和海关总署《关于规范"自由贸易区"表述的函》（商国际函〔2008〕15 号）文件发布前，FTA 与 FTZ 均被广泛译为"自由贸易区"，《中国利用外资基础知识》一书中对"自由贸易区"的概念界定实质上是对"自由贸易园区"的概念阐述，为避免混淆，本书在此均统一为"自由贸易园区"。

续表

专业名称	主要使用国家及首次使用时间
工业自由区（industrial free zone）	爱尔兰，1970 年之前
自由区（free zone）	阿拉伯联合酋长国，1983 年
组装工厂（maquiladores）	墨西哥，20 世纪 70 年代早期
出口自由区（export processing zone）	爱尔兰，1975 年
出口加工免税区（duty free export processing zone）	韩国，1975 年
出口加工区（export processing zone）	菲律宾，1977 年
经济特区（special economic zone）	中国，1979 年
投资促进区（investment promotion zone）	斯里兰卡，1981 年
自由出口区（free export zone）	韩国，1973 年

资料来源：上海财经大学自由贸易区研究院和上海发展研究院（2015）

通过前文对自由贸易区与自由贸易园区的分析，可发现两者在设立主体、设立方式、核心政策等方面存在诸多差异（表 3-2）。

表 3-2　自由贸易区与自由贸易园区的异同点

	对比类别	自由贸易区	自由贸易园区
不同点	设立主体	两个及两个以上主权国家或地区	单个主权国家或地区
	关境与国境关系	关境大于国境	关境小于或等于国境
	设立方式	通过双边或多边谈判	无须谈判，自主性的开放措施
	驱动力	经济全球化	区域经济一体化
	区域涵盖范围	一般是两个及两个以上缔约国家或地区全部关税领土之间形成的区域，国界小于关界	单个关税领土内的一部分区域，国界大于关界
	国际惯例依据	世界贸易组织的《关税与贸易总协定》	世界海关组织的《京都公约》
	主要特征	自贸区成员之间相互取消全部或大部分关税及非关税壁垒；具有排他性，非成员不能享受同等优惠；成员各自保留独立的对外贸易政策	实行保税、免税政策和所得税等税费优惠政策；不具有排他性，凡入驻企业按规定均可享受优惠
	法律依据	双边或多边贸易协议	国内立法
相同点		二者都是为了降低国际贸易成本，促进本国经济与对外贸易的发展	

可见，我国在深化改革、扩大开放、创新发展中先后建立的 21 个自由贸易试验区本质上都是自由贸易园区。

3.1.3　自由港与自由贸易园区

自由港是世界经济性特区的早期形式（李岚清，1995），是指一国（地区）

划定的置于海关辖区以外的特别区域，在这一区域内，外国船只可以自由进出，全部或大部分外国货物可以豁免关税而自由进出港口，且货物的装卸、储存、改装或分装、装配、加工或转运其他国家，均不受海关一般监管。根据货物海关豁免的范围，自由港可分为完全自由港和有限自由港，前者对外国货物一律免征关税，后者只对少数指定进口货物征收关税或实施不同程度的贸易管制，其他货物则一律享受免税待遇。世界上原有的完全自由港不多，随着时间推移，出于保护本国工业或其他经济利益需要，大多数自由港已转为有限自由港，如中国香港、新加坡、德国汉堡等（杨建文和陆军荣，2008）。

从世界自贸区发展历程来看，自由贸易园区一般由自由港发展而来（上海财经大学自由贸易区研究院和上海发展研究院，2015），世界各国的自由贸易园区与自由港功能基本相近（李岚清，1995），二者同属"境内关外"，即处于国境内，位于关境外，享有海关治外法权。但与自由贸易园区相比，自由港有三个显著的不同点（杨建文和陆军荣，2008）。一是自由港有严格的区位限制，必须设在空港或海港城市，是港口的全部或一部分[①]；而自由贸易园区的设立无此限制，它既可以设立在海河空港口区域，也可以在一国的任何地方（包括内陆）。二是自由港开放的自由度较自由贸易园区更高，包括"四个自由"，即贸易自由、金融自由、投资自由和运输自由。具体来说，贸易自由是指不存在关税和非关税壁垒，凡合乎国际惯例的贸易行为均畅通无阻，无国界限制；金融自由是指外币自由兑换、资金自由流动、资金自由经营、无国民待遇与非国民待遇之分；投资自由是指投资没有因国别差异带来行业限制与经营方式限制；运输自由是指运输工具入港免办海关手续、非强制引航、船员可自由登岸、边防海关人员不上船、移民和卫生检疫手续从简等。三是在自由进出领域的广泛性上，自由港内的一般商品可自由进出区内生产、流通、消费的各个领域，而自由贸易园区中的商品自由进出仅限于生产或流通领域，在进入消费领域前须经过海关，缴纳相关税费，办理相关手续。

自由港和自由贸易园区都是"境内关外"模式，即位于一国（地区）境内、关境之外，实施特殊政策的经济性区域，但它们在功能、自由度及流通性、区位限制等方面也存在差异，如表3-3所示。

表3-3 自由港与自由贸易园区的区别

名称	功能	自由度及流通性	区位限制	典型例子
自由港	功能单一，主要是国际贸易商品的储存、转运等	"四个自由"，自由度最高，流通性最好	最严格，一定是港口或港口的一部分，且对港口本身的容量与业务能力要求较高	中国香港、新加坡

[①] 我国台湾省将"自由港"称为"自由贸易港区"，二者无实质性差别。

续表

名称	功能	自由度及流通性	区位限制	典型例子
自由贸易园区	早期功能单一，目前功能多样，综合性最强，由贸易拓展到加工、储存、展示等	自由度与流通性仅次于自由港，但人员的流动不如自由港自由	一般并无特定的限制	巴西马瑙斯自由贸易园区、巴拿马科隆自由贸易区

资料来源：高海乡（2006）

3.1.4 自由贸易园区的基本特征

上海财经大学自由贸易区研究院、上海发展研究院在《全球自贸区发展研究及借鉴》一书中指出，国际上的自由贸易园区通常具备如下基本特征。

一是区内实行"自由"政策。自由贸易园区最大的特征就是"自由"。"自由"意味着自由贸易园区内的主体享有当地经济体制、税收制度、监督管理无法享受的特殊优惠政策。享有此种"自由"的主体包括商品、服务、资本、货币、人员等生产要素，各生产要素可在各经济实体之间自由流动。

二是区内企业生产活动具有出口导向性。自由贸易园区内的企业，主要或全部的产品生产都是为了出口，其经济活动旨在吸引外资、引进先进管理经验与技术、促进对外贸易、发展本国经济，与一国的政治体制等政治因素无关。

三是区内拥有较完善的商业基础设施和服务。自由贸易园区能提供较高质量的基础设施和服务，如办公空间、公共服务、物流服务、商业服务、金融服务及其他相关设施。

四是区内享有更灵活的商业政策和更宽松的商务环境。例如，在海关监管方面，大多实现"境内关外"政策；在投资方面，投资准入限制放松，可基本实现一站式的投资申请审批。

五是园区占据便利的离岸位置。自由贸易园区作为离岸贸易活动最为活跃的场所，一般毗邻港口、河流等交通便利之处，目的在于降低物流成本。

六是区内提供具有吸引力的一揽子激励措施。自由贸易园区为了吸引外资，通常会为投资者提供一揽子激励措施，如降低投资者准入门槛、免除原材料进口关税等。

3.2 自贸区反洗钱监管的理论依据

我国自贸区不同于国内其他区域，也不同于以往我国的经济特区和保税区（高增安等，2018a）。自贸区不只是提供优惠税收等政策，更重要的在于它是我国制度创新的试验田，通过转变政府职能、改革监管方式、促进金融开放等系列举措，为区内企业实现投资贸易自由化扫清障碍，进一步促进我国更高水平的对外开放。

开放经济环境存在众多优点，对各国各地区企业来说极具吸引力。新兴国家或转型国家处于经济发展上升期，投资、投机机会均较多，但金融监管体制机制尚未完全与国际接轨，相关法律制度还不够健全，在资金的安全性得到保证的前提下，这是洗钱分子理想的清洗环境。随着自贸区的快速发展，制度创新所带来的便利、频繁的贸易往来、快速便捷的资本流动及宽松的监管，给洗钱活动的产生和非法资金的跨国（境）流动创造了条件。洗钱作为"典型的非传统安全威胁""犯罪的放大器""市场经济体系最大的漏洞"（Baker，2005；高增安，2011），危害性极大，如果不对其加以打击，会使得洗钱分子越发猖狂、肆无忌惮，使得洗钱活动进一步泛滥，并助长上游犯罪活动（Toni，2019）。FATF（2010）指出，自贸区洗钱活动易发高发，应重视自贸区洗钱风险问题。金融系统是赃钱非法清洗流转的主要场所，自贸区内金融机构的反洗钱问题更应该受到高度重视。

下面就从总体国家安全理论、公共利益理论、制度经济学理论、社会控制理论、风险管理理论及破窗理论等方面，阐释实施自贸区反洗钱和反恐融资监管的理论依据。

3.2.1 总体国家安全理论

2014年4月15日上午，中共中央总书记、国家主席、中央军委主席、中央国家安全委员会主席习近平主持召开中央国家安全委员会第一次会议，提出"总体国家安全观"，以人民安全为宗旨，以政治安全为根本，以经济安全为基础，以军事、文化、社会安全为保障，以促进国际安全为依托。既重视外部安全，又重视内部安全，对内求发展、求变革、求稳定、建设平安中国，对外求和平、求合作、求共赢、建设和谐世界；既重视国土安全，又重视国民安全，坚持以民为本、以人为本，坚持国家安全一切为了人民、一切依靠人民，真正夯实国家安全的群众基础；既重视传统安全，又重视非传统安全，构建集政治安全、国土安全、军事安全、经济安全、文化安全、社会安全、科技安全、信息安全、生态安全、资源安全、核安全等于一体的国家安全体系；既重视发展问题，又重视安全问题，发展是安全的基础，安全是发展的条件，富国才能强兵，强兵才能卫国；既重视自身安全，又重视共同安全，打造命运共同体，推动各方朝着互利互惠、共同安全的目标相向而行[①]。党的十九大报告明确，"坚持总体国家安全观"是新时代坚持和发展中国特色社会主义基本方略之一。2022年10月16日党的二十大报告中，再次强调统筹外部安全和内部安全，统筹维护和塑造国家安全，筑牢国家安全人民防线，夯实国家安全和社会稳定基层基础，完善参与全球安全治理机制，建设更高水平的平安中国，以新安全格局保障新发展格局。

"总体国家安全观"是"新安全观"（new security）或"综合安全观"（comprehensive security），也叫作"非传统安全观"（non-traditional security），是相对于国家安全至上、以政治和军事安全为主、以武力或战争方式解决国家间矛盾和冲突的传统安全观而言的。中国政府2001年发布的《国防白皮书》首次使用"非传统安全"概念，表达了对国家安全的新观点、新思维、新境界，即"大安全观"——从更大范围、更多领域、更宏观层面审视国家安全，确保实现"国泰"（政权安全与主权安全）、"民安"（发展安全与人的安全）之目标（陆忠伟，2003）。2022年上海合作组织成员国元首理事会第二十二次会议提出，要有效应对数据安全、生物安全、外空安全等非传统安全挑战。

洗钱不单是某一个领域的问题，而是多领域问题的集中反映。洗钱是人类社会生活中的一颗毒瘤，影响金融安全，波及经济稳定，动摇政权基础，危害全社会，因而可能从金融问题上升到经济问题以至政治问题和社会问题（高增安，2011）。洗钱一旦涉及资金的跨国（境）流动，表面上的国内、区域性、地方性问题就可能具有错综复杂的国际背景。洗钱涉及国家安全的多个领域，高质量开展国家反洗钱工作正是在当前错综复杂的安全形势下落实总体国家安全观的现实要求。

3.2.2 公共利益理论

公共利益是一个典型的不确定法律概念，其含义非常丰富，涵盖大众福祉、公共财富、社会福利、公众利益的各个方面。公共利益代表"最大多数民众的最大利益"，是公众的或与公众有关的一切利益关系的总和，其确立标准是存在数量众多的、不确定的受益人。

公共利益的最典型特点是客观性和社会共享性。客观性是指公共利益，不是个人利益的简单叠加，也不是个人基于利益关系而产生的共同利益，而是作为"公意"客观、真切地影响着共同体整体的生存和发展（尽管可能没有被共同体成员明确地意识到）。社会共享性是指公共利益的相对普遍性或非特定性和共同

[①] 更多内容，请参阅习近平同志在中央国家安全委员会第一次会议上的讲话——《坚持总体国家安全观走中国特色国家安全道路》。

受益性,即它不是特定的、部分人的利益,而是为社会全体成员所共有;受益不一定表现为直接、明显地得到好处,公共利益受到侵害事实上就是公众利益的"负受益"。公共利益是对所有个体利益的整体性抽象,其目的是使每个个体利益都能得到改进和优化。在界定公共利益时,需要遵循比例原则、利益衡量原则、公平补偿原则和正当法律程序原则。

公共安全是公共利益的一个重要方面,它是由广义的法律、制度、规章、秩序来保护和捍卫的,而借以维护公共安全的法律规制和公序良俗本身也是一种公共利益。在公共行政领域,腐败现象的产生和发展对社会的公共利益是一种威胁和危害,腐败分子转移政府资金的过程,严重损害了整个社会和广大民众的公共利益。为避免和减少这类公共利益损害事件,制定行之有效的反腐败洗钱制度体系至关重要。

从经济学角度来看,经济学家将经济管制理论应用于金融监管,认为在不存在信息成本或者交易成本很低的前提下,政府强有力的监管能够提高金融机构的治理水平,从而提高整个社会的公共利益,使社会福利水平最大化,实现帕累托最优,或者至少会恪守"卡尔多-希克斯"改进(Kaldor-Hicks improvement)[①]的底线。对于腐败洗钱活动而言,政府加强金融监管,更重要的是保护和提高公众乃至整个社会的公共利益。

同时,由于外部性影响的存在,社会资源的配置不能达到最优化,从而影响到经济运行的效率。由信息不对称而产生的逆向选择和道德风险,阻碍了市场对资源的配置,从而导致市场失灵现象。市场经济的缺陷表明,仅仅依靠价格的自动调节并不能使社会经济资源的运用达到最优状态。在反洗钱过程中的种种问题,决定了构建国家反洗钱机制离不开政府的强力参与。至于市场经济运行过程中存在的各种缺陷,政府可以通过制定和实施各种经济政策加以管制。从这个意义上讲,反洗钱是一种政府行为,是一种利于公共利益选择的作为,没有国家在总体上的作为,就不可能有反洗钱机制的建立和运行。

3.2.3 制度经济学理论

制度经济学将人和组织置于种种约束条件之下,希望对现实生活中人和组织的行为做出合理的解释。制度经济学强调法律、规章、范式、准则的作用,认为在所有的约束中,制度是最为重要的。这里,制度是指一个社会的游戏规则,是

---

① 卡尔多-希克斯改进,也称卡尔多-希克斯效率(Kaldor-Hicks efficiency),认为如果一个人的境况由于变革而变好,并且他能够补偿另一个人的损失而且还有剩余,那么整体的效益就改进了。这是约翰·希克斯于1939年提出的福利经济学的一个著名准则,用以比较不同的公共政策和经济状态。

为决定人们的相互关系而人为设定的一系列制约（诺思，1994）。法律是具有法定约束力的制度。1958 年芝加哥大学法学院《法律与经济学》杂志的创刊或者 1960 年科斯（Ronald H. Coase）《社会成本问题》的发表，被许多学者认为是运用新制度经济学成果进行现代法律经济学分析的标志。

在对法律制度进行经济学分析时，主要涉及三个方面内容：运用价格理论预见法律制度的效果；运用福利经济学理论选择法律制度；运用公共选择理论预测法律制度的变革方向（贺卫和伍山林，2003）。目前，有关洗钱犯罪的经济学分析是以下列假设为出发点的：成为洗钱者是理性选择的结果，就像决定进入任何其他行业一样。在具体分析过程中，经济学家关注的焦点从制度的公平、公正、正义转变到制度的效率，而且"规则改变行为"的假设成为反洗钱法治建设与制度安排的主要依据之一。

同时，制度经济学认为，外部性会导致市场失灵，因而不能依靠传统的自由竞争达到资源的有效配置，而必须借助于国家干预，其典型的做法是加强立法和制度建设，因为法律规制对遏制非法经济的发展具有特别重要的意义。然而，在 Djankov 等（2002）看来，控制犯罪的基本法律框架是不足以阻止洗钱活动的，因为洗钱者面临巨大的经济诱惑，诚实信用的"长期"收益已显得无关紧要；也由于司法部门是否起诉不可预知，起诉代价过于昂贵，不足以对洗钱者构成司法威慑，所以，要解决这些问题还必须依赖于制度体系的建立和完善。

在对制度效力进行评价时，不仅应该考虑在特定情况下是否产生了正当的结果，而且还必须考人（主要是现有洗钱者，当然也包括跃跃欲试者或该行业的潜在进入者）在制度实施过程中的行为是否产生了监管部门预期的、合意的、可以解释的改变。斯蒂格勒（Stigler）在评判《谢尔曼法》的实际效力时指出，在人类所制定的一切法规中，最难衡量其效力的是那种所要禁止的活动具有隐蔽性的法令。洗钱正是极端隐秘的活动，大量的交易数据均涉及企业的商业秘密，研究人员几乎无从获取。中国人民银行《金融机构反洗钱规定》第七条明确规定，"中国反洗钱监测分析中心及其工作人员应当对依法履行反洗钱职责获得的客户身份资料、大额交易和可疑交易信息予以保密；非依法律规定，不得向任何单位和个人提供"。因此，进行实时洗钱研究是很困难的，评价反洗钱制度的效力则更加艰难（高增安，2017）。

然而，在法律与经济学中，继 Coase（1960）、Stigler（1964）研究之后的一个重要传统观点认为，成文法或许是落后于潮流的，或许是达不到预期目标的。就此而言，特定的反洗钱制度可能是无效的，因为它总是把目标锁定在洗钱的后期，但洗钱只是非法活动的继续（尽管行为主体可能发生变化），而不是开始（紧随恐怖融资而来的恐怖袭击不在此列）。从这个意义上讲，反洗钱应该从源头上着手，只有上游犯罪得以控制，洗钱活动才可能减少。但是，也正是因为洗钱的上游犯罪五花八门,难以根绝,我们才有必要从下游去切断犯罪所得及其收益合法化的渠道,进而削弱甚至消除上游犯罪的诱因,也就是通过阻止洗钱行为来打击其上游犯罪活动,这就是芝加哥学派关于制度控制的思想。当然,"从源头上控制洗钱"也可以理解为"不给洗钱者以放置(placement)之机",因为成功的洗钱在很大程度上归因于成功地将不法收益放置进官方的金融系统之中,甚至可以说,放置成功了,洗钱也就成功了一大半,纷繁复杂的离析(layering)操作不过是增加了洗钱被发现、识别和侦破的难度而已。

3.2.4 社会控制理论

社会控制(social control)是社会组织利用社会规范对其成员的社会行为实施约束的过程。任何社会要推行统治阶级所确定的社会价值观念,维系现存的社会秩序,并使之达到预期的目标,都必须借助于社会控制体系。早期的社会控制理论是美国著名社会学家爱德华·罗斯(Edward Ross)于1901年首次提出来的。

Ross(1901)认为,社会控制是一种有意识、有目的的社会统治,是社会对人的动物本性的控制,其目的是限制人们发生不利于社会的行为。在他看来,人生来就具有同情心、互助性和正义感,它们共同构成了人的天性中的"自然秩序",因而能够避免出现人与人之间的争斗和战争引起的社会混乱。但是,19世纪末20世纪初高速推进的城市化进程和移民浪潮,破坏了罗斯为美国社会设想的这种"自然状态"。现代社会的一系列变革,更迫使人们不得不生活在完全陌生的环境之中。于是,随着社会交往的"匿名度"提高,人性中的"自然秩序"难以再对人的行为发挥约束作用,因而越轨、犯罪等社会问题大量涌现,必须用社会控制来维持社会的正常秩序。

社会控制有广义和狭义之分。广义的社会控制,是指社会组织运用社会规范及与之相应的手段和方式,对其成员的社会行为及价值观念进行指导和约束,对各类社会关系进行调节和制约的过程;狭义的社会控制,是指对社会越轨者施以社会惩罚和重新教化的过程。社会控制的具体方式包括法律、道德、舆论、风俗习惯、宗教、信仰、教育、个人理想、礼仪、艺术、人格、启蒙、社会价值观、伦理法则等,它们都是达到社会和谐与稳定的必要措施。

美国社会学法学的创始人和主要代表人物、20世纪西方法学界的权威人物罗斯科·庞德(Roscoe Pound)主张,通过法律来实现社会控制(Pound,1942),并认为从16世纪以来,法律事实上已经成为社会控制的首要工具。Pound(1959)系统阐述了庞德社会学法学的基本纲领。庞德的法律概念包含三个方面：法律秩序，据以做出司法或行政决定的权威性资料、根据或指示，司法和行政过程。其中，权威性资料又包括法令、技术和理想，而法令又是由规则、原则、概念和标准组成的。庞德认为，法律是"依照一批在司法和行政中使用的权威性法令来实施的高度专门形式的社会控制"，即通过有系统、有秩序地使用这种"社会暴力"来达到社会控制的目的。将法律看作一个运作于大的社会背景中的制度，是一种"社会工程"，其作用就是承认、确定、实现和保障各种利益，尤其是社会利益，这便是庞德的社会学法学，其核心是强调法律的社会作用和效果。

文明社会要求人的社会性限制自然属性的膨胀。庞德认为，只有法律才能完成通过控制个人的扩张性来维持整个文明社会的平衡这一任务。然而，庞德并不否认其他社会控制手段的作用。相反，在他看来，法律仍然"需要宗教、道德和教育的支持"。

罗斯和庞德均主张加强政府对包括经济在内的整个社会生活进行调节或控制，这就为国家反洗钱工作提供了重要理论依据。反洗钱的目的，正是要针对洗钱犯罪做出一系列制度安排，特别是反洗钱法律规制的完善，以维护正常的金融经济秩序和社会秩序，保证整个社会健康、协调发展。因此，广义的社会控制显得非常必要。从理论上讲，既要发挥思想教育的基础作用，又要发挥法制教育的保障作用；既要通过法律规制来实行强控制，又要通过舆论宣传来实施软控制；既要重视制度的外在约束作用，又要重视道德的内在自律作用。

3.2.5　风险管理理论

从字面上看，"风险"早期多见于航海业，表示由"风"生"险"。1895年美国学者约翰·海尼斯（John Haynes）在《经济学季刊》中发表的文章《作为经济因素的风险》首次将"风险"这一概念引入经济学领域，并指出风险是损失的概率，意味着损害的可能性。根据不同的价值观，风险研究有两大流派，即客观实体派和主观建构派。客观实体派代表人物美国学者普菲费尔（Pfeffer）在《保险与经济理论》一书中指出，风险是一种客观存在。主观建构派则将心理学的主观判断融入风险。洗钱风险研究多从前者，即客观实体派视角展开（孙婧雯，2014）。

风险管理，是在一个有风险的环境里通过风险识别、度量与评估等方式对风险实施控制的管理过程。风险管理的步骤包含风险识别、度量评估与防范控制。风险识别是指对目标对象的各种显性和潜在风险因素进行认识、鉴别和分析，这是风险管理的基础环节；风险度量评估是对风险水平的分析和估量，是风险识别的延续；风险防范控制是采取各种政策和措施降低风险或对风险加以控制（卓志，2006）。

风险因素也称风险条件，是指引发风险事故或在风险事故发生时致使损失增加的条件，侧重于促使风险事故产生的原因、根源，是导致风险事故的必要条件。在本书中，风险事故即发生洗钱活动，风险因素集中表现为洗钱威胁与反洗钱漏洞。FATF（2013）指出，洗钱风险管理包括风险识别、分析与评估三个阶段。由于洗钱风险因国家、地区甚至国家内部发展情况的不同而存在很大差异，学者们多依据国际组织，如世界银行、IMF、FATF 和反洗钱行政主管部门提出的指导性思路为基础，通过构建用威胁和漏洞来评估洗钱风险的基本框架，对各国（地区）洗钱风险有关问题展开探索与研究（苗文龙和张菁华，2016；Savona and Riccardi，2017）。基于此，本书将从这两个方面探究、识别我国自贸区洗钱风险的（关键）影响因素，并提出有针对性的政策建议，为有效防控我国自贸区洗钱风险提供决策依据。

3.2.6 破窗理论

1969 年，美国斯坦福大学心理学家菲利普·津巴多（Philip Zimbardo）进行了一项有趣的试验。他找了两辆一模一样的汽车，把其中一辆停放在一个中产阶级社区，而另一辆则停放在相对杂乱的一个社区。他把后一辆车的车牌摘掉，并把顶棚打开。结果，在他离开 10 分钟之后，就开始有人偷车上的零部件，没过三天汽车已面目全非，完全成了一堆垃圾，而前一辆车停了一个星期也安然无事。后来，津巴多用锤子把那辆车的玻璃砸了个大洞。结果仅仅几个小时后，车上所有的玻璃都被打破，车牌被摘掉，零部件全部丢失，甚至后来整个汽车都被掀翻了。由此，津巴多得出结论：对于完美的东西，人们都本能地去保护它，并自觉阻止破坏行为；但对于破损的事物，人们往往对破坏行为视而不见，甚至有意去加剧其破坏程度。

受上述"偷车试验"的启发，美国著名政治学家詹姆斯·Q. 威尔逊（James Q. Wilson）和预防犯罪学家乔治·L. 凯林（George L. Kelling）于 1982 年提出了犯罪心理学的"破窗理论"：如果有人打坏了一幢建筑物的窗户玻璃，而这扇窗户又得不到及时维修的话，别人就可能受到某些暗示性的纵容去打烂更多的玻璃。久而久之，这些破窗户会给人造成一种无序的感觉，最终，在这种麻木不仁的氛围中，犯罪自然就会滋生。

"破窗理论"说明了环境具有诱导性和暗示性，细节的累积可以促成事物由量变到质变的飞跃；也说明了先例对后继者的潜在心理暗示作用和后继者对先例的观察学习效果。当代美国著名心理学家班杜拉（Bandura）提出的社会观察学习理论认为，学习者在通过观察进行学习时，可以不必做出外部反应，也不必亲自体验强化，而只需要通过观察他人在一定情境中的行为表现及其接受强化的方式，就可以达到学习的目的（章志光和金盛华，1996）。因此，要防止破窗效应，必须及时修缮第一扇被打破玻璃的窗户。也就是说，对不良习气、不道德行为、轻微违规行为决不能姑息养奸，而必须坚决予以革除和打击，实施"零容忍"（zero tolerance）策略。

防范和打击洗钱活动恰似政府对破烂窗户的管理。无论是因为政府的疏忽、监管部门的渎职还是因为洗钱者的狡猾，只要洗钱犯罪得不到应有的惩处，就不可避免地对犯罪分子构成一种激励，而对反洗钱者形成一种打击。任由洗钱者将黑钱洗白，无异于对非法收益的默许甚至肯定。倘若非法所得及其收益可以逃避政府部门的监管而轻易转化为合法收入，犯罪分子也不会受到惩处，奉公守法的公民便会感受到强烈的不公平和不公正，并认为制度安排不合理、制度效力失灵。一旦反洗钱的利益驱动机制缺失，洗钱的高额利润就会诱惑更多的人去从事洗钱犯罪活动，所以，作为政府对洗钱行为的惩治，加大对洗钱者的负强化效应是有效遏制洗钱犯罪的必要手段。

3.3 本章小结

到目前为止，我国分期分批建立的21个自贸区本质上都是自由贸易园区。本章厘清了内陆开放及自由贸易区、自由贸易园区、自由港等基本概念及其相互关系，从总体国家安全理论、公共利益理论、制度经济学理论、社会控制理论、风险管理理论及破窗理论等六个方面，阐释了我国自贸区实施反洗钱与反恐融资监管的理论依据，这对我国自贸区坚持改革、创新"双轮驱动"发展模式，担负"先行先试""形成可复制、可推广的经验"职责使命，展现我国全面深化改革、扩大开放的全新国际形象，维护新时期总体国家安全具有重要意义。

第 4 章 专题一：自贸区洗钱风险影响因素研究

本章首先梳理和描述目前我国自贸区可能面临的洗钱风险，然后运用文献回顾和专家访谈法，系统分析和提炼影响我国自贸区洗钱风险的诸多因素，再分别采用模糊认知图和解释结构模型方法，识别影响我国自贸区洗钱风险的各因素的重要性程度和层级关系，以期为后文构建自贸区反洗钱监管机制提供依据[①]。

4.1 自贸区洗钱风险现状分析与影响因素识别

4.1.1 自贸区洗钱风险现状分析

目前，我国各自贸区正在如火如荼建设发展中。从总体看，自贸区建设主要围绕政府职能转变、配套税收政策、法治保障、贸易便利化、金融开放创新等方面展开。表 4-1 梳理了我国自贸区建设的主要任务及措施。

表 4-1 我国自贸区建设的主要任务及措施

主要领域	主要任务及措施
政府职能转变	简政放权，推进政府管理由事前审批转为事中事后监管
配套税收政策	实施促进投资、贸易的税收优惠政策，有条件减免关税、所得税等税收
法治保障	围绕试点内容停止或调整实施有关行政法规和国务院文件的部分规定
贸易便利化	培育贸易新业态、新功能，支持区内企业开展离岸业务，培育跨境电子商务功能；创新贸易监管模式，实施"一线放开，二线管住，区内自由，分类管理"的海关监管模式；简化进出口通关手续，实行"无纸化通关"等措施

---

① 本章主要由课题组成员、西南交通大学经济管理学院研究生汪小草执笔。更多内容请参见硕士学位论文《我国自由贸易试验区洗钱风险的影响因素研究》（2020 年，导师：高增安教授）。特此鸣谢！

续表

主要领域	主要任务及措施
金融开放创新	扩大人民币跨境使用，推行人民币资本项目可兑换；推行利率市场化；探索投融资汇兑便利，深化外汇管理体制改革，外商投资企业外汇资本金意愿结汇；建立统一的本外币自由贸易账户体系

资料来源：根据我国各自贸区建设总体方案梳理

不难发现，制度创新是我国自贸区的重点试点内容，这表现在投资、贸易、监管、金融等各个领域。相比境内区外其他地区，自贸区经济金融环境更加自由、便利与开放，但便捷高效的制度环境与优惠措施在增强经济活力的同时也增加了经济金融运行风险，扩大了非法集资、逃税、洗钱等经济犯罪空间。表 4-2 列举了自贸区制度创新背后潜在的风险点与可能导致的经济犯罪间的关系。

表 4-2　自贸区制度创新举措与可能导致的经济犯罪

制度创新举措	潜在风险点	可能导致的经济犯罪
利率市场化	区内外利率差	非法吸收公众存款罪、集资诈骗罪
贸易监管模式创新	相对宽松的海关监管	走私罪、侵犯知识产权罪
配套税收政策	贸易、投资等方面税收减免	虚开增值税发票罪、骗取出口退税罪
人民币跨境使用	人民币资本项目下可兑换、跨境结算便利	逃汇罪、洗钱罪
外汇管理体制改革	外汇行政审批事项减少、外资企业外汇资本金意愿结汇	逃汇罪、洗钱罪

资料来源：根据相关资料整理，并参阅谢波（2019）

目前涉自贸区刑事案件中金融犯罪案件数量较多，涉案金额较高。涉税洗钱主要与虚开增值税发票、逃税、骗取出口退税等犯罪相关，且多与职务侵占等经济犯罪复合，涉税犯罪洗钱风险加剧。从发生率看，涉税犯罪位列前三的依次是虚开增值税专用发票、偷税与骗取出口退税（梅德祥，2018）。上海市《2015年度自贸试验区刑事检察白皮书》显示，2015 年上海市浦东新区检察院共受理 174 件涉自贸区经济活动类犯罪，相比上年上升 2.4%，虚开增值税专用发票罪案件数居首位。空壳公司成为虚开发票主要载体，虚开发票主要方式为虚假纳税申报或不申报直接对外虚开发票。自贸区享有出口退税优惠政策，加之自贸区业务的跨境属性，不法分子极易利用虚假商品贸易、伪造单证、不如实申报退关退货产品等手段骗取出口退税。该白皮书还指出，自贸区内经济犯罪已呈现黏附自贸区载体、政策、要素等特质的动向。

据上海海关，2014 年上海海关立案查办涉及自贸区走私违法违规案件 91

起，同比增长 54.2%，案值 41.41 亿元人民币，同比增长 3.3 倍[①]。2018 年 6 月，成都市双流区检察院发布《涉自贸刑事检察白皮书》，指出自贸区刑事案件中利用离岸公司、离岸账户等进行逃汇、骗税、洗钱等犯罪的风险不断上升。上海市浦东新区检察院《2018 年涉自贸、科创检察工作白皮书》显示，2018 年该院共受理涉自贸、科创经济活动类刑事案件 134 件 245 人，主要案件及罪名基本情况见图 4-1。其中，破坏金融管理秩序罪、金融诈骗罪等均为洗钱罪之上游犯罪，犯罪分子为了逃避查处，势必采取各种手段清洗违法所得。

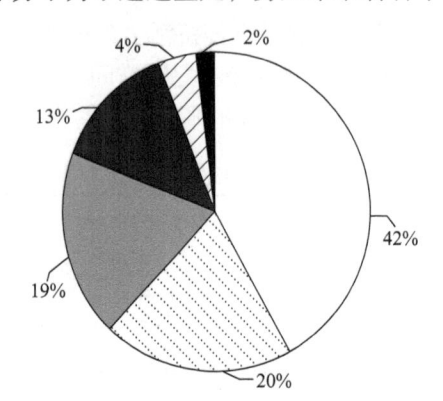

图 4-1　2018 年上海自贸区经济活动类犯罪审查起诉案件的基本情况
资料来源：上海市浦东新区检察院《2018 年涉自贸、科创检察工作白皮书》

从犯罪类型上看，目前我国自贸区刑事犯罪以传统型犯罪为主，但犯罪手段不断翻新，网络犯罪愈发普遍，如非法集资类案件从以往的线下转向线上或者使用线上线下相结合的方式，涉案企业多通过官网及互联网操作平台，以"经济新业态""金融创新"等名号为幌子，迷惑性更强。犯罪分子通过金融诈骗等犯罪活动取得资金，采取多种方式予以漂白。

从洗钱手法上看，自贸区内自由、开放的政策和监管环境使得放置黑钱的渠道选择更加多元化，黑钱洗白手法多样、资金交易流程更加复杂化，黑钱混入合法金融和经济体系，披上合法外衣的通道和方式更加隐蔽、难以辨识。目前自贸区洗钱的类型及主要方式见表 4-3。

表 4-3　自贸区洗钱的类型及主要方式

洗钱类型	主要方式	相关案例/数据
贸易洗钱	虚构贸易事实洗钱 贸易结算方式洗钱	2014 年上海市查获的一起信用证诈骗案[1)]

---

① 2014 年上海海关立案走私案件 2 453 起　涉自贸区 91 起. http://www.chinanews.com.cn/fz/2015/01-27/7010123.shtml.

续表

洗钱类型	主要方式	相关案例/数据
涉税洗钱	虚开增值税专用发票 偷税与骗取出口退税	珠海"8·09"特大虚开增值税专用发票案[2)
投资洗钱	利用空壳公司洗钱 虚构海外投资洗钱 以证券投资等间接投资洗钱	2014年上海自贸区一起非法业务经营案[3)
离岸业务洗钱	捏造虚假离岸投资转移赃钱 利用债权债务关系洗钱 利用离岸金融账户及各类便捷支付工具洗钱	据全球金融诚信组织（Global Financial Integrity，GFI）估计，中国在2001~2010年非法资金流出数额高达3.8万亿美元，资金大多流向中国香港、开曼群岛等避税港型离岸金融中心及境外金融机构[4)

1) 犯罪嫌疑人李某以委托进口名义办理相关单证手续后，让被害公司通过银行为其开具远期信用证，骗取了信用证项下资金人民币4 000余万元并据为己有。资料来源：上海市浦东新区人民检察院《2014年度自贸试验区刑事检察白皮书》

2) 2018年10月，广东省公安厅组织珠海、东莞、深圳市公安机关开展"利剑24号"集中收网行动，一举打掉4个虚开增值税专用发票犯罪职业团伙，抓获犯罪嫌疑人22名。上述4个犯罪团伙恶意利用自贸区相关优惠政策，成立多家化工类空壳公司，大肆虚开增值税专用发票，涉案金额超20亿元，造成重大税款损失。资料来源：广东警方发布的2018年十大经济犯罪案件。https://baijiahao.baidu.com/s?id=1623504217929137428&wfr=spider&for=pc

3) 犯罪嫌疑人路某于2014年2月起，谎称其公司可以在上海自贸区从事"负面清单"未涉及的外汇保证金交易，骗取了多名被害人信任，非法吸收了2 000余万元投资款并挥霍。资料来源：上海市浦东新区人民检察院《2014年度自贸试验区刑事检察白皮书》

4) 数据来自2012年12月GFI的《发展中国家非法资金流动：2001~2010》研究报告

从影响上看，犯罪分子通过非法集资、走私等犯罪活动获取资金后，多通过各种途径清洗、转移赃钱，危害极大。例如，2015年，在珠海横琴自贸区的广东掌上品互联网科技有限公司以"众筹"名义非法集资案[1]，涉及30个省、自治区、直辖市共6 800余人，一年时间内该团伙累计非法吸收公共存款达20亿元，公安机关冻结了涉案资金6亿余元，其余大量资金已被分散。又如，上海市第一中级人民法院审理的两起自贸区经济犯罪案件，涉案金额都在千万元以上：上海安恒利数字电影技术有限公司朱弘等走私普通货物、物品一案，偷逃应缴税额7 081万余元；泰格实业（上海）有限公司在进口货物过程中，通过低报价格走私进口，并伪造低于实际成交价格的发票、合同等向海关申报，偷逃应缴税额1 886万余元[2]。

2017年1月9日，最高人民法院发布《关于为自由贸易试验区建设提供司法保障的意见》，明确要打击破坏自贸试验区建设、滥用自贸试验区特殊市场监管条件进行的犯罪，依法惩治涉自贸试验区的走私、非法集资、逃汇、洗钱等犯罪行为。2017年9月，国务院办公厅发布《关于完善反洗钱、反恐怖融资、反逃税监管体制机制的意见》（以下简称"三反"），明确提出要严防洗钱、恐怖融资

---

[1] "网上商城"一年圈钱20亿各种福利都是"请君入瓮". http://money.people.com.cn/n1/2016/0621/c218900-28464333.html.

[2] 上海市第一中级人民法院. http://www.a-court.gov.cn/xxfb/nolcourt_412/docs/201607/d_3177012.html.

和逃税风险,为金融业双向开放保驾护航。金融创新与开放是自贸区建设的重点内容,因此,应积极贯彻落实国务院及最高人民法院要求,加强自贸区反洗钱工作,防范我国自贸区洗钱风险,有效打击自贸区洗钱犯罪。

4.1.2 自贸区洗钱风险影响因素识别

结合我国自贸区实际状况,围绕洗钱威胁和反洗钱漏洞两个方面的风险因素对我国自贸区洗钱风险的影响因素进行探究。与洗钱威胁有关的影响因素侧重产生非法所得及收益的洗钱上游犯罪和洗钱活动得以实施的环境因素,与反洗钱漏洞有关的影响因素主要是指反洗钱体系中可能存在的薄弱之处。对自贸区洗钱风险影响因素的识别主要采取文献研究与分析、专家访谈两种方式(高增安和汪小草,2022)。

就洗钱风险的影响因素而言,已有研究主要从宏观环境层面入手,进一步细化至微观层面具体因素分析。宏观层面看,FATF(2013)指出洗钱活动的发生、赃钱的转移与一国或地区的政治、社会和经济环境等诸多因素有关。高增安(2017)认为洗钱风险的影响因素包括区域社会环境、地理因素、政治影响和经济金融影响等。Reganati 和 Oliva(2018)指出,影响一国或地区洗钱风险的因素包括社会经济因素、执法因素和特定犯罪因素。杨泾等(2013)从经济环境、政治环境、社会环境、文化环境、地理环境五个维度,分析了一个国家或地区产生和吸引洗钱活动所具有的环境特征。任鹏飞等(2015)从地区特征、经济基础、金融发展、信用环境、法治环境、监管环境等六个方面,细化了区域洗钱风险影响因素。区域洗钱风险与国家洗钱风险两者在本质上没有太大差别,主要区别在于特定区域的特殊风险(孙婧雯,2014)。

在微观层面,从洗钱需求上看,犯罪分子在实施犯罪活动获取非法所得及收益后,为了掩盖赃钱的非法来源进而逃避监管,必须求助于某些渠道或方式将赃钱"洗白",洗钱需求得以产生。因此,上游犯罪的存在是洗钱犯罪的直接诱因,上游犯罪所得及收益是赃钱的重要来源,上游犯罪规模是衡量一国或地区洗钱威胁的重要因素(苗文龙,2014)。洗钱犯罪以金融服务为核心(胡晓翔和赵联宁,2001)。一般来说,洗钱者偏好在经济发达的地区进行赃钱清洗,金融发展水平高、经济自由化程度较高的地区对洗钱活动的吸引力较大(梅德祥和高增安,2015;高增安和童宇,2018;Ricci,2019;Bhattacharjee,2019)。人均GDP、政府对洗钱的态度和打击力度、地区腐败水平和社会冲突状况等因素也会影响赃钱流动(Walker,1999;Mitchell,2004;Walker and Unger,2009;苗文龙和张菁华,2016)。腐败犯罪资金藏匿和转移的性质决定了腐败和洗钱相伴相生：腐败聚敛黑钱，催生洗钱需求，是洗钱罪的上游犯罪；成功的洗钱为腐败资金披上合法外衣，使腐败者乐此不疲，甚至诱发新的犯罪。洗钱已成为公职人员贪污腐化的护身符和净化器。Alldridge（2001）认为，赃钱的安全性也是洗钱者考虑在何地利用何种方式进行清洗的重要因素之一。一个不稳定、不安全、动荡的社会环境对洗钱行为吸引力不高，反洗钱法律法规健全、执行力强、打击力度大、积极参与国际反洗钱组织的国家和地区，洗钱活动相对较少（杨泾等，2013）。唐旭等（2011）对我国 409 个洗钱案例数据进行了统计分析，发现洗钱犯罪分子以初中等较低文化水平、缺乏洗钱犯罪认知的人群居多。区位、距离及边界开放程度等地理因素对于洗钱活动产生作用（Unger，2009；李彬等，2015）。此外，信息技术是否发达、政策导向变迁等因素也影响着洗钱活动（Schneider and Windischbauer，2008；王筱和杨一鑫，2019）。FATF（2010）就自贸区存在的反洗钱漏洞进行了调研，指出区内反洗钱立法、监管部门的运行效力、司法合作机制和水平等因素对自贸区洗钱风险有重要影响。

在文献研究基础上，采用专家访谈法进一步识别自贸区洗钱风险的影响因素。本书对 15 位专家进行了访谈（访谈提纲见附录 1），访谈对象为中国人民银行重庆辖内某中心支行及四川辖内某中心支行反洗钱监管从业人员（5 名）、复旦大学和西南交通大学等高等院校反洗钱研究学者（5 名）和中国工商银行、中国建设银行等义务机构反洗钱专员（5 名），分别对应监管视角、相关领域研究学者视角、义务机构视角等三个视角。访谈对象均了解或比较了解我国反洗钱工作情况及自贸区有关情况，都参与过或正在从事反洗钱有关的研究或实务工作，每人访谈时长为 30~60 分钟。

在访谈开始前，访谈者向受访者承诺充分保密、访谈结果仅作为学术研究用途、保护其个人隐私。在访谈过程中，首先，向受访者讲述研究的主要目的，请受访者描述在他的认知中我国自贸区面临的洗钱风险有哪些，以及自贸区洗钱活动发生的可能原因；其次，询问受访者能想到哪些因素会影响我国自贸区洗钱风险；最后，针对当前我国自贸区面临的洗钱风险，请问受访者有无相应的风险防控策略建议；访谈结束，向受访者致谢。自始至终，访谈者注意语言措辞。

文献回顾和专家访谈结果发现，自贸区洗钱风险的影响因素主要来自社会、地理、经济金融、政治、法律环境和洗钱上游犯罪状况等六个方面。其中，自贸区社会、地理、经济金融环境因素反映了实施洗钱活动的环境因素，洗钱上游犯罪状况是直接影响洗钱风险的重要因素，政治和法律环境因素衡量反洗钱体系中的潜在薄弱环节。最终，本书从这六个方面归纳提炼了 14 个影响我国自贸区洗钱风险的具体因素，根据专家意见对具体影响因素的表述及含义进行了修正，在一定程度上保证了影响因素识别的内容有效性，各影响因素具体来源与影响关系预判见表 4-4。这里，各影响因素及其含义如下。

（1）公民文化水平：自贸区内公民文化教育普及和发展程度。

（2）区域稳定性：自贸区整体发展与社会治安的稳定程度。

（3）网络技术发达度：自贸区内先进和新型技术发展状况、网络基础设施建设、网络技术产业发展、网络安全程度等。

（4）是否处于沿海沿边地区：自贸区所处地理位置是否为沿海沿边地区。

（5）区域开放度：自贸区信息流动、资本流动、人员流动、贸易活跃度及边界开放程度。

（6）金融发展水平：自贸区金融开放程度、金融创新程度、金融发展深度、金融机构数目及业务广度、互联网金融的发展水平等。

（7）人均 GDP：自贸区人均生产总值，衡量自贸区经济发展水平。

（8）经济自由度：自贸区贸易政策、投资政策、货币政策、政府对经济的干预程度、资本流动和外国投资等十项指标测评，衡量自贸区市场化程度。

（9）上游犯罪规模：自贸区内发生《中华人民共和国刑法》（以下简称《刑法》）所定义的洗钱罪的七种上游犯罪案件的发案频次、涉案金额、增长率等。

（10）上游犯罪结案率：自贸区内洗钱罪的七种上游犯罪案件的结案数占法院受理案件的比重，表示审判效率，反映打击力度。

（11）监管部门和义务主体的履职效力：自贸区内反洗钱监管部门执行效率、监管质量和义务机构反洗钱义务履行情况。监管部门执行效率和监管质量包括洗钱情报的搜集共享能力、反洗钱的资金监测能力、反洗钱调查分析工作质量、对义务主体反洗钱义务履行情况的监督管理是否到位等。义务主体的反洗钱义务包括建立健全内控制度和加强组织建设、认真履行三项制度（客户身份识别制度、客户身份资料和交易记录保存制度、大额交易和可疑交易报告制度）、对员工开展反洗钱宣传与培训等。监管部门监督义务主体，义务主体配合监管部门，二者共同制约洗钱活动。

（12）腐败程度：自贸区内腐败增量与存量。

（13）反洗钱法律法规健全度：自贸区内反洗钱法律法规内容涵盖的全面性、可操作性及反洗钱措施的更新与推广及时性。

（14）司法合作水平：自贸区司法部门间合作水平及司法国际合作的信息传递与共享程度、协作紧密程度、司法程序衔接程度。

表 4-4　我国自贸区洗钱风险的影响因素来源与影响关系预判

一级影响因素	二级影响因素及代表符号	理论来源	影响关系预判
社会环境	公民文化水平 M_1	具有较低文化程度人群对洗钱犯罪的认知度不充分、预防与抵制洗钱犯罪的意识相对不高，易诱发洗钱活动（唐旭等，2011）	－

续表

一级影响因素	二级影响因素及代表符号	理论来源	影响关系预判
社会环境	区域稳定性 M_2	洗钱者重点关注资金的安全性，区域的整体发展与社会治安状况影响地区对洗钱活动的吸引力（本书提炼）	+
	网络技术发达度 M_3	网络技术的快速发展给反洗钱监管带来了巨大挑战（Schneider and Windischbauer, 2008），借助发达的信息技术如新型的支付方式和转账技术等，洗钱者可快速实现资金的转移清洗（杨泾等，2013）	+
地理环境	是否处于沿海沿边地区 M_4	我国洗钱风险集中于沿海地区（唐旭等，2011），有从沿海发达地区向内陆欠发达地区蔓延的趋势，沿边地区地处交界，跨境交易较为频繁，非法资金监控难度大（李彬等，2015）	+
	区域开放度 M_5	区域开放程度越高，越有利于各种要素快速流动，影响非法资金的转移清洗（本书提炼）	+
经济金融环境	金融发展水平 M_6	金融发展水平影响洗钱活动的开展（Bhattacharjee, 2019），金融发展对于地区洗钱规模有正向影响（高增安和童宇，2018）	+
	人均GDP M_7	经济发达地区相对落后地区更有利于非法财产合法化（Mitchell, 2004），更受到洗钱者青睐（梅德祥和高增安，2015）	+
	经济自由度 M_8	经济自由度高的地区，经济活动呈现多样性，为洗钱活动提供了更便利的清洗环境与新型方式，洗钱活动相对易发（FATF, 2010; Ricci, 2019）	+
洗钱上游犯罪状况	上游犯罪规模 M_9	洗钱犯罪是上游犯罪的派生犯罪（孙婧雯，2014），上游犯罪规模直接影响区域洗钱风险（苗文龙，2014）	+
	上游犯罪结案率 M_{10}	自贸区内洗钱上游犯罪活动的结案率越高，表明司法效率越高，一定程度上反映了对洗钱活动的打击力度（高增安，2017）	−
政治环境	监管部门和义务主体的履职效力 M_{11}	义务主体提交的大额交易与可疑交易报告是监管部门对反洗钱情报线索甄别与监测分析的基础。监管部门和义务主体的履职效力制约着洗钱活动（本书提炼）	−
	腐败程度 M_{12}	腐败是风险防范体系效率的基础因素（苗文龙和张菁华，2016），与洗钱犯罪紧密相连	+
法律环境	反洗钱法律法规健全度 M_{13}	反洗钱法律法规越全面、可操作性越强、更新与推广越及时，洗钱成本越高，对洗钱活动的制约作用越明显（本书提炼）	−
	司法合作水平 M_{14}	地区及国际司法合作水平影响洗钱风险（Ihsan and Razi, 2012），反洗钱情报信息传递与共享程度、协作紧密程度、司法程序衔接程度对打击跨区域跨国洗钱活动有重要作用（FATF, 2010）	−

注："−"和"+"分别表示"直接负向影响关系"和"直接正向影响关系"

4.2 基于模糊认知图的自贸区洗钱风险影响因素分析

本节首先简要介绍模糊认知图模型，说明建立我国自贸区洗钱风险影响因素模糊认知图模型的步骤，以 4.1 节归纳提炼出的自贸区洗钱风险影响因素为模型概念节点，采用专家法构建我国自贸区洗钱风险影响因素模糊认知图模型。

4.2.1 模糊认知图模型

1. 模糊认知图简介

模糊认知图是一个模糊的、标有正负号且具有反馈的图，是对复杂系统中概念间相互关系进行表达和推理的图模型，是一种定性分析的知识网络。1986 年科斯克（Kosko）提出模糊认知图方法，将概念间的 {+,−,0} 三值逻辑关系扩展到 [−1,1] 区间上的模糊关系，并引入认知图理论中，形成了以图形形式表示复杂系统的因果关系方法。

模糊认知图模型的图示化主要由概念节点和有向连线组成，其中概念节点表征系统中的实体概念模糊集，概念间的有向连线表示概念间的相互影响关系，用带指向箭头的连线表示，箭头的指示方向表示影响方向，而连线上标记的权重值表示影响强度（Papageorgiou，2011）。模糊认知图通过模拟节点间的相互作用进行模糊推理，进而刻画整个复杂系统的动态行为（Felix et al., 2019）。图 4-2 为模糊认知图模型的简单示意图，M_i 和 M_j 分别表示第 i 个概念节点变量、第 j 个概念节点变量。概念间的连线 w_{ij} 表示概念节点变量 M_i 与 M_j 间的关联关系。

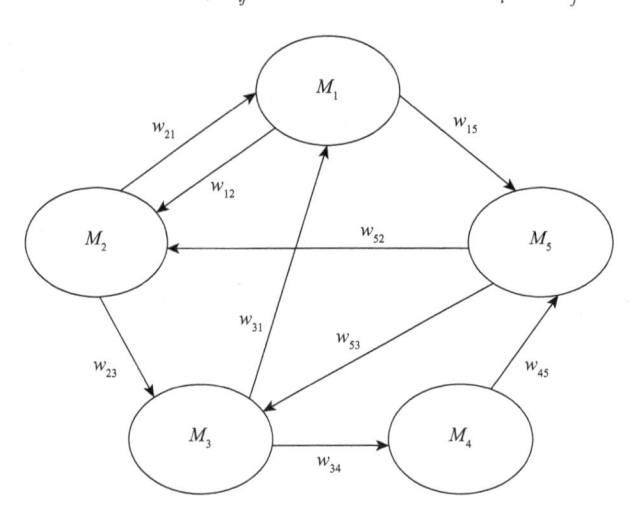

图 4-2 模糊认知图模型的简单示意图

具体来说，模糊认知图模型是一个四元组 (M, E, X, f)，包括以下内容（崔军辉等，2015）。

（1） $M = \{M_1, M_2, \cdots, M_n\}$ 为模糊认知图的概念集合，其中，M_i 表示第 i 个概念节点，每个概念节点 M_i 都具有节点状态值，取值为 $[0,1]$。

（2） E 是关联矩阵。$E:(M_i, M_j) \to (w_{ij})_{n \times n}$ 是一个映射，表示任意两个概念节点间的因果关系强度。$w_{ij} \in [-1,1]$，其中，$w_{ij} > 0$ 表示概念节点变量 M_i 对 M_j 有正向作用，$w_{ij} < 0$ 表示概念节点变量 M_i 对 M_j 有负向作用，$w_{ij} = 0$ 表示概念节点变量 M_i 对 M_j 无直接影响关系。

（3） $X: M_i \to x_i$ 也是一个映射，$x_i(k)$ 表示概念节点 M_i 在 k 时刻的状态，$X(k) = [x_1(k), x_2(k), \cdots, x_n(k)]$ 表示模糊认知图在 k 时刻的状态，$X(0)$ 表示各概念节点的初始状态。根据模糊认知图迭代推理机制，模糊认知图在下一时刻的状态可以表示为

$$X(k+1) = X(k)W \quad (4-1)$$

（4） f 为阈值函数，采用阈值函数可以归一化概念节点输入值。

2. 模糊认知图应用于本章研究的适宜性

模糊认知图对于知识表示和推理有极大优势，具有模拟功能和预测节点未来状态的特性，可用于情景分析、观察影响因素发展态势，在政治、经济、医学、军事、故障分析等诸多领域中应用广泛。模糊认知图用于研究我国自贸区洗钱风险影响因素的适宜性具体表现如下。

（1）自贸区洗钱风险影响因素可以表示为模糊认知图的概念节点。考虑到这些影响因素少有独立存在，而可能存在相互影响关系，模糊认知图可以直观表示影响因素间的模糊关系，因此可以较为方便地加以利用。

（2）通过专家法构建模糊认知图较为方便。对于一些在实际研究中难以找到相应数据的概念，可以通过相关领域专家的知识与经验积累加以表示，与其形成映射，因此不少学者通过专家法构建模型认知图模型。

（3）模糊认知图的反馈机制使其可以为动态系统建模。自贸区洗钱风险随影响因素的变化也会产生动态变化，因此，可以借助模糊认知图分析各因素对自贸区洗钱风险的影响态势。

4.2.2 建立模糊认知图模型的步骤

第 1 步，通过文献资料研究和专家访谈方法识别我国自贸区洗钱风险的影响因素，以此作为模糊认知图的概念节点，确保认知图概念节点的有效性。

第 2 步，通过专家认知判别自贸区洗钱风险与影响因素间的相互关系及影响

第 3 步，建立我国自贸区洗钱风险影响因素模糊认知图模型，并获得关联矩阵。

4.2.3 专家法构建模糊认知图模型

构建模糊认知图模型主要有专家法和历史数据演算法两种方法，前者主要依据专家的专业知识与经验，后者则通过大量历史数据生成。考虑到我国自贸区建设发展时间较短、数据较少且相关数据难以获取的实际情况，本章采用专家法构建我国自贸区洗钱风险影响因素模糊认知图模型。

1. 数据收集与处理

参照已有学者做法，通过专家打分实现对自贸区洗钱风险与影响因素间相互关系的模糊量化。本章再次邀请了前面接受访谈的 15 位专家参与评分（评分表见附录 2）。首先向专家讲解说明评分表的整体框架，确保专家理解相应的评分步骤，并向专家承诺评分结果仅用于学术研究，对个人评分进行保密，期望各位专家尽可能如实地进行评分，以获取较为真实的研究数据。

评分步骤：首先，专家对我国自贸区洗钱风险状况及其影响因素两两之间的相互关系进行判断，并分别用"+""−""0"表示。其中"+"表示因素间存在直接正向影响关系，即概念节点变量 M_i 的提高或增强会直接引起概念节点变量 M_j 的同向提高或增强；"−"表示直接负向影响关系，"0"表示没有影响或影响极其微弱可忽略不计。其次，专家对影响关系的强弱进行打分，采用 1~5（1 表示很弱，5 表示很强）评分制。结合关系判断及影响程度评分，分值区间为−5~5，绝对值反映了概念间影响程度的大小，具体分值代表的影响强度如表 4-5 所示。

表 4-5 影响程度的评分对应表

分值	−5	−4	−3	−2	−1	0	1	2	3	4	5
影响程度模糊集	负影响很强	←	负影响递增		负影响很弱	无影响	正影响很弱		正影响递增	→	正影响很强

2. 模型的建立与关联矩阵的确定

模糊认知图模型中一般存在代表因变量的结果类概念节点和代表自变量的影响因素概念节点。根据本章的研究内容，以我国自贸区洗钱风险状况为结果类概念节点，用 R 表示，归纳提炼出的 14 个自贸区洗钱风险影响因素为影响因素概念节点。

采用 SPSS22.0 软件对自贸区洗钱风险状况与影响因素间相互关系评分的整体可靠性进行检验，选取最常用的克朗巴哈系数（Cronbach's α）。SPSS 输出结果显示，这部分评分整体的 α 值为 0.795，说明评分结果可信。就效度分析而言，本章对影响因素维度的划分及选取是在已有文献回顾和专家访谈基础上，考虑到专家自身的实操或学术经验，在一定程度上保证了内容效度。

对各概念间相互影响关系的判断参考了 Stylios 和 Groumpos（2004）、吕文学等（2014）的做法。第一，若超过 2/3 专家对两个概念节点间的 {+,0,–} 影响关系方向持相同判断，则直接确定该影响关系方向；第二，对于概念节点间的每一个影响关系，计算该影响关系评分值均值，若均值绝对值小于 1，说明该影响关系微弱，可认为该影响关系不存在；若均值绝对值等于或大于 1，则根据均值正负确定关系的正向或负向，由此得到我国自贸区洗钱风险影响因素模糊认知图，如图 4-3 所示。

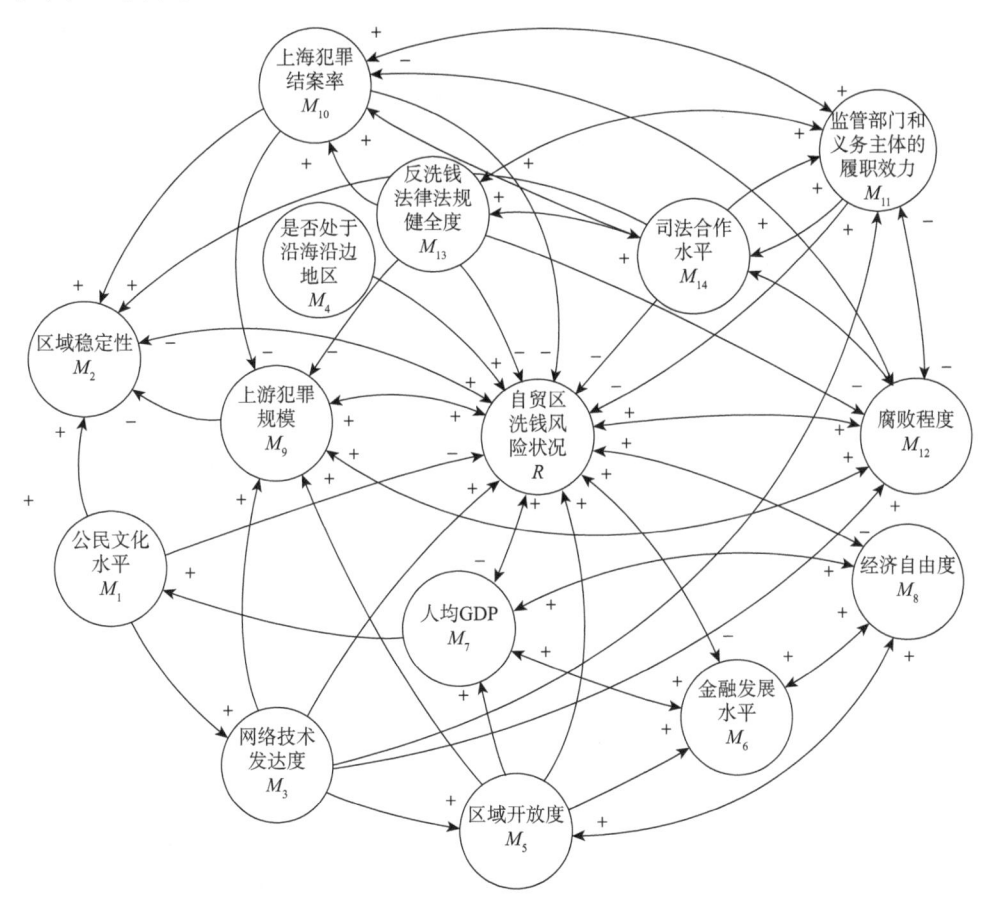

图 4-3　我国自贸区洗钱风险影响因素模糊认知图

通过模糊认知图，可以对当前我国自贸区洗钱风险的影响因素有一个直观、系统的了解。其中，反洗钱法律法规健全度 M_{13}、监管部门和义务主体的履职效力 M_{11}、司法合作水平 M_{14}、上游犯罪结案率 M_{10}、公民文化水平 M_1 等 5 个影响因素对我国自贸区洗钱风险有负作用，上游犯罪规模 M_9、腐败程度 M_{12}、区域开放度 M_5 等其他影响因素对我国自贸区洗钱风险有正向影响，这与前文各影响因素对自贸区洗钱风险的影响关系预判是一致的。

模糊认知图也反映了影响因素间的相互关系。上游犯罪规模会随着法制漏洞顺势扩大，自贸区内反洗钱法律法规健全度 M_{13} 的提高在一定程度上会抑制上游犯罪规模 M_9 的扩大。自贸区本身较为宽松的监管机制在应对区内复杂经济活动时管理难度加剧。自贸区洗钱上游犯罪规模 M_9 扩大，会加剧区内腐败程度 M_{12}，因为犯罪分子为了消除清洗赃钱过程中的各种障碍，可能会采取贿赂官员等方式以逃避监管，而一些自我约束不强的官员禁不住金钱诱惑，铤而走险，沦为犯罪分子的保护伞，滋生腐败。区内腐败程度 M_{12} 加重，会导致监管部门角色缺失，严重影响区内监管部门和义务主体的履职效力 M_{11} 与司法合作水平 M_{14}，不利于上游犯罪结案率 M_{10} 的提高。高效的司法合作水平 M_{14} 能有效提升自贸区内反洗钱情报信息共享水平，对提高洗钱上游犯罪结案率 M_{10} 有正向作用，也有助于维护区域稳定性 M_2。自贸区网络技术发达度 M_3 影响着区域开放度 M_5，区内信息、资本、人员流动越快，贸易越活跃，表明区域开放程度越大，越容易滋生洗钱风险。同时，自贸区内区域开放度 M_5 与其金融发展水平 M_6、人均 GDP M_7、经济自由度 M_8 等三个影响因素间互有促进作用。一般来说，洗钱犯罪分子偏向在经济金融发达的环境中进行赃钱清洗。是否处于沿海沿边地区 M_4 是唯一不受其他因素影响的客观因素，但它会作用于整体，影响全局。就我国实际情况而言，沿海地区较内陆地区更为发达、航海运输也更为便利，走私等违法活动易发，易产生洗钱风险。

采用吕文学等（2014）、崔军辉等（2015）的做法，令各位专家具有相同权重，根据式（4-2）将专家对各影响因素之间的影响程度评分值进行汇总。

$$W_{ij} = \left(\frac{w_{ij}^1 + w_{ij}^2 + \cdots + w_{ij}^l}{n} \right) \times \frac{1}{5} \qquad (4\text{-}2)$$

式中，w_{ij}^l 表示第 l 位专家给出的第 i 个影响因素对第 j 个影响因素的影响程度值；1/5 代表将专家 1~5 的评分值折算到[−1,1]，绝对值越大表明影响程度越大。

通过整合 15 位专家的认知判断，得出自贸区洗钱风险及其影响因素之间的影响程度值，构建关联矩阵如下（从上至下、从左至右依次为 $M_1, \cdots, M_{14}, R$）：

第4章 专题一：自贸区洗钱风险影响因素研究

$$E = \begin{bmatrix} 0 & 0.43 & 0.52 & 0 & 0 & 0 & 0 & 0 & 0 & 0 & 0 & 0 & 0 & -0.33 \\ 0 & 0 & 0 & 0 & 0 & 0 & 0 & 0 & 0 & 0 & 0 & 0 & 0 & 0.36 \\ 0 & 0 & 0 & 0 & 0.23 & 0 & 0 & 0 & 0.65 & 0 & 0.33 & 0.35 & 0 & 0.45 \\ 0 & 0 & 0 & 0 & 0 & 0 & 0 & 0 & 0 & 0 & 0 & 0 & 0 & 0.25 \\ 0 & 0 & 0 & 0 & 0 & 0.27 & 0.3 & 0.37 & 0.35 & 0 & 0 & 0 & 0 & 0.42 \\ 0 & 0 & 0 & 0 & 0 & 0 & 0.29 & 0.28 & 0 & 0 & 0 & 0 & 0 & 0.47 \\ 0.42 & 0 & 0 & 0 & 0 & 0.25 & 0 & 0.27 & 0 & 0 & 0 & 0 & 0 & 0.46 \\ 0 & 0 & 0 & 0 & 0.28 & 0.43 & 0.41 & 0 & 0 & 0 & 0 & 0 & 0 & 0.48 \\ 0 & -0.55 & 0 & 0 & 0 & 0 & 0 & 0 & 0 & 0 & 0.46 & 0 & 0 & 0.78 \\ 0 & 0.45 & 0 & 0 & 0 & 0 & 0 & 0 & -0.5 & 0 & 0.21 & 0 & 0 & -0.51 \\ 0 & 0 & 0 & 0 & 0 & 0 & 0 & 0 & 0.43 & 0 & -0.27 & 0.46 & 0.43 & -0.6 \\ 0 & 0 & 0 & 0 & 0 & 0 & 0 & 0.45 & -0.44 & -0.65 & 0 & 0 & -0.38 & 0.5 \\ 0 & 0 & 0 & 0 & 0 & 0 & 0 & 0 & -0.56 & 0.35 & 0.53 & -0.34 & 0.63 & -0.8 \\ 0 & 0.47 & 0 & 0 & 0 & 0 & 0 & 0 & 0 & 0.33 & 0.35 & -0.23 & 0.43 & 0 & -0.56 \\ 0 & -0.3 & 0 & 0 & 0 & -0.34 & -0.39 & -0.31 & 0.61 & 0 & 0 & 0.6 & 0 & 0 \end{bmatrix}$$

关联矩阵中最后一列反映了各影响因素对自贸区洗钱风险的影响强度。根据影响强度值大小，自贸区反洗钱法律法规健全度 M_{13}、监管部门和义务主体的履职效力 M_{11}、司法合作水平 M_{14}、上游犯罪结案率 M_{10} 4个影响因素对我国自贸区洗钱风险有较强的负向影响，上游犯罪规模 M_9 和腐败程度 M_{12} 对我国自贸区洗钱风险具有较强的正向影响。

进一步采用模糊认知图的图论指数分析其结构。本节主要使用输入端数、输出端数和中心度。输出端数 $\text{od}(M_i)$ 表示概念节点 M_i 的输出连接 $\overline{a_{ik}}$ 的累积强度，是关联矩阵中从 M_i 发出的关系权重绝对值的总和，式（4-3）表示其计算方法；输入端数 $\text{id}(M_i)$ 表示概念节点 M_i 的输入连接 $\overline{a_{ki}}$ 的累积强度，是关联矩阵中通向 M_i 的关系权重绝对值的总和，式（4-4）表示其计算方法；概念节点 M_i 的中心度 C_i 是它的输出端数和输入端数的总和，式（4-5）表示其计算方法；通过计算概念节点的中心度 C_i，可以看出每个概念节点在模糊认知图中的贡献。对各影响因素的相对重要程度进行初步判断，中心度高的因素表明它在模糊认知图中受到较多别的因素的影响，同时也表明该因素对其他因素有较大影响（Khan and Quaddus，2004；吕文学等，2014；苏超等，2014）。

$$\text{od}(M_i) = \sum_{k=1}^{N} \overline{a_{ik}} \qquad (4\text{-}3)$$

$$\text{id}(M_i) = \sum_{k=1}^{N} \overline{a_{ki}} \qquad (4\text{-}4)$$

$$C_i = \text{od}(M_i) + \text{id}(M_i) \qquad (4\text{-}5)$$

表4-6列举了中心度排前六位的我国自贸区洗钱风险影响因素。反洗钱法律法规健全度的输出端数最大，表明它对其他因素有较大影响；上游犯罪规模输入

端数最大，表明它受到其他因素影响较大。

表 4-6 中心度排前六位的我国自贸区洗钱风险影响因素

概念节点	影响因素	输出端数	输入端数	中心度
M_9	上游犯罪规模	1.79	3.12	4.91
M_{12}	腐败程度	2.42	2.25	4.67
M_{11}	监管部门和义务主体的履职效力	2.19	2.07	4.26
M_{13}	反洗钱法律法规健全度	3.21	0.89	4.10
M_{14}	司法合作水平	2.37	1.44	3.81
M_{10}	上游犯罪结案率	1.67	1.55	3.22

4.2.4 模型应用及结果分析

1. 模型概念节点初始状态值确定

假设模糊认知图各概念节点的初始状态有"激活"与"未激活"两种状态，取值分别对应 1 或 0，在开始时刻各影响因素对目标对象并不产生影响（苏超等，2014；林松等，2019）。所有概念节点初始状态值均为 1，即模型中所有概念节点均被激活，得到一个1×15的初始矩阵如下：

$$X(0) = \begin{bmatrix} 1 & 1 & 1 & 1 & 1 & 1 & 1 & 1 & 1 & 1 & 1 & 1 & 1 & 1 & 1 \end{bmatrix}$$

2. 模型的稳定状态

根据模糊认知图的推理机制，模糊认知图中每个概念的最终状态由初始状态和关联矩阵通过式（4-6）运算所得，通过不断迭代直到每个概念的状态值固定在一个稳定值，或出现周期性的变化，即认为进入最终的稳定状态。

$$x_i(t+1) = f\left(\sum_{i=1, j \neq i}^{n} x_j(t) w_{ji}\right) \quad (4\text{-}6)$$

S 形曲线函数是常用的阈值函数之一。为了保证每次的迭代输出都在[0,1]，本节选择该阈值函数，与其他学者做法保持一致，取 $\mu = 2$：

$$f(x) = \frac{1}{1 + e^{-\mu x}}, \quad \mu > 0 \quad (4\text{-}7)$$

运用 Visual Basic 6.0 软件解决矩阵迭代运算问题，经过 12 次迭代后，系统达到相对稳定的状态（迭代运算结果输出过程见附录 3），模型中概念节点的稳定状态值如下：

M_1=0.637 1，M_2=0.641 7，M_3=0.659 8，M_4=0.500 0，M_5=0.664 0，
M_6=0.673 0，M_7=0.670 2，M_8=0.674 2，M_9=0.786 1，M_{10}=0.750 6，

M_{11}=0.770 6，M_{12}=0.701 3，M_{13}=0.795 6，M_{14}=0.756 2，R=0.811 1

根据模糊认知图中每个影响因素的最终稳定状态值的大小进行排序，以观察各因素对自贸区洗钱风险的影响强弱次序。表 4-7 是自贸区洗钱风险影响因素的影响强弱次序，其中，自贸区反洗钱法律法规健全度、上游犯罪规模、监管部门和义务主体的履职效力、司法合作水平、上游犯罪结案率、腐败程度 6 个影响因素位列前 6，是自贸区洗钱风险的关键影响因素。

表 4-7　我国自贸区洗钱风险影响因素的影响强弱次序

概念节点	自贸区洗钱风险的影响因素	稳定状态值	影响强弱次序
M_1	公民文化水平	0.637 1	13
M_2	区域稳定性	0.641 7	12
M_3	网络技术发达度	0.659 8	11
M_4	是否处于沿海沿边地区	0.500 0	14
M_5	区域开放度	0.664 0	10
M_6	金融发展水平	0.673 0	8
M_7	人均 GDP	0.670 2	9
M_8	经济自由度	0.674 2	7
M_9	上游犯罪规模	0.786 1	2
M_{10}	上游犯罪结案率	0.750 6	5
M_{11}	监管部门和义务主体的履职效力	0.770 6	3
M_{12}	腐败程度	0.701 3	6
M_{13}	反洗钱法律法规健全度	0.795 6	1
M_{14}	司法合作水平	0.756 2	4

3. 模型的结果分析

从上述模型结果可知，法律环境因素、上游犯罪状况和政治环境因素对自贸区洗钱风险的影响排在前列，即反洗钱法律法规健全度、上游犯罪规模、监管部门和义务主体的履职效力、司法合作水平、上游犯罪结案率、腐败程度对自贸区洗钱风险影响最强。从自贸区面临的内部反洗钱漏洞影响因素看，自贸区内反洗钱法律法规健全度对自贸区洗钱风险影响最大；从自贸区面临的外部洗钱威胁影响因素看，上游犯罪规模最为关键；两者从根本上决定了自贸区洗钱风险大小。

"没有规矩，不成方圆"，反洗钱法律制度是洗钱活动发现、识别及惩处的根基与依据。完善健全反洗钱法律制度，有利于自贸区建立良好的反洗钱法律秩序。上游犯罪滋生和催化洗钱犯罪，成功的洗钱活动反作用于上游犯罪行为，上游犯罪的规模直接影响着洗钱资金的规模大小及洗钱活动的发生程度。依法建立并依法行使职权的反洗钱监管机构，是反洗钱法律法规有效实施的重要保障。自贸区内反洗钱监管部门监管职责履行不到位、义务机构反洗钱义务履行不力将严重影响区内可疑交易的数据接收、甄别、监测与分析，进而影响涉嫌洗钱的情报移送及后续的调查工作，影响自贸区洗钱活动的发现和识别。自贸区内司法合作水平越高，表明公安、检察、法院等司法部门间信息传递及时、沟通顺畅，有利于及时共享洗钱犯罪情报、惩处洗钱犯罪。上游犯罪结案率直接反映对洗钱上游犯罪活动的打击和威慑力度，通过打击上游犯罪可将其诱发的洗钱犯罪扼杀于摇篮之中，从而降低自贸区洗钱风险。自贸区内腐败程度的高低，制约着自贸区反洗钱监管部门的职责履行能力、相关部门的合作水平和反洗钱的整体效力，进而影响区内反洗钱工作的开展。

经济金融环境因素对自贸区洗钱风险的影响也较强。自贸区强调开放与创新，随着自贸区经济自由度、金融发展水平、人均 GDP、区域开放度、网络技术发达度的提高，自贸区发展将更具活力，对洗钱活动的诱惑力将增大，洗钱犯罪活动有日益猖獗的趋势，潜在的洗钱风险随之加大。但发展是自贸区的总基调，不能因噎废食，不能因为担忧潜在洗钱风险而制约发展。这就需要反洗钱行政主管部门坚持"以监管促发展"原则，以监管为自贸区行稳致远保驾护航，在积极助推自贸区发展的同时高度关注净化环境问题，不断完善自贸区反洗钱配套机制，做好预防和打击涉自贸区洗钱犯罪工作。

社会环境因素和地理环境因素对自贸区洗钱风险的影响相对较弱，这说明现阶段影响自贸区洗钱风险大小的因素主要是其自身经济发展带来的洗钱吸引力及其自身的洗钱风险控制能力。可以看出，模糊认知图的迭代推理判定的自贸区洗钱风险的关键影响因素是符合实际的，与传统观点和社会认知也是相符的。

总的来说，与自贸区洗钱风险的"外部威胁"有关的影响因素往往难以轻易进行有效的人为控制，而与"内部漏洞"有关的影响因素主要在于内部管理方式、规制建设等方面的缺陷，可以采取一定的措施进行一定程度的补救和完善。因此，对自贸区面临的外部洗钱威胁的影响因素，监管部门应愈加重视和积极应对；对自贸区内部反洗钱漏洞的影响因素，则应重点完善相关的制度规范体系。

4. 灰色关联度分析

灰色关联度分析作为一种多因素统计分析方法，通过计算比较序列与参考序列的关联度，衡量自变量和因变量间关联程度的强弱与次序，用以确定主要影响因素（谭学瑞和邓聚龙，1995）。该方法的基本思想在于通过序列曲线几何形状的相似程度来判断联系是否紧密，它被广泛应用于复杂系统的多因素评价中，无须大量数据为基础，对于小样本同样适用。本章构建的自贸区洗钱风险影响因素模糊认知图模型是动态模型，灰色关联度正好适用于动态研究。

具体来说，将模糊认知图中 k 步迭代过程中 R 的所有状态值作为参考序列，将 M_1 至 M_{14} 各自在 k 步迭代过程中的所有状态值作为比较序列，则两序列间的关联系数 Φ 由式（4-8）求得。

$$\Phi = \frac{\min\limits_i\min\limits_k|X_0(k)-X_i(k)| + \rho\max\limits_i\max\limits_k|X_0(k)-X_i(k)|}{|X_0(k)-X_i(k)| + \rho\max\limits_i\max\limits_k|X_0(k)-X_i(k)|} \quad (4-8)$$

式中，ρ 表示分辨系数，ρ 取值为 $[0,1]$，ρ 值越小，关联系数间差异越大，区分度越强，通常 ρ 取 0.5；$i=1,2,\cdots,14$。

求得比较序列与参考序列的关联系数后，由式（4-9）可得参考序列 X_0 与比较序列 X_i 的关联度 γ_i，γ_i 取值为 $[0,1]$，值越大表示关联程度越高：

$$\gamma_i = \frac{1}{k}\sum_k \Phi(k) \quad (4-9)$$

通过计算关联度衡量各影响因素与自贸区洗钱风险的关联程度，可依据关联序判断我国自贸区洗钱风险的关键影响因素。以自贸区洗钱风险概念节点的每一步推理迭代出的状态值组成参考序列，记为 $R(k)$，$R(k)=$（0.939 3，0.864 1，0.825 1，0.817 4，0.813 9，0.812 5，0.811 8，0.811 5，0.811 3，0.811 2，0.811 1，0.811 1）；以各影响因素每一步推理迭代出的状态值构成比较序列，记为 $X_i(k)$，$i=1,2,\cdots,14$，$k=12$。运用 DPS 数据处理系统软件，根据式（4-8）和式（4-9）计算比较序列与参考序列之间的关联度，进而得到各因素的关联序，结果如表 4-8 所示。

表 4-8 我国自贸区洗钱风险影响因素关联序次序

概念节点	自贸区洗钱风险的影响因素	关联度	关联序
M_1	公民文化水平	0.544 9	13
M_2	区域稳定性	0.548 1	12
M_3	网络技术发达度	0.579 0	11
M_4	是否处于沿海沿边地区	0.402 4	14
M_5	区域开放度	0.585 1	10
M_6	金融发展水平	0.601 4	8
M_7	人均 GDP	0.596 8	9
M_8	经济自由度	0.603 3	7
M_9	上游犯罪规模	0.886 1	2
M_{10}	上游犯罪结案率	0.752 5	5
M_{11}	监管部门和义务主体的履职效力	0.810 2	3
M_{12}	腐败程度	0.656 0	6
M_{13}	反洗钱法律法规健全度	0.897 7	1
M_{14}	司法合作水平	0.768 1	4

对比灰色关联度排序与模糊认知图最终稳定值排序，两者排序一致，印证了模糊认知图迭代推理结果，即反洗钱法律法规健全度、上游犯罪规模、监管部门和义务主体的履职效力、司法合作水平、上游犯罪结案率、腐败程度等是我国自贸区洗钱风险的主要影响因素。

4.2.5 模型情景模拟分析

当模糊认知图模型达到稳定状态后，可以进行情景模拟，即通过设定自贸区洗钱风险影响因素的期望值来预测因素变化对该系统产生的影响。如果希望增加某影响因素在系统中的权重，则将所有状态向量中该影响因素的值设为 1，反之，则设为 0（Zesmi and Zesmi，2004；苏超等，2014）。

由前文分析可知，反洗钱法律法规健全度、上游犯罪规模及监管部门和义务主体的履职效力排在前三位，对自贸区洗钱风险影响最为关键，因此，自贸区反洗钱工作应着重于采取相应的政策措施提高反洗钱法律法规健全度、遏制上游犯罪规模扩大、提升反洗钱监管部门和义务主体的履职效力。下面将对相关政策实施情景进行模拟分析，以观察其产生的影响。

要提高反洗钱法律法规健全度、提升反洗钱监管部门和义务主体的履职效力，则在每次迭代时，将输入状态值均设置为 1；要遏制上游犯罪规模扩大，则在每次迭代时，将输入状态值设置为 0，关联矩阵不变。运用模糊认知图的推理机制直到系统达到稳定状态，运行结果如表 4-9 所示。

表 4-9 情景模拟产生的影响

概念节点	影响因素	初始稳定值	变化后稳定值	差异
M_1	公民文化水平	0.637 1	0.655 4	0.018 3
M_2	区域稳定性	0.641 7	0.874 2	0.232 5
M_3	网络技术发达度	0.659 8	0.664 1	0.004 3
M_4	是否处于沿海沿边地区	0.500 0	0.500 0	0
M_5	区域开放度	0.664 0	0.674 2	0.010 2
M_6	金融发展水平	0.673 0	0.759 3	0.086 3
M_7	人均 GDP	0.670 2	0.765 1	0.094 9
M_8	经济自由度	0.674 2	0.752 8	0.078 6
M_{10}	上游犯罪结案率	0.750 6	0.863 4	0.112 8
M_{12}	腐败程度	0.701 3	0.327 2	−0.374 1

续表

概念节点	影响因素	初始稳定值	变化后稳定值	差异
M_{14}	司法合作水平	0.756 2	0.866 6	0.110 4
R	自贸区洗钱风险状况	0.811 1	0.360 6	−0.450 5

可以看出，当采取措施提高自贸区反洗钱法律法规健全度、提升反洗钱监管部门和义务主体的履职效力、遏制上游犯罪规模扩大后，自贸区洗钱风险和腐败程度的稳定值有了明显下降，自贸区区域稳定性、上游犯罪结案率、司法合作水平等因素的稳定值均有所提高。因此，相关部门应加快自贸区反洗钱法律法规的出台、更新和完善，充分吸取境外先进反洗钱实践经验，提高自贸区反洗钱法律法规健全度，与反洗钱国际标准接轨。自贸区反洗钱监管部门要积极提升自身运行效力，联合公安、海关、外汇管理等多部门严打洗钱上游犯罪，加强对洗钱情报的搜集共享能力、对洗钱资金的监测能力、对义务机构反洗钱内控制度的检查监督、对义务机构反洗钱义务履行情况的监督管理，同时对各洗钱犯罪类型进行总结与规律分析，归纳风险点，为完善法律法规提供依据与支撑，进而有效防控自贸区洗钱风险。

4.3 基于解释结构模型的自贸区洗钱风险影响因素分析

4.2 节采用模糊认知图模型，识别了我国自贸区洗钱风险影响因素的重要性程度。本节将采用解释结构模型（interpretative structural modeling，ISM），以 4.1 节提炼的影响我国自贸区洗钱风险的 14 个因素为基础，深入分析各影响因素的层级关系，以期为后续资源配置和政策举措提供理论依据。

4.3.1 自贸区洗钱风险影响因素定义

如 1.2.3 节所述，自贸区洗钱风险是指自贸区作为主体所面临的外部洗钱威胁与自身内部蕴涵的反洗钱漏洞及由此而造成的影响。结合 4.1 节通过文献分析和专家访谈提炼的影响我国自贸区洗钱风险的 14 个因素，本节从外部威胁和内部漏洞两个方面，将这 14 个因素归纳为自贸区社会环境、地理环境、经济金融环境、政治环境、法律环境及风险控制能力六个方面的影响因素指标（表 4-10），并将这些

因素集合定义为

$$S = (S_1, S_2, \cdots, S_{14})^T \quad (4\text{-}10)$$

表 4-10 我国自贸区洗钱风险影响因素指标体系

一级指标	二级指标	具体洗钱风险因素
外部威胁	自贸区社会环境	公民文化水平 S_1
		区域稳定性 S_2
		网络技术发达度 S_3
	自贸区地理环境	是否处于沿海沿边地区 S_4
		区域开放度 S_5
	自贸区经济金融环境	金融发展水平 S_6
		人均 GDP S_7
		经济自由度 S_8
内部漏洞	自贸区政治环境	监管部门的运行效力 S_9
		腐败程度 S_{10}
	自贸区法律环境	反洗钱法律法规健全度 S_{11}
		司法合作水平 S_{12}
	自贸区风险控制能力	上游犯罪规模 S_{13}
		上游犯罪结案率 S_{14}

4.3.2 解释结构模型构建

解释结构模型是美国沃菲尔德（J. Warfield）于 1973 年为分析复杂系统问题而开发的一种系统分析方法。该模型以定性分析为主，利用人们的理论知识、实践经验及计算机软件，将对事物的模糊思考转化为直观的、结构清晰的、多级递阶的结构模型，从而有利于解决复杂的问题。其具体过程是，通过有向图及矩阵，将系统中复杂的影响因素划分为若干层次，明确各因素间逻辑关系，最终获得一个结构化的多级递阶结构模型。目前，解释结构模型已被广泛应用于多学科领域，以认识和处理系统中风险影响因素间的层次结构及因果关系。解释结构模型建立分三步。

1. 建立邻接矩阵

本章通过深度访谈、网络连线及反洗钱行业会议现场交流等方式，对高校反洗钱研究专家、反洗钱监管从业人员共 15 人进行访谈（访谈提纲见附录 1）。被访谈对象熟悉我国自贸区情况并直接或间接参与反洗钱相关研究，可以有效保证调查结果的可靠性。根据专家意见，结合相关研究成果及实际工作经验，分析确定 14 个影响因素之间的两两直接影响关系，具体判断规则如下。

（1）若 S_i 对 S_j 有直接影响，则赋值为 1；若 S_i 对 S_j 无直接影响或影响极其微弱可忽略不计，则赋值为 0（$i,j=0,1,\cdots,14$）。

（2）若 S_i 与 S_j 相互有直接影响，则影响大的一方赋值为 1，影响小的一方赋值为 0，双方影响程度相当的各赋值为 1。

由对应元素转换得出矩阵元素 a_{ij}，由此可得到邻接矩阵 14×14 矩阵 A，其中 $A=a_{ij}$。

$$A=\begin{bmatrix} 0 & 0 & 0 & 0 & 0 & 0 & 0 & 0 & 0 & 0 & 0 & 0 & 0 & 0 \\ 0 & 0 & 0 & 0 & 0 & 0 & 0 & 0 & 0 & 0 & 0 & 0 & 0 & 0 \\ 0 & 0 & 0 & 0 & 1 & 0 & 0 & 0 & 0 & 0 & 0 & 0 & 0 & 0 \\ 0 & 0 & 0 & 0 & 0 & 0 & 0 & 0 & 0 & 0 & 0 & 0 & 0 & 0 \\ 0 & 0 & 0 & 0 & 0 & 0 & 1 & 0 & 0 & 0 & 0 & 0 & 0 & 0 \\ 0 & 0 & 0 & 0 & 0 & 1 & 1 & 0 & 0 & 0 & 0 & 0 & 0 & 0 \\ 1 & 0 & 0 & 0 & 0 & 0 & 1 & 0 & 0 & 0 & 0 & 0 & 0 & 0 \\ 0 & 0 & 0 & 0 & 1 & 1 & 0 & 0 & 0 & 0 & 0 & 0 & 0 & 0 \\ 0 & 0 & 0 & 0 & 0 & 0 & 0 & 0 & 1 & 0 & 0 & 0 & 0 & 1 \\ 0 & 0 & 0 & 0 & 0 & 0 & 1 & 0 & 0 & 1 & 0 & 0 & 0 & 1 \\ 0 & 0 & 0 & 0 & 0 & 0 & 0 & 1 & 1 & 0 & 1 & 1 & 0 & 1 \\ 0 & 0 & 0 & 0 & 0 & 0 & 0 & 0 & 0 & 0 & 0 & 0 & 0 & 1 \\ 0 & 1 & 0 & 0 & 0 & 0 & 0 & 0 & 1 & 0 & 0 & 0 & 0 & 0 \\ 0 & 1 & 0 & 0 & 0 & 0 & 0 & 0 & 0 & 0 & 0 & 0 & 0 & 0 \end{bmatrix}$$

2. 建立可达矩阵

可达矩阵是指用矩阵形式描述的有向连接图各节点经过一定长度路径可以达到的程度。若影响因素间存在可以到达的路径，其元素为 1；反之，若影响因素间不存在可以到达的路径，则其元素为 0。其计算方法具体表示为，根据布尔代数运算规则，对某一整数 r 做邻接矩阵 A 与单位矩阵 I 的和矩阵 $A+I$ 的幂运算，直到下式成立：

$$(A+I)\neq (A+I)^2 \neq (A+I)^3 \cdots \neq (A+I)^{r-1}=(A+I)^r$$

式中，$r\leqslant n-1$，n 为矩阵阶数，则 $M=(A+I)^{r-1}$。

因此可计算出，当 $r=5$ 时，上式成立，即可达矩阵 $M=(A+I)^4$ 如下：

$$M = \begin{bmatrix} 1 & 0 & 0 & 0 & 0 & 0 & 0 & 0 & 0 & 0 & 0 & 0 & 0 & 0 \\ 0 & 1 & 0 & 0 & 0 & 0 & 0 & 0 & 0 & 0 & 0 & 0 & 0 & 0 \\ 1 & 0 & 1 & 0 & 1 & 1 & 1 & 1 & 0 & 0 & 0 & 0 & 0 & 0 \\ 0 & 0 & 0 & 1 & 0 & 0 & 0 & 0 & 0 & 0 & 0 & 0 & 0 & 0 \\ 1 & 0 & 0 & 0 & 1 & 1 & 1 & 1 & 0 & 0 & 0 & 0 & 0 & 0 \\ 1 & 0 & 0 & 0 & 0 & 1 & 1 & 1 & 0 & 0 & 0 & 0 & 0 & 0 \\ 1 & 0 & 0 & 0 & 0 & 1 & 1 & 1 & 0 & 0 & 0 & 0 & 0 & 0 \\ 1 & 0 & 0 & 0 & 0 & 1 & 1 & 1 & 0 & 0 & 0 & 0 & 0 & 0 \\ 0 & 1 & 0 & 0 & 0 & 0 & 0 & 0 & 1 & 1 & 0 & 1 & 0 & 1 \\ 0 & 1 & 0 & 0 & 0 & 0 & 0 & 0 & 1 & 1 & 0 & 1 & 0 & 1 \\ 0 & 1 & 0 & 0 & 0 & 0 & 0 & 0 & 1 & 1 & 1 & 1 & 1 & 1 \\ 0 & 1 & 0 & 0 & 0 & 0 & 0 & 0 & 0 & 0 & 0 & 1 & 0 & 1 \\ 0 & 1 & 0 & 0 & 0 & 0 & 0 & 0 & 1 & 1 & 0 & 1 & 1 & 1 \\ 0 & 1 & 0 & 0 & 0 & 0 & 0 & 0 & 0 & 0 & 0 & 0 & 0 & 1 \end{bmatrix}$$

3. 层级关系划分

对可达矩阵进行层级划分，首先需要确定各要素的可达集 $R(S_i)$、先行集 $Q(S_i)$ 及共同集合 $R(S_i) \cap Q(S_i)$。要素 S_i 的可达集是由可达矩阵第 i 行中所有元素为 1 的列所对应的要素构成的集合，常用 $R(S_i)$ 表示；要素 S_i 的先行集是由可达矩阵第 j 列中所有元素为 1 的行所对应的要素构成的集合，常用 $Q(S_i)$ 表示。可以写为

$$R(S_i) = \{S_j \mid S_j \in S, m_{ij} = 1\} \quad (4-11)$$

$$Q(S_i) = \{S_j \mid S_j \in S, m_{ji} = 1\} \quad (4-12)$$

接着求出它们的共同集合，进行层级划分。层级划分有以下特征：要素的可达集包含在要素的先行集中。换句话说，$R(S_i)$ 中的所有元素，都可以在先行集中找到，从其他因素可以到达该因素，但该因素不能到达其他因素。层级划分需满足式（4-13）：

$$R(S_i) \cap Q(S_i) = R(S_i) \quad (4-13)$$

因此，满足式（4-13）的因素集合构成第一层要素集合，表示为 L_1，将相应的行和列从矩阵 M 中删除。继续以相同步骤，依次确定 L_2、L_3…直至所有层级划分完毕。

根据上述步骤，对我国自贸区洗钱风险影响因素进行层级划分，最终可将影响路径划分至 6 个层级，如表 4-11 所示。

$$\varPi(p)=L_1,L_2,L_3,L_4,L_5,L_6=\{S_1,S_2,S_3\},\{S_6,S_7,S_8,S_{14}\},\{S_5,S_{12}\},\{S_3,S_9,S_{10}\},\{S_{11}\}$$
（4-14）

表 4-11 我国自贸区洗钱风险影响因素层级划分表

S_i	$R(S_i)$	$Q(S_i)$	$R(S_i) \cap Q(S_i)$	L_i
S_1	1	1, 3, 5, 6, 7, 8	1	L_1
S_2	2	2, 9, 10, 11, 12, 13, 14	2	L_1
S_3	1, 3, 5, 6, 7, 8	3	3	L_4
S_4	4	4	4	L_1
S_5	1, 5, 6, 7, 8	3, 5	5	L_3
S_6	1, 6, 7, 8	3, 5, 6, 7, 8	6, 7, 8	L_2
S_7	1, 6, 7, 8	3, 5, 6, 7, 8	6, 7, 8	L_2
S_8	1, 6, 7, 8	3, 5, 6, 7, 8	6, 7, 8	L_2
S_9	2, 9, 10, 12, 14	9, 10, 11, 13	9, 10	L_4
S_{10}	2, 9, 10, 12, 14	9, 10, 11, 13	9, 10	L_4
S_{11}	2, 9, 10, 11, 12, 13, 14	11	11	L_6
S_{12}	2, 12, 14	9, 10, 11, 12, 13	12	L_3
S_{13}	2, 9, 10, 12, 13, 14	11, 13	13	L_5
S_{14}	2, 14	9, 10, 11, 12, 13, 14	14	L_2

对上述所得层级划分结果进行分析，若 $R(S_i) \cap Q(S_j) = \varphi$，则该层级中各影响因素相互独立；反之，若 $R(S_i) \cap Q(S_j) \neq \varphi$，则因素间具有相互作用。由此可以建立我国自贸区洗钱风险影响因素多级递阶解释结构模型，如图 4-4 所示。

4.3.3 解释结构模型结果分析

由图 4-4 可知，通过解释结构模型分析，将可能带来我国自贸区洗钱风险的 14 个影响因素分为了 6 个层次，解释结构模型中的有向箭头表示因素之间的关系。有向图将因素连接形成链状结构，有"影响"关系的因素之间会形成因果反馈链。通过图中层级划分、具体指向，可以对当前我国自贸区面临的洗钱风险有一个直观系统的了解。

可以看出，自贸区反洗钱法律法规健全度及上游犯罪规模是导致洗钱风险的根本性原因。自贸区反洗钱法律法规的健全程度约束着洗钱上游犯罪的规模。法律法规健全度越高、越具体，对监管部门的工作指导性越强，同时对洗钱犯罪分子的威慑力度越大。目前我国自贸区建设发展时间较短，仍处于探索阶段，相

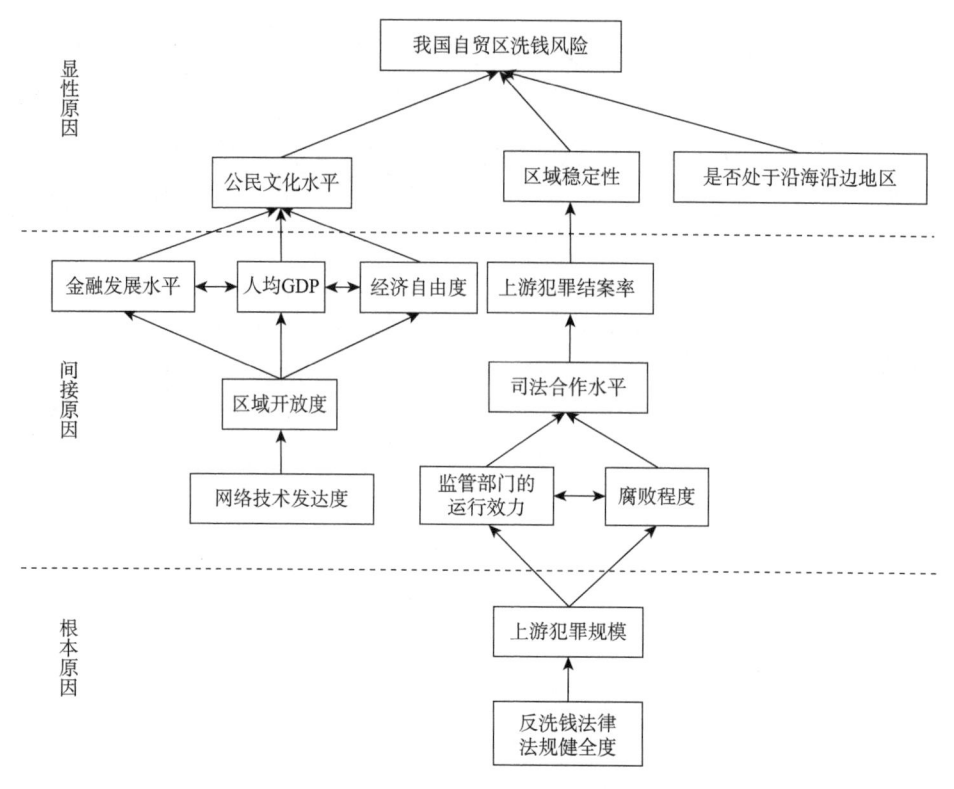

图 4-4 我国自贸区洗钱风险影响因素多级递阶解释结构模型

应的法律法规不够健全。2014年2月中国人民银行上海总部印发了《关于切实做好中国（上海）自由贸易试验区反洗钱和反恐怖融资工作的通知》，要求各反洗钱义务机构全面落实各项反洗钱和反恐怖融资制度措施，但是，该通知内容对于自贸区内开展的实际业务活动来说仍然较为笼统。反洗钱义务机构和监管部门在面对自贸区的各项创新性产品和政策时，因为本身对创新产品市场不够了解而应接不暇。我国自贸区自成立以来，相关金融产品、贸易服务创新政策层出不穷，针对性的反洗钱法律法规却难免滞后，而不利于更好落实风险为本的反洗钱监管理念。因此，有效控制自贸区洗钱的上游犯罪规模是做好自贸区反洗钱工作的关键所在。

在根本原因（作为一层）之上的第二层、第三层、第四层影响因素是我国自贸区洗钱风险的间接影响因素。在自贸区反洗钱法律法规健全度和上游犯罪规模的作用下，自贸区监管部门的运行效力和腐败程度受到影响。上游犯罪规模随着法律规范的漏洞顺势扩大，自贸区本身较为薄弱的监管机制在应对区内经济活动时管理难度加剧，当面对数量庞大的犯罪活动时往往效力低下，同样也使得腐败问题悄然滋生。同时，监管部门运行效力低下与腐败程度相互作用，区内腐败问题加重会导致监管部门监管角色缺失，反之亦然。在二者的共同支撑下，自贸区司法合作水平受到影响，高效的执法效力和清明的政治环境将有效提升自贸区内反洗钱监管部门的信息共享与执法程序的有效衔接，继而提高洗钱上游犯罪结案率，维护区域稳定。自贸区的网络技术发达程度取决于网络基础设施建设、网民数量、网络技术产业、网络安全程度等，它影响着区域的开放程度。区内信息流动、资本流动、人员流动越快，贸易活跃度越高，代表着区域开放程度越大，越容易产生洗钱风险。区域开放程度支撑着金融发展水平、人均 GDP、经济自由度等三个影响因素，三者作为自贸区经济金融环境影响因素互相促进。一般来说，经济金融环境越发达的区域，经济活动越呈现多样性，越有利于洗钱犯罪活动的发生。

公民文化水平、区域稳定性、是否处于沿海沿边地区三个因素是影响自贸区洗钱风险的显性原因。同时，这三者是难以控制的客观风险因素。公民文化水平受制于经济金融环境的三个影响因素，从而对自贸区洗钱风险产生表象影响。区域稳定性受到区内上游犯罪结案率影响，区内稳定性较差容易吸引不法分子乘虚而入，并影响反洗钱监管工作效力，从而导致自贸区洗钱风险。是否处于沿海沿边地区是唯一独立而不受其他因素影响的客观因素，但它会作用于整体，影响全局，因为一般来说，沿海沿边地区的自贸区较内陆地区而言贸易活动、交通运输更为频繁和便利，更易产生洗钱风险。洗钱活动通常具有跨境背景，而沿海沿边地区自贸区的建设要求一般会提出利用区位优势，积极探索与周边国家和地区的跨境合作、加强对外开放的重要任务，这也使得该区域的洗钱风险进一步增加。

4.4 本章小结

本章对我国自贸区洗钱风险的影响因素模糊认知图模型加以应用分析发现，自贸区反洗钱法律法规健全度、上游犯罪规模、监管部门和义务主体的履职效力、司法合作水平、上游犯罪结案率、腐败程度六个因素是自贸区洗钱风险的关键影响因素。基于模糊认知图的动态反馈机制，对采取措施提高反洗钱法律法规健全度、遏制上游犯罪规模扩大和提升反洗钱监管部门和义务主体的履职效力的政策实施情景进行模拟分析发现，当采取上述措施时，自贸区洗钱风险、腐败程度的稳定值有明显降低，区域稳定性、上游犯罪结案率等影响因素的稳定值提高，这进一步验证了模糊认知图模型对本章研究内容的适宜性。借助解释结构模型明确我国自贸区洗钱风险影响因素的层级关系，进一步分析风险因素间的影响关系，结果表明，自贸区反洗钱法律法规健全度、上游犯罪规模是导致自贸区洗钱风险的根本原因，公民文化水平、区域稳定性及是否处于沿海沿边地区是影响自贸区洗钱风险的显性原因，网络技术发达度、区域开放度、金融发展水平、人均 GDP、经济自由度、监管部门的运行效力、腐败程度、司法合作水平、上游犯罪结案率等是诱发自贸区洗钱风险的间接原因。以上研究成果能为我国自贸区在反洗钱资源约束条件下透过现象看本质，治标还治本，针对主要矛盾和矛盾的主要方面，聚焦于完善反洗钱法律法规，从源头着手，从消除洗钱的上游犯罪诱因抓起，以收事半功倍之效。

第 5 章 专题二：设自贸区省市对外贸易与金融发展对洗钱规模的影响研究

本章根据FATF的评估指引，首先，运用沃克模型估算2000~2015年我国设自贸区省市每年产生的洗钱规模。其次，建立 PVAR 模型，实证研究对外贸易、金融发展对洗钱规模的动态影响效应[①]。

5.1 设自贸区省市产生的洗钱规模测度

沃克（Walker，1995）测度澳大利亚的洗钱规模，开创了先驱性研究。沃克（Walker，1999）对全球范围的洗钱规模进行估计，其他许多学者运用沃克模型对其他国家和地区的洗钱规模进行了估测。目前，该模型被 FATF 用作衡量世界各国（地区）洗钱规模的重要模型，成为国际上最具权威性的洗钱规模测度方法。而且，IMF 已经开始对该模型进行变量优化、数据收集等工作。

沃克模型如下：

$$A_{it} = \sum_{j=1}^{m} \left(b_{itj} \times d_{itj} \right) \qquad (5\text{-}1)$$

式中，A_{it} 表示 i 国在 t 年产生的洗钱规模；b_{itj} 表示 i 国公安机关记录在案的 t 年第 j 类案件数量；d_{itj} 表示 i 国公安机关记录在案的 t 年第 j 类案件的单位洗钱规模，$i=1,2,\cdots,n$，$j=1,2,\cdots,m$。沃克模型基于犯罪数据来估算一定范围内的洗钱规模，而犯罪数据不仅可按照国家或地区来加总计算，也可以按照城市来计算，因

[①] 本章主要由课题组成员、西南交通大学经济管理学院研究生童宇执笔。更多内容请参见硕士学位论文《对外贸易、金融发展与洗钱规模的相互影响研究：基于我国设自贸区省市的数据分析》（2019 年，导师：高增安教授）及梅德祥和高增安（2015）。特此鸣谢！

此，该模型不但适用于测度国家层面的洗钱规模，也适用于测度国家内部各地区的洗钱规模。下面，首先测度 2000~2015 年我国设自贸区省市产生的洗钱规模。

5.1.1 研究假定

假定 1：犯罪收益的产生不受地域因素影响。

假定 2：不同的犯罪类别与犯罪平均收入可能会导致不同的犯罪收益。

假定 3：对于所有类型的犯罪，复杂和有组织的犯罪收益比简单和无组织的更多。

假定 4：一般来说，对于各种犯罪类型，在富裕地区的犯罪收益均会比贫困地区高。

假定 5：即便是在经济发展水平低的地区，收入的不平衡性与腐败的发生也会滋生富有的犯罪阶层。

假定 6：犯罪分子也需要生活支出和向律师、会计师等支付工资，因此并非所有犯罪所得都需要清洗。

5.1.2 腐败指数的选取

在使用沃克模型时，假定在任何国家或地区中，基于诈骗案件产生的洗钱规模与地区腐败程度成正比，腐败越严重越吸引洗钱者，贪污腐败越严重的国家（地区）单位洗钱规模越大，因此需要考虑腐败指数。目前，学者们大多根据透明国际（Transparency International，TI）公布的年度清廉指数（corruption perceptions index，CPI）判断，得分越高说明国家（地区）越清廉。但是，清廉指数是通过收集相关专家对每个国家（地区）腐败程度的认知和判断，加以综合评估给出分数，而腐败指数是对清廉指数进行转化后得到的，所得的腐败指数存在主观性过强的问题。并且，TI 并不测度国家内部各地区的清廉指数，而在估算一国内部分省市产生的洗钱规模时，各省市在腐败程度方面存在明显的差异，因而不能直接使用国家层面的量化指标来衡量地区的腐败程度。国外学者在量化地区腐败程度的研究中，Goel 和 Rich（1989）、Fisman 和 Gatti（2002）、Glaeser 和 Saks（2006）使用在美国各州公务员中被判犯有腐败罪的人数占全州公务员总人数之比来衡量各州的腐败程度。研究中国腐败问题的学者主要借助《中国检察年鉴》中的数据来反映腐败程度，并且数据处理方法均有相似之处。例如，周黎安和陶婧（2009）用腐败案件数量的对数，吴一平和芮萌（2010）用腐败案件数量与当地总人口的比例，刘勇政等（2011）、颜为民等（2015）用各地职务犯罪立案数与当地公职人员总数之比,张军等(2007)、聂辉华等(2014)用每万名公职人员的贪污贿赂立案数来衡量腐败程度。

本节借鉴聂辉华等(2014)的方法,采用当地立案侦查贪污贿赂犯罪案件数量与当地公职人员数量之比来度量腐败程度。为了与根据TI公布的清廉指数转化的腐败指数保持在同一水平线,本节在测度国内分省市腐败程度时,采用每千名公职人员的腐败和贿赂立案数量来衡量各省市的腐败程度,如表5-1所示。

表5-1　2000~2015年我国设自贸区省市腐败指数

年份	上海	广东	天津	福建	河南	重庆	浙江	四川	湖北	陕西
2000	3.80	2.73	4.40	4.08	3.17	4.02	3.59	3.49	3.49	2.86
2001	3.94	2.61	5.04	3.75	3.14	3.79	3.89	3.17	3.57	2.70
2002	3.34	2.46	4.85	3.54	3.10	3.37	3.49	3.19	3.33	2.70
2003	2.49	1.83	3.69	3.60	2.40	3.22	3.24	2.82	2.84	2.44
2004	2.92	1.69	3.24	3.45	2.30	2.94	3.05	2.68	2.68	2.41
2005	2.64	2.10	3.76	3.30	2.27	2.56	2.69	2.42	2.56	2.21
2006	2.89	1.97	2.88	3.18	2.18	2.22	2.20	2.21	4.19	2.19
2007	2.66	1.97	2.55	3.51	2.17	2.44	2.26	2.15	2.68	2.08
2008	1.97	1.82	2.38	3.32	2.02	1.95	2.30	1.81	2.52	1.99
2009	1.99	1.86	2.28	2.90	1.91	2.60	1.95	1.65	2.42	1.92
2010	2.17	1.55	2.18	2.54	1.86	3.06	1.75	1.59	1.46	1.81
2011	1.73	1.41	1.85	2.45	1.85	2.50	1.73	1.53	2.25	1.66
2012	1.77	2.00	1.65	2.40	1.80	2.43	1.85	1.54	2.10	1.43
2013	1.74	1.87	1.75	2.49	1.89	2.35	1.59	1.74	2.62	1.59
2014	1.90	1.97	1.62	2.59	2.18	2.30	1.55	1.77	3.14	1.63
2015	1.97	1.87	1.57	2.65	2.16	2.06	1.33	1.80	3.05	1.77

资料来源:各省市腐败指数根据《中国检察年鉴》和《中国法律年鉴》中相关数据计算得出

5.1.3　各省市单位洗钱规模测度

沃克通过对各类犯罪案件的分析研究发现,欺诈、毒品、夜间入室盗窃(夜盗)、偷窃、抢劫、谋杀、殴打(包括性侵犯)七类犯罪均可能构成洗钱的上游犯罪,并滋生洗钱需要,因此测算这七类犯罪案件的单位洗钱规模。沃克通过与澳大利亚警方合作获取多种犯罪数据和跨境资金的流动数据,并就各类犯罪案件的收益及需要清洗的比例等问题对相关专家和警方进行问卷调查,最终得到1995年澳大利亚公安机关记录在案的案件的单位洗钱规模(表5-2),并明确表示这些单位洗钱规模数据适用于世界各个国家和地区的洗钱规模测度。

表 5-2　1995 年澳大利亚公安机关记录在案的案件的单位洗钱规模　单位：美元

案件类别	欺诈	毒品	夜盗	偷窃	抢劫	谋杀	殴打（包括性侵犯）
单位洗钱规模	50 000C	100 000	600	400	1 400	225	2.23

注：C 代表国家当年的腐败指数

资料来源：Walker（1999）、Unger（2006，2007）

但在中国，公安机关没有区分夜盗案与偷窃案，只有盗窃案件，梅德祥和高增安（2015）对夜盗与偷窃案件运用算术平均法，计算出盗窃案的单位洗钱规模，本节也将沿用这一方法。上述七类案件可以分为刑事案件与治安案件。其中，刑事案件主要涉及谋杀、欺诈、抢劫、强奸、盗窃和毒品活动，治安案件主要包括殴打他人、诈骗、故意伤害、盗窃、抢夺、毒品违法活动等。本节在测度各省市的洗钱规模时，采用当地贪污贿赂犯罪案件数量与公职人员数量之比来度量腐败程度，然后计算各省市诈骗案件的单位洗钱规模。

在 GNP（gross national product，国民生产总值）的作用问题上，假设其他国家是相同的，贫穷国家很可能会产生与富裕国家一样高水平的犯罪收益，这是不切实际的。WGMLM 模型中单位洗钱规模来源于 1995 年的澳大利亚，Walker（1999）考虑到澳大利亚与其他国家的相关性，令澳大利亚的人均 GNP 为 1，其他国家也进行相应调整，并假定人均 GNP 与每类案件的犯罪收益呈线性关系，结合本章的具体研究对象和内容，有

$$D_{tj} = D_j \times \text{GDP}_t / [\text{GDP}] \quad (5\text{-}2)$$

式中，D_{tj} 表示由各省市公安机关记录在案的 t 年第 j 类案件产生的单位洗钱规模；D_j 表示澳大利亚公安机关 1995 年记录的第 j 类案件产生的单位洗钱规模；GDP_t 表示 t 年各省市人均 GDP；[GDP] 表示 1995 年澳大利亚的人均 GDP，$j = 1, 2, \cdots, m$。

为保持与 Unger（2006，2007）修正的沃克引力模型的一致性，本章同样采用地区人均 GDP 替代人均 GNP，并假定各地区人均 GDP 与各类案件的犯罪收益成正比。结合表 5-2，利用式（5-2），计算 2000~2015 年我国设自贸区省市洗钱的上游犯罪案件产生的单位洗钱规模，详见附录 4。

值得说明的是，在沃克看来，毒品与诈骗犯罪涉及大量的犯罪收入，所以与洗钱的关联性最大，而其他案件与洗钱的相关性较小。大多数杀人案件并不会给罪犯带来经济收益，只有极少的犯罪，比如通过谋杀来获得保险支付与继承相关财产会带来收益。殴打案件也大都不会给犯罪分子带来利益。一般来说，抢劫罪是为了获得犯罪收益而进行的攻击，但通常收益很少，基本用不着洗钱，但是抢劫会造成很大的社会成本。盗窃罪与抢劫罪在犯罪收益程度上是相似的，极少有洗钱需要。

5.1.4 数据来源与处理

本节选取的对象包括上海、天津、广东、福建、陕西、重庆、四川、湖北、浙江、河南等10个设自贸区的省市分年度、分犯罪类型的数据（辽宁省数据缺失严重，所以未包括在内）。因此，采集的数据具备以下特点：分地域（以省市划分）、分时间（以年度划分）、分案件类型（以上六类案件）。其中，运用模型测度洗钱规模时所使用的六类案件数据均来自各省市公安年鉴、《中国法律年鉴》、《中国检察年鉴》，以及向各省市公安厅（局）申请公开的信息。不应忽视的是，自2005年以来，公安部调整了治安查处数的统计口径，将以前的接收并处理结束的案件数，扩大概念至只要介入调查就作为查处数，这使得2005年后相关治安案件数量暴增。

由于某些省市的犯罪数据存在一些缺失，本节参照Unger（2006，2007）的处理方式。例如，首先计算2006~2010年上海市的治安案件中诈骗案件数量占全市公安机关受理的治安案件总数的平均比例，其次用所得结果分别与2000~2005年上海市公安机关受理的治安案件总量相乘，来计算出缺失年份的诈骗案件数量。同理，本节依次计算出数据缺失省市的年度犯罪案件数量。

5.1.5 洗钱规模测度

本节运用式（5-1）测度我国设自贸区各省市产生的洗钱规模。由于研究对象和内容的变化，式中各变量的定义相应调整如下：A_{it}表示i省市在t年产生的洗钱规模，b_{itj}表示i省市公安机关记录在案的t年第j类案件数量，d_{itj}表示i省市公安机关记录在案的t年第j类案件的单位洗钱规模，$i=1,2,\cdots,n$，$j=1,2,\cdots,m$。

基于前文测度出的腐败指数、单位洗钱规模及获取到的各省市犯罪数据，利用式（5-2）测度出2000~2015年各省市产生的洗钱规模，结果如图5-1和图5-2所示。

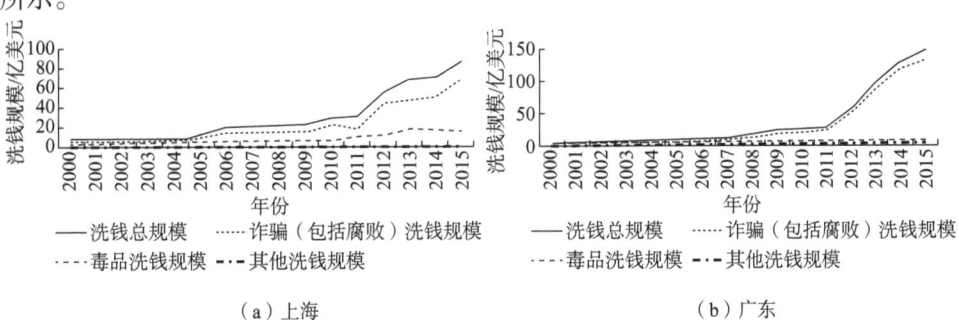

（a）上海　　　　　　　　　　（b）广东

(c) 福建

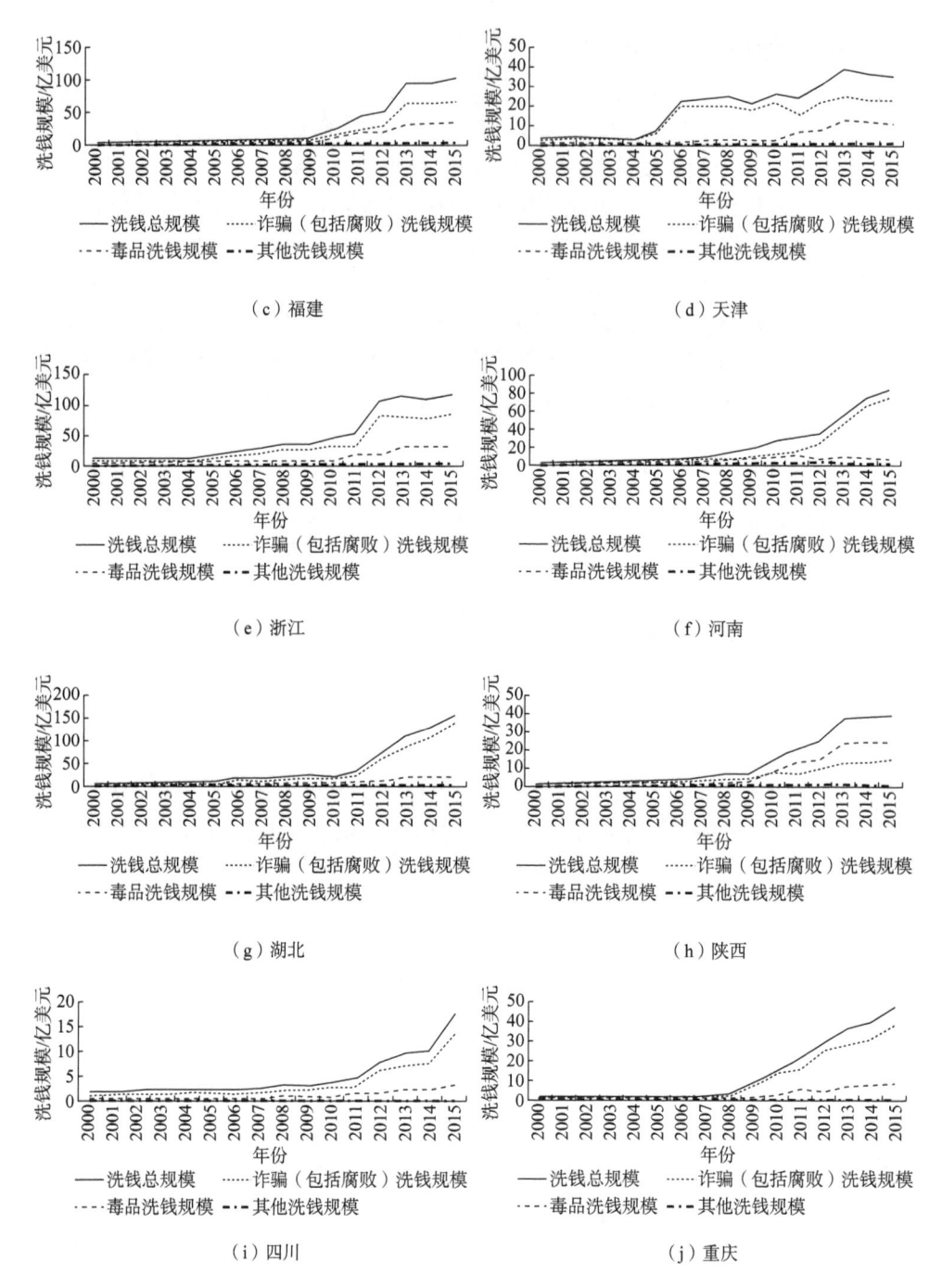

(d) 天津

(e) 浙江

(f) 河南

(g) 湖北

(h) 陕西

(i) 四川

(j) 重庆

图 5-1 2000~2015 年设立自贸区省市产生的洗钱规模变化趋势

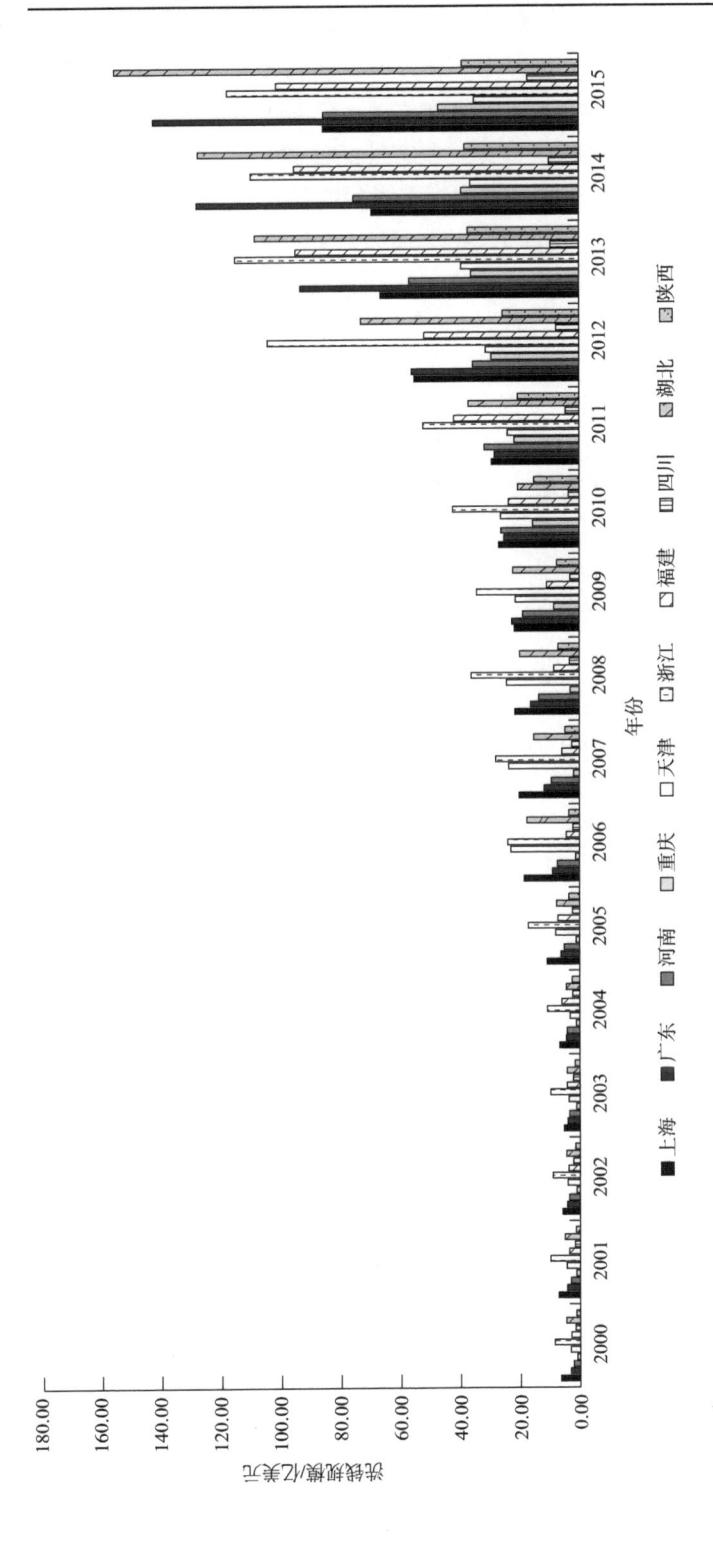

第 5 章 专题二：设自贸区省市对外贸易与金融发展对洗钱规模的影响研究

图 5-2 2000~2015 年设立自贸区省市产生的洗钱规模对比

如图 5-2 所示，各省市每年的洗钱规模差异较大。2004 年前各省市产生的洗钱规模变化均比较平稳，2004 年后洗钱规模上升趋势较为明显，这是由于我国在 2003~2004 年相继成立了反洗钱管理机构，犯罪案件的侦破率大幅提高，大量的洗钱及洗钱上游犯罪被侦破，各省市的洗钱规模有了较明显的上升。我国 2006 年颁布《中华人民共和国反洗钱法》，2007 年正式加入 FATF，这一系列举措说明，面对反洗钱这项长期、复杂、艰巨的任务，我国较短时间内在反洗钱立法、执法及金融业全面开展反洗钱工作等方面均取得了有目共睹的成绩。成为 FATF 正式成员国，标志着中国的反洗钱与反恐怖融资工作进入了新阶段。

2008 年金融危机，导致全球经济衰退和通货膨胀，引发商品期货价格大幅上涨，大量中小企业关闭歇业，下岗失业频发，加剧社会动荡，各种犯罪数量明显上升，间接导致了各省市洗钱规模迅速增长。以上海为例，仅过了 6 年时间，上海市洗钱规模就从 2009 年的 21.82 亿美元增加到 2015 年的 85.57 亿美元，年均增长率为 25.58%。本节中样本城市的平均洗钱规模从 2009 年的 17.22 亿美元迅速增长到 2015 年的 82.72 亿美元，年均增长率为 29.90%。基于以上研究可以看出，犯罪不仅给社会带来极大的不稳定性，也会给犯罪分子带来巨大的非法收益，进而给地区带来极大的洗钱风险。在 2000~2009 年各省市洗钱规模的构成中，诈骗产生的洗钱规模占比最大，除了 2010 年后陕西毒品犯罪案件产生的洗钱规模超过诈骗的洗钱规模，其他省市的诈骗案件仍然是洗钱犯罪滋生的最大源头。但是，诈骗犯罪具有发案频繁、跨区域、涉案金额巨大等特点，案件侦破有一定难度。以广东为例，2000~2015 年，广东诈骗犯罪产生的洗钱规模占其洗钱规模总额的年平均比率为 84.12%，说明广东洗钱规模的绝大部分来源于诈骗犯罪，对于诈骗犯罪的严厉打击程度，将直接影响广东洗钱规模的大小。我国公安机关近年来向公众大力普及防诈骗犯罪知识，不断加大打击力度，这必将对各地区的洗钱规模增长产生一定的遏制作用。

根据 IMF（1996，2010）对全球洗钱规模的调查与估计发现，从 1996 年开始，全球范围的洗钱规模从占全球 GDP 的 3.5%，下降至 2005 年的 3%，之后又上升到 2009 年的 5%，说明随着全球经济的增长，各国洗钱规模也随之迅速增加。目前，各个国家打击洗钱犯罪和测度洗钱规模，大都以 Camdessuss（1998）所估算的洗钱占比作为该国洗钱规模的上限和下限参考范围来衡量洗钱犯罪的严重性。本节计算出各省市洗钱规模占其 GDP 比重并与根据 Camdessuss（1998）所做的预测作比较，来观测各省市洗钱犯罪的严重程度，结果如表 5-3 所示。

表 5-3　2000~2015 年设立自贸区省市洗钱规模占 GDP 比重

年份	上海	广东	天津	福建	河南	重庆	浙江	四川	湖北	陕西	平均
2000	1.12%	0.25%	1.56%	0.66%	0.37%	0.45%	1.15%	0.34%	1.10%	0.57%	0.76%

续表

年份	上海	广东	天津	福建	河南	重庆	浙江	四川	湖北	陕西	平均
2001	1.16%	0.30%	1.94%	0.74%	0.47%	0.53%	1.20%	0.33%	1.10%	0.60%	0.84%
2002	0.86%	0.27%	1.61%	0.72%	0.50%	0.44%	0.95%	0.39%	0.90%	0.57%	0.72%
2003	0.67%	0.22%	1.21%	0.72%	0.43%	0.40%	0.85%	0.35%	0.75%	0.53%	0.61%
2004	0.70%	0.20%	0.89%	0.87%	0.41%	0.33%	0.78%	0.31%	0.67%	0.68%	0.58%
2005	0.97%	0.23%	1.69%	0.92%	0.41%	0.28%	1.06%	0.27%	0.97%	0.76%	0.76%
2006	1.41%	0.27%	4.12%	0.47%	0.48%	0.28%	1.22%	0.20%	1.85%	0.61%	1.09%
2007	1.23%	0.28%	3.44%	0.49%	0.47%	0.33%	1.14%	0.19%	1.25%	0.65%	0.95%
2008	1.07%	0.31%	2.53%	0.55%	0.53%	0.38%	1.17%	0.18%	1.23%	0.68%	0.86%
2009	0.99%	0.39%	1.95%	0.61%	0.67%	0.90%	1.02%	0.16%	1.18%	0.64%	0.85%
2010	1.07%	0.37%	1.94%	1.09%	0.77%	1.34%	1.04%	0.15%	0.88%	1.02%	0.97%
2011	0.99%	0.34%	1.38%	1.55%	0.76%	1.41%	1.05%	0.14%	1.23%	1.07%	0.99%
2012	1.73%	0.62%	1.54%	1.67%	0.76%	1.63%	1.90%	0.21%	2.08%	1.13%	1.33%
2013	1.89%	0.93%	1.70%	2.69%	1.10%	1.76%	1.89%	0.23%	2.71%	1.43%	1.63%
2014	1.81%	1.16%	1.43%	2.44%	1.33%	1.70%	1.68%	0.22%	2.86%	1.34%	1.60%
2015	2.12%	1.22%	1.33%	2.43%	1.44%	1.87%	1.71%	0.36%	3.28%	1.36%	1.71%

如表5-3所示，在样本区间内，除了天津在2006年、2007年，湖北在2015年的比率达到IMF预测的3%下限，其他各省市每年洗钱规模占GDP的比重均低于IMF的预测值。样本内各省市平均产生的洗钱规模占GDP总量比重从2000年的0.76%增长至2015年的1.71%，远低于IMF的预测水平。刘俊奇和安英俭（2017）研究发现，1997~2014年，我国每年的洗钱规模占GDP的比重虽然在逐年上升，但至2014年，洗钱规模占GDP比重仅为1%左右，同样低于IMF预测的水平。本节在对样本省市的洗钱规模进行测度时，采用了部分案件进行研究，而未将所有犯罪类型包含在内，因此在一定程度上存在被低估的可能。但根据沃克洗钱规模测度模型，只有发案频繁且涉案金额较大的案件才有可能涉及洗钱，其他案件与洗钱关联性很小，并且本节测度的各省市洗钱规模与IMF在2010年预估5%的水平也有一定差距。这说明我国对易发生洗钱犯罪的违法案件的打击非常有效，这与我国的经济结构与制度背景密不可分，也体现了我国经济在高速发展中不仅重"量"而且重"质"，同时政府在维护金融体系稳定、维护社会公平正义与市场公平竞争等方面做出了努力。

5.2 PVAR 模型分析与变量选取

5.2.1 模型概述

对于很多经济学问题，可能很难用某一理论来解释其因果关系，只能用数据说话。当变量均具有内生性，或者很难分清谁因谁果时，就需要用 PVAR 模型进行实证研究。

向量自回归（vector autoregression，VAR）模型作为目前国际主流的计量模型，是 1980 年由美国学者里斯托弗·西姆斯在研究自回归模型（AR 模型）的基础上提出的。VAR 模型不区分解释变量与被解释变量，而将各变量均视为内生变量，研究其滞后项对变量自身的影响，在确定模型最优滞后阶数后，基于脉冲响应函数与方差分解分析观测变量间的动态影响关系及贡献程度。使用 VAR 模型分析变量较多或者样本量较少的问题时，也会存在自由度不够、参数估计不准确等问题。

PVAR 模型是经济学家们在 VAR 模型基础上的发展，它克服了对数据量的限制与空间个体的异质性影响。PVAR 模型不仅继承了传统 VAR 模型的优良特性，而且由于面板分析的引进使得 PVAR 模型具有两方面的优点：一是对数据的长度要求降低，只要 $T \geq m+3$（T 为时间序列的长度，m 为滞后项的阶数）便可以对方程的参数进行估计，当 $T \geq 2m+2$ 时，即可在稳态下估计滞后项的参数；二是该模型能够控制由于空间变动造成的不可观测的个体异质性，个体效应允许不可观察的个体差异，时间效应则可以捕捉到个体在横截面上可能受到的共同冲击。PVAR 模型具有时间和界面的跨度，可以通过增加界面数量来扩大样本容量，解决了以往 VAR 模型对时间长度的依赖，保证了模型的自由度。这使得原来的 VAR 模型摆脱了对单纯个体时间序列数据的依赖并向空间计量进一步拓展，为宏观经济研究提供了一个相当灵活的分析框架。

由于缺乏具体数据，国际上目前对洗钱犯罪的研究多数基于定性分析，少数采用实证方法，研究洗钱问题也大都将洗钱指标定义为虚拟变量，得出的实证结果不如量化指标的实证分析稳健。本书在量化各变量的基础上，利用我国设立自贸区省市的数据，采用 PVAR 模型对洗钱的影响进行定量分析。

5.2.2 样本选取及数据来源

自贸区作为我国扩大对外开放、深化改革、展现全新国际形象的平台，在简政放权、优化服务流程等方面释放多项优惠红利，在带来贸易投资便利的同时，宽松的监管环境也难免被利用而诱发洗钱风险。但是，我国自贸区绝不能成为洗钱、恐怖融资、大规模杀伤性武器扩散融资、涉税犯罪、贪腐转赃的温床。本节基于沃克模型，从洗钱的上游犯罪入手，测度我国境内经国务院批准设立自贸区省市 2000~2015 年的洗钱规模，包括上海、广东、天津、福建、河南、陕西、四川、浙江、湖北、重庆在内的十个省市（由于数据缺失严重，样本未包含辽宁），并以测度出的洗钱规模作为洗钱变量被量化后的指标。

犯罪分子洗钱的渠道很多，可以说有多少花钱或赚钱的手段，就有多少洗钱的方法。在实证研究部分，侧重点在于最容易被洗钱分子当作媒介的金融系统和贸易领域对洗钱变量的影响。基于国内外学者的研究成果，考虑到数据的可获取性，本节选取三个变量，分别为洗钱规模、金融发展与外贸依存度。洗钱变量用已测度出的各省市洗钱规模来表示；对于金融系统，基于规模和效率两方面，使用熵值法合成评价金融发展的指标；对外贸易变量则采用国内外通用的量化方式来替代。

本节中主要用到了 2000~2015 年样本省市的各类金融数据、进出口数据及前文测度出的洗钱规模数据，其中金融发展指标数据来源于 CCER 经济金融研究数据库、《新中国六十年统计资料汇编》、《中国金融年鉴》、各省市的金融年鉴及各省市人民检察院的年度总结报告；对外贸易数据来源于国家统计局和各省市年鉴；其他目前没有现成来源的数据，主要靠课题组手工收集，数据的整合与处理使用 Stata15 和 EViews7.0 软件。

5.2.3 变量设计与解释

目前关于洗钱的影响研究，主要集中在对经济、贸易及外商直接投资等方面。Unger（2006）认为，目前关于洗钱的影响与效应研究大多数都是基于猜测，在没有合理量化洗钱指标之前，实证分析缺乏有力支撑。Unger（2007）基于修正的沃克引力模型研究发现，洗钱对经济增长、对外贸易、金融市场的流动性及商品价格均有一定影响。Aluko 和 Bagheri（2012）认为，在经济发展层面，发展中国家受到洗钱犯罪的影响较严重，因为其国内金融市场发展不完善，洗钱会导致资本外逃和国家经济发展畸形等局面。本章基于文献回顾与梳理，在量化各变量的基础上，致力于研究金融发展、对外贸易对洗钱规模的影响。

目前，在衡量某一国家的金融发展程度时，国际上通行的做法是量化金融发展指数，而金融发展指数通常反映了金融资产相对于国民财富的扩张。以往的文献经常以一个或几个独立指标来量化金融发展，但个别指标受各行业的影响走势通常不一致。本节从金融规模和金融效率入手,首先从各维度进行考量并进一步划分,随后采用熵值法将各指标合成为衡量金融发展程度的评价体系。

首先,在金融规模方面,我们将细分三个子指标。

第一,金融相关比率(financial interrelations ratio,FIR):目前国际上衡量金融增长水平有两种指标——麦氏和戈氏。麦氏指标在量化一个国家的金融发展水平时,从广义货币角度,用货币供应量与GNP的比率来衡量。戈氏指标提出金融相关比率,侧重于存量与流量,用一国的金融资产总量与GDP的比值来衡量金融发展程度。在比较地区金融化程度差距时,由于缺少广义货币供应量的分省市数据,无法直接使用麦氏指标。因此,对于地区金融发展规模的量化,我们利用各省市的金融机构存贷款总额与地区生产总值的比值来衡量。

第二,金融发展深度(depth):本节采用样本省市的全部金融机构贷款余额与各省市的地区生产总值的比值来观测各省市的金融发展深度,即贷款余额/名义GDP。

第三,居民储蓄比率(savings):本节运用 Guariglia 和 Poncet(2008)所采用的方法,利用地区全部金融机构的城乡居民储蓄存款余额与地区生产总值的比值来度量。

在对金融规模层面进行细分后,再对金融效率进行细分,并分成储蓄投资转化率与存贷比两个子指标。

第一,储蓄投资转化率(fue):资本是国家实体经济运行的基础,只有当储蓄转化为资本并在生产领域运行时,才能带来附加价值。在保持高储蓄率的前提下,储蓄转化为投资的效率反映了区域金融创造财富的能力与金融发展的效率。本节运用资产形成总额与地区金融机构存款余额的比值来表示储蓄投资转化率(fue=资产形成总额/总储蓄)。该比值越高,说明金融资产转化为资本的效率越高,区域金融创造财富的能力越强。

第二,存贷比:我国金融体系较特殊,是以银行业为主导的,而银行贷款对各地区投资增长的影响最直接,信贷系统很大程度上影响着区域财富的创造。本节利用各省市金融机构年末贷款余额与年末存款余额之比来反映银行系统储蓄投资转化的效率。

对金融发展的全面评价是将金融发展这一复杂过程的多个影响因子进行综合,使之成为单一指数的形式。用简明、有代表性的数值来表示某一地区的金融发展水平,有效弥补了以往利用单个或几个独立金融指标进行研究无法揭示金融发展整体状况的窘境。考虑到我国金融业是以银行业为主,我们采取上述金融相关比率、金融发展深度、居民储蓄比率、储蓄投资转化率、存贷比等五个指标作为金融发展综合评价指标的影响因素。本节利用改进的熵值法计算各指标的权重大小,具体计算步骤恕不赘述。

外贸依存度（ftd）：本节借鉴国际通用的量化方法，利用各省市年度进出口总额与其 GDP 的比值来表示外贸依存度。

本节选取的变量定义如表 5-4 所示。

表 5-4 变量选取与定义

变量名称	变量符号	变量定义
洗钱规模	mls	各省市年度洗钱规模测度值
外贸依存度	ftd	地区进出口总额/GDP
金融发展	fd	熵值法合成评价金融发展体系

5.2.4 模型设定

基于 PVAR 模型的实证研究中，很多文献的面板数据都存在"截面大、时序短"的情况，并且数据存在"个体异质性"，而构建 PVAR 模型要求样本中的每个截面均具有相同结构，因此不能直接应用时间序列 VAR 模型的分析过程。在选定变量后，基于 PVAR 模型的式（5-3），本节建立式（5-4）：

$$Y_{i,t} = \alpha_i + \gamma_t + \sum_{j}^{p} \Gamma_j Y_{i,t-j} + \mu_{i,t}, \quad i=1,2,\cdots,N; \quad t=1,2,\cdots,T \quad (5\text{-}3)$$

$$Y_{i,t} = \begin{bmatrix} \text{mls}_t \\ \text{ftd}_t \\ \text{fd}_t \end{bmatrix}, \quad Y_{i,t-j} = \begin{bmatrix} \text{mls}_{t-j} \\ \text{ftd}_{t-j} \\ \text{fd}_{t-j} \end{bmatrix} \quad (5\text{-}4)$$

式中，$Y_{i,t}$ 表示由洗钱规模、金融发展、对外贸易三个变量当期值组成的向量；$Y_{i,t-j}$ 表示洗钱规模、金融发展、对外贸易三个变量的滞后值组成的向量；α_i 表示个体固定效应系数项的向量；γ_t 表示时间效应系数项的向量；Γ 表示滞后变量的系数矩阵；$\mu_{i,t}$ 表示随机误差项的矩阵。

本节通过引入固定效应来消除"个体异质性"，并通过"Helmert"过程保证固定效应不会被排除，之后采用广义矩估计方法（generalized method of moments，GMM）进行分析。

5.2.5 实证方法

基于 PVAR 模型的实证分析一般包括三个步骤：首先运用广义矩估计方法对模型中的参数进行估计；其次运用蒙特卡洛方法做出脉冲响应分析图表，并对各变量进行响应分析；最后使用方差分解来分析模型中某变量受其他变量的影响程度。

在实证分析中，采用 Stata15 软件建立 PVAR 模型。Abrigo 和 Love（2016）及连玉君和苏治（2009）分别针对 PVAR 模型估计提出了-pvar.ado 和-pvar2.ado 程序包。本节运用连玉君和苏治（2009）的程序包进行分析，有以下几点注意事项。

（1）程序包默认进行广义矩估计方法进行分析。

（2）使用该程序进行脉冲响应分析时，需要使用 impulse 命令得出响应结果，并且脉冲响应分析的蒙特卡洛模拟次数默认为 200 次，若需要调整次数同样得使用命令来实现。方差分解分析结果可以自动输出，默认为每隔 10 期输出一次，最多输出 20 期，可以键入 decompt 命令来增加期数。

（3）基于此程序包建立 PVAR 模型时，需要将各变量名进行前向均值差分（helmert）变化来消除个体效应与时点效应。

（4）该程序包限定模型变量至多有 6 个，并且 Stata 软件识别样本为面板数据的条件是要将个体 i 变量与时间 t 变量重新命名为 id 与 year。

5.3 实证分析

经过前文对我国设自贸区省市的洗钱规模测度，以现已收集和计算得到的数据为样本，运用 PVAR 模型实证分析金融发展、对外贸易对洗钱规模的影响，采用广义矩估计、正交脉冲响应及方差分解等方法进行研究，运用相关理论解释实证结果，为后续的结论分析、政策建议提供支持。

5.3.1 数据预处理

1. 平稳性检验

面板数据变量不平稳会导致伪回归，并对后续分析产生影响，所以对各变量进行平稳性检验十分必要。对于时间序列来说，学者们大都采用 ADF 检验法（单位根检验），但对于面板数据进行单一 ADF 检验会存在一定的偏差。因此，本节对 lnmls、lnfd、lnftd（lnmls 代表对变量 mls 做对数处理）分别采用 LLC 检验法、IPS 检验法、ADF 检验法、PP 检验法进行考察，结果如表 5-5 所示。

表 5-5　检验结果

方法	lnmls	lnfd	lnftd	$d$lnmls	$d$fd	$d$ftd
LLC	2.632 63	−1.430 97	−0.581 03	−6.534 17***	−8.185 28***	−5.019 02***
IPS	5.934 24	1.426 82	−0.324 38	−5.045 71***	−5.999 07***	−4.037 43***

续表

方法	lnmls	lnfd	lnftd	dlnmls	dfd	dftd
ADF	1.741 44	9.726 98	20.848 2	60.130 8***	70.407 9***	49.709 7***
PP	1.553 12	12.432 9	16.483 3	49.431 1***	93.576 3***	66.432 8***

***表示在1%的置信水平下显著

在表 5-5 中，变量 lnmls、lnfd、lnftd 在四种检验下均不显著，为不平稳序列。通过一阶差分处理后，各序列均变为平稳序列，显著地拒绝原假设，并且各变量在四种检验中均在 1%的置信水平下显著。

2. 滞后阶数的选取

通过平稳性检验后，将进行模型最优滞后期的确定。滞后阶数越大，对于样本容量的要求越高，对模型每一期影响动态的描述越清晰。滞后阶数的确定准则一般包括 AIC 准则、LR 统计量、F 统计量、BIC 准则、SC 准则及 HQIC 准则。本节通过相关文献梳理总结，最终选取 AIC 准则、BIC 准则、HQIC 准则进行分析。

在实证分析中，各操作均基于 Stata15 实现，具体操作步骤采用了连玉君和苏治（2009）的 PVAR2 程序包，其结果如表 5-6 所示。

表 5-6　PVAR 模型滞后期的检验

滞后阶数	AIC	BIC	HQIC
1	−4.102 68*	−3.242 41*	−3.753 12*
2	−3.662 55	−2.547 55	−3.209 74
3	−3.229 09	−1.829 75	−2.661 51
4	−3.108 71	−1.389 30	−2.412 84

*表示滞后阶数的显著性

如表 5-6 所示，通过对比 AIC 准则、BIC 准则和 HQIC 准则发现，本节模型的最优滞后阶数为 1。

3. 面板格兰杰因果检验

基于面板数据的格兰杰因果检验有两种方式，一种是在各变量序列平稳的情况下进行检验，另一种是在序列不平稳时，检验其存在的协整关系，在误差修正的基础上进行检验。基于前文得出的结果，各序列均为平稳，遂直接运用格兰杰检验法，检验结果如表 5-7 所示。

表 5-7　PVAR 模型格兰杰因果检验结果

原假设	卡方统计量	P 值	结论
lnfd 不是 lnmls 的格兰杰原因	5.503 3	0.026**	拒绝
lnftd 不是 lnmls 的格兰杰原因	4.712 3	0.056*	拒绝
lnmls 不是 lnftd 的格兰杰原因	0.618 9	0.431	不拒绝
lnfd 不是 lnftd 的格兰杰原因	11.153	0.001***	拒绝
lnmls 不是 lnfd 的格兰杰原因	5.284 7	0.015**	拒绝
lnftd 不是 lnfd 的格兰杰原因	6.953 7	0.008***	拒绝

***、**、*分别表示在 1%、5%、10%的置信水平下显著

根据检验结果，金融发展与对外贸易均是洗钱规模的格兰杰原因，说明地区金融发展程度与对外贸易规模均能对其洗钱规模产生影响；金融发展与对外贸易两者互为格兰杰因果关系，说明金融发展程度会影响对外贸易的变动，反之亦然；洗钱规模是金融发展的格兰杰原因，但不是对外贸易的格兰杰原因，说明洗钱规模的变化会对地区金融发展产生一定影响，但几乎不会对地区对外贸易产生影响。

5.3.2　模型的建立与估计

根据前文可知，所有变量均在经对数处理、一阶差分后平稳。本节基于差分后的数据，采用广义矩估计方法进行 PAVR 模型估计。在估计模型参数前，首先剔除样本中固定效应与时间效应的影响，前者采用前向均值差分方法，后者采用均值差分方法。滞后 1 期的金融发展、对外贸易与洗钱规模的 PVAR 模型参数估计结果如表 5-8 所示。

表 5-8　基于广义矩估计的 PVAR 模型

依赖变量	h_dlnmls	h_dlnftd	h_dlnfd
	b_GMM	b_GMM	b_GMM
h_dlnmls L1	0.239 799* （0.063）	0.267 011** （0.021 9）	−0.072 735** （0.032 6）
h_dlnftd L1	−0.021 159** （0.037 9）	0.730 937*** （0.000 0）	−0.030 675* （−0.053 4）
h_dlnfd L1	−0.282 065* （0.044 3）	1.371 953* （0.056 6）	0.081 483 （0.106）

***、**、*分别代表在 1%、5%、10%的置信水平下显著
注：h_表示变量进行 helmert 变化，L1 表示变量的一阶滞后项

根据表 5-8 所得结果,本节得出以下实证模型:

$$\begin{bmatrix} d\ln mls \\ d\ln ftd \\ d\ln fd \end{bmatrix} = \begin{bmatrix} 0.239\,799 & -0.021\,159 & -0.282\,065 \\ 0.267\,011 & 0.730\,937 & 1.371\,953 \\ -0.072\,735 & -0.030\,675 & 0.081\,483 \end{bmatrix} \begin{bmatrix} d\ln mls_{t-1} \\ d\ln ftd_{t-1} \\ d\ln fd_{t-1} \end{bmatrix}$$

根据广义矩估计分析及 PVAR 模型可知,各变量的一阶滞后项只存在两个不显著,其他均至少在 10%的置信水平下显著。因此,本节得出以下结论。

（1）金融发展与洗钱规模的关系。从表 5-8 可知,滞后 1 期的金融发展的变化对洗钱规模存在比较明显的负向影响（-0.282 065）,体现了地区金融发展对洗钱规模的变化起到了一定的抑制作用,这是由于随着地区金融发展水平的提高,无论是金融规模、金融效率还是金融创新模式都有较大提升,在带来便捷高效的同时,政府的监管水平和金融系统对洗钱犯罪的监测分析也在不断优化,合理化解了地区洗钱风险上升所带来的危害,间接抑制了洗钱规模的增长。洗钱规模的滞后项对金融发展产生轻微负向影响（-0.072 735）,主要是由于当洗钱规模增加时,犯罪分子利用各种渠道流入各地区金融系统的犯罪收益也会增加,但犯罪分子清洗赃钱看重的是资金向合法化的转变,而不是收益,出于安全考虑,不法分子大都会采取频繁的大额交易来对赃钱进行清洗,这会对地区的金融发展水平产生冲击,并造成负面影响。通过对比两者系数,可以看出两者的作用关系并不对等。

（2）对外贸易与洗钱规模的关系。从表 5-8 可知,滞后 1 期的对外贸易对洗钱规模存在轻微的负向影响（-0.021 159）,体现了地区对外贸易对洗钱规模变化具有轻微的作用力,这是因为各省市在国际贸易领域中,无论规模还是效率均在不断发展,其间必然会给不法分子留下将洗钱动机与国际贸易相结合的"机会",但是,在发展的同时,监管部门也没有忽视风险的存在,而会将有限的反洗钱资源投入洗钱风险较大的领域中,进而会对地区洗钱规模的变化产生负向影响。洗钱规模的滞后项对对外贸易存在正向影响（0.267 011）,这是由于当洗钱规模上升时,不法分子会利用贸易手段来达到洗钱目的,进而会对地区的进出口数据产生正向影响,间接提高了地区对外贸易水平。比较两者系数,可以发现两者的作用关系同样不对等。

通过模型估计可以发现,金融发展与洗钱规模的互动关系呈现出双向的负向影响,而对外贸易与洗钱规模之间存在双向的正向影响。

5.3.3 脉冲响应函数分析

PVAR 模型的建立并不依赖于理论和经济基础,因此只对 PVAR 模型进行广义矩估计分析得出各变量的参数,并不能很好地解释变量之间的影响大小,还需要对各影响因素进行脉冲响应分析与方差分解分析,5.3.3 节即对各变量进行脉冲响应分析。

面板数据的脉冲响应函数是在其他变量保持不变时,给模型中某一变量的随机扰动项加以标准差的冲击,观测其对其他变量当期和将来的影响,得出的结果可以直观地表现出面对该冲击时变量间的相互影响作用,并从动态反应中观测各变量影响的滞后性。本节分别给洗钱规模、对外贸易、金融发展一个标准差的变化,基于 Stata15 运用蒙特卡洛模拟 500 次脉冲响应函数,置信区间为 95%,依次得出图 5-3 的脉冲响应函数,各小图中横轴代表时期数,纵轴表示变量对这一冲击的反应程度。这里,两根实线代表经由 500 次蒙特卡洛模拟得到的脉冲响应函数 95%的置信区间;两根实线代表置信区间,水平值上方较线的实线代表正两倍标准差(阈值)的偏离带;下方较粗的实线代表负两倍标准差(阈值)的偏离带;中间的虚线代表脉冲响应函数的均值。

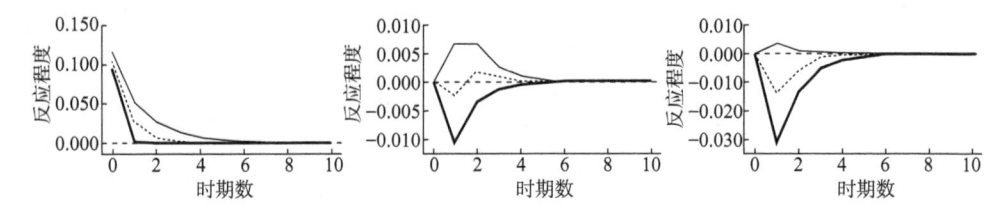

(a)洗钱规模对洗钱规模冲击的响应 (b)对外贸易对洗钱规模冲击的响应 (c)金融发展对洗钱规模冲击的响应

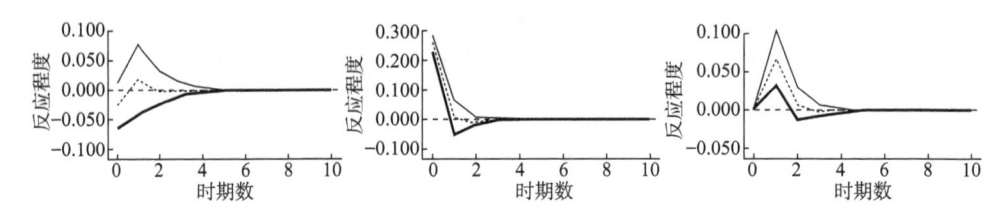

(d)洗钱规模对对外贸易冲击的响应 (e)对外贸易对对外贸易冲击的响应 (f)金融发展对对外贸易冲击的响应

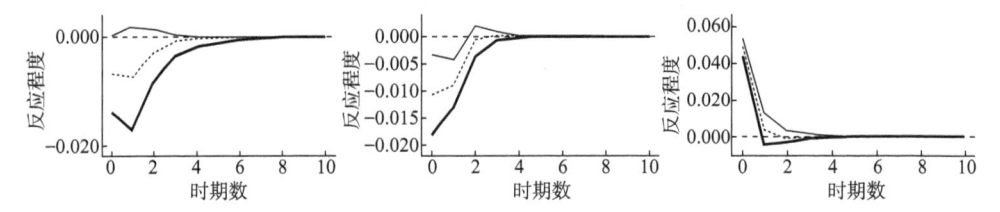

(g)洗钱规模对金融发展冲击的响应 (h)对外贸易对金融发展冲击的响应 (i)金融发展对金融发展冲击的响应

图 5-3 金融发展、对外贸易与洗钱规模的脉冲响应函数图

分别对洗钱规模、对外贸易、金融发展给予一个标准差冲击,得到图 5-3 中

(a)至(i)9 幅脉冲响应函数图。其中,第一行为洗钱规模、对外贸易与金融发展对洗钱规模的冲击图;第二行为洗钱规模、对外贸易与金融发展对对外贸易的冲击图;第三行为洗钱规模、对外贸易与金融发展对金融发展的冲击图。从图中可以推出以下几点。

1. 对外贸易对洗钱规模冲击的响应

如图 5-3（b）所示,在本期给对外贸易一个标准冲击后,洗钱规模在当期没有变化,随后开始降低,直至样本区间内的最大负响应点,在之后的第 2 期穿越零边界并达到最大正响应点,之后便趋于正向稳定,总体呈现出正向响应。说明对外贸易的发展会在短期内对洗钱规模起到正向影响作用,但随着时间的推移,正向影响效应逐渐消失殆尽。这可能是由于我国对外开放的程度越来越高,加之各省市在贸易领域的不断创新与发展、国家出台贸易优惠政策和优化监管流程等,给不法分子以将洗钱动机与正常国际贸易相结合的"机会"。但是,在贸易发展的同时,监管部门将有限的反洗钱资源投入洗钱风险较大的领域,会对地区洗钱规模的变化产生负向影响。

2. 金融发展对洗钱规模冲击的响应

如图 5-3（c）所示,在本期给金融发展一个标准冲击后,洗钱规模在一开始没有反应,随后在第 1 期降低至样本区间的最大负响应点,随后逐渐上升,并在第 3 期逐渐趋于稳定,总体呈现出负向响应。说明地区金融发展水平的提高会在短期内对洗钱规模产生负向影响,但随着时间推移,负向影响逐渐降低直至消失。这可能是由于各省市在金融规模、金融效率和金融创新模式等方面不断发展的同时,也十分注重风险防范。例如,我国的移动支付、数字货币、互联网+等新兴产业相比传统金融行业提供了更迅速更便捷的客户接纳体验和更容易获得的金融服务,但是其蕴含的洗钱风险相对于传统金融行业更高,而我国坚持"风险为本"原则,高度重视宏观政策的全面性和中国人民银行反洗钱监测监管的时效性,因而对洗钱规模产生了一定的抑制作用。

3. 洗钱规模对对外贸易冲击的响应

如图 5-3（d）所示,一开始给予洗钱规模一个标准冲击后,对外贸易就呈现出负向影响,随后穿越零边界变为正向影响,最终在第 3 期趋于稳定,影响效应逐渐减小为零。这可能是由于基于贸易的洗钱犯罪分子手段已越来越成熟,逃避海关监管的手段也越来越多,并且贸易领域针对洗钱犯罪的监测系统存在一定的滞后性,监管难度不断上升,而贸易领域的洗钱犯罪泛滥不利于地区对外贸易的发展，说明地区的洗钱规模上升会对贸易发展产生一些轻微的正向影响。

4. 洗钱规模对金融发展冲击的响应

如图 5-3（g）所示，一开始给予洗钱规模一个标准冲击后，金融发展就呈现出负向影响，在之后的几期逐渐上升，并在第 4 期开始趋于稳定，负向影响渐渐减小，向水平线靠近，总体呈现出负向响应。这可能是由于犯罪分子洗钱的目的在于资金的安全性而非资金的收益性，利用银行、保险及证券行业采取大额交易来清洗犯罪收益，大量资金流动会对金融系统产生一定冲击，并对金融机构的声誉产生一定影响，说明洗钱规模的变化，会对地区金融发展产生不利影响。

5.3.4 方差分解

方差分解通过将某个变量的方差分解到方程中的各变量上，计算每个变量方差与总方差的占比，以评估不同时期各因素的影响作用大小。表 5-9 列出了洗钱规模、金融发展与对外贸易在第 5、10、15、20 期的方差分解结果。

表 5-9 方差分解结果

变量	时期	$d\ln mls$	$d\ln ftd$	$d\ln fd$
$d\ln mls$	5	0.961	0.011	0.029
$d\ln ftd$	5	0.033	0.904	0.063
$d\ln fd$	5	0.068	0.031	0.901
$d\ln mls$	10	0.915	0.034	0.051
$d\ln ftd$	10	0.013	0.924	0.063
$d\ln fd$	10	0.059	0.053	0.888
$d\ln mls$	15	0.894	0.037	0.069
$d\ln ftd$	15	0.013	0.924	0.063
$d\ln fd$	15	0.101	0.081	0.818
$d\ln mls$	20	0.894	0.037	0.069
$d\ln ftd$	20	0.013	0.924	0.063
$d\ln fd$	20	0.101	0.081	0.818

（1）从时期跨度来看，本节选取第 5、10、15、20 期进行方差分解分析，发现在第 10 期后，每期的结果均相同。说明本节模型中各变量对于其他变量的解释程度在长期是一致的，达到稳定状态。

（2）对于洗钱规模变量波动的20个时期，除第1期受自身波动100%的影响外，其随机扰动项影响呈下降趋势，在第5期受自身波动96.1%的影响，最终稳定在第15期及之后的89.4%，其中3.7%的影响由对外贸易波动解释，6.9%的影响由金融发展的波动解释，说明对外贸易变量与金融发展变量对洗钱规模的波动起到一定的影响作用。

（3）对于金融发展变量的波动，除一开始受自身波动100%的影响外，随后降低并稳定在81.8%，而洗钱规模对金融发展波动的贡献度约为10.1%，对外贸易对金融发展的贡献度约为8.1%，说明金融发展除受自身波动影响外，也在一定程度上受对外贸易和洗钱规模的影响。

（4）对于对外贸易变量的波动，自身波动的解释最终稳定在92.4%，洗钱规模变量解释1.3%，金融发展变量解释6.3%，说明洗钱规模对对外贸易的贡献率较小，影响力有限。

5.4 本章小结

根据FATF的评估指引，运用沃克模型，估算2000~2015年我国设自贸区省市每年产生的洗钱规模，结果发现，2000年样本省市产生的洗钱规模共计35.23亿美元，平均洗钱规模为3.523亿美元，而2015年各省市洗钱规模共计827.15亿美元，平均洗钱规模高达82.72亿美元，研究期间各省市共产生洗钱规模4 046.27亿美元。在本章研究的洗钱罪的六种上游犯罪中，诈骗与毒品类相关案件产生的洗钱规模最大，其他犯罪案件产生的规模较小。建立PVAR模型，实证研究对外贸易、金融发展对洗钱规模的动态影响效应，结果发现，金融发展与洗钱规模互为因果关系，两者相互产生负向影响；对外贸易是洗钱规模的格兰杰原因，并对洗钱规模产生较弱的负向影响；洗钱规模对对外贸易不具有直接影响关系，但存在一定的正向间接影响。

第 6 章　专题三：自贸区反洗钱监管风险评价研究——以上海自贸区为例

本章运用专家问卷调查法，通过构建网络分析模型，以上海自贸区为例，探究我国自贸区反洗钱监管中存在的风险因素及其影响大小，并对这些风险因素进行评价，最后针对风险评价结果进行分析[①]。

6.1　上海自贸区反洗钱监管机制风险评价指标体系构建

6.1.1　反洗钱监管机制的特征分析

上海自贸区反洗钱监管机制的突出特征，体现在监管机制的公共属性、监管主体众多、对监管人员业务素质水平要求高和监管合作的国际化。

监管机制的公共属性。一方面，洗钱犯罪活动严重损害社会公共利益，具有显著的负外部效应，需要政府作为公众的代表对外部性的实施者进行"行为矫正"。另一方面，公共选择理论提出理性经济人假设，认为每个人都是理性的、自利的且以个人利益最大化为行为准则的经济人，这就强化了政府通过被赋予的公权力打击自贸区内洗钱犯罪活动、维护公共安全、保障公共利益的责任。由此可以看出，反洗钱监管机制作为政府治理洗钱问题的重要手段，其治理目的也充分体现出公共管理的特点。

---

① 本章主要由课题组成员、西南交通大学经济管理学院研究生张鹏强执笔。更多内容请参见硕士学位论文《基于网络分析法的自贸区反洗钱监管风险评价——以上海自贸区为例》（2019 年，导师：高增安教授）。特此鸣谢！

监管主体众多。根据《中华人民共和国反洗钱法》，"国务院反洗钱行政主管部门负责全国的反洗钱监督管理工作。国务院有关部门、机构在各自的职责范围内履行反洗钱监督管理职责"。"国务院反洗钱行政主管部门的派出机构在国务院反洗钱行政主管部门的授权范围内，对金融机构履行反洗钱义务的情况进行监督、检查"。中国人民银行是反洗钱工作部际联席会议的牵头单位，其派出机构中国人民银行上海总部颁布的《关于切实做好中国（上海）自由贸易试验区反洗钱和反恐怖融资工作的通知》强调加强区内反洗钱与反恐怖融资工作的组织领导，"建立人民银行与自贸试验区管委会反洗钱工作交流合作机制，加强与海关、税务、工商等部门的信息共享，提升对区内贸易及资金流动的后台监控能力。同时，积极会同税务、公安部门加强对自由贸易区犯罪类型的研究，着力加大对走私、税收犯罪的打击力度"。自贸区所涉跨境业务的监管，对部门间协作配合提出了更高要求。

对监管人员业务素质水平要求高。不同行业有不同的业务操作规程，加上洗钱犯罪手法的隐蔽性、专业性、技术性等特点，对反洗钱监管人员的专业知识、技术和能力水平的要求相对较高。另外，自贸区肩负"先行先试""形成可复制、可推广的经验"的重任，客观上要求监管人员更好地指导各义务机构建立创新业务洗钱风险评估制度、强化跨境业务全流程反洗钱风险管理、加强内控制度建设及执行有效性监督评价，做好自贸试验区可能存在的洗钱风险研判，适时发布风险提示，推动自贸区可持续高质量发展。

监管合作国际化。自贸区"境内关外"的属性，决定了区内业务活动与境外之间联系必不可少。更进一步来讲，跨境贸易、离岸金融本身就是区内不容忽视的重要业务，其必然会关系到国际信息的交流与沟通。为了更好地预防、打击洗钱犯罪活动，《关于切实做好中国（上海）自由贸易试验区反洗钱和反恐怖融资工作的通知》中提出，要"从技术上提高跨境业务监测的时效性"，加强与其他国家（地区）及国际反洗钱组织的合作，共同防止洗钱犯罪活动的发生。

6.1.2 反洗钱监管机制风险评价指标体系

1. 风险影响因素的界定原则

上海自贸区反洗钱监管机制内在的风险影响着自贸区的稳定和谐发展，更影响着社会公共利益能否得到保障、社会经济文化发展的正外部效应能否顺利实现。因此，清晰、准确地界定区内公共管理部门在监管过程中存在的风险漏洞是预防区内洗钱等犯罪活动的关键所在。基于上海自贸区监管机制的现状分析及未来发展需求，界定相关风险影响因素应遵循以下主要原则。

（1）科学性原则。识别上海自贸区反洗钱监管机制风险的影响因素，首先要求各因素界定清晰、相互独立，避免存在包含与被包含关系。只有科学地界定上海自贸区反洗钱监管机制风险的影响因素，并进一步确定其评价指标因素，才能够对其他自贸区有借鉴参考意义。

（2）完整性原则。上海自贸区反洗钱监管机制高效运作的影响因素有很多，具有代表性的评价指标因素也较多，涉及法律法规层面、监管主体行政调查及协调配合等多个方面，所以，界定评价上海自贸区反洗钱监管机制的影响因素必须要有代表性，但是确定评价指标因素时亦不能遗漏某些相关指标因素。

（3）有效性原则。所选取的评价指标要能够恰当地衡量地方政府等监管部门在实施监管过程中面临的风险，并且从整个监管工作环节来看有足够的代表性。因此，在构建风险评价指标体系过程中，应该选取具有有效性的影响因素，从而达到科学界确定风险影响因素的目的。同时，要关注风险因素对反洗钱监管效力的影响，以增强评价指标因素的适用性。

（4）可操作性原则。为了能够达到预期目标，各项评价指标的设计必须充分考虑可操作性，内容及含义要清晰准确，表达方式要简单易理解，测度方法要明确，数据收集要简便易行。

（5）一致性原则。针对上海自贸区监管风险的研究有很多，影响区内监管效力的因素体现在多个方面，划分的依据也不同，因此，在界定本章中上海自贸区反洗钱监管机制风险因素时，须要求其与区内政府监管部门反洗钱业务流程的主要影响因素相一致，以保证研究分析的条理性和逻辑性。

2. 风险评价指标体系的构建

风险识别是风险管理工作的起点和基础。自贸区反洗钱监管机制的风险识别，需要甄别出可能对有效的反洗钱监管产生显著影响的风险因素及其性质、产生条件、后果等，以减少监管中的不确定因素。构建评价指标体系是一个不断迭代优化的过程。本章首先根据反洗钱监管机制的运作流程，结合上海自贸区的特点与现状及现行的监管政策，并借鉴已有的成果，初步构建出评价指标体系框架；其次根据框架内指标间的关系，经过不断筛选、提炼，确定初选风险指标；最后通过专家问卷调研，最终确定较为全面、科学、有效的评价指标体系。

3. 风险评价指标识别的步骤

首先，筛选指标。通过对上海自贸区反洗钱监管机制运作的现状分析，结合区内反洗钱监管的特点，借鉴已有研究成果，比较分析确定影响因素。其次，进行筛选和分类，形成初始评价指标体系。再次，利用德尔菲专家问卷的形式向专家进行咨询，主要包括指标的选择及各个指标之间的相互影响关系。最后，对专家意见进行整理、归纳、统计，经过反复几轮的咨询，形成意见较为一致的结果，从而确定具体的评价指标体系及指标间的相互影响关系。具体实施过程如图6-1所示。

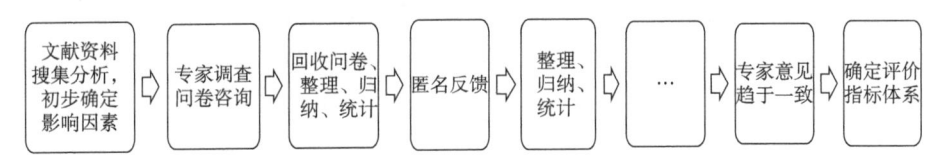

文献资料搜集分析，初步确定影响因素 ⇒ 专家调查问卷咨询 ⇒ 回收问卷、整理、归纳、统计 ⇒ 匿名反馈 ⇒ 整理、归纳、统计 ⇒ … ⇒ 专家意见趋于一致 ⇒ 确定评价指标体系

图 6-1　评价指标体系构建的一般步骤

4．评价指标体系构建的方法

（1）文献查阅与分析。基于大量文献梳理，通过资料搜集、汇总、分类，深入剖析上海自贸区反洗钱监管工作中存在的难点、问题及区内特殊性等，同时，结合目前已有的关于反洗钱监管机制评价的研究成果进行对比分析，最终归纳出一套适合本章研究的初始指标框架，具体详见附录5。

（2）专家调查法。向反洗钱领域相关研究人员（学者型专家）及相关监管部门工作人员（实操型专家）发放问卷，专家可对初始指标体系中的指标进行选择与修改，同时对指标间的关联关系进行判断；之后对问卷进行回收整理，利用统计分析的方法得出专家的整体意见并进一步修改和完善，最终确定风险评价指标体系。

5．问卷调查对象、过程及结果

专家问卷调查法是本章研究的主要方法之一。问卷调查的对象应当熟悉本章研究的内容，如从事研究内容相关工作的实操型专家或从事相关领域研究的学者型专家。因此，本章的调查对象主要有中国人民银行上海总部的反洗钱监管人员、高校从事自贸区反洗钱监管研究的专家学者和上海自贸区反洗钱义务机构的工作人员等。

实施问卷调查时，主要通过短信、邮件、电话等途径联系被调查对象，其中有高校从事自贸区反洗钱监管研究的专家学者13人。借助国家社会科学基金项目研究机会，经专家引荐安排，先后进行2次实地调研。一次向中国人民银行某分支机构反洗钱办公室工作人员发放问卷8份；另一次是借助上海金融机构在北京组织反洗钱培训的机会，向中国人民银行反洗钱局、中国人民银行上海总部反洗钱工作人员及部分金融机构反洗钱从业人员发放问卷15份。

然后，通过对前期问卷数据的整理、归纳、统计，形成关于本章风险评价指标间相互比较重要性程度的调查问卷，详见附录6。同时，联系之前参与问卷调查的所有专家，再次对该问卷进行填写。具体问卷调研实施情况见表 6-1。

表 6-1 问卷调查实施具体日程表

调查次数	实施日期	实施方式	实施目标对象	发放数量/份
第一轮	2018 年 9 月	微信、E-mail 等	高校从事自贸区反洗钱监管研究的专家学者	13
	2018 年 10 月	实地调研	中国人民银行某分支机构反洗钱办公室工作人员	8
	2018 年 12 月	实地调研	中国人民银行反洗钱局和上海总部反洗钱工作人员及部分金融机构反洗钱从业人员	15
第二轮	2018 年 12 月	微信、E-mail 等	以上所有被调查人员	36

本章研究通过 E-mail、微信、实地调研等方式，向有关专家发放问卷 36 份，回收问卷 24 份，回收率 67%，最后经过整理统计，得到有效问卷 20 份。此外，经过对有效问卷的汇总，以简单多数为原则确定最终的评价指标体系（图 6-2）。

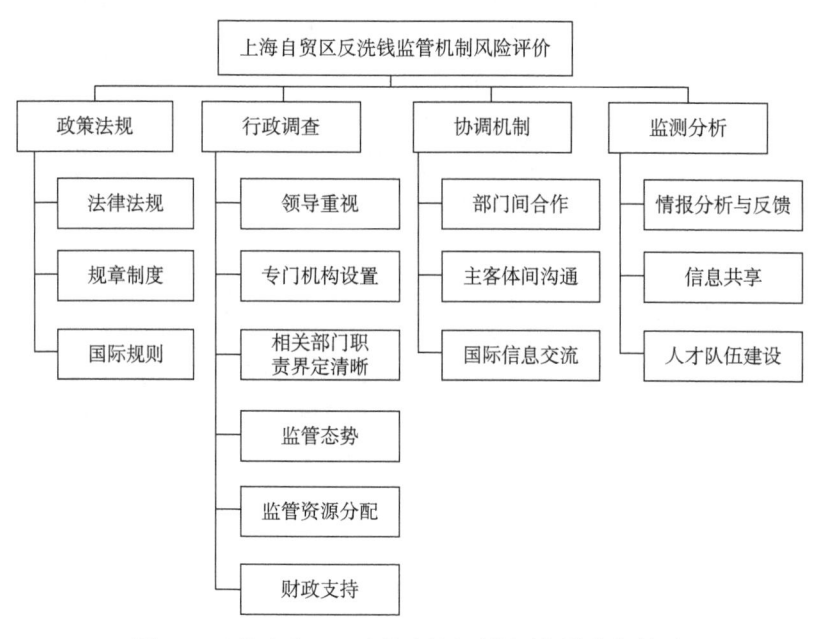

图 6-2 上海自贸区反洗钱监管机制风险评价指标体系

如图 6-2 所示，该评价指标体系分为三层。首先，上海自贸区反洗钱监管机制风险评价是目标层，即本章研究的总目标；其次，根据上海自贸区反洗钱监管机制的特点及区内反洗钱工作开展的实际情况，细分四个维度作为准则层，分别是政策法规、行政调查、协调机制、监测分析；最后，依据文献分析和专家问卷调查等方法确定元素层，分别是法律法规、规章制度、国际规则，领导重视、专门机构设置、相关部门职责界定清晰、监管态势、监管资源分配、财政支持，部门间合作、主客体间沟通、国际信息交流，情报分析与反馈、信息共享、人才队伍建设 15 个细化指标。

6.1.3 反洗钱监管机制风险评价指标分析

根据前文确定的风险评价指标体系，结合对上海自贸区管理体制及监管环境的分析，6.1.3 节对各个指标因素进行剖析。

1. 政策法规

政策法规是指政府机关制定的关于某一事务工作的文件，是用以规范行为主体的基本准则和依据。区域相关政策法规是否完善，直接影响到区域内社会、经济、政治的稳定与有序运行。上海自贸区作为我国境内关外贸易发展的试验田，国家和地方政府都十分重视相关政策法规的构建，避免因管理体制不完善或法规缺失造成区内运行秩序混乱，从而被不法分子所利用作为犯罪机会。上海自贸区反洗钱监管机制的政策法规风险主要表现在法律法规、规章制度及国际规则三个方面。

（1）法律法规。法律法规在维护社会公共秩序、保障社会公众利益方面发挥重要作用的同时，还有另外一个不可或缺的作用——预防作用，它是通过法律的明示作用和执法的效力及对违法行为的惩治来实现的。完备的反洗钱法律法规，不仅有助于打击洗钱犯罪分子，而且更有强大的震慑作用和对不法犯罪行为的预防作用。然而，我国自贸区的发展时间并不长，国家层面的立法还不健全，地方政府出台的法规是否能够圆满达到预期目标尚待时间的检验。倘若出现漏洞而不能即时处置，就可能造成区内管理混乱，给不法分子以可乘之机。

（2）规章制度。反洗钱规章制度是政府部门在实施反洗钱监管过程中制定的各种规则、规定、管理办法等。详尽的规章制度一方面能够为监管主体履行职责提供指引，另一方面也能够为义务主体合规开展业务提供根本遵循，从而双向发力影响反洗钱监管效果。就上海自贸区来看，国务院相关部门针对反洗钱监管出台了多项规定及措施，如《国务院办公厅关于完善反洗钱、反恐怖融资、反逃税监管体制机制的意见》《中国银监会关于中国（上海）自由贸易试验区银行业监管有关问题的通知》等，人民银行上海总部、自贸区管委会、海关等部门在国家大政方针下就上海自贸区具体监管事务出台的规章制度和措施办法是否详尽、是否便于操作、是否能够切实提升监管效力等，都直接影响着自贸区的现实发展环境。

（3）国际规则。上海自贸区的设立凸显了国际化、全球化的特点，区内国际贸易的发展将会涉及越来越多的国际规则，像国际贸易规则、金融准则等。同样，国际上也有很多关于反洗钱监管的规则和指引值得借鉴参考或引以为戒，如加勒比反洗钱组织从 2000 年就已关注自贸区的洗钱与恐怖融资问题，并制定了关于自由贸易区反洗钱监管指引；2010 年 FATF 报告指出自由贸易区反洗钱监管存在风险漏洞，并给出了一系列的指导建议。只有充分了解和吸纳国际先进经验，遵守相关国际通行规则和惯例，才能更好地保障区内国际贸易投资等活动正常进行。

2. 行政调查

行政调查是指行政主体为了实现行政目的，依职权对行政相对人进行的信息收集活动，它是行政机关不可或缺的一项权能，被广泛运用于行政机关的各种管理活动中。行政调查主要涉及两个主体，一个是执行者，即行政主体，本章研究中主要是指上海自贸区反洗钱监管主体；另一个是被调查者，即行政相对人，本章研究中主要是指上海自贸区各义务主体或机构等。在行政调查的整个业务流程中，必然会涉及政府等行政主体管理活动中存在的各要素。对上海自贸区反洗钱监管活动的分析认为，相关监管主体在行政调查活动中存在的风险影响因素主要有领导重视、专门机构设置、相关部门职责界定清晰、监管态势、监管资源分配、财政支持六个方面。

（1）领导重视。从管理学的角度看，领导是组织管理的重要职能之一，是运用组织赋予的权力指挥、指导或影响下属为实现组织目标积极努力工作的过程，其中领导者扮演"领头羊"的角色。因此，在组织中领导的重视程度决定了组织目标实现的效力。针对我国上海自贸区的设立，如何能够在符合国家改革开放创新发展大局的前提下，妥善协调监管与开放的关系，实现"在开放中监管"与"在监管中开放"的对立统一，这对领导者提出了更高要求，也直接影响着区内反洗钱监管的实施。

（2）专门机构设置。专门机构的设置一方面体现组织领导的重视，另一方面也利于提高组织管理的效率。目前，上海自贸区管委会设置综合监管和执法局，对区内实行统一监管和执法，但是，反洗钱可疑交易报告主体不仅涉及银行、保险、证券等金融业义务机构，还包括贸易、珠宝、会计师事务所等特定非金融行业的义务机构，顺应自贸区发展需要，适时探索分设自贸区反洗钱监管机构，全面统领自贸区反洗钱监管工作，上对中国反洗钱监测分析中心和中国人民银行上海总部负责，下洽各义务机构，更好提高监管工作效率。

（3）相关部门职责界定清晰。上海自贸区内开展的业务呈多元化，涉及的监管部门也比较多，多部门分工协作必不可少。但是，若各监管部门间职责界定不清晰，在实际工作中就可能会出现监管真空地带或多个部门相互推诿扯皮的现象,导致区内监管机构以及制度规定形同虚设,所以,对各个监管部门的职责界定是否清晰,直接影响着区内反洗钱监管工作的有效展开。要形成相关监管部门及机构(含上海自贸区管委会下设综合监管和执法局)职责权限更加明晰科学、上下层级之间报告关系更加清楚明了、相关部门及机构工作协同更加有力高效的监管格局,更切实有效提高监管工作的整体效能。

(4)监管态势。态势更多体现于事物运动过程中呈现的状态和形势,这里主要是指监管主体针对区内义务主体履行反洗钱义务、落实制度要求的情况检查,以确保义务主体内控制度符合反洗钱"风险为本"的基本准则。另外,监管力度、监管方式是否符合区内行业的监管要求,直接影响区内反洗钱监测信息的有效获取,从而影响区内预防、打击洗钱犯罪的效力。

(5)监管资源分配。资源配置是组织战略执行的第一步,合理分配资源能够为实现组织目标带来事半功倍的效果。预防和打击犯罪分子利用自贸区宽松、自由的环境实施洗钱犯罪活动,维护国家和社会公众的公共利益是政府监管部门的主要目标。因此,抓住事物发展的关键因素是目标达成的重要一步。区内入驻企业或新兴业务是否被严格进行风险评估,对区内高风险客户、领域、产品等的监管资源配置是否符合"风险为本"原则要求,对确定为高风险等级的客户是否采取了强化的客户尽职调查程序(enhanced customer due diligence),都将影响区内监管工作目标的达成。

(6)财政支持。财政支持是监管部门正常运转的保障,全方位、高水平的监管更离不开强有力的财力保障。若各个环节得不到有效的财力支持,必然影响区内监管运作的效力。

3. 协调机制

协调是指通过正确、合理处理组织中的内外关系,为组织的正常运作创造良好的条件和环境,从而促进组织目标的实现。从组织内部来讲,各部门间保持紧密配合的关系,发挥各自所长,提高组织效率,就可能达到"1+1>2"的效果;从组织外部来看,除了加强监管部门间合作外,还要强化监管主体与监管客体间的良性互动,让更多的被监管对象积极主动融入监管工作中来,更好促成组织目标实现。自贸区的属性和业务特点,决定了部门间合作、主客体间沟通、国际信息交流会影响到相关反洗钱监管部门间协调机制的运行效果。

(1)部门间合作。反洗钱是一个系统工程,需要相关部门、机构协同配合,才能实现预期目标。自贸区反洗钱涉及部门、机构多,某些部门、机构之间甚至可能"隔行如隔山",更需要在共同的愿景和目标下分工协作、各尽其职、各展其能,既做好本职分内工作,更思考"我(们)还能为上下游兄弟部门、单位多做点什么"。唯有如此，才能协商解决监管中面临的各种问题和困难，才能提升组织管理的效果及协同监管的效率。

（2）主客体间沟通。沟通是解决问题的有效途径之一。监管者与被监管者之间的有效互动，能够使义务主体实时了解区内反洗钱规制动态、行业或领域洗钱风险类型特征，完善自由贸易账户分账核算系统的反洗钱功能，加强对账户实际控制人或交易受益所有人（beneficiary owner）的识别，及时获取风险提示信息，更好地开展风险评估工作（尤其是创新性业务的风险评估），确保依法合规经营。相反，若监管主体与监管客体处于对立关系，两者间信息沟通存在障碍，则难以保证义务主体运营管理符合反洗钱监管要求，从而增加区内反洗钱监管的操作难度，加大洗钱犯罪的风险概率。

（3）国际信息交流。国际贸易是上海自贸区的重要业务，国际或域际反洗钱监管交流与合作显得越来越重要。但是，交流与合作并非简单的工作经验交流，而应更加重视情报信息的共享及后续协作，如犯罪情报交换与传递、诉讼文书国际委托送达、调查取证（如获取或提供鉴定结论、跨国搜查与扣押涉案物品、提供嫌疑人犯罪记录等）、案件管辖移交、缉捕并引渡犯罪嫌疑人、承认并执行外国判决、返还涉案赃款赃物等国际警务合作与刑事司法协助（高增安，2011）。因此，加强国际情报信息交流与合作，不仅有利于提高反洗钱工作效力，也影响区内反洗钱监管的效率。

4. 监测分析

监测分析是反洗钱监管中不可或缺的环节。情报获取、技术分析、专业人才队伍为监管部门及公安经侦等部门获取有效线索提供保障，为有效遏制、打击洗钱犯罪活动提供利刃。上海自贸区反洗钱监管机制内部的监测分析环节，可能存在的风险影响因素主要有情报分析与反馈、信息共享及人才队伍建设三个方面。

（1）情报分析与反馈。情报分析技术能力是整个监测分析环节的关键。要利用先进技术设备对情报信息进行复杂分析，从海量可疑交易信息中发现情报价值，必要时移送情报线索。情报分析结果要在事件解密后及时向举报或提供可疑交易信息的义务主体反馈，一方面体现监管部门的重视，另一方面提高义务主体的积极性，这也直接影响着区内反洗钱监管的效率。

（2）信息共享。信息共享是指在信息标准化和规范化的基础上，按照法律法规，运用信息系统技术和传输技术，信息和信息数据在不同层次、不同部门的信息系统间实现交流与共享的活动。随着互联网大数据的发展，信息数据互联共享显得越来越重要。然而，海关、税务及金融监管等部门收集数据信息的标准化和规范化程度是否达到信息共享的要求，影响着区内监测分析的效率。此外，在信息系统内数据信息的有效性，也影响着监测分析工作的效力。因此，信息数据共享这一因素是不可忽视的风险点。

（3）人才队伍建设。我国以往的反洗钱人才和经验多集中于金融领域。对于特定非金融领域而言，反洗钱监管的经验或专业人才相对较少。尤其是上海自贸区设立之后，区内各种各样的行业日益增多，各式各样的创新层出不穷，新业务新模式新业态不断涌现，这对监管部门来说无疑是一个不小的挑战。然而，人才培养不是一蹴而就的事情。区内监管部门要组建具有足够行业覆盖面、具备相关专业技术知识、适应多方面要求的情报分析人才队伍一时也是有困难的。人才队伍的专业素养直接影响着工作成果的质量水准，自贸区内情报分析人才队伍的专业技能同样影响着可疑交易识别的效力。

6.1.4 反洗钱监管机制风险评价指标检验

1. 评价指标检验的原因

评价指标体系能够在多大程度上客观反映所评价对象的真实情况，或者评价本身能达到期望目标的程度有多大，很大程度上取决于评价指标体系的可靠性（reliability）和有效性（validity）。因为，在对所构建的指标进行评价时，不同的被调查者理解可能不同，导致得出的结果可能存在较大的差异，同时，评价指标因素均为定性指标，也使其主观性偏大。

在实际操作过程中，还需要注意所评价内容是否充分并准确地覆盖了想要评价的目标构念（personal construct）。"覆盖"一词强调指标的全面性，要求指标体系能够涵盖评价对象的各方面影响因素，但指标过多也会导致指标冗余重复的问题，不利于操作。另外，从不同的角度评价同一事物，评价的内容会有所差异。因此，构建的指标体系要考虑是否符合可靠、有效、准确且又有统一的客观标准。

此外，还要注意问卷的形式和措辞对于被访者是否妥当。也就是，所构建的评价指标含义是否符合被调查者的专业文化知识及用语习惯，是否能够使回答者充分理解所研究询问的内容。

2. 评价指标体系效度的检验方法

效度是指实证测量反映指标真实构念的程度，即度量结果的有效程度。评价指标效度是指所构建的评价指标因素在多大程度上体现了研究对象的特征，即评价指标反映评价对象客观性、准确性的程度。评价指标效度越高，越能反映评价对象的特征。由于本章研究采取专家调查问卷的方法，所构建的指标体系偏主观性，选用内容效度（content validity）来检验评价指标体系的效度。

内容效度是指实际测量的内容与所要测量的内容之间的吻合程度，即评价指标体系的代表性与覆盖性如何。内容效度比（content validity index，CVI）是检验评价指标内容效度的方法，计算公式如下：

$$\text{CVI} = \frac{n_i - N/2}{N/2} \tag{6-1}$$

式中，n_i 表示在专家中认为某指标代表相应测验内容的人数；N 表示参与评价的专家总人数。式（6-1）表明：当专家中认为该评价指标体系较为适当地代表了所要反映的对象内容的人数少于半数时，CVI 取值为负值，其中若所有专家都认为评价指标不合适，CVI 取值为-1；当专家中认为该评价指标体系较为适当地代表了所要反映的对象内容的人数为半数时，CVI 取值为 0；当专家中认为该评价指标体系较为适当地代表了所要反映的对象内容的人数大于半数时，CVI 取值为正值，其中若所有专家都认为评价指标合适，则 CVI 取值为 1。

3. 检验结果分析

本节根据有效问卷的统计结果，针对构建的评价指标体系进行有效性检验，其中，专家认为该指标能够反映测评对象特征的具体人数，见表 6-2。

表 6-2　问卷调查结果

评价指标	认为能反映测评对象的人数/个	认为不能反映测评对象的人数/个
法律法规	19	1
规章制度	18	2
国际规则	18	2
领导重视	19	1
专门机构设置	12	8
相关部门职责界定清晰	14	6
监管态势	16	4
监管资源分配	16	4
财政支持	13	7
部门间合作	17	3
主客体间沟通	15	5
国际信息交流	18	2
情报分析与反馈	17	3
信息共享	19	1
人才队伍建设	17	3

根据数据分析，评价指标体系中指标因素内容效度 CVI≥0.5 的有 11 个，约占整个指标总数的 73%，平均 CVI 约为 61%，表明该评价指标体系能够较为真实地反映评价对象的特征和评价范畴。内容效度 CVI 的具体分布见图 6-3。

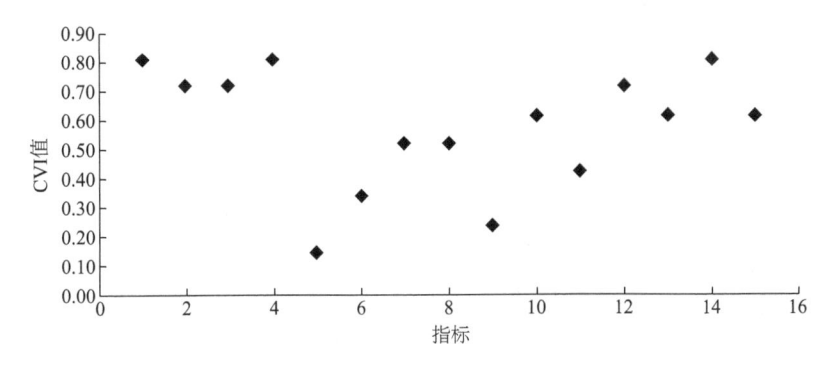

图 6-3　评价指标 CVI 分布图

6.2　基于网络分析法的上海自贸区反洗钱监管机制风险评价模型构建

反洗钱监管机制风险评价本身是一项复杂的系统工作，项目风险因素识别、评价指标体系构建、评价方法选择及评价操作人员等影响着评价结果的公允性和准确性。此外，相同的评价人员和同一套评价指标体系，运用不同的评价方法，可能会得到不同的结果。网络分析法不仅能够反映各指标因素之间的反馈和相互影响，还能够更加真实地反映整个系统的基本情况，因此，本节选择运用网络分析法研究上海自贸区反洗钱监管机制风险评价问题。

6.2.1　网络分析法概述

网络分析法是美国匹兹堡大学萨蒂（Thomas L. Saaty）教授于 1996 年提出的一种适应于非独立递阶层次结构的科学决策方法。网络分析法在层次分析法（analytic hierarchy process，AHP）的基础上，经过优化和拓展，同时考虑到不同层级元素之间相互影响关系及同一层级内部元素之间相互影响作用，从而更加适用于解决复杂的决策问题。

层次分析法作为网络分析法的基础，把一个问题分解成若干个组成元素，按照支配的关系分组并形成有序的递阶层次结构，然后形成两两比较判断矩阵，最后综合人的判断进行赋权来确定决策方案的相对重要性。因此，整个过程主要体现了人的决策思维的基本特征，即分解、判断、综合。作为层次分析法的拓展，网络分析法解决了系统内部各元素间的相互反馈和影响以及内部依赖性和外部依赖性问题，从而减小了决策结果与实际情况之间的差异。可见，网络分析法与层次分析法的决策原理大致相同，但两者最大不同点在于网络分析法所建立的是网络结构模型，而层次分析法建立的是层次结构模型。

更进一步说，在网络分析法中的网络由元素集和连接元素集之间的影响组成，其中元素集由元素构成。在元素集中，元素间可以存在相互影响关系，也可以与其他元素集中的元素产生相互影响关系。在网络分析法中，相互影响关系用符号"→"表示。例如，"$B \rightarrow C$"表示"B 元素（集）影响 C 元素（集）"或者"C 元素（集）受 B 元素（集）的影响"。此外，元素集自身内部元素之间的相互影响称为"反馈关系"。这里，"影响"主要是指对重要性的影响。

在结构形式上，网络分析法的结构由两大部分组成：一部分是网络控制层，另一部分是网络影响层。网络控制层主要包括目标层和决策准则层，其中决策准则层之间相互独立但受目标层的支配，而网络影响层则是由受决策准则层支配的元素集构成的。在网络影响层中，各元素集之间以及同一元素集内部各元素之间存在着相互影响关系。网络分析法的典型网络结构模型如图 6-4 所示。

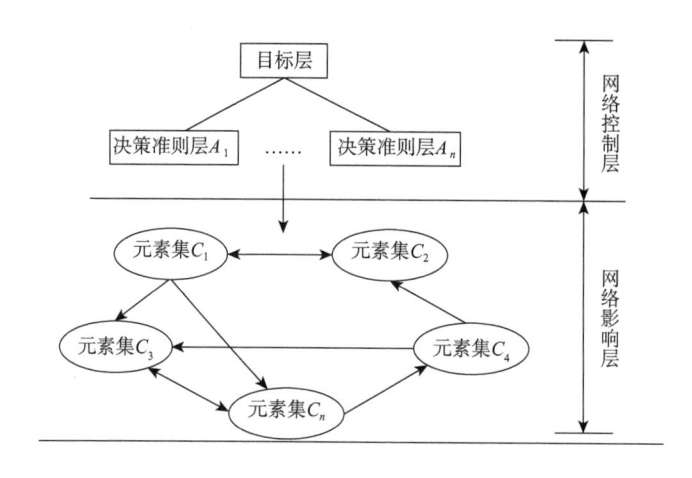

图 6-4 网络分析法的典型网络结构模型

6.2.2 网络分析法的算法步骤

运用网络分析法解决问题时，一般可以分为以下三个步骤。

（1）分析问题。对决策问题进行全面剖析、组合，形成网络结构中的元素集是构造网络结构模型非常重要的一步。主要分析判断元素集层次内部是否相互独立，是否存在相互依存和反馈的关系，从而确定相对应的决策准则层和元素。

（2）构造典型网络结构模型。首先，构造网络控制层，即典型层次分析法中的递阶结构，设定决策目标和决策准则。其次，构造网络影响层，即归类并确定各个元素集，分析网络结构及元素间的相互影响关系。

（3）构造网络分析的超矩阵计算权重。根据已确定的网络分析法模型，首先构造两两判断矩阵，其次进行各元素集判断矩阵的两两比较，并确定未加权的超矩阵和超矩阵中各元素集的权重，最后计算加权超矩阵和极限超矩阵，从而得出各元素的权重。

构造影响元素间的两两判断矩阵是计算权重的第一步。对各级元素进行相互比较，构建正反矩阵。判断矩阵分别由行元素和列元素组成，其中行元素代表准则，列元素代表次准则，判断矩阵中的数值 a_{ij} 表示第 i 行的元素相较于第 j 列元素的重要性程度。图 6-4 中，网络影响层中有 N 个元素集，$C_1, C_2, \cdots, C_n$，C_i 中有元素 $e_{ij}(i=1,2,\cdots,n; j=1,2,\cdots,n)$；在网络影响层 C_1 中以 e_{11} 为准则，以元素集 C_1 中的元素对 e_{11} 的影响大小进行间接优势度比较，构造两两判断矩阵如下：

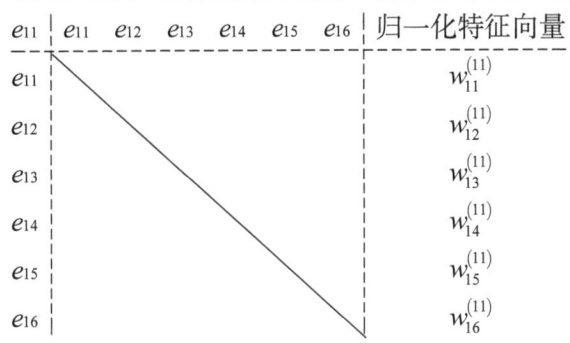

	e_{11}	e_{12}	e_{13}	e_{14}	e_{15}	e_{16}	归一化特征向量
e_{11}							$w_{11}^{(11)}$
e_{12}							$w_{12}^{(11)}$
e_{13}							$w_{13}^{(11)}$
e_{14}							$w_{14}^{(11)}$
e_{15}							$w_{15}^{(11)}$
e_{16}							$w_{16}^{(11)}$

通过特征根法得出排序向量 $\left(w_{11}^{(11)}, w_{12}^{(11)}, w_{13}^{(11)}, w_{14}^{(11)}, w_{15}^{(11)}, w_{16}^{(11)}\right)$，即元素集 C_1 中的元素对元素 e_{11} 影响程度的排序向量，以此类推，计算其他元素对 e_{ij} 的影响程度排序向量，最后求出超矩阵 W：

$$W_{ij} = \begin{bmatrix} W_{i1}^{(j1)} & W_{i1}^{(j2)} & \cdots & W_{i1}^{(jnj)} \\ W_{i2}^{(j1)} & W_{i2}^{(j2)} & \cdots & W_{i2}^{(jnj)} \\ \vdots & \vdots & & \vdots \\ W_{ini}^{(j1)} & W_{ini}^{(j2)} & \cdots & W_{ini}^{(jnj)} \end{bmatrix}$$

此外，若元素集 C_i 中的元素对自身内部的元素没有影响关系，则 $W_{ij}=0$（$i=1,2,\cdots,n$；$j=1,2,\cdots,n$）。上式中 W_{ij} 是归一化的，但 W 不是归一化的，因此，各组元素需要对准则 $C_j(j=1,2,\cdots,n)$ 的重要性进行两两比较，如表 6-3 所示。

表 6-3 重要性判断比较矩阵表

C_j	$C_1 \cdots C_N$	排列向量（归一化）
C_1		a_{1j}
$\vdots$	$j=1,2,\cdots,N$	$\vdots$
C_N		a_{Nj}

在表 6-3 中，与 C_j 无关的元素集对应的排序向量分量为零，即可得到加权矩阵 A：

$$A = \begin{bmatrix} a_{11} & \cdots & a_{1N} \\ \vdots & & \vdots \\ a_{N1} & \cdots & a_{NN} \end{bmatrix}$$

即得出

$$\overline{W} = (\overline{W}_{ij}) \tag{6-2}$$

而

$$\overline{W}_{ij} = a_{ij}W_{ij} \quad i=1,2,\cdots,n; \quad j=1,2,\cdots,n \tag{6-3}$$

则 $\overline{W}$ 为加权超矩阵，其列和为 1，亦称为随机矩阵。

然而，加权超矩阵 $\overline{W}$ 反映的是元素与元素间的一步优势度，而对于整个网络系统而言，已不存在起整体支配作用的单个元素或者最高层次，类似的一步优势度并不能反映整体情况。因此，需要考虑整体的极限相对排序向量，即"第二步优势度"。

设 $\overline{W}$ 为系统的加权超矩阵，记 $\overline{W}$ 的 t 次幂为 $\overline{W^t} = \left(\overline{W_{ij}^{(t)}}\right)$，则 $\overline{W^1} = \overline{W}_{ij}$，$\overline{W^2} = \sum_{m=1}^{N} W_{im}^{(1)} W_{mj}^{(1)}$。一般来说，绝对极限排序是累计影响作用，即元素 i 对元素 j 的第 t 步优势度可表示为 $\overline{W^t} = \sum_{m=1}^{N} \overline{W_{im}^{(1)} W_{mj}^{(t)}}$；当 $t \to \infty$ 且极限存在时，$\overline{W^\infty} =$

$\lim_{t\to\infty}\overline{W}^t$，这里，$\overline{W}^\infty$中第$j$列就是准则层下各元素对元素$j$的极限相对向量。

6.2.3 评价模型构建

1. 评价指标间关联关系的确定

如前所述，反洗钱本身就是一个涉及多个环节的系统工程。就上海自贸区而言，反洗钱监管机制涉及多个方面，各个方面之间又相互影响、相互反馈，各元素间也存在关联性，因此，确定评价指标之间的关联关系，能够更真实、更客观地反映实际情况，也能够更好地反映不同影响因素对系统的贡献度。本节针对上海自贸区反洗钱监管机制风险评价指标间的关联关系进行分析，并结合相关专家的意见确定各元素间的关联关系，具体详见表6-4。

表6-4 网络结构元素间关联关系表

元素	A_1	A_2	A_3	B_1	B_2	B_3	B_4	B_5	B_6	C_1	C_2	C_3	D_1	D_2	D_3
A_1		√			√	√				√				√	
A_2				√	√	√		√		√					
A_3	√	√								√					
B_1	√	√			√			√	√					√	√
B_2		√		√		√	√	√						√	
B_3				√											
B_4						√									
B_5		√				√									
B_6															√
C_1					√	√		√						√	
C_2												√			
C_3	√		√												
D_1						√				√	√				
D_2											√		√		
D_3													√	√	

2. 反洗钱监管机制风险评价模型构建

本节研究以上海自贸区反洗钱监管机制风险评价作为总目标，通过区内反洗钱监管业务流程分析，运用网络分析法构建的风险评价模型，对区内反洗钱监管中存在的漏洞或不足等风险因素进行排序。基于前文构建的风险评价指标体系及评价指标间的关联关系，构建上海自贸区反洗钱监管机制风险评价网络分析法模型，如图 6-5 所示。

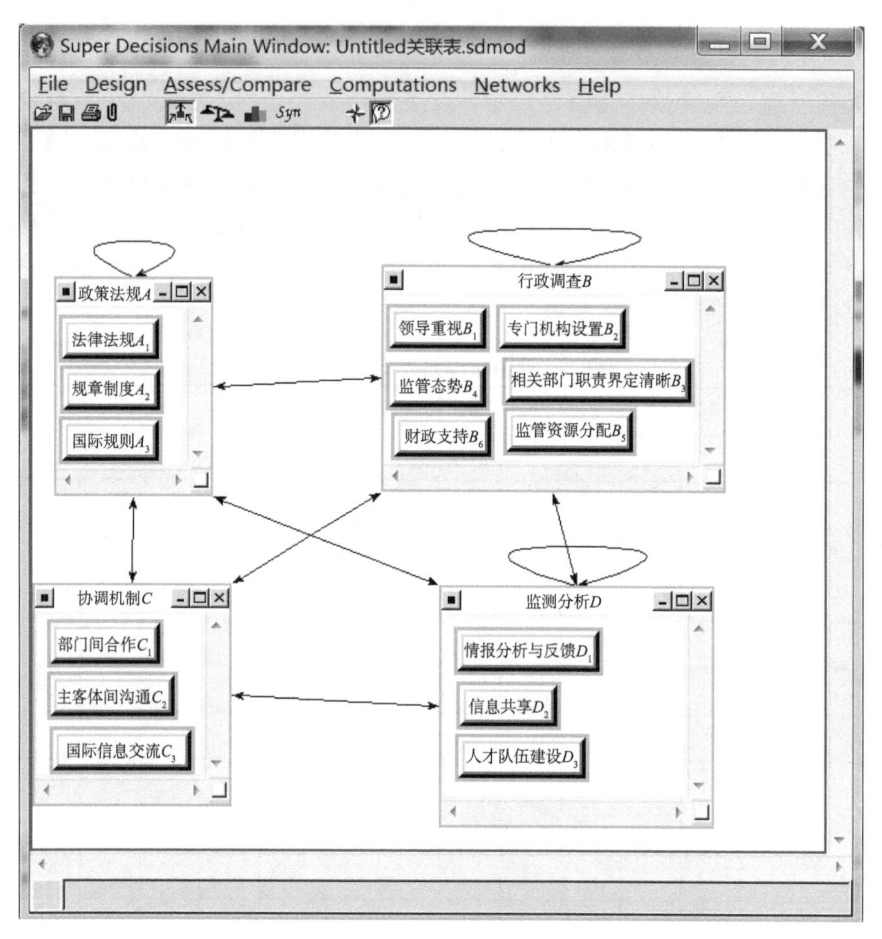

图 6-5 上海自贸区反洗钱监管机制风险评价网络分析法模型

6.3 上海自贸区反洗钱监管机制风险评价

6.3.1 问卷数据处理

本书主要采用德尔菲专家调查法获取原始数据，因此，需要根据专家两两判断的情况进行数据预处理。为了更好地保留各位专家的原始意见,本节采用几何平均超传递近似法。

首先,综合汇总收回的有效专家问卷,并根据 m 个专家给出的判断矩阵计算几何平均复合判断矩阵 A,即

$$A = \left(a_{ij}\right) = \left(a_{1ij} \times a_{2ij} \times \cdots \times a_{mij}\right)^{1/m} \tag{6-4}$$

其次,构造互补矩阵 $A^{(k)}$,$k=1,2,\cdots,n$ 的第 1 列列向量 $A_1^{(k)} = \left(a_{11}^{(k)}, a_{21}^{(k)}, \cdots, a_{n1}^{(k)}\right)^{\mathrm{T}}$,$n$ 为判断矩阵的阶数,则 $a_{i1}^{(k)}$ 按式(6-5)计算:

$$a_{11}^{(k)} = \left(a_{k1}\right)^{-1} a_{k1}, a_{21}^{(k)} = \left(a_{k2}\right)^{-1} a_{k1}, \cdots, a_{n1}^{(k)} = \left(a_{kn}\right)^{-1} a_{k1} \tag{6-5}$$

最后,构造超传递近似矩阵 A^* 的第 1 列列向量 A_1^* 为

$$A_1^* = \begin{bmatrix} a_{11}^* \\ a_{21}^* \\ a_{31}^* \\ \vdots \\ a_{n1}^* \end{bmatrix} = \begin{bmatrix} a_{11}^{(1)} \times a_{11}^{(2)} \times a_{11}^{(3)} \times \cdots \times a_{11}^{(n)} \\ a_{21}^{(1)} \times a_{21}^{(2)} \times a_{21}^{(3)} \times \cdots \times a_{21}^{(n)} \\ a_{31}^{(1)} \times a_{31}^{(2)} \times a_{31}^{(3)} \times \cdots \times a_{31}^{(n)} \\ \vdots \\ a_{n1}^{(1)} \times a_{n1}^{(2)} \times a_{n1}^{(3)} \times \cdots \times a_{n1}^{(n)} \end{bmatrix} = \begin{bmatrix} \left(\dfrac{a_{11}}{a_{11}} \times \dfrac{a_{21}}{a_{21}} \times \dfrac{a_{31}}{a_{31}} \times \cdots \times \dfrac{a_{n1}}{a_{n1}}\right)^{1/n} \\ \left(\dfrac{a_{11}}{a_{12}} \times \dfrac{a_{21}}{a_{22}} \times \dfrac{a_{31}}{a_{32}} \times \cdots \times \dfrac{a_{n1}}{a_{n2}}\right)^{1/n} \\ \left(\dfrac{a_{11}}{a_{13}} \times \dfrac{a_{21}}{a_{23}} \times \dfrac{a_{31}}{a_{33}} \times \cdots \times \dfrac{a_{n1}}{a_{n3}}\right)^{1/n} \\ \vdots \\ \left(\dfrac{a_{11}}{a_{1n}} \times \dfrac{a_{21}}{a_{2n}} \times \dfrac{a_{31}}{a_{3n}} \times \cdots \times \dfrac{a_{n1}}{a_{nn}}\right)^{1/n} \end{bmatrix}$$

同时,将式(6-5)代入 A_1^*,可最终得出矩阵几何平均超传递近似矩阵 A_1^*:

$$A_1^* = \begin{bmatrix} \left(\prod_{i=1}^{m}\left(\dfrac{a_{k11}}{a_{k11}} \times \dfrac{a_{k21}}{a_{k21}} \times \dfrac{a_{k31}}{a_{k31}} \times \cdots \times \dfrac{a_{kn1}}{a_{kn1}}\right)^{1/m}\right)^{1/n} \\ \left(\prod_{i=1}^{m}\left(\dfrac{a_{k11}}{a_{k12}} \times \dfrac{a_{k21}}{a_{k22}} \times \dfrac{a_{k31}}{a_{k32}} \times \cdots \times \dfrac{a_{kn1}}{a_{kn2}}\right)^{1/m}\right)^{1/n} \\ \left(\prod_{i=1}^{m}\left(\dfrac{a_{k11}}{a_{k13}} \times \dfrac{a_{k21}}{a_{k23}} \times \dfrac{a_{k31}}{a_{k33}} \times \cdots \times \dfrac{a_{kn1}}{a_{kn3}}\right)^{1/m}\right)^{1/n} \\ \vdots \\ \left(\prod_{i=1}^{m}\left(\dfrac{a_{k11}}{a_{k1n}} \times \dfrac{a_{k21}}{a_{k2n}} \times \dfrac{a_{k31}}{a_{k3n}} \times \cdots \times \dfrac{a_{kn1}}{a_{knn}}\right)^{1/m}\right)^{1/n} \end{bmatrix}$$

类似地，通过此方法将所有的判断矩阵进行计算合并，得到统一的判断矩阵，如表6-5所示。

表6-5 基于政策法规 A 的反洗钱监管机制元素层两两比较矩阵

元素	A	B	C	D	一致性检验结果
A	1	3	3	3	
B	1/3	1	2	1	0.026 84<0.1
C	1/3	1/2	1	1	
D	1/3	1	1	1	

专家两两判断矩阵通常需要进行一致性检验。若通过检验，则表示该矩阵可以接受并进行下一步计算；若一致性检验不通过，则需重新调整判断矩阵并进行检验，直至通过。由于两两判断矩阵较多，恕不在此罗列，请参见附录7。

6.3.2 权重确定

1. 获取未加权超矩阵

通过判断矩阵的一致性检验后，将数据输入 SD（Super Decision）软件中，经过计算得到排序向量，然后选择 Computations→unweighted super matrix→txt，得到未加权超矩阵，如表6-6所示。

2. 构建加权超矩阵

通过各元素间两两比较关系构建未加权超矩阵后，可根据模型中各成分的相对重要性计算加权超矩阵，具体计算结果详见表6-7所示。

3. 极限相对排序向量计算结果

如前文所述，计算得出的加权超矩阵反映的是该评价项目中单个元素之间的一步优势度。为了能够更好地反映整体情况，在网络分析法中，还需要对加权超矩阵进行稳定性处理，即计算极限相对排序向量，从而生成最终各元素权重，结果如表6-8所示。

各元素权重计算结果排序详见表6-9。

表 6-6 未加权超矩阵计算结果

元素	A_1	A_2	A_3	B_1	B_2	B_3	B_4	B_5	B_6	C_1	C_2	C_3	D_1	D_2	D_3
A_1	0.000 00	0.621 12	0.655 70	0.526 73	0.000 00	0.000 00	0.000 00	0.000 00	0.000 00	0.000 00	0.000 00	0.666 67	0.000 00	0.000 00	1.000 00
A_2	1.000 00	0.000 00	0.344 31	0.473 27	1.000 00	0.000 00	0.000 00	1.000 00	0.000 00	0.000 00	0.000 00	0.000 00	0.000 00	0.000 00	0.000 00
A_3	0.000 00	0.378 88	0.000 00	0.000 00	0.000 00	0.000 00	0.000 00	0.000 00	0.000 00	0.000 00	0.000 00	0.333 33	0.000 00	0.000 00	0.000 00
B_1	0.000 00	0.276 92	0.000 00	0.000 00	0.280 37	0.529 10	0.000 00	0.000 00	0.000 00	0.499 77	0.000 00	0.000 00	0.000 00	0.000 00	0.000 00
B_2	0.666 67	0.373 10	0.000 00	0.227 04	0.000 00	0.000 00	0.000 00	0.000 00	0.000 00	0.260 77	0.000 00	0.000 00	0.000 00	0.000 00	0.000 00
B_3	0.333 33	0.136 59	0.000 00	0.423 59	0.127 25	0.000 00	0.000 00	0.527 90	0.000 00	0.000 00	0.000 00	0.000 00	1.000 00	0.000 00	0.000 00
B_4	0.000 00	0.000 00	0.000 00	0.000 00	0.312 02	0.470 90	1.000 00	0.472 10	0.000 00	0.239 46	0.000 00	0.000 00	0.500 00	0.666 67	0.000 00
B_5	0.000 00	0.213 40	0.000 00	0.227 04	0.280 37	0.000 00	0.000 00	0.000 00	0.000 00	0.000 00	0.000 00	0.000 00	0.500 00	0.000 00	0.000 00
B_6	0.000 00	0.000 00	0.000 00	0.122 32	0.000 00	0.000 00	0.000 00	0.000 00	1.000 00	0.000 00	0.000 00	0.000 00	0.000 00	0.000 00	0.000 00
C_1	1.000 00	1.000 00	0.303 13	1.000 00	1.000 00	1.000 00	0.000 00	0.000 00	0.000 00	0.000 00	0.523 56	0.333 33	0.000 00	1.000 00	0.492 39
C_2	0.000 00	0.000 00	0.696 87	0.000 00	0.000 00	0.000 00	0.000 00	0.000 00	0.000 00	1.000 00	0.476 44	0.666 67	0.000 00	0.000 00	0.507 61
C_3	1.000 00	0.000 00	0.000 00	0.000 00	1.000 00	0.000 00	0.000 00	0.000 00	0.000 00	0.000 00	0.000 00	0.000 00	0.000 00	0.000 00	0.000 00
D_1	0.000 00	0.000 00	0.000 00	0.000 00	0.000 00	0.000 00	0.000 00	0.000 00	0.000 00	1.000 00	0.000 00	0.000 00	0.000 00	0.000 00	0.000 00
D_2	0.000 00	0.000 00	0.000 00	1.000 00	0.000 00	0.000 00	0.000 00	0.000 00	0.000 00	0.000 00	0.000 00	0.000 00	1.000 00	0.000 00	0.000 00
D_3	0.000 00	0.000 00	0.000 00	0.000 00	0.000 00	0.000 00	0.000 00	0.000 00	0.000 00	0.000 00	0.000 00	0.000 00	0.000 00	0.000 00	0.000 00

表 6-7 加权超矩阵计算结果

元素	A_1	A_2	A_3	B_1	B_2	B_3	B_4	B_5	B_6	C_1	C_2	C_3	D_1	D_2	D_3
A_1	0.000 00	0.376 13	0.412 41	0.178 26	0.000 00	0.000 00	0.000 00	0.000 00	0.000 00	0.000 00	0.000 00	0.236 80	0.000 00	0.000 00	0.146 10
A_2	0.508 11	0.000 00	0.216 55	0.160 17	0.338 43	0.000 00	0.000 00	0.551 53	0.000 00	0.000 00	0.000 00	0.000 00	0.000 00	0.000 00	0.000 00
A_3	0.000 00	0.229 44	0.000 00	0.000 00	0.000 00	0.000 00	0.000 00	0.000 00	0.000 00	0.000 00	0.000 00	0.118 40	0.000 00	0.000 00	0.000 00
B_1	0.000 00	0.063 41	0.000 00	0.000 00	0.077 15	0.291 46	0.000 00	0.000 00	0.000 00	0.243 46	0.000 00	0.000 00	0.000 00	0.000 00	0.000 00
B_2	0.128 09	0.085 44	0.000 00	0.062 48	0.000 00	0.000 00	0.000 00	0.000 00	0.000 00	0.127 03	0.000 00	0.000 00	0.373 91	0.000 00	0.000 00
B_3	0.064 05	0.031 28	0.000 00	0.116 57	0.035 02	0.000 00	0.000 00	0.236 75	0.000 00	0.116 65	0.000 00	0.000 00	0.000 00	0.000 00	0.000 00
B_4	0.000 00	0.000 00	0.000 00	0.000 00	0.085 86	0.000 00	0.000 00	0.211 72	0.000 00	0.000 00	0.000 00	0.000 00	0.000 00	0.000 00	0.000 00
B_5	0.000 00	0.048 87	0.000 00	0.062 48	0.077 15	0.259 40	1.000 00	0.000 00	0.000 00	0.000 00	0.000 00	0.000 00	0.000 00	0.000 00	0.000 00
B_6	0.000 00	0.000 00	0.000 00	0.033 66	0.000 00	0.449 14	0.000 00	0.000 00	0.000 00	0.000 00	0.000 00	0.000 00	0.000 00	0.000 00	0.000 00
C_1	0.138 81	0.165 44	0.052 08	0.224 37	0.224 37	0.000 00	0.000 00	0.000 00	0.000 00	0.000 00	0.000 00	0.000 00	0.313 05	0.435 05	0.000 00
C_2	0.000 00	0.000 00	0.000 00	0.000 00	0.000 00	0.000 00	0.000 00	0.000 00	0.000 00	0.000 00	0.000 00	0.000 00	0.313 05	0.000 00	0.000 00
C_3	0.000 00	0.000 00	0.119 74	0.000 00	0.000 00	0.000 00	0.000 00	0.000 00	0.000 00	0.000 00	0.000 00	0.000 00	0.000 00	0.217 52	0.557 23
D_1	0.160 94	0.000 00	0.199 22	0.000 00	0.162 01	0.000 00	0.000 00	0.000 00	0.000 00	0.512 85	0.523 56	0.214 93	0.000 00	0.347 43	0.146 08
D_2	0.000 00	0.000 00	0.000 00	0.000 00	0.162 01	0.000 00	0.000 00	0.000 00	0.000 00	0.000 00	0.476 44	0.429 86	0.000 00	0.000 00	0.150 59
D_3	0.000 00	0.000 00	0.000 00	0.162 01	0.000 00	0.000 00	0.000 00	0.000 00	1.000 00	0.000 00	0.000 00	0.000 00	0.000 00	0.000 00	0.000 00

第6章 专题三：自贸区反洗钱监管风险评价研究——以上海自贸区为例

表6-8 极限相对排序向量计算结果

元素	A_1	A_2	A_3	B_1	B_2	B_3	B_4	B_5	B_6	C_1	C_2	C_3	D_1	D_2	D_3
A_1	0.085 37	0.085 37	0.085 37	0.085 37	0.085 37	0.085 37	0.085 37	0.085 37	0.085 37	0.085 37	0.085 37	0.085 37	0.085 37	0.085 37	0.085 37
A_2	0.148 96	0.148 96	0.148 96	0.148 96	0.148 96	0.148 96	0.148 96	0.148 96	0.148 96	0.148 96	0.148 96	0.148 96	0.148 96	0.148 96	0.148 96
A_3	0.038 28	0.038 28	0.038 28	0.038 28	0.038 28	0.038 28	0.038 28	0.038 28	0.038 28	0.038 28	0.038 28	0.038 28	0.038 28	0.038 28	0.038 28
B_1	0.025 85	0.025 85	0.025 85	0.025 85	0.025 85	0.025 85	0.025 85	0.025 85	0.025 85	0.025 85	0.025 85	0.025 85	0.025 85	0.025 85	0.025 85
B_2	0.025 28	0.025 28	0.025 28	0.025 28	0.025 28	0.025 28	0.025 28	0.025 28	0.025 28	0.025 28	0.025 28	0.025 28	0.025 28	0.025 28	0.025 28
B_3	0.049 59	0.049 59	0.049 59	0.049 59	0.049 59	0.049 59	0.049 59	0.049 59	0.049 59	0.049 59	0.049 59	0.049 59	0.049 59	0.049 59	0.049 59
B_4	0.080 16	0.080 16	0.080 16	0.080 16	0.080 16	0.080 16	0.080 16	0.080 16	0.080 16	0.080 16	0.080 16	0.080 16	0.080 16	0.080 16	0.080 16
B_5	0.153 39	0.153 39	0.153 39	0.153 39	0.153 39	0.153 39	0.153 39	0.153 39	0.153 39	0.153 39	0.153 39	0.153 39	0.153 39	0.153 39	0.153 39
B_6	0.000 87	0.000 87	0.000 87	0.000 87	0.000 87	0.000 87	0.000 87	0.000 87	0.000 87	0.000 87	0.000 87	0.000 87	0.000 87	0.000 87	0.000 87
C_1	0.146 08	0.146 08	0.146 08	0.146 08	0.146 08	0.146 08	0.146 08	0.146 08	0.146 08	0.146 08	0.146 08	0.146 08	0.146 08	0.146 08	0.146 08
C_2	0.019 36	0.019 36	0.019 36	0.019 36	0.019 36	0.019 36	0.019 36	0.019 36	0.019 36	0.019 36	0.019 36	0.019 36	0.019 36	0.019 36	0.019 36
C_3	0.034 65	0.034 65	0.034 65	0.034 65	0.034 65	0.034 65	0.034 65	0.034 65	0.034 65	0.034 65	0.034 65	0.034 65	0.034 65	0.034 65	0.034 65
D_1	0.061 84	0.061 84	0.061 84	0.061 84	0.061 84	0.061 84	0.061 84	0.061 84	0.061 84	0.061 84	0.061 84	0.061 84	0.061 84	0.061 84	0.061 84
D_2	0.125 26	0.125 26	0.125 26	0.125 26	0.125 26	0.125 26	0.125 26	0.125 26	0.125 26	0.125 26	0.125 26	0.125 26	0.125 26	0.125 26	0.125 26
D_3	0.005 06	0.005 06	0.005 06	0.005 06	0.005 06	0.005 06	0.005 06	0.005 06	0.005 06	0.005 06	0.005 06	0.005 06	0.005 06	0.005 06	0.005 06

表 6-9 各元素权重计算结果

因素	权重向量归一化	极限相对排序向量	因素	权重向量归一化	极限相对排序向量
监管资源分配 B_5	0.457 69	0.153 390	国际规则 A_3	0.140 42	0.038 280
规章制度 A_2	0.546 43	0.148 961	国际信息交流 C_3	0.173 17	0.034 649
部门间合作 C_1	0.730 08	0.146 084	领导重视 B_1	0.077 13	0.025 850
信息共享 D_2	0.651 86	0.125 259	专门机构设置 B_2	0.075 42	0.025 277
法律法规 A_1	0.313 15	0.085 368	主客体间沟通 C_2	0.096 75	0.019 359
监管态势 B_4	0.239 19	0.080 164	人才队伍建设 D_3	0.026 32	0.005 058
情报分析与反馈 D_1	0.321 82	0.061 840	财政支持 B_6	0.002 60	0.000 870
相关部门职责界定清晰 B_3	0.147 97	0.049 591			

注：以下分析中保留小数点后三位数

6.3.3 实证结果分析

根据权重计算结果排序，本节将上海自贸区反洗钱监管机制风险分为重大风险、重要风险、一般风险、次要风险四类。

1. 重大风险

由表 6-9 可看出，在上海自贸区反洗钱监管机制众多的风险因素中，突出的是监管资源分配 B_5（0.153）、规章制度 A_2（0.149）、部门间合作 C_1（0.146）、信息共享 D_2（0.125），其权重值均大于 0.1，且这四个指标权重加总占比高达 57%，表明在政府等公共部门的反洗钱监管业务中，上述四个影响因素是需要特别重视的重大风险点。

2. 重要风险

除了上述重大风险因素外，比较重要的风险因素还包括法律法规 A_1（0.085）、监管态势 B_4（0.080）、情报分析与反馈 D_1（0.062）、相关部门职责界定清晰 B_3（0.050），其权重值介于 0.05~0.1，须予以特别关注，并完善相关机制以利预防。

3. 一般风险

国际规则 A_3（0.038）、国际信息交流 C_3（0.035）、领导重视 B_1（0.026）及专门机构设置 B_2（0.025）等风险影响因素的权重值介于 0.02~0.05，为一般性风险。

4. 次要风险

除前述所有风险影响因素外,主客体间沟通 C_2(0.019)、人才队伍建设 D_3(0.005)、财政支持 B_6(0.001)的权重值均小于 0.02,为次要风险。

6.4 风险评价结果与讨论

实证研究发现,公共资源有效配置是目前上海自贸区反洗钱监管的重中之重,这也印证了《关于切实做好中国(上海)自由贸易试验区反洗钱和反恐怖融资工作的通知》中突出的重点——切实加强反洗钱工作的组织领导,合理有效配置监管资源,包括配备充足人员负责区内反洗钱工作,尤其确保高管人员的反洗钱履职能力;增加对贸易领域业务监管,着力加大对走私、税收犯罪的打击力度;开展专项培训以及针对性开展反洗钱检查等。另外,在建立与自贸区业务相关新制度的同时,重申强调客户尽职调查、可疑交易报告等制度措施。这足以证明,地方政府及相关部门建立健全与自贸区业务相关的反洗钱制度办法还未达到监管要求,反制漏洞隐含的风险仍不容小觑。

同时,自贸区内业务繁多,新兴业务不断涌现,反洗钱义务部门涉及面广。而反洗钱作为一个庞大的系统工程,系统的功能发挥很大程度上有赖于各个子系统、相关部门(机构)之间的合作交流,尤其是信息共享和行动协同,所以部门间合作与信息共享亦是蕴含较高风险的因素。此外,法律法规、监管态势、情报分析与反馈及相关监管部门职责界定等方面并未完全达到与区内反洗钱顶层设计、政策架构、制度安排、工作需求等相匹配的程度。因此,在自贸区不断发展壮大的同时,有必要不断完善重大和重要风险因素的内控体系,特别是防范由系统重要性因素(高增安,2017)诱发的风险。

截至 2020 年底,我国已设立了 21 个自贸区。各自贸区地理区位、资源禀赋、经济发展水平不同,发展定位、试点示范、工作重点各有侧重,但营造更加开放、宽松、自由、透明、便捷的营商环境是共通的,这就对相关部门和机构保障自贸区平稳有序运行、提高监管效力提出了更高要求。更进一步说,自贸区本身涉及行业领域众多,加之新产业、新业态、新模式持续涌现,面对政府公共资源约束,如何合理有效甚至高效配置监管资源,真正践行"风险为本"原则,依据风险评价结果向高风险领域、条线、业务等倾斜监管资源,紧盯主要矛盾和矛盾的主要方面,以关键领域和关键控制点的高效管控带动区内反洗钱监管效能的整体提升,是摆在自贸区监管面前的重大理论与现实课题,也是以反洗钱监管促进自贸区可持续高质量发展的客观要求。

6.5 本章小结

本章运用专家问卷调查法，通过构建网络分析模型，以上海自贸区为例，探究我国自贸区反洗钱监管中存在的风险因素及其影响大小，并对这些风险因素进行评价，最后针对风险评价的结果进行分析探讨。研究认为，在众多的风险影响因素中，监管资源分配、规章制度、部门间合作和信息共享是值得公共管理部门在监管过程中特别予以关注的重大风险因素，法律法规、监管态势、情报分析与反馈和相关部门职责界定也是需要持续跟踪并完善管理措施的重要风险因素。总体来讲，高效配置公共资源、健全法律规章、加强部门协作是自贸区强化反洗钱监管的有效着力点，同时也要时刻关注监管过程中潜在的风险点。只有对自贸区反洗钱监管机制风险有了清晰的认知，才能在实践中落实"风险为本"的原则要求，以"适度监管"推动"有序开放"，确保国家自贸区战略行稳致远并达到预期目标。

第 7 章　专题四：自贸区反洗钱监管演化博弈分析

本章基于相关研究成果，首先通过静态博弈分析不同监管机制下洗钱者和义务机构的决策及收益情况，其次通过构建中国自贸区洗钱者与义务机构、义务机构与监管部门的反洗钱演化博弈模型，分析相关利益主体的演化稳定策略及其关键影响因素，并运用软件仿真动态演化过程，观察参与者的博弈演化过程，以识别完善中国自贸区反洗钱监管体系的关键影响因素，最后根据博弈分析结果提出针对性的政策建议[①]。

7.1　不同监管机制下自贸区反洗钱博弈分析

7.1.1　问题描述

中国自贸区一经诞生，就在大胆探索创新，包括对传统监管模式的革新。自贸区发展初期，由于大部分地区没有出台针对性的反洗钱指导文件，区内监管无疑带有一点"摸着石头过河"的性质，监管举措相对业务创新明显滞后。监管部门可能沿用固有的监管机制，继续依赖义务主体报送可疑线索，也可能根据具体情况制定一些针对性的规范性文件、检查监督义务机构履职情况等，两种情况都会影响洗钱者和义务机构的策略与收益。

洗钱者普遍具有投机冒险的特点。在面对自贸区便利的贸易投资条件、宽松的监管环境或监管明显滞后于改革创新步伐时，面临洗钱可能带来的诱惑，不法

---

① 本章主要由课题组成员、西南交通大学经济管理学院研究生席浠又执笔。更多内容请参见硕士学位论文《中国自由贸易试验区反洗钱监管演化博弈研究》（2020年，导师：高增安教授）。特此鸣谢！

分子往往会铤而走险，出于利益驱使而从事洗钱活动。

反洗钱义务机构，包括金融机构和支付机构等。《中国人民银行上海总部关于切实做好中国（上海）自由贸易试验区反洗钱和反恐怖融资工作的通知》明确规定，各义务机构要全面贯彻落实《中华人民共和国反洗钱法》《金融机构反洗钱规定》等法律法规，并提出了相关要求。例如，要建立自贸试验区业务相关的反洗钱内控制度，建立自贸试验区创新业务洗钱风险评估制度，机构反洗钱部门应全程参与创新业务的设计、开发和运行过程，创新业务应在通过反洗钱部门评估后才能开展等。这表明，在传统的反洗钱成本投入外，义务机构还需要投入相当大的额外成本，更可能由于时间耗费、强化尽职调查要求而流失大批客户，而这些对追求利益的商业性组织来说是一项不小的挑战。一方面，作为官方反洗钱的代理人，面对人民银行不断从严的"严监控、防风险"压力，义务机构必须勤勉合规履行义务。2020年2月14日，中国人民银行银罚字〔2020〕1号-13号[①]对中国民生银行股份有限公司、银罚字〔2020〕14号-22号[②]对中国光大银行股份有限公司、银罚字〔2020〕23号-27号[③]对华泰证券股份有限公司三家机构一口气开出了5 190万元的巨额罚单（不计算对个人的处罚罚金），相关责任人受到处理，券商也可能要面临信用等级降级的风险。另一方面，在各部门纷纷出台政策支持自贸区发展之际，或者说在"放管服"的大背景下，与自贸区相关的审批监管改革纵深推进，监管约束更加宽松，势必给义务机构是否严格履行反洗钱义务，是否针对区内业务建立健全内控机制、完善风险评估制度等留下一定的博弈空间。由此可见，监管部门的监管效力成为约束洗钱者和义务机构的一个关键变量。本章将探讨在自贸区监管改革创新中，不同监管机制下的监管效力对自贸区一线反洗钱工作的约束作用。

7.1.2　符号定义与基本假设

1. 符号定义

不同监管机制下中国自贸区反洗钱博弈分析相关符号定义见表7-1。

表7-1　符号定义

符号	释义
M_L	洗钱者的洗钱金额

[①] http://www.pbc.gov.cn/zhengwugongkai/4081330/4081344/4081407/4081705/4089656/index.html.

[②] http://www.pbc.gov.cn/zhengwugongkai/4081330/4081344/4081407/4081705/4089653/index.html.

[③] http://www.pbc.gov.cn/zhengwugongkai/4081330/4081344/4081407/4081705/4089650/index.html.

续表

符号	释义
R	洗钱过程中合法粉饰的资金额
M	洗钱过程中的总资金额，$M=M_L+R$
C_L	洗钱过程中投入的服务成本
C_F	义务机构在反洗钱工作中投入的固定成本，包括技术设备投入、反洗钱部门职员工资等
C_{AS}	随自贸区创新业务开展付出的反洗钱额外成本
α	义务机构自贸区反洗钱额外成本系数
i_F	义务机构对交易资金提供服务的服务收益费率
p_1	义务机构对洗钱的查处概率
p_2	监管部门根据其他情报线索对洗钱的查处概率
k	洗钱处罚比例
F_1	洗钱发生时，义务机构受到不严格执行反洗钱要求的处罚
F_2	洗钱未发生时，义务机构受到不严格执行反洗钱要求的处罚

2. 基本假设

本章提出如下五个基本假设。

假设7-1：洗钱者策略集合为{洗钱，不洗钱}；自贸区义务机构出于成本收益的考虑，选择是否严格执行我国自贸区反洗钱要求，建立与自贸区业务相关的反洗钱内控制度和创新业务洗钱风险评估制度等。为了表述方便，用"严格执行反洗钱要求"和"不严格执行反洗钱要求"表示义务机构的两种行为决策，其策略集合为{严格执行反洗钱要求，不严格执行反洗钱要求}。

假设7-2：当洗钱者采取"不洗钱"策略时，服务成本默认趋近于0。

假设7-3：自贸区义务机构反洗钱额外成本与自贸区业务创新量及资金流动量正相关，且严格执行反洗钱要求的边际成本递增。为简化计算，设该额外成本为区内总资金额的二次函数，$C_{AS}=\alpha M^2$，α为义务机构额外成本系数且$\alpha>0$。当义务机构不严格执行反洗钱要求时，自贸区反洗钱额外成本为0，此时只有常规反洗钱的固定成本C_F。

假设7-4：自贸区义务机构严格执行反洗钱要求，能获取近乎全部的不合规资金线索，$p_1 \geqslant p_2$。固有监管机制下，监管部门依赖义务机构的反洗钱情报上报，以义务机构自查概率为准，对$p_1 M_L$的洗钱金额进行立案处罚。主动监管机制下，监管部门针对我国自贸区特殊环境主动制定反洗钱监管措施，若义务机构不严格执行反洗钱要求，监管部门根据其他线索对洗钱进行追踪查处，即对$p_2 M_L$的洗钱金额进行处罚。

假设7-5：主动监管机制下，监管部门对义务机构反洗钱义务履行情况进行检查。若义务机构不严格执行反洗钱要求,将受到制度建设有关的处罚,同时对发生的洗钱承担责任,$F_1 > F_2$。

7.1.3 固有监管机制下自贸区反洗钱博弈

1. 模型建立与求解

根据成本收益理论,构建在固有监管机制背景下洗钱者和义务机构的期望收益函数:

$$E_M = M_L - C_L - p_1 k M_L \quad (7-1)$$

$$E_F = i_F M - C_F - \alpha M^2 \quad (7-2)$$

当洗钱者不洗钱时,$M_L = 0$,$E_M = 0$,对式(7-1)求关于M_L的偏导,得

$$\frac{\partial E_M}{\partial M_L} = 1 - p_1 k \quad (7-3)$$

令式(7-3)为0,解出$0 < p_1^* = \frac{1}{k} < 1$。当$p_1 < p_1^*$时,收益函数$E_M$随$M_L$增大而递增,没有最优解。令式(7-1)为0,解得$M_L^* = \frac{C_L}{1 - p_1 k}$,此时,若$M_L > M_L^*$,洗钱者选择洗钱,其最优期望收益为$E_M^* = M_L - C_L - p_1 k M_L$;若$M_L < M_L^*$,洗钱者选择不洗钱,其最优期望收益为$E_M^* = 0$。当$p_1 > p_1^*$时,收益函数$E_M$随$M_L$增大而递减,洗钱者选择不洗钱。若义务机构不严格执行我国自贸区反洗钱要求,$p_1 = 0$,则洗钱者选择洗钱,其最优期望收益为$E_M^* = M_L - C_L$。

因此,洗钱者最优洗钱收益为

$$E_M^* = \begin{cases} M_L - C_L - p_1 k M_L, & 0 \leqslant p_1 < \frac{M_L - C_L}{k M_L} \\ 0, & p_1 > \frac{M_L - C_L}{k M_L} \end{cases} \quad (7-4)$$

当$p_1 = 0$时,$E_M^* = M_L - C_L$。

义务机构严格执行反洗钱要求时,将拒绝资金信息可疑的交易,此时$E_{F1} = i_F(M - p_1 M_L) - C_F - \alpha M^2$;若不严格执行反洗钱要求,将获得全部资金带来的服务收益,此时$E_{F2} = i_F M - C_F$。将两式相减,可得义务机构决策函数:

$$K_F = E_{F1} - E_{F2} = -(i_F p_1 + 2\alpha R) M_L - \alpha M_L^2 - \alpha R^2 \quad (7-5)$$

当$K_F \geqslant 0$时,义务机构倾向于严格执行反洗钱要求;当$K_F < 0$时,义务机

构不严格执行反洗钱要求。对式（7-5）关于M_L求导：

$$\frac{\partial K_F}{\partial M_L} = -2\alpha M_L - (i_F p_1 + 2\alpha R) \tag{7-6}$$

$$\frac{\partial^2 K_F}{\partial M_L^2} = -2\alpha < 0 \tag{7-7}$$

由于$M_L \geqslant 0$，得到唯一极值点$K_F^* = -\alpha R^2 < 0$，即义务机构在$M_L = 0$时，取得最优值，此时选择不严格执行反洗钱要求。无论洗钱者是否选择洗钱，义务机构都不会选择严格执行反洗钱要求。义务机构的最优决策收益为

$$E_F^* = \begin{cases} -C_F, & M_L = 0 \\ i_F M - C_F, & M_L > 0 \end{cases} \tag{7-8}$$

2. 博弈均衡分析

对上文的博弈均衡分析可知，在固有监管机制下，洗钱者的洗钱金额、洗钱服务成本、义务机构查处概率、处罚比例及自贸区反洗钱额外成本对洗钱者和义务机构策略选择及收益有明显影响。

命题7-1：洗钱者的决策选择受洗钱成本、义务机构查处概率、处罚比例和洗钱金额的影响，洗钱者的洗钱收益与洗钱成本和义务机构的查处概率负相关。

证明：洗钱者洗钱的期望收益越小，越倾向于不洗钱。当$p_1 < p_1^*$时，收益函数E_M随M_L增大而递增，M_L大于临界值M_L^*时，洗钱者洗钱收益大于0，洗钱者选择洗钱；而M_L小于临界值M_L^*时，洗钱者洗钱收益小于0，洗钱者选择不洗钱。根据临界值表达式$M_L^* = \dfrac{C_L}{1 - p_1 k}$，$M_L^*$与洗钱成本、义务机构查处概率和处罚比例相关，$M_L^*$是$C_L$、$p_1$、$k$的增函数。如果义务机构不严格执行反洗钱要求，义务机构查处概率为0，则洗钱者策略选择只与洗钱金额和洗钱成本相关。

对式（7-1）求关于C_L的偏导，得到$\dfrac{\partial E_M}{\partial C_L} < 0$；对式（7-1）求关于$p_1$的偏导，得到$\dfrac{\partial E_M}{\partial p_1} < 0$。因此，洗钱成本越大，洗钱收益越小；义务机构查处概率越大，洗钱收益越小，洗钱受到约束的可能性越大。因此，义务机构的反洗钱效力能够约束洗钱者的洗钱收益。

命题7-2：自贸区义务机构的决策选择受洗钱金额、自贸区反洗钱额外成本、固定成本和服务收益差的影响，义务机构的期望收益与自贸区反洗钱的额外成本和固定成本负相关。

证明：由式（7-6）和式（7-7）可知，在洗钱者选择洗钱的情况下，即

$M_L \geq 0$ 时，决策函数 $K_F = E_{F1} - E_{F2} = -(i_F p_1 + 2\alpha R)M_L - \alpha M_L^2 - \alpha R^2$ 递减。当 $M_L = 0$ 时，K_F 取得最优值，$K_F^* = -\alpha R^2 < 0$，此时选择不严格执行反洗钱要求，决策函数与 i_F、p_1、M_L、α 相关。对式（7-2）求关于 C_F 的偏导，有 $\frac{\partial E_F}{\partial C_F} < 0$，可知自贸区反洗钱额外成本增大，义务机构期望收益减少，义务机构自贸区反洗钱积极性下降。对式（7-2）求关于 α 的偏导，得到 $\frac{\partial E_F}{\partial \alpha} < 0$，可知反洗钱固定成本增大，义务机构期望收益减少，义务机构反洗钱策略趋于消极。

可以看出，在缺失针对性监管的情况下，义务机构严格执行反洗钱要求和不严格执行反洗钱要求的相对收益始终小于 0，义务机构只会选择不严格执行反洗钱要求。当洗钱者选择洗钱时，义务机构没有做到对洗钱的有效约束。

7.1.4 主动监管机制下自贸区反洗钱博弈

1. 模型建立与求解

根据成本收益理论，构建在主动监管机制背景下洗钱者和义务机构的期望收益函数：

$$E_M = M_L - C_L - p_i k M_L \tag{7-9}$$

$$E_F = i_F M - C_F - \alpha M^2 - F_i \tag{7-10}$$

式中，$i = 1, 2$。在主动监管机制下，监管部门对义务机构进行监管并通过自身查处概率追查洗钱案件。义务机构严格执行反洗钱要求时，$E_{M1} = M_L - C_L - p_1 k M_L$；义务机构不严格执行反洗钱要求时，$E_{M2} = M_L - C_L - p_2 k M_L$。当洗钱者不洗钱时，$M_L = 0$，$E_M = 0$。义务机构严格执行反洗钱要求时，其服务收益为 $i_F(M - p_1 M_L)$。

对式（7-9）求关于 M_L 的偏导，可得

$$\frac{\partial E_M}{\partial M_L} = 1 - p_i k \tag{7-11}$$

令式（7-11）为 0，有 $0 < p_i^* = \frac{1}{k} < 1$。当 $p_i < p_i^*$ 时，随洗钱金额增大，收益函数 E_M 递增，该状态没有最优解。令式（7-9）为 0，解得 $M_L^* = \frac{C_L}{1 - p_i k}$，$M_L > M_L^*$ 时洗钱者的最优策略为洗钱，其最优期望收益为 $E_M^* = M_L - C_L - p_i k M_L$；$M_L < M_L^*$ 时洗钱者选择不洗钱，此时 $E_M^* = 0$。当 $p_i > p_i^*$ 时，收益函数

E_M 随洗钱金额增大而递减，洗钱收益为负，洗钱者选择不洗钱。因为主动监管机制的存在，$p_i \neq 0$，$E_M^* = \max\{E_{M1}, E_{M2}\}$，洗钱者的最优期望收益为

$$E_M^* = \begin{cases} M_L - C_L - p_i k M_L, & 0 < p_i < \dfrac{M_L - C_L}{kM_L} \\ 0, & p_i > \dfrac{M_L - C_L}{kM_L} \end{cases} \quad (7\text{-}12)$$

在主动监管机制下，义务机构不执行反洗钱要求，将受到监管部门的处罚。若洗钱未发生，受到处罚 F_2；若洗钱发生，受到更高处罚 F_1，有 $E_{F2} = i_F M - C_F - F_i$（$i=1$ 或 2）。当义务机构严格执行反洗钱要求时，其期望收益为 $E_{F1} = i_F(M - p_1 M_L) - C_F - \alpha M^2$。两式相减，可得义务机构决策函数：

$$K_F = E_{F1} - E_{F2} = -(i_F p_1 + 2\alpha R)M_L - \alpha M_L^2 - \alpha R^2 + F_i \quad (7\text{-}13)$$

当 $K_F \geq 0$ 时，义务机构倾向于严格执行反洗钱要求；当 $K_F < 0$ 时，义务机构不严格执行反洗钱要求。对式（7-13）关于 M_L 求导：

$$\frac{\partial K_F}{\partial M_L} = -2\alpha M_L - (i_F p_1 + 2\alpha R) \quad (7\text{-}14)$$

$$\frac{\partial^2 K_F}{\partial M_L^2} = -2\alpha < 0 \quad (7\text{-}15)$$

决策函数在 $M_L \geq 0$ 时单调递减。将 $M_L = 0$ 代入式（7-13），得到 $K_F(M_L = 0) = -\alpha R^2 + F_2$（$M_L = 0$ 表示洗钱未发生，此时受到的处罚为 F_2）。令式（7-13）为 0，得到

$$M_{L0} = \frac{(i_F p_1 + 2\alpha R) - \sqrt{(i_F p_1 + 2\alpha R)^2 + 4\alpha(F_i - \alpha R^2)}}{-2\alpha} \quad (7\text{-}16)$$

当 $F_2 > \alpha R^2$ 时，若 $M_L < M_{L0}$，义务机构选择严格执行反洗钱要求，其最优期望收益为 E_{F1}；若 $M_L > M_{L0}$，有决策函数 $K_F < 0$，此时义务机构选择不严格执行反洗钱要求。当 $F_2 < \alpha R^2$ 时，决策函数在 $M_L \geq 0$ 时小于 0，义务机构选择不严格执行反洗钱要求。

将 E_{F1} 改写为关于 M 的函数，$E_{F1} = -\alpha M^2 + i_F(1 - p_1)M - C_F + i_F p_1 R$，求出关于 M 的一阶导和二阶导：

$$\frac{\partial E_{F1}}{\partial M} = -2\alpha M + i_F(1 - p_1) \quad (7\text{-}17)$$

$$\frac{\partial^2 E_{F1}}{\partial M^2} = -2\alpha \quad (7\text{-}18)$$

此时，有唯一最大值 E_{F1}^*，$E_{F1}^*(M^*) = -\alpha M^{*2} + i_F(1 - p_1)M^* - C_F + i_F p_1 R$，

$M^* = \min\left\{\dfrac{i_F(1-p_1)}{2\alpha}, M\right\}$。义务机构的最优期望收益为

$$E_F^* = \begin{cases} E_{F1}^*, & F_2 > \alpha R^2, M_L < M_{L0} \\ i_F M - C_F - F_1, & F_2 > \alpha R^2, M_L > M_{L0} \\ i_F M - C_F - F_i, & F_2 < \alpha R^2 \end{cases} \quad (7\text{-}19)$$

2. 博弈均衡分析

结合上文分析可知，在主动监管机制下，洗钱者和义务机构策略选择及收益受到明显约束，义务机构的反洗钱效力得以提升。

命题 7-3：监管部门采取主动监管机制能有效约束自贸区洗钱者的洗钱行为，洗钱者的洗钱收益与监管部门查处概率呈负相关关系。

证明：对式（7-9）求关于 p_i 的偏导，可得 $\dfrac{\partial E_M}{\partial p_i} < 0$，收益函数 E_M 随查处概率增大而递减。当 $p_i > p_i^*$ 时，有 $\dfrac{\partial E_M}{\partial p_i} = 1 - p_i k < 0$，$E_M < 0$，洗钱者选择不洗钱；当 $p_i < p_i^*$，且 $M_L < M_L^* = \dfrac{C_L}{1 - p_i k}$，即义务机构和监管部门任一查处概率 $p_i > \dfrac{M_L - C_L}{k M_L}$ 时，$E_M < 0$，洗钱者均不会选择洗钱，洗钱者洗钱的策略空间集较上一节讨论的情形缩小。同时，当洗钱者洗钱时，根据式（7-12），$E_M^* = M_L - C_L - p_i k M_L$，若 p_1 为 0，洗钱者的收益还将受到监管部门查处概率的约束，其最优收益相对于固有监管机制下减少。

对式（7-9）求关于 p_2 的偏导，$\dfrac{\partial E_M}{\partial p_2} < 0$，说明监管部门查处概率越大，洗钱收益越小，洗钱收益与监管部门的查处概率呈负相关关系。因此，监管部门的工作效力能约束洗钱者的洗钱收益。

命题 7-4：监管部门采取主动监管机制能有效约束自贸区义务机构的消极反洗钱行为，监管部门对义务机构未严格履职的处罚越大，义务机构期望收益越小。

证明：在监管部门采取主动监管机制下，将式（7-13）与式（7-5）联立相减，得 $\Delta K_F = F_i$，可知义务机构策略选择还受到监管部门对机构未严格履职的处罚影响。$E_{F1} = -\alpha M^2 + i_F(1-p_1)M - C_F + i_F p_1 R$，根据式（7-17）和式（7-18），在 $M = M^*$ 处取唯一最大值 E_{F1}^*。根据式（7-19），当 $F_1 > F_2 > \alpha R^2$，且 $M_L < M_{L0}$

时，义务机构选择严格执行反洗钱要求。对比式（7-8）不存在严格执行反洗钱要求的情况，可以看出监管部门主动监管对义务机构的策略有明显的正向影响。但是，当洗钱金额过大，$M_L > M_{L0}$，反洗钱工作成本相比处罚负担更大时，义务机构回到不严格执行反洗钱要求的策略。

对式（7-10）求关于 F_i 的偏导，$\frac{\partial E_F}{\partial F_i} < 0$，因此，处罚力度越大，义务机构的收益越小，可见处罚对义务机构有一定的约束作用。

3. 算例分析

以下将给出各外生变量的数值进行算例分析，以直观说明上述分析结果。

部分参数设定值如下：根据《刑法》对洗钱罪的处罚规定，没收洗钱赃款并处以 5%~20% 的罚金，因此取值 $k=1.1$。义务机构提供交易服务，收取费率 $i_F = 0.01$。通过改变 p_1 值观察 p_1 对洗钱者最优洗钱收益的影响，得到图 7-1。

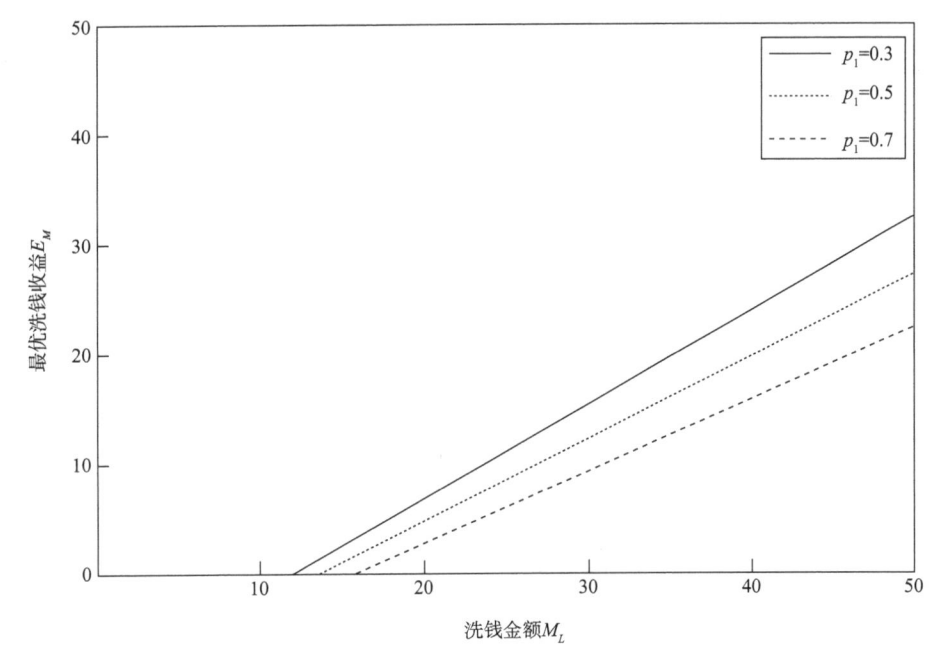

图 7-1　p_1 对洗钱者最优洗钱收益的影响

可以看出，随着 p_1 增大，洗钱者获得收益的阈值不断增大，洗钱的可能性减小，且在相同洗钱金额 M_L 下，洗钱者的最优收益减少，说明查处概率的提高将有效打击洗钱者的洗钱积极性。根据式（7-5）和式（7-13）分别做出义务机构在不同监管机制下的决策函数图像，得到图 7-2 和图 7-3。

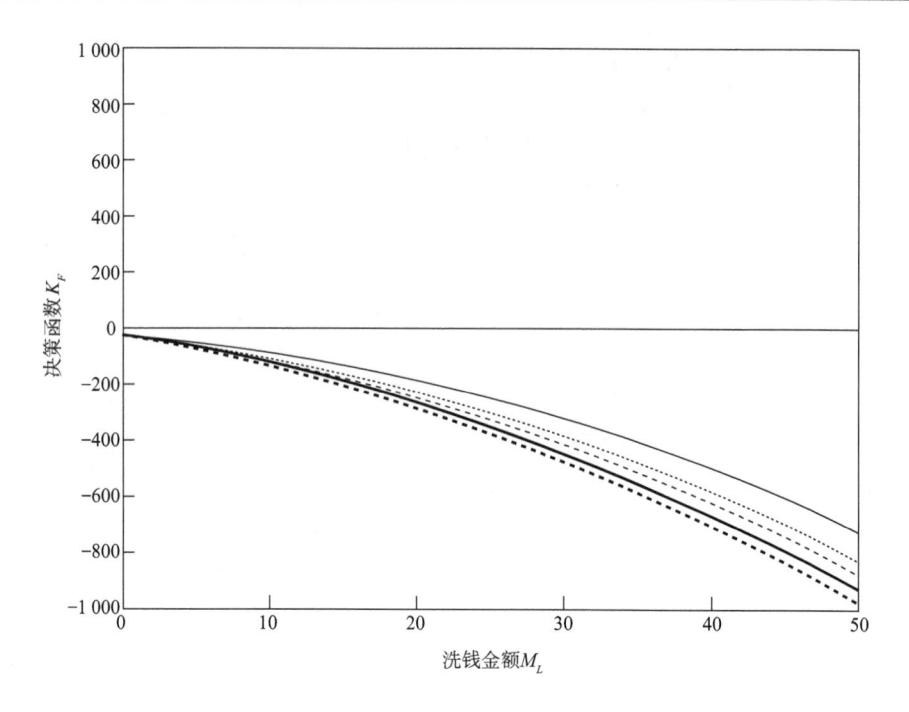

图 7-2　固有监管机制下义务机构决策函数图

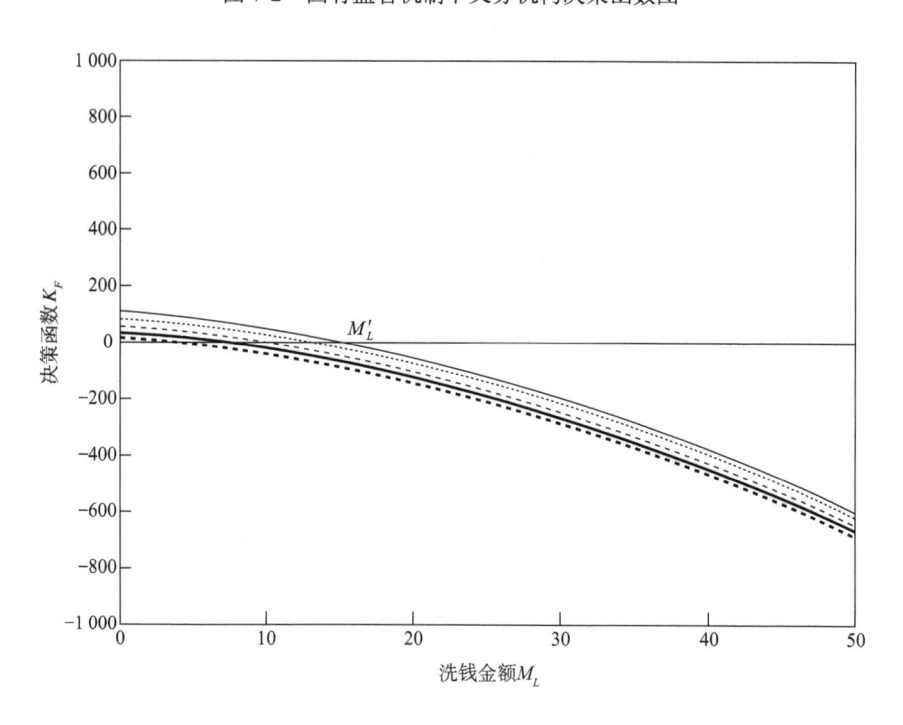

图 7-3　主动监管机制下义务机构决策函数图

从图 7-2 可以看出，在固有监管机制下，改变不同参数组合，义务机构的决策函数始终在轴线下方，其决策函数小于 0，义务机构不会选择严格执行自贸区反洗钱要求。在图 7-3 中，监管部门采取主动监管机制，由于 F_i 的加入，决策函数的曲线簇不再恒小于 0。当 $F_i > \alpha R^2$ 时，存在 $K_F > 0$ 的情况，此时，义务机构倾向于严格执行反洗钱要求。但随着洗钱金额 M_L 的增大，义务机构仍可能改变策略，而不严格执行反洗钱要求。发生策略改变的时间出现在 $M_F = M_{L0}$ 时，但随着 F_i 的增大，M_{L0} 值也不断增大，表明义务机构严格执行自贸区反洗钱要求的概率增大。

7.1.5 结果讨论

对我国自贸区建设初期不同监管机制的反洗钱效力进行静态博弈分析比较发现，相较于固有监管机制，主动监管机制能有效减少洗钱者的洗钱收益，同时对义务机构反洗钱带来明显的约束作用，促使义务机构严格执行反洗钱要求。因此，确保监管部门在我国自贸区建设中采取主动监管的策略十分必要和重要。有关监管部门在支持自贸区深化改革、扩大开放、创新发展的同时，也应强化自贸区洗钱风险防范意识和风险为本监管理念，因时制宜、因地制宜采取主动、灵活的反洗钱策略，助力自贸区平稳有序可持续高质量发展。

7.2 自贸区洗钱者与义务机构演化博弈分析

7.2.1 问题描述

洗钱的手法多种多样且不断翻新，但大部分客户信息和资金流转仍需要通过金融网络传递。如果能在犯罪星火始燃之际就将其扼杀，将为后续的侦查节约大量成本，同时树立国家反洗钱监管的威严。在我国自贸区反洗钱工作中，洗钱者受到利益驱使实施洗钱犯罪，义务机构则具有收集反洗钱情报信息和防范风险的义务。根据"风险为本"反洗钱工作要求，义务机构作为反洗钱工作的一线机构，通过客户身份识别、客户身份资料及交易记录保存、客户风险评估等途径发现可疑信息后，应按制度和程序规定进行上报，并自动终止服务，或者经有权机关批准后采取其他适当措施，可以有力打击洗钱犯罪活动，从而对反洗钱监管起到举足轻重的作用。然而，在我国自贸区创新发展背景下，以相关机构和人员严格自律为前提条件的各种各样特殊政策或便捷措施一方面使得区内贸易投资更加便利，另一方面也使得区内监管环境更加宽松，从而给不法洗钱者以更多可能。当面临较大的成本压力，区内反洗钱政策规范又不够明朗、监管处罚措施不够到位的时候，义务主体反洗钱主动性受到削弱，消极怠职、冒险获益的倾向在所难免。

本节根据我国自贸区反洗钱监管情况，引入自贸区洗钱者主观感知的被查处概率系数和反洗钱额外成本两个变量，从完善相关反洗钱监管体系的角度，分析洗钱者和义务机构的动态博弈行为，识别区域金融创新背景下各行为主体的关键决策因素。

7.2.2 符号定义与基本假设

本节的"洗钱者"和"义务机构"分别代表两个群体，且都是有限理性群体，拥有学习能力，可以进行非对称重复博弈。在我国自贸区反洗钱监管体系中，监管部门对义务机构的反洗钱行为进行监督约束，并具有很高的权威性，因此，在双方博弈关系中，默认监管部门的查处机制存在。模型的基本假设如下。

假设 7-6：博弈双方信息不对称。洗钱者策略集合为{洗钱，不洗钱}；义务机构策略集合为{严格执行反洗钱要求，不严格执行反洗钱要求}。

假设 7-7：洗钱者的洗钱金额为 M，洗钱过程中投入的服务成本为 C_L，服务成本用于支付资金转移的正当金融服务费、参与人员的佣金和其他粉饰支出等。当洗钱者采取"不洗钱"策略时，服务成本为 0。

假设 7-8：义务机构反洗钱工作支出包括技术设备投入、职员工资等在内的固定成本 C_F。选择"严格执行反洗钱要求"时，需要随着自贸区创新业务的开展，付出反洗钱额外成本 C_{AS}，额外成本与业务创新量及资金流动量正相关。选择"不严格执行反洗钱要求"时，将受到监管部门的处罚，记为 F。

假设 7-9：义务机构通过对交易资金提供服务，收取服务费用 W，记 i_F 为服务收益费率。选择"严格执行反洗钱要求"时，有权拒绝与可疑客户建立业务关系，此时服务资金减少为 R，同时金融服务收益将减少，$i_F R < i_F M$。选择"不严格执行反洗钱要求"时，义务机构近乎得到洗钱金额带来的全部收益 $i_F M$。

假设 7-10：对洗钱者的实际查处概率为 p，表示洗钱被查处的可能性。另外根据《刑法》对洗钱罪的判定，被查处的犯罪人需按照洗钱数额缴纳一定比例罚金，记洗钱处罚比例为 k，表示洗钱被查处时的处罚力度，则洗钱被查处的损失为 pkM。

假设 7-11：洗钱者为风险偏好者，在自贸区更加开放和便利的环境下，通常低估自己被查处的概率。设洗钱者主观感知的被查处概率为 $p_L = \theta p$，其中 θ 为洗钱者主观感知的被查处概率系数，$0<\theta\leqslant 1$，则洗钱者主观感知的被查处损失为 θpkM。

7.2.3 演化博弈分析

1. 模型构建

根据以上假设条件，以成本收益理论为基础，可以写出洗钱者和义务机构的基本收益函数：

$$E_{\omega M} = M - \theta pkM - C_L \quad (7\text{-}20)$$

$$E_{\omega F} = W - C_F - C_{AS} - F \quad (7\text{-}21)$$

洗钱者和义务机构有四种策略组合，双方不同策略组合下的收益如下。

（1）策略组合一，洗钱者洗钱，义务机构严格执行反洗钱要求，收益为 $E_{\omega M}^{11} = M - \theta pkM - C_L$，$E_{\omega F}^{11} = i_F R - C_F - C_{AS}$。

（2）策略组合二，洗钱者洗钱，义务机构不严格执行反洗钱要求，收益为 $E_{\omega M}^{10} = M - C_L$，$E_{\omega F}^{10} = i_F M - C_F - F$。

（3）策略组合三，洗钱者不洗钱，义务机构严格执行反洗钱要求，收益为 $E_{\omega M}^{01} = 0$，$E_{\omega F}^{01} = -C_F - C_{AS}$。

（4）策略组合四，洗钱者不洗钱，义务机构不严格执行反洗钱要求，收益为 $E_{\omega M}^{00} = 0$，$E_{\omega F}^{00} = -C_F$。

根据以上策略组合，得到洗钱者和义务机构的博弈策略及收益矩阵，见表 7-2。

表 7-2 洗钱者与义务机构的博弈矩阵

博弈主体及策略		义务机构	
^	^	严格执行反洗钱要求	不严格执行反洗钱要求
洗钱者	洗钱	$M - \theta pkM - C_L$ $i_F R - C_F - C_{AS}$	$M - C_L$ $i_F M - C_F - F$
^	不洗钱	0 $-C_F - C_{AS}$	0 $-C_F$

2. 演化稳定策略

假设洗钱者选择洗钱策略的比例为 x、选择不洗钱的比例为 $1-x$，义务机构选择严格执行反洗钱要求的比例为 y、选择不严格执行反洗钱要求的比例为 $1-y$，可以得到洗钱者选择"洗钱"或"不洗钱"的期望收益分别为

$$U_{11} = y(M - \theta pkM - C_L) + (1-y)(M - C_L) \quad (7\text{-}22)$$

$$U_{12} = 0 \quad (7\text{-}23)$$

平均期望收益为

$$\bar{U}_1 = xU_{11} + (1-x)U_{12} \quad (7\text{-}24)$$

义务机构选择"严格执行反洗钱要求"或"不严格执行反洗钱要求"的期望收益分别为

$$U_{21} = x(i_F R - C_F - C_{AS}) + (1-x)(-C_F - C_{AS}) \quad (7\text{-}25)$$

$$U_{22} = x(i_F M - C_F - F) + (1-x)(-C_F) \quad (7\text{-}26)$$

平均期望收益为

$$\bar{U}_2 = yU_{21} + (1-y)U_{22} \quad (7\text{-}27)$$

根据马尔萨斯（Malthusian）动态方程式，洗钱者选择洗钱策略的数量增长率 $\dot{x}/x$ 等于其期望收益与平均期望收益之差。通过整理可得

$$\dot{x}/x = (1-x)(-y\theta pkM + M - C_L) \quad (7\text{-}28)$$

同样整理得到义务机构选择严格执行反洗钱要求策略的数量增长率 $\dot{y}/y$ 为

$$\dot{y}/y = (1-y)\left[x(i_F R - i_F M + F) - C_{AS}\right] \quad (7\text{-}29)$$

将式（7-28）和式（7-29）联立，可得洗钱者与义务机构的复制动态（replicator dynamics）方程为

$$\begin{cases} \dot{x} = x(1-x)(-y\theta pkM + M - C_L) \\ \dot{y} = y(1-y)\left[x(i_F R - i_F M + F) - C_{AS}\right] \end{cases} \quad (7\text{-}30)$$

令 $\dot{x}=0$，$\dot{y}=0$，可以得到 $O(0,0)$、$A(1,0)$、$B(1,1)$、$C(0,1)$、$E(x_0, y_0)$ 五个均衡点。稳定状态需要做到对微小扰动的抗干扰，才能称为演化稳定策略（ESS）。利用雅克比矩阵局部稳定分析方法对该动力系统进行分析，可以写为

$$J = \begin{bmatrix} \dfrac{d\dot{x}}{dx} & \dfrac{d\dot{x}}{dy} \\ \dfrac{d\dot{y}}{dx} & \dfrac{d\dot{y}}{dy} \end{bmatrix} \quad (7\text{-}31)$$

当满足矩阵 J 的行列式大于 0 时，矩阵 J 的迹小于 0 的均衡点则为系统的演化稳定策略。将系统均衡点的值进一步代入式（7-32）和式（7-33）并整理，可以得到系统均衡点对应的矩阵行列式和迹，如表 7-3 所示。

$$\det J = \frac{d\dot{x}}{dx} \times \frac{d\dot{y}}{dy} - \frac{d\dot{x}}{dy} \times \frac{d\dot{y}}{dx} \quad (7\text{-}32)$$

$$\text{tr} J = \frac{\mathrm{d}\dot{x}}{\mathrm{d}x} + \frac{\mathrm{d}\dot{y}}{\mathrm{d}y} \tag{7-33}$$

表 7-3　均衡点对应的矩阵行列式和迹表达式

均衡点 (x,y)		矩阵行列式和迹表达式
$O(0,0)$	$\det J$	$(M-C_L)(-C_{AS})$
	$\text{tr} J$	$M-C_L-C_{AS}$
$A(1,0)$	$\det J$	$-(M-C_L)(i_F R - i_F M + F - C_{AS})$
	$\text{tr} J$	$-(M-C_L)+(i_F R - i_F M + F - C_{AS})$
$B(1,1)$	$\det J$	$(M-\theta pkM - C_L)(i_F R - i_F M + F - C_{AS})$
	$\text{tr} J$	$-(M-\theta pkM - C_L)-(i_F R - i_F M + F - C_{AS})$
$C(0,1)$	$\det J$	$C_{AS}(M-\theta pkM - C_L)$
	$\text{tr} J$	$(M-\theta pkM - C_L)+C_{AS}$
$E(x_0, y_0)$	$\det J$	$x_0(1-x_0)\theta pkM \times y_0(1-y_0)(i_F R - i_F M + F)$
	$\text{tr} J$	0

可以看出,在局部均衡点 $E(x_0, y_0)$ 处,有 $\text{tr} J=0$,这与演化稳定策略处 $\text{tr} J<0$ 的条件不符,因此,E 点不是系统的演化稳定策略。

接下来讨论其余四个均衡点的稳定性。为方便起见,令：表达式 $\pi_1 = M - C_L$,表示义务机构不严格执行反洗钱要求时,洗钱者选择洗钱策略的净收益；$\pi_2 = -C_{AS}$,表示洗钱者选择不洗钱时,义务机构选择严格执行反洗钱要求的净收益；$\pi_3 = i_F R - i_F M + F - C_{AS}$,表示洗钱者选择洗钱时,义务机构严格执行反洗钱要求的净收益；$\pi_4 = M - \theta pkM - C_L$,表示义务机构严格执行反洗钱要求时,洗钱者选择洗钱的净收益。初步判断得到,$\pi_1 > \pi_4$,$\pi_1 > 0$,$\pi_2 < 0$。

根据分析,可以得到以下命题。

命题 7-5：当洗钱者选择洗钱或不洗钱、义务机构严格执行反洗钱要求的净收益都小于 0,义务机构严格执行反洗钱要求、洗钱者洗钱的净收益仍大于 0 时,系统存在长期的演化稳定策略(洗钱,不严格执行反洗钱要求)。

证明：根据条件,$\pi_1 > \pi_4 > 0$,$\pi_3 < 0$,$\pi_2 < 0$,将其代入表 7-3,求解各局部稳定点的行列式和矩阵的迹的大小,在点 $A(1,0)$ 时,满足矩阵 J 的行列式 $\det J = -\pi_1 \times \pi_3 > 0$,矩阵 J 的迹 $\text{tr} J = -\pi_1 + \pi_3 < 0$ 的条件,所以该条件下系统的均衡点为 $A(1,0)$。这说明,监管部门对义务机构的处罚力度不足和义务机构自贸区反洗钱额外成本较大,义务机构倾向于选择不严格执行反洗钱要求,此时,

$\theta < \dfrac{M - C_L}{pkM}$，表明洗钱者对被查处的风险感知较低，以为洗钱收益更大，洗钱成为洗钱者的合理选择。

命题 7-6：当洗钱者选择不洗钱、义务机构严格执行反洗钱要求的净收益小于 0，义务机构严格执行反洗钱要求、洗钱者洗钱的净收益大于 0，洗钱者选择洗钱、义务机构严格执行反洗钱要求的净收益大于 0 时，均衡点为 $B(1,1)$，对应的演化稳定策略为（洗钱，严格执行反洗钱要求）。

证明：根据条件，$\pi_2 < 0$，$\pi_1 > \pi_4 > 0$，$\pi_3 > 0$，将其代入表 7-3 进行计算，可以知道，在点 $B(1,1)$ 时，有 det$J = \pi_4 \times \pi_3 > 0$，tr$J = -\pi_4 - \pi_3 < 0$，所以该情况下唯一均衡点是点 $B(1,1)$。这说明，义务机构自贸区反洗钱额外成本控制得当和监管部门对其处罚力度较大时，义务机构倾向于选择严格执行反洗钱要求，洗钱者主观感知的被查处概率较低，以为洗钱收益更加可观，洗钱者仍然选择洗钱。

命题 7-7：当洗钱者选择不洗钱、义务机构严格执行反洗钱要求的净收益小于 0，义务机构不严格执行反洗钱要求、洗钱者选择洗钱策略的净收益大于 0，义务机构严格执行反洗钱要求、洗钱者洗钱的净收益小于 0，洗钱者选择洗钱、义务机构严格执行反洗钱要求的净收益小于 0 时，均衡点为 $A(1,0)$，对应的演化稳定策略为（洗钱，不严格执行反洗钱要求）。

证明：根据条件，$\pi_2 < 0$，$\pi_1 > 0 > \pi_4$，$\pi_3 < 0$，同理进行稳定性计算，$A(1,0)$ 满足 det$J = -\pi_1 \times \pi_3 > 0$，tr$J = -\pi_1 + \pi_3 < 0$，所以该情况下唯一均衡点是点 $A(1,0)$。这说明，监管部门对义务机构的处罚力度不足和义务机构自贸区反洗钱额外成本较大，义务机构倾向于选择不严格执行反洗钱要求，此时，洗钱者考虑监管部门行为后会选择洗钱。

命题 7-8：当洗钱者选择不洗钱、义务机构严格执行反洗钱要求的净收益小于 0，义务机构不严格执行反洗钱要求、洗钱者选择洗钱策略的净收益大于 0，义务机构严格执行反洗钱要求、洗钱者洗钱的净收益小于 0，洗钱者选择洗钱、义务机构严格执行反洗钱要求的净收益大于 0 时，所有的均衡点都是不稳定的鞍点，没有演化稳定策略，此时系统处于相对稳定的持续震荡状态。

证明：将条件 $\pi_2 < 0$，$\pi_1 > 0 > \pi_4$，$\pi_3 < 0$ 代入表 7-3，可以得到任何点都不满足矩阵 J 的行列式大于 0、矩阵 J 的迹小于 0 的条件，说明此时没有演化稳定策略存在。令 $\dot{x} = F(x) = (1-x)(-y\theta pkM + M - C_L) = 0$，能够得到 $x = 0$，$x = 1$ 和 $y_0 = \dfrac{M - C_L}{\theta pkM}$ 的稳定态。当 $y = y_0$ 时，任意 x 都是稳定态。当初始状态 $y > y_0$ 时，则有 $F(x) < 0$，$F'(1) > 0$，$F'(0) < 0$，此时，$x = 0$ 是稳定态。当初始状态 $y < y_0$

时，则有 $F(x)>0$，$F'(1)<0$，$F'(0)>0$，此时，$x=1$ 是稳定态。对于义务机构进行同样的分析，令 $\dot{y}=F(y)=0$，得到 $y=0$，$y=1$ 和 $x_0=\dfrac{C_{AS}}{i_F R - i_F M + F}$。当 $x>x_0$ 时，$F(y)>0$，$F'(0)>0$，$F'(1)<0$，$y=1$ 是稳定态。当 $x<x_0$ 时，$F(y)<0$，$F'(0)<0$，$F'(1)>0$，$y=0$ 是稳定态。

表 7-4 表示不同情况下洗钱者与义务机构博弈的演化稳定策略。

表 7-4 洗钱者与义务机构博弈的演化稳定策略

情况	均衡点 (x,y)	演化稳定策略
1	$A(1,0)$	（洗钱，不严格执行反洗钱要求）
2	$B(1,1)$	（洗钱，严格执行反洗钱要求）
3	$A(1,0)$	（洗钱，不严格执行反洗钱要求）
4	无	无

当初始状态落在区域 Ⅰ 时，博弈收敛于均衡点 $O(0,0)$，表示义务机构采取严格执行反洗钱要求策略时，洗钱者的最优策略是不洗钱。随时间推移，洗钱者群体策略倾向于不洗钱，而义务机构发现高昂的成本支出对自身的不利影响后，也会逐渐趋向保守型反洗钱工作，从而选择不严格执行反洗钱要求的策略。

当初始状态落在区域 Ⅱ 时，博弈收敛于均衡点 $C(0,1)$。面对洗钱者活动猖獗，义务机构严格执行反洗钱要求，遏制洗钱犯罪活动，洗钱者面临种种不便和压力，暂时采取观望态度，并逐渐倾向于不洗钱的策略。

当初始状态落在区域 Ⅲ 时，博弈收敛于均衡点 $A(1,0)$，洗钱者选择洗钱，义务机构选择不严格执行反洗钱要求。因为当洗钱者观察到义务机构没有真正严格落实反洗钱要求时，他们会伺机而动，洗钱活动因而变得频繁。

当初始状态落在区域 Ⅳ 时，博弈收敛于均衡点 $B(1,1)$。此时，洗钱者洗钱概率偏大，义务机构观察到洗钱者的行动信号后，为了避免商誉损失和可能的处罚，也会采取相应行动，并逐渐趋向于采取严格执行反洗钱要求的策略。

从图 7-4 可以看出，洗钱者在初期发现我国自贸区反洗钱制度漏洞时倾向于采取洗钱策略，但过一段时间后，义务机构通过建立健全相关制度，对洗钱分子起到威慑作用，洗钱者选择暂时观望。随着洗钱分子活跃度下降，义务机构出于利益考虑，将针对性的反洗钱任务转化为常态化的反洗钱工作。洗钱分子发现这种变化后，又会卷土重来，义务机构不得不再次趋向于严格执行反洗钱要求。系统就这样处于一种周期性震荡的循环之中。

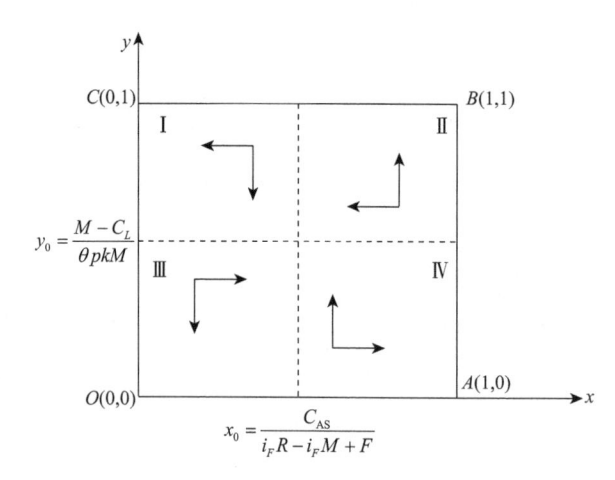

图 7-4 洗钱者与义务机构演化博弈相位图

同时，区域Ⅱ的面积越大，洗钱者越趋向于不洗钱，义务机构越趋向于严格执行反洗钱要求，可以通过对策略比例临界值的改变，使系统尽量朝我们期望的方向发展。要使 x_0 和 y_0 的值减小，根据其表达式可知，可以通过加大我国自贸区对洗钱犯罪的惩处力度，提高经济处罚比例，借助建章立制、技术手段提升等增加洗钱者需支付的服务成本等措施来缩小洗钱净收益与所受处罚的比例。由于洗钱者主观感知的被查处概率较低，我国自贸区只有采取更加严厉的查处手段和处罚措施，才能提高洗钱者对处罚损失的主观感知，进而对洗钱者产生威慑作用。另外，针对义务机构，监管部门可以通过加大处罚来施以约束，通过减少其执行自贸区反洗钱要求的额外成本支出来有效调动其推进反洗钱工作的积极性。

7.2.4 参数讨论与仿真分析

1. 参数讨论

依次讨论自贸区洗钱者主观感知被查处概率系数 θ、自贸区义务机构反洗钱额外成本 C_{AS} 等关键参数，研究相关因素对行为参与者演化博弈策略的影响。

（1）自贸区洗钱者主观感知被查处概率系数 θ 对洗钱者策略的影响。对 $\dot{x}$ 求关于 θ 的一阶偏导，可得 $\dfrac{\partial \dot{x}}{\partial \theta} = -ypkMx(1-x) < 0$，即随着 θ 的增大，$\dot{x}$ 会逐渐减小，洗钱者选择洗钱的概率减小；反之，在其他参数不变情况下，θ 越小，洗钱者越倾向于选择洗钱的策略。

（2）自贸区义务机构反洗钱额外成本 C_{AS} 对义务机构策略的影响。对 $\dot{y}$ 求关

于 C_{AS} 的一阶偏导，可得 $\frac{\partial \dot{y}}{\partial C_{AS}} = -C_{AS}y(1-y) < 0$，即随着义务机构反洗钱额外成本的增加，义务机构严格执行反洗钱要求的效益下降，此时，义务机构倾向于不严格执行反洗钱要求策略的概率增加，这不利于提高自贸区的反洗钱监管效力。

2. 仿真分析

为了更直观地分析我国自贸区反洗钱监管体系中洗钱者与义务机构、义务机构与监管部门之间的互动博弈关系，我们选择运用 Netlogo 仿真软件参数设置，对演化博弈策略的影响因素进行敏感度分析。横轴表示时间，纵轴表示选择不同策略个体在总体中的比例，图像曲线表示系统策略选择比例的变化趋势。部分参数设定值如下：根据《刑法》有关反洗钱的处罚规定，假设没收洗钱赃款并处以 5%~20%的罚金，因此对 k 取值 1.1；义务机构提供交易服务，收取费率 $i_F = 0.01$；义务机构严格执行反洗钱要求导致洗钱数额减少，设 $M=8$、$R=5$；洗钱的服务成本相较于高昂的收益显得相当微薄，因此设 $C_L = 0.1$；设洗钱者实际被查处的概率 $p = 0.7$。

（1）自贸区洗钱者主观感知被查处概率系数 θ 对洗钱者策略的影响。

基于以上参数假设，同时设 $F=1$、$C_{AS}=1.6$，对 θ 分别取值 0.3、0.5、0.7，代入洗钱者与义务机构演化博弈模型，洗钱者的策略选择演化轨迹如图 7-5 所示。这里，洗钱者趋于洗钱策略，随着 θ 值的增加，洗钱者趋于洗钱策略的速度减慢。

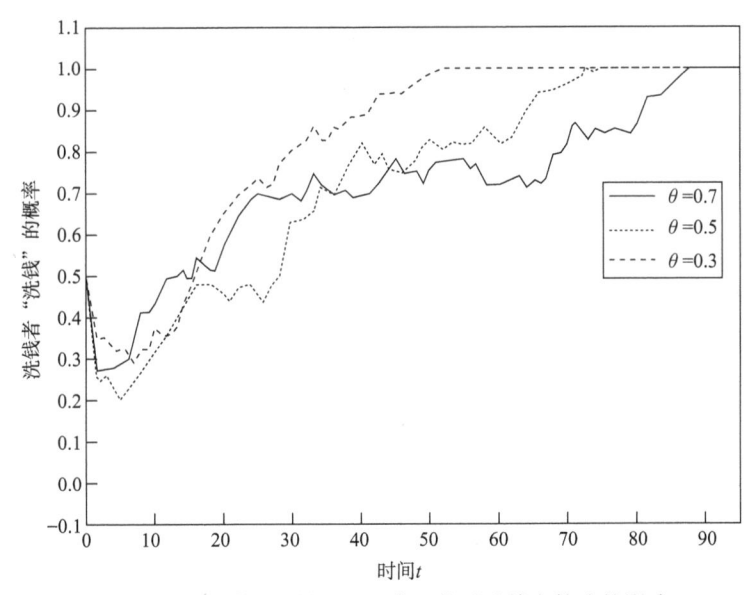

图 7-5 主观感知的被查处概率系数对洗钱者策略的影响

（2）自贸区义务机构反洗钱额外成本 C_{AS} 对义务机构策略的影响。

为考察义务机构反洗钱额外成本 C_{AS} 对义务机构策略的影响，对 C_{AS} 分别取值 0.4、0.8、1.2、1.6，代入洗钱者与义务机构演化博弈模型，义务机构的策略选择演化轨迹如图 7-6 所示。这里，义务机构反洗钱额外成本的增大对其选择严格执行反洗钱要求策略有阻碍作用，C_{AS} 越小，义务机构越可能选择积极的反洗钱策略。

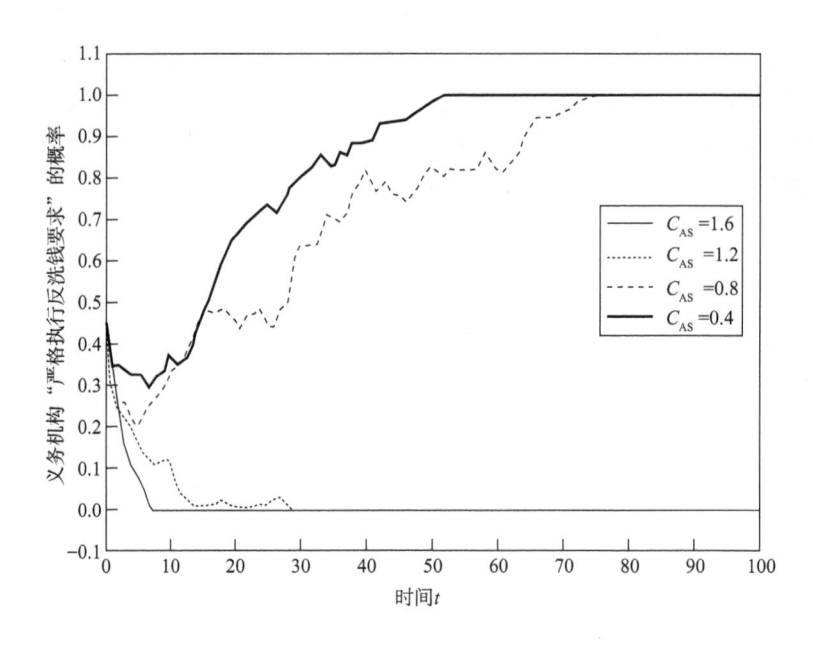

图 7-6　义务机构额外成本对义务机构策略的影响

7.2.5　结果讨论

在自贸区洗钱者与义务机构的博弈策略中，洗钱者热衷于冒险，其主观感知的被查处概率系数对其行为策略有影响，一旦主观认为洗钱收益可观，就会选择洗钱。因此，只有提高我国自贸区的洗钱查处概率 p 和处罚比例 k，并通过完善制度建设增加其洗钱成本 C_L，才会遏制不法洗钱活动。

首先，洗钱者铤而走险，其主观感知的被查处概率系数对其行为策略产生不利影响。出于防范洗钱风险的目的，需加大对区域内洗钱犯罪的处罚力度，才会对洗钱者进行有效约束。建议完善相关法律法规，加强对我国自贸区新政策、新模式、新业务的风险评估分析，做好风险预警和提示，并加大查处力度，现场检查与非现场监管有机结合，不断提高执法水平和效力。同时，针对洗钱者偏好冒险、投机的特点，加强典型案例宣传，树立自贸区反洗钱监管积极进取、主动作为、勇于担当的形象，震慑洗钱者，打消其侥幸心理。

其次，义务机构是否严格执行反洗钱要求与对应的反洗钱额外成本负相关。出于提高我国自贸区反洗钱监管效力的目的，需尽量降低这部分成本支出。我国自贸区可谓新生事物，改革、创新始终是其发展的主旋律。以"适度监管"促"行稳致远"，要求反洗钱风险防范不再只是停留在宏观层面的理念号召，而应适时出台和更新法律法规及指引文件，尽量节约义务机构反洗钱的制度建设成本和运行成本。同时，加强技术手段在反洗钱监管中的应用推广，提高信息监测和数据分析能力，建设高质量信息资源中心和金融情报中心，运用大数据、人工智能、云计算等先进技术，快速处理类型复杂、价值密度低的海量数据，实时高效完成后台监控，切实降低机构层面的反洗钱合规成本。

7.3 自贸区义务机构与监管部门演化博弈分析

7.3.1 问题描述

我国反洗钱工作主要由监管部门与义务机构共同完成，两者之间是委托代理关系。监管部门是委托人，通过约束机制对义务机构进行监督管理；义务机构为代理人，负责甄别客户、保存客户身份资料和交易记录、报送大额和可疑交易、协助案件调查等，可谓反洗钱工作的前沿阵地。我国自贸区反洗钱监管主体由金融监管部门及其派出机构、自贸区管委会及辖内海关、税务、公安等相关部门共同组成，它们对自贸区防范洗钱风险和保障经济金融安全起着至关重要的作用，同时肩负助力自贸区创新发展的重任。义务机构则主要由区内的金融机构和支付机构等组成。两者对自贸区的利益诉求并不完全一致，因而存在微妙的"互动"关系。

具体地说，在我国自贸区改革创新的大背景下，义务机构能够通过创新金融产品和支付服务获取丰厚的风口收益，但监管部门的反洗钱要求对其有一定的阻碍作用。一方面，金融监管在降低金融风险发生概率的同时，也会抑制金融机构的创造力。我国自贸区政策鼓励开展金融创新，进一步扩大开放，但严格的监管会使金融机构耗费大量的时间成本和资金成本，阻碍金融创新的进程（豆军，2015），这意味着与其他区域相比，监管部门决策时还需要平衡监管措施对自贸区内金融创新的影响。另一方面，监管制度更新往往滞后于金融创新步伐。监管部门面对自贸区反洗钱的新形势、新任务、新要求，协同监管的职责尚不明确或尚待落实，而义务机构会观察监管部门的工作推进情况，选择自身利益最大化的策略。再从成本来看，除固有的反洗钱监管支出外，监管部门针对我国自贸区出台相关规章、强化制度建设、实施现场检查等均需要付出额外成本，它们更希望通过有效的激励政策促使义务机构能够为其节省成本，把官方监管意图转化为机构自觉行动，进而与当局进行实质性合作（高增安，2007a）。监管部门评估义务机构的反洗钱工作表现，义务机构的工作表现反过来又是监管部门履职成效的一个重要体现。最终，两者之间呈现动态重复博弈关系，并通过对对方的观察和自我学习进行不断演化。

7.3.2 符号定义与基本假设

博弈双方为义务机构和监管部门，两者均是有限理性群体，并且拥有学习能力，因此双方进行非对称重复博弈。基于洗钱者选择洗钱的前提，提出如下基本假设。

假设 7-12：博弈双方信息不对称。义务机构出于成本收益的考虑，对是否严格执行我国自贸区反洗钱要求有两种策略，表达为"严格执行反洗钱要求"和"不严格执行反洗钱要求"，策略集合为{严格执行反洗钱要求，不严格执行反洗钱要求}。监管部门有"主动监管"和"被动监管"两种策略，策略集合为{主动监管，被动监管}。主动监管表示监管部门针对我国自贸区所处的环境特点，主动建立针对性的监管制度，研究出台针对性的指导文件，并对义务机构履职情况进行监督检查。被动监管表示监管部门被动沿袭固有的监管机制，未研究采取与自贸区特殊背景相关的应对措施。

假设 7-13：监管部门除了常规性固有成本投入 C_R 外，选择"主动监管"策略时，需要承担额外成本 C_{AR}，且额外成本随自贸区业务形式和数量的增多而动态增长。同时，义务机构作为代理人，在选择"严格执行反洗钱要求"策略时，可以为监管部门节约一定的额外成本，此时监管部门的总额外成本减少，$C'_{AR} < C_{AR}$。

假设 7-14：以社会福利损失 T 衡量区域洗钱犯罪的严重程度，监管部门"主动监管"时，社会福利损失减少，$T' < T$。监管部门还承担助力我国自贸区金融创新、简政放权等任务。监管力度与区域金融创新能力呈负相关关系，用 B 表示区域金融创新能力，则"主动监管"下 $B' < B$。

假设 7-15：监管部门对义务机构反洗钱义务履行情况进行监督检查，包括常规性的尽职工作内容和针对我国自贸区的反洗钱工作要求检查，监管部门"被动监管"时，对义务机构努力程度有所忽视，处罚力度降低，$F' < F$。

假设 7-16：监管部门对洗钱行为进行立案查处，对洗钱赃款进行罚缴，获得的相关罚缴收益为 K，当义务机构严格执行反洗钱要求时，$K = pkM$。

7.3.3 演化博弈分析

1. 模型构建

根据以上假设条件，以成本收益理论为基础，可以写出义务机构和监管部门的基本收益函数：

$$E_{\omega F} = W - C_F - C_{AS} - F \qquad (7\text{-}34)$$

$$E_{\omega G} = K - C_R - C_{AR} - T + B + F \qquad (7\text{-}35)$$

义务机构和监管部门具有四种策略组合，分别写出双方不同策略组合下的收益。

（1）策略组合一，义务机构严格执行反洗钱要求，监管部门主动监管，其收益为 $E_{\omega F}^{11} = i_F R - C_F - C_{AS}$，$E_{\omega G}^{11} = kpR - C_R - C'_{AR} - T' + B'$。

（2）策略组合二，义务机构严格执行反洗钱要求，监管部门被动监管，其收益为 $E_{\omega F}^{10} = i_F R - C_F - C_{AS}$，$E_{\omega G}^{10} = kpR - C_R - T + B$。

（3）策略组合三，义务机构不严格执行反洗钱要求，监管部门主动监管，其收益为 $E_{\omega F}^{01} = i_F M - C_F - F$，$E_{\omega G}^{01} = kpM - C_R - C_{AR} - T' + B' + F$。

（4）策略组合四，义务机构不严格执行反洗钱要求，监管部门被动监管，其收益为 $E_{\omega F}^{00} = i_F M - C_F - F'$，$E_{\omega G}^{00} = -C_R - T + B + F'$。

根据以上策略组合，可以得到义务机构和监管部门博弈矩阵，见表 7-5。

表 7-5　义务机构与监管部门的演化博弈矩阵

博弈主体及策略		监管部门	
		主动监管	被动监管
义务机构	严格执行反洗钱要求	$i_F R - C_F - C_{AS}$ $kpR - C_R - C'_{AR} - T' + B'$	$i_F R - C_F - C_{AS}$ $kpR - C_R - T + B$
	不严格执行反洗钱要求	$i_F M - C_F - F$ $kpM - C_R - C_{AR} - T' + B' + F$	$i_F M - C_F - F'$ $-C_R - T + B + F'$

2. 演化稳定策略

假设义务机构选择严格执行反洗钱要求策略的比例为 y、选择不严格执行反洗钱要求策略的比例为 $1-y$，监管部门选择主动监管策略的比例为 z、选择被动监管策略的比例为 $1-z$，则义务机构选择"严格执行反洗钱要求"或"不严格执行反洗钱要求"策略的期望收益分别为

$$U_{31} = z(i_F R - C_{AS} - C_F) + (1-z)(i_F R - C_{AS} - C_F) \quad (7\text{-}36)$$

$$U_{32} = z(i_F M - F - C_F) + (1-z)(i_F M - F' - C_F) \quad (7\text{-}37)$$

平均期望收益为

$$\bar{U}_3 = y U_{31} + (1-y) U_{32} \quad (7\text{-}38)$$

监管部门选择"主动监管"或"被动监管"的期望收益分别为

$$U_{41} = y(kpR - C'_{AR} - C_R - T' + B') + (1-y)(kpM - C_{AR} - C_R - T' + B' + F) \quad (7\text{-}39)$$

$$U_{42} = y(kpR - C_R - T + B) + (1-y)(-C_R - T + B + F') \quad (7\text{-}40)$$

平均期望收益为

$$\bar{U}_4 = z U_{41} + (1-z) U_{42} \quad (7\text{-}41)$$

义务机构选择严格执行反洗钱要求策略的数量增长率 $\dot{y}/y$ 等于其期望收益与平均期望收益之差。通过整理可得

$$\dot{y}/y = (1-y)\left[z(F - F') + (i_F R - i_F M - C_{AS} + F')\right] \quad (7\text{-}42)$$

同样整理得到监管部门选择主动监管策略的数量增长率 $\dot{z}/z$：

$$\dot{z}/z = (1-z)\left[y(-kpM + C_{AR} - C'_{AR} + F' - F) + (kpM - C_{AR} + T - T' + B' - B + F - F')\right] \quad (7\text{-}43)$$

将式（7-42）和式（7-43）联立，可得义务机构与监管部门的复制动态方程为

$$\begin{cases} \dot{y} = y(1-y)\left[z(F - F') + (i_F R - i_F M - C_{AS} + F')\right] \\ \dot{z} = z(1-z)\left[y(C_{AR} - C'_{AR} - kpM + F' - F) + kpM - C_{AR} + T - T' + B' - B + F - F'\right] \end{cases} \quad (7\text{-}44)$$

利用雅克比矩阵局部稳定分析方法对式（7-44）进行稳定性分析，可以得到

$$J = \begin{bmatrix} (1-2y)\left[z(F-F') + (i_F R - i_F M - C_{AS} + F')\right], & y(1-y)(F-F') \\ z(1-z)(C_{AR} - C'_{AR} - kpM + F' - F), & \begin{aligned}&(1-2z)\left[y(C_{AR} - C'_{AR} - kpM + F' - F)\right.\\&\left. + kpM - C_{AR} + T - T' + B' - B + F - F'\right]\end{aligned} \end{bmatrix}$$

$$(7\text{-}45)$$

为简化表达式，令 $\tilde{F} = F - F'$，表示相对不主动监管下监管部门对义务机构

的处罚的减少量；$\tilde{B}=B-B'$，表示相对不主动监管带来的区域金融创新能力的增长量；$\tilde{T}=T-T'$，表示相对不主动监管导致的社会福利损失消减量。利用式（7-44）和式（7-45）可以得到矩阵 J 的行列式和矩阵 J 的迹，当满足 $\det J>0$、$\mathrm{tr}J<0$ 时，认为系统达到稳定态。

在系统中令 $\dot{y}=0$、$\dot{z}=0$，可以得到 $O(0,0)$、$A(1,0)$、$B(1,1)$、$C(0,1)$、$E(y_0,z_0)$ 五个均衡点。将均衡点数值代入，求均衡点对应的矩阵行列式和迹，如表 7-6 所示。

表 7-6 均衡点对应的矩阵行列式和迹表达式

均衡点 (x,y)		矩阵行列式和迹表达式
$O(0,0)$	$\det J$	$(i_F R-i_F M-C_{AS})(kpM-C_{AR}+\tilde{T}-\tilde{B}+F)$
	$\mathrm{tr}J$	$i_F R-i_F M-C_{AS}+kpM-C_{AR}+\tilde{T}-\tilde{B}+F$
$A(1,0)$	$\det J$	$-(i_F R-i_F M-C_{AS}+F')(-C'_{AR}+\tilde{T}-\tilde{B})$
	$\mathrm{tr}J$	$-(i_F R-i_F M-C_{AS}+F')+(-C'_{AR}+\tilde{T}-\tilde{B})$
$B(1,1)$	$\det J$	$(i_F R-i_F M-C_{AS}+F)(-C'_{AR}+\tilde{T}-\tilde{B})$
	$\mathrm{tr}J$	$-(i_F R-i_F M-C_{AS}+F)-(-C'_{AR}+\tilde{T}-\tilde{B})$
$C(0,1)$	$\det J$	$-(i_F R-i_F M-C_{AS}+F)(kpM-C_{AR}+\tilde{T}-\tilde{B}+\tilde{F})$
	$\mathrm{tr}J$	$(i_F R-i_F M-C_{AS}+F)-(kpM-C_{AR}+\tilde{T}-\tilde{B}+\tilde{F})$
$E(y_0,z_0)$	$\det J$	$-y_0(1-y_0)\tilde{F}\times z_0(1-z_0)(C_{AR}-C'_{AR}-kpM-\tilde{F})$
	$\mathrm{tr}J$	0

从表 7-6 可以看出，在局部均衡点 $E(y_0,z_0)$ 处，有 $\mathrm{tr}J=0$，与演化稳定策略处 $\mathrm{tr}J<0$ 的条件不符，因此该点不是系统的演化稳定策略均衡点。接下来讨论其余四个均衡点的稳定性。

为方便起见，令表达式 $\pi_5=i_F R-i_F M-C_{AS}+F'$，表示监管部门被动监管时，义务机构严格执行反洗钱要求的净收益；$\pi_6=kpM-C_{AR}+\tilde{T}-\tilde{B}+\tilde{F}$，表示义务机构不严格执行反洗钱要求时，监管部门主动监管的净收益；$\pi_7=-C'_{AR}+\tilde{T}-\tilde{B}$，表示义务机构严格执行反洗钱要求时，监管部门主动监管的净收益；$\pi_8=i_F R-i_F M-C_{AS}+F$，表示监管部门主动监管时，义务机构严格执行反洗钱要求的净收益。观察表达式，判断得到：$\pi_8>\pi_5$，$\pi_6>\pi_7$。

下面分别讨论演化稳定策略,结果如表 7-7~表 7-9 所示。根据讨论结果,可以得到以下命题。

表 7-7　局部稳定性（一）

均衡点	情况 1 $\pi_8>\pi_5>0$、$\pi_6>\pi_7>0$			情况 2 $\pi_8>\pi_5>0$、$\pi_6>0>\pi_7$			情况 3 $\pi_8>\pi_5>0$、$0>\pi_6>\pi_7$		
	$\det J$	$\mathrm{tr}J$	稳定性	$\det J$	$\mathrm{tr}J$	稳定性	$\det J$	$\mathrm{tr}J$	稳定性
$O(0,0)$	+	+	不稳定	+	+	不稳定	−	不定	鞍点
$A(1,0)$	−	不定	鞍点	+	−	均衡点	+	−	均衡点
$B(1,1)$	+	−	均衡点	−	不定	鞍点	−	不定	鞍点
$C(0,1)$	−	不定	鞍点	−	不定	鞍点	+	+	不稳定

表 7-8　局部稳定性（二）

均衡点	情况 4 $0>\pi_8>\pi_5$、$\pi_6>\pi_7>0$			情况 5 $0>\pi_8>\pi_5$、$\pi_6>0>\pi_7$			情况 6 $0>\pi_8>\pi_5$、$0>\pi_6>\pi_7$		
	$\det J$	$\mathrm{tr}J$	稳定性	$\det J$	$\mathrm{tr}J$	稳定性	$\det J$	$\mathrm{tr}J$	稳定性
$O(0,0)$	−	不定	鞍点	−	不定	鞍点	+	−	均衡点
$A(1,0)$	+	+	不稳定	−	不定	鞍点	−	不定	鞍点
$B(1,1)$	−	不定	鞍点	+	+	不稳定	+	+	不稳定
$C(0,1)$	+	−	均衡点	+	−	均衡点	−	不定	鞍点

表 7-9　局部稳定性（三）

均衡点	情况 7 $\pi_8>0>\pi_5$、$\pi_6>\pi_7>0$			情况 8 $\pi_8>0>\pi_5$、$\pi_6>0>\pi_7$			情况 9 $\pi_8>0>\pi_5$、$0>\pi_6>\pi_7$		
	$\det J$	$\mathrm{tr}J$	稳定性	$\det J$	$\mathrm{tr}J$	稳定性	$\det J$	$\mathrm{tr}J$	稳定性
$O(0,0)$	−	不定	鞍点	−	不定	鞍点	+	−	均衡点
$A(1,0)$	+	+	不稳定	−	不定	鞍点	−	不定	鞍点
$B(1,1)$	+	−	均衡点	+	+	不稳定	−	不定	鞍点
$C(0,1)$	−	不定	鞍点	−	不定	鞍点	+	+	不稳定

命题 7-9：当监管部门被动监管、义务机构严格执行反洗钱要求的净收益大于 0,义务机构严格执行反洗钱要求、监管部门主动监管的净收益大于 0 时,系统存在长期的演化稳定策略（严格执行反洗钱要求,主动监管）。

证明：将条件 $\pi_8>\pi_5>0$、$\pi_6>\pi_7>0$ 代入表 7-5 对系统进行稳定性求解,计算结果如表 7-7 所示,只有 B 点满足 $\det J=-\pi_8-\pi_7<0$,$\mathrm{tr}J=-\pi_8-\pi_7<0$,该条

件下的均衡点是 $B(1,1)$，对应的演化稳定策略为（严格执行反洗钱要求，主动监管），说明系统达到良性稳定状态。

命题 7-10：当监管部门被动监管、义务机构严格执行反洗钱要求的净收益大于 0，义务机构严格执行反洗钱要求、监管部门被动监管的净收益大于 0 但主动监管的净收益小于 0 时，系统存在长期的演化稳定策略（严格执行反洗钱要求，被动监管）。

证明：将条件 $\pi_8 > \pi_5 > 0$、$\pi_6 > 0 > \pi_7$ 代入表 7-5 进行稳定性分析，计算结果如表 7-7 所示，只有 A 点满足 $\det J = -\pi_5 \times \pi_7 > 0$，$\mathrm{tr}J = -\pi_5 + \pi_7 < 0$，成为系统的均衡点。此时，当义务机构面临的违约风险较大，即在监管部门相对被动监管时，其处罚威胁依然很高，义务机构会选择严格执行反洗钱要求策略，这时监管部门相对主动监管带来的社会福利消减量和处罚收益不能满足监管付出的额外成本和对区域金融创新能力的负面影响，监管部门会趋向被动监管。

命题 7-11：监管部门主动监管和被动监管时义务机构严格执行反洗钱要求的净收益均大于 0，义务机构严格执行反洗钱要求和不严格执行反洗钱要求时监管部门主动监管的净收益均小于 0，系统的演化稳定策略为（严格执行反洗钱要求，被动监管）。

证明：将条件 $\pi_8 > \pi_5 > 0$、$0 > \pi_6 > \pi_7$ 代入表 7-5 进行稳定性求解，在 A 点满足 $\det J = -\pi_5 \times \pi_7 > 0$，$\mathrm{tr}J = -\pi_5 + \pi_7 < 0$，如表 7-7 所示，得到的均衡点为 $A(1,0)$，对应的演化稳定策略为（严格执行反洗钱要求，被动监管）。

在义务机构收益正向时，义务机构会选择积极的反洗钱策略，而监管部门投入的成本和监管措施对区域的金融创新能力影响过大时，将不会采取主动监管的策略，而是依赖义务机构履行反洗钱义务，实施被动监管。

命题 7-12：当监管部门主动监管和被动监管时义务机构严格执行反洗钱要求的净收益均小于 0，义务机构严格执行反洗钱要求和不严格执行反洗钱要求时监管部门主动监管策略的净收益均大于 0，系统存在长期的演化稳定策略（不严格执行反洗钱要求，主动监管）。

证明：将条件 $0 > \pi_8 > \pi_5$、$\pi_6 > \pi_7 > 0$ 代入表 7-5 进行稳定性求解，分析结果如表 7-8 所示，在点 C 满足 $\det J = -\pi_8 \times \pi_6 > 0$，$\mathrm{tr}J = \pi_8 - \pi_6 < 0$ 的条件，其余点为鞍点或不确定点，得到的均衡点为 $C(0,1)$，对应的演化稳定策略为（不严格执行反洗钱要求，主动监管）。

在义务机构根据收益考量，选择不严格执行自贸区反洗钱要求的情况下，监管部门通过对义务机构的处罚，可以得到监管净收益为正，此时监管部门将采取主动监管策略，维护我国自贸区反洗钱秩序。

命题 7-13：当监管部门主动监管和被动监管时义务机构严格执行反洗钱要

求的净收益均小于 0，义务机构不严格执行反洗钱要求时监管部门主动监管策略的净收益均大于 0，而义务机构严格执行反洗钱要求时监管部门主动监管策略的净收益小于 0，系统存在长期的演化稳定策略（不严格执行反洗钱要求，主动监管）。

证明：将条件 $0>\pi_8>\pi_5$、$\pi_6>0>\pi_7$ 代入表 7-5 进行稳定性求解，结果如表 7-8 所示，在点 C 满足 $\det J=-\pi_8\times\pi_6>0$、$\text{tr}J=\pi_8-\pi_6<0$ 的条件时，其余点为鞍点或不确定点，得到均衡点为 C（0,1），对应的演化稳定策略为（不严格执行反洗钱要求，主动监管）。

义务机构出于成本收益考虑，选择不严格执行自贸区反洗钱要求，监管部门则需要考量，若主动监管所挽回的社会福利损失和罚没收入相较额外成本支出和对区域金融创新的不利影响更大，监管机构将选择主动监管策略。

命题 7-14：当监管部门主动监管和被动监管时义务机构严格执行反洗钱要求的净收益均小于 0，义务机构严格执行反洗钱要求和不严格执行反洗钱要求时监管部门主动监管策略的净收益均小于 0，系统存在长期的演化稳定策略（不严格执行反洗钱要求，被动监管）。

证明：将条件 $0>\pi_8>\pi_5$、$0>\pi_6>\pi_7$ 代入表 7-5 进行稳定性求解，在点 O 处有 $\det J=\pi_5\times\pi_6>0$、$\text{tr}J=\pi_8+\pi_6<0$，达到演化稳定条件，得到均衡点为 O（0,0），对应的演化稳定策略为（不严格执行反洗钱要求，被动监管）。此时，义务机构可能面临的处罚较小，而严格按照我国自贸区反洗钱要求付出的额外成本更大，义务机构选择不严格执行反洗钱要求对自己最有利。在该情况下，监管部门主动监管的成本过大或对区域金融创新影响过大，其净收益始终小于 0，监管部门只会选择被动监管策略，系统将处于一种不利的状态之中。

命题 7-15：当监管部门主动监管时义务机构严格执行反洗钱要求净收益大于 0，而监管部门被动监管时义务机构严格执行反洗钱要求的净收益小于 0，且义务机构严格执行反洗钱要求和不严格执行反洗钱要求时监管部门主动监管策略的净收益均大于 0，系统存在长期的演化稳定策略（严格执行反洗钱要求，主动监管）。

证明：将条件 $\pi_8>0>\pi_5$、$\pi_6>\pi_7>0$ 代入表 7-5 进行稳定性分析，可以计算出在点 B 满足 $\det J=\pi_8\times\pi_7>0$、$\text{tr}J=-\pi_8-\pi_7<0$，其余点为鞍点或不确定点，得到均衡点为 B（1,1），对应的演化稳定策略为（严格执行反洗钱要求，主动监管）。

在监管部门采取主动监管的策略下，义务机构只有严格执行自贸区反洗钱要求，避免受到监管部门的处罚，才是最理性的。可以看出，义务机构的策略选择与可能受到的处罚有直接关系，处罚力度越大，义务机构越倾向于严格执行反洗钱要求。

命题 7-16：当监管部门主动监管时义务机构严格执行反洗钱要求的净收益大于 0，而监管部门被动监管时义务机构严格执行反洗钱要求的净收益小于 0，义务机构严格执行反洗钱要求和不严格执行反洗钱要求时监管部门主动监管策略的净收益均小于 0，系统存在长期的演化稳定策略（不严格执行反洗钱要求，被动监管）。

证明：将条件 $\pi_8 > 0 > \pi_5$、$0 > \pi_6 > \pi_7$ 代入表 7-5 进行稳定性分析，计算结果如表 7-9 所示，在点 O 有 $\det J = \pi_5 \times \pi_6 > 0$、$\mathrm{tr} J = \pi_8 + \pi_6 < 0$，其余点为鞍点或不确定点，得到均衡点为 $O(0,0)$，对应的演化稳定策略为（不严格执行反洗钱要求，被动监管）。

监管部门的策略选择与社会福利和区域金融创新能力可能受到的影响有关。若监管部门采取被动监管策略能减少额外成本支出和对区域金融创新能力的影响，义务机构选择不严格执行反洗钱要求策略会更有利。

命题 7-17：当监管部门主动监管时义务机构严格执行反洗钱要求的净收益大于 0，监管部门被动监管时义务机构严格执行反洗钱要求的净收益小于 0，义务机构不严格执行反洗钱要求时监管部门采取主动监管策略的净收益大于 0，义务机构严格执行反洗钱要求时监管部门主动监管的净收益小于 0，此时，博弈中的所有均衡点都不稳定，没有演化稳定策略，系统处于周期震荡的状态。

证明：根据条件，计算出各点的稳定性，结果如表 7-9 所示，没有均衡点存在。当义务机构严格执行反洗钱要求时，所有点的相对净收益随着监管机构的监管策略变化而变化，监管部门主动监管的相对净收益也随义务机构的履职行为变化而变化。令 $\dot{y} = F(y) = 0$，可得稳定态 $y = 0$，$y = 1$，$z_0 = \dfrac{i_F M - i_F R + C_{AS} - F'}{\tilde{F}}$。当 $z = z_0$ 时，任意 y 都是稳定态。当 $z < z_0$ 时，$F(y) < 0$，$F'(0) < 0$，$F'(1) > 0$，$y = 0$ 是稳定态。当 $z > z_0$ 时，$F(y) > 0$，$F'(0) > 0$，$F'(1) < 0$，$y = 1$ 是稳定态。同理，对监管部门进行分析。令 $\dot{z} = F(z) = 0$，得到 $z = 0$，$z = 1$，$y_0 = \dfrac{kpM - C_{AR} + \tilde{T} - \tilde{B} + \tilde{F}}{kpM - C_{AR} + C'_{AR} + \tilde{F}}$。当 $y = y_0$ 时，任意 z 都是稳定态。当初始状态 $y > y_0$ 时，则有 $F(z) < 0$，$F'(1) > 0$，$F'(0) < 0$，此时 $x = 0$ 是稳定态。当初始状态 $y < y_0$ 时，则有 $F(z) > 0$，$F'(1) < 0$，$F'(0) > 0$，此时 $x = 1$ 是稳定态。

将义务机构和监管部门双方的比例变化的复制动态关系表现在演化博弈相位图上，得到图 7-7。演化博弈相位图由临界值 z_0 和 y_0 划分成了四个区域。

$$z_0 = \frac{i_F M - i_F R + C_{AS} - F'}{F}$$

$$y_0 = \frac{kpM - C_{AR} + \tilde{T} - \tilde{B} + \tilde{F}}{kpM - C_{AR} + C'_{AR} + \tilde{F}}$$

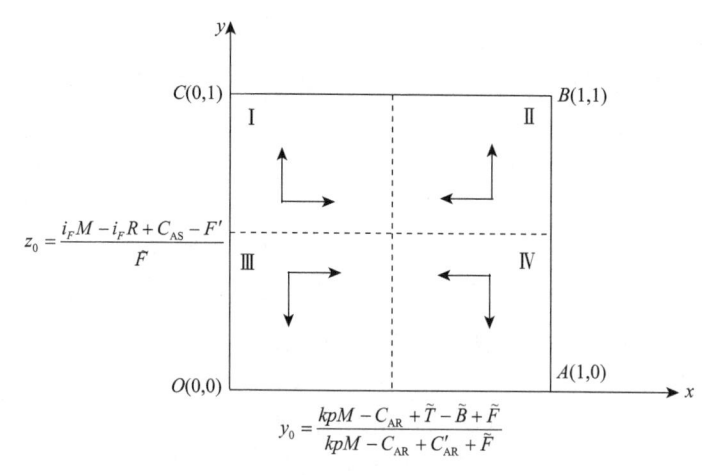

图 7-7　义务机构与监管部门演化博弈相位图

当初始状态落在区域Ⅰ时，博弈收敛于均衡点 $B(1,1)$。监管部门采取主动积极的自贸区反洗钱监管策略，对义务机构进行强力的反向激励约束，义务机构迫于压力，也将倾向于严格执行反洗钱要求，打击洗钱犯罪活动。

当初始状态落在区域Ⅱ时，博弈收敛于均衡点 $C(0,1)$。义务机构面对反洗钱额外成本投入的高负担，抱有侥幸心理，选择不严格执行反洗钱要求策略时，监管部门会采取主动监管策略，维护区域的制度权威和环境安全。

当初始状态落在区域Ⅲ时，博弈收敛于均衡点 $A(1,0)$。义务机构趋向于严格执行反洗钱要求，监管部门趋向于被动监管。因为在监管部门观察到义务机构严格执行反洗钱要求的情况下，监管部门的主动性有所下降，并逐步趋向于被动监管，而依赖于义务机构的反洗钱成果。

当初始状态落在区域Ⅳ时，博弈收敛于均衡点 $O(0,0)$。监管部门逐渐放松对义务机构的约束，会使义务机构的努力程度下降，最终选择不严格执行反洗钱要求策略。

可以看出，在我国自贸区建设初期，义务机构面临高昂的额外制度建设成本，监管要求也不够明确规范，于是，义务机构并非严格按照规定进行反洗钱制度建设，监管部门则会加强对义务机构的监督检查以示约束。当约束起效时，义务机构只能选择严格按要求开展自贸区反洗钱工作，监管部门又会逐渐放松对义务机构的约束管理，而依赖其可疑信息报送。义务机构感觉监管力度减弱，将又一次激发起减少自我努力的冲动，而采取不严格执行反洗钱要求的策略。如此往复，系统将处于周期震荡的循环之中。从图 7-7 可以看出，区域Ⅰ和区域Ⅲ的面积越大，义务机构越趋向于严格执行反洗钱要求。通过对策略比例临界值的改变，可以使系统尽量朝我们期望的方向发展。提高临界值 y_0，可以增大区域Ⅰ和区域Ⅲ的面积，促使义务机构向严格执行反洗钱要求的方向演化。减小 z_0，可以促使监管部门趋向于主动监管的策略。也就是说，可以通过减少监管措施对自贸区金融创新能力的影响和降低自贸区反洗钱的额外成本，同时加大对义务机构的监管处罚，促使义务机构和监管部门采取积极的反洗钱监管策略。

7.3.4 参数讨论与仿真分析

1. 参数讨论

对我国自贸区反洗钱监管演化博弈中的关键参数自贸区监管部门反洗钱监管额外成本 C_{AR}、自贸区洗钱处罚力度 F、自贸区金融创新能力减少值 $\tilde{B}$ 进行依次讨论，研究相关影响因素对行为参与者的演化博弈策略的影响。

（1）自贸区监管部门反洗钱监管额外成本 C_{AR} 对监管部门策略的影响。对 $\dot{z}$ 求关于 C_{AR} 的一阶偏导，可得 $\frac{\partial \dot{z}}{\partial C_{AR}} = -C_{AR}z(1-z) < 0$，即随着监管部门反洗钱额外成本的增加，监管部门整体效益下降，监管部门选择被动监管策略的比例将增大。

（2）自贸区洗钱处罚力度 F 对义务机构策略的影响。对 $\dot{y}$ 求关于 F 的一阶偏导，可得 $\frac{\partial \dot{y}}{\partial F} = Fzy(1-y) > 0$，即当自贸区洗钱处罚力度 F 增加时，义务机构会趋于选择严格执行反洗钱要求。

（3）自贸区金融创新能力减少值 $\tilde{B}$ 对监管部门策略的影响。对 $\dot{z}$ 求关于 $\tilde{B}$ 的一阶偏导，可得 $\frac{\partial \dot{z}}{\partial \tilde{B}} = -\tilde{B}z(1-z) < 0$，即自贸区金融创新能力减少值越大，监管策略对自贸区的负面影响越大，则监管部门选择被动监管策略的比例将增大。

2. 仿真分析

基本参数设定同上。

（1）监管部门额外成本 C_{AR} 对监管部门策略的影响。

根据命题 7-10，设 $F'=2$、$F=3$、$T=10$、$T'=7$、$B=5$、$B'=2$、$C_{AS}=1.6$，当额外支出成本 C_{AR} 分别为 0.8、1.6、2.4 时，义务机构严格执行反洗钱要求为监管部门节约额外成本固定为 0.1。观察额外成本参数对演化轨迹的影响，监管部门策略选择的演化轨迹如图 7-8（a）所示。可见，随着额外支出成本的减少，监管部门策略选择趋于稳定的速度放缓，表明监管部门主动监管带来的额外成本下降将会减缓其采取"被动监管"策略的趋势,但并不会影响其最终的稳定策略选择。

设 $F'=2$、$F=3$、$T=10$、$T'=4$、$B=5$、$B'=2$、$C_{AS}=1.6$,当额外支出成本 C_{AR} 分别为 0.8、1.6、2.4 时,义务机构严格执行反洗钱要求为监管部门节约额外成本固定为 0.1,系统满足命题 7-9,此时监管部门的稳定策略为"主动监管",如图 7-8(b)所示。可见,随着额外支出成本的减少,监管部门主动监管策略趋于稳定的速度加快。

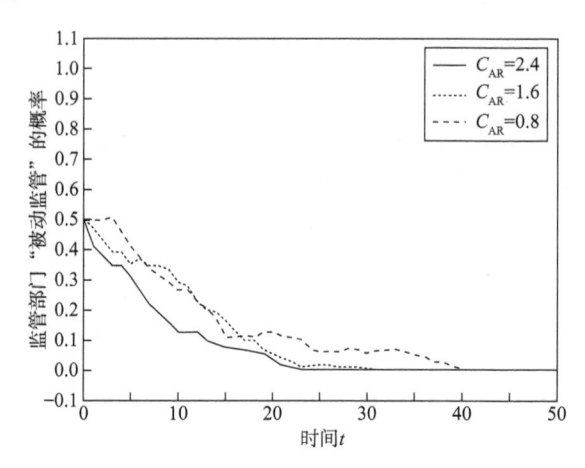

(a)监管部门趋于被动监管策略时监管部门额外监管成本对监管部门策略的影响

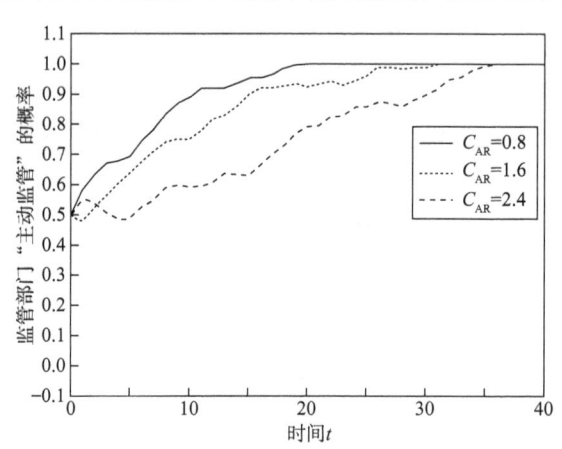

(b)监管部门趋于主动监管策略时监管部门额外监管成本对监管部门策略的影响

图 7-8　监管部门额外成本对监管部门策略的影响

(2)处罚力度 F 对义务机构策略的影响。

设 $F'=0.5$、$T=10$、$T'=4$、$B=5$、$B'=2$、$C_{AR}=0.8$、$C_{AS}=3.2$,系统满足命

题 7-12，此时义务机构的稳定策略为"不严格执行反洗钱要求"。设 $C_{AS}=0.8$、$F'=1$，其余参数取值同命题 7-9。两种情况下，F 分别取值 2.0、2.5、3.0 时，可以得到义务机构的策略选择比例演化轨迹如图 7-9（a）和图 7-9（b）所示。可见，惩罚力度越大，义务机构趋于选择不严格执行反洗钱要求策略的速度越慢。当义务机构趋于严格执行反洗钱要求时，惩罚力度越大，它们趋于严格执行要求的速度越快。

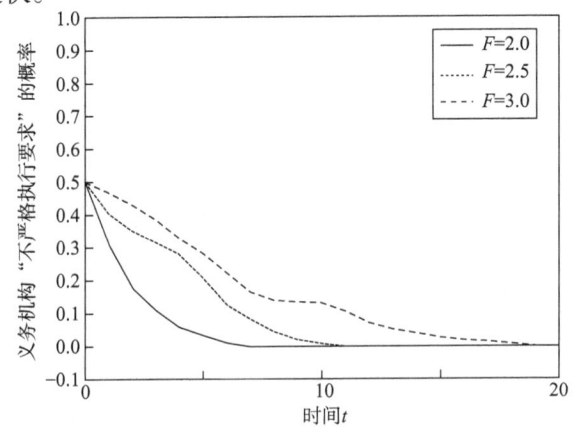

（a）义务机构趋于不严格执行反洗钱要求策略时处罚力度对义务机构策略的影响

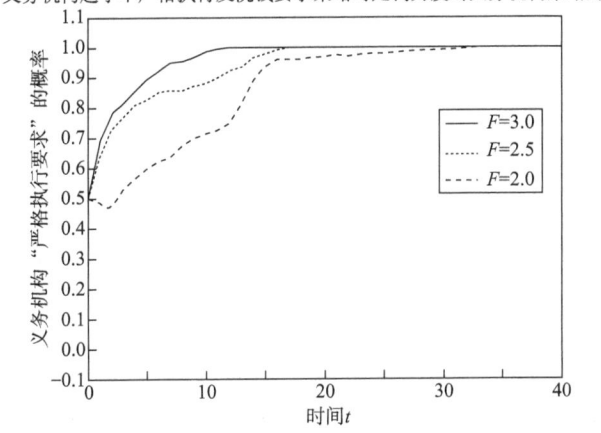

（b）义务机构趋于严格执行反洗钱要求策略时处罚力度对义务机构策略的影响

图 7-9 处罚力度对义务机构策略的影响

（3）金融创新能力减少值 $\tilde{B}$ 对监管部门策略的影响。

参数设定满足义务机构与监管部门的演化博弈中的命题 7-10。设 B' 分别为 2.0、2.3、2.6，则 $\tilde{B}$ 分别为 0.66、0.63、0.6，可以得到监管部门的策略选择比例演化轨迹如图 7-10（a）所示。B' 越大，两种监管策略下金融创新能力相对差值越大，表明监管对金融创新能力的影响越大。也就是说，$\tilde{B}$ 越大，义务机构趋于选择不严格执行反洗钱要求的速度越快,表明监管部门希望放松监管以尽量减少对区域金融创新能力的影响。

参数设定满足义务机构与监管部门的演化博弈情况 1。B' 分别取值 2.0、2.3、2.6,可以得到图 7-10(b)。在监管部门主动监管时 B 不变的情况下,被动监管时的金融创新能力 B' 越大,表示两种监管策略下金融创新能力受到的影响越小,即 $\tilde{B}$ 越小,这时监管部门顾虑消减,趋于严格执行反洗钱要求的速度加快。

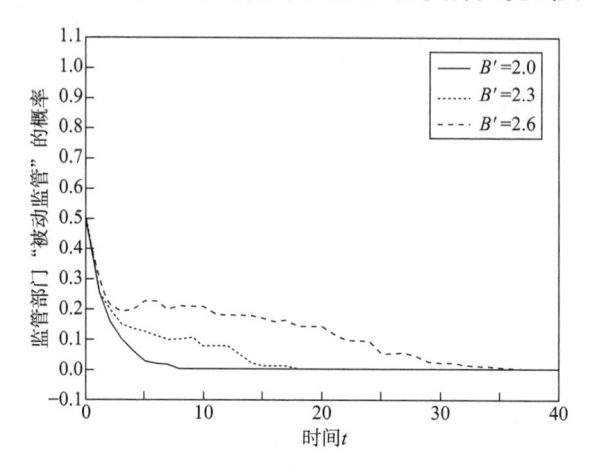

(a)监管部门趋于被动监管策略时金融创新能力减少值对监管部门策略的影响

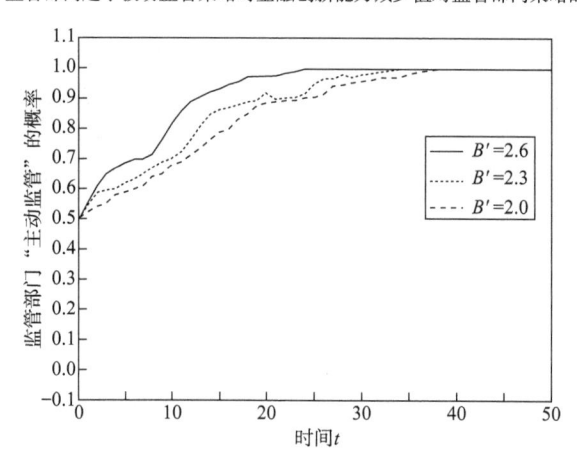

(b)监管部门趋于主动监管策略时金融创新能力减少值对监管部门策略的影响

图 7-10　金融创新能力对监管部门策略的影响

在监管部门主动监管时 B 不变的情况下,被动监管时的金融创新能力 B' 越大,$\tilde{B}$ 就越小(金融创新能减少值 $\tilde{B}=B-B'$),也就是受到的影响越小,表示两种监管策略下金融创新能力受到的影响越小。

7.3.5 结果讨论

反洗钱监管部门与义务机构的博弈策略中，减少自贸区反洗钱制度建设的额外成本 C_{AS}，加强相关反洗钱工作监管约束，通过提高处罚 F 来提升义务机构反洗钱履职力度，节省自己的成本支出。同时，减少监管手段对我国自贸区金融创新能力 B 的负面影响，即降低 $\tilde{B}$ 的数值大小，减少自贸区业务相关的反洗钱制度建设等额外成本 C_{AR}，促使监管部门趋于采取主动监管策略。

首先，监管部门主动监管概率与对应的自贸区反洗钱额外成本负相关。降低反洗钱额外成本支出，可以有效提高监管部门反洗钱监管主动性。在我国自贸区建设发展过程中，监管部门尽早出台有关指引文件或监管细则，对下级及其他相关部门做出有效指引，可以更好地协调区内反洗钱监管工作，减少其他部门或单位自我探索的试错成本，也能有效降低后期监督检查成本。同时，建立健全协调联动的联合反洗钱监管机制，加强各部门间数据交流与平台共享，解决以往的信息孤岛弊病，明晰各部门的权利与义务，能有效降低监管查处中的时间成本和沟通成本。

其次，监管部门的处罚力度对义务机构有反向激励约束，可以产生义务机构对洗钱者的约束传导。持续保持监管部门对义务机构的检查处罚力度，提高我国自贸区反洗钱监管的整体效力，首先要求监管部门采取主动监管策略。针对义务机构，要坚持做好反洗钱履职检查，监管措施要有的放矢、宽严相济，监督约束要持续强化，工作的着眼点和归宿点始终都要放在把相关监管要求内化为义务主体的自觉行动上。同时，要加大对违反我国自贸区反洗钱要求的义务机构的查处力度，对典型案例要公开处罚并对责任人做出严肃处理，用好负强化。

最后，自贸区金融创新能力会影响监管部门的监管策略选择。为了保障我国自贸区的蓬勃生机，持续改革创新，同时保障区内健康稳定的金融经济环境，应尽量通过模式创新及技术手段减少传统监管手段和制度对自贸区金融创新的影响。例如，可以推进"单一窗口"改革，在实现审批流程简化的同时完成对客户信息的动态监管，有效平衡严格监管与改革创新之间的关系。另外，加强反洗钱监管的信息监测和数据分析能力，形成标准化数据分析体系，实施电子化记录存储，实现我国自贸区反洗钱相关数据的信息围网，可以有效实现区域内监管部门间的信息互通、资源共享，减少传统监管流程冗长、审批部门过多、重复监管等对金融创新的不利影响。

7.4 本章小结

首先，运用静态博弈分析在不同监管机制下，洗钱者和义务机构的决策及收益情况，结果表明在行政监管部门主动监管机制下，我国自贸区反洗钱效力明显提升，因此，确保监管部门采取主动监管的模式十分重要。

其次，通过构建我国自贸区洗钱者与义务机构、义务机构与监管部门的反洗钱演化博弈模型，研究我国自贸区特殊背景下，相关利益主体的演化稳定策略及其关键影响因素，并运用软件仿真动态演化过程，观察参与者的博弈演化过程，得到完善我国自贸区反洗钱监管体系的关键因素。研究认为，自贸区反洗钱效力受多个因素影响，激励义务机构反洗钱积极性、提高监管效力之重点，乃在减少监管部门和义务机构在反洗钱制度建设中的额外成本，加强监管部门对洗钱者、违规义务机构的处罚力度，减少监管对区内金融创新的影响。

最后，根据博弈分析结果，提出针对性的政策建议，为我国自贸区反洗钱监管制度设计提供理论参考。

第 8 章　专题五：自贸区反洗钱资源优化配置研究

本章在"风险为本"反洗钱监管原则背景下，以现行可疑交易报告制度工作流程为基础，探讨自贸区金融机构反洗钱资源优化配置问题。利用云计算技术构建自贸区金融机构 AMLRAS 平台，基于 SMDP 从静态固定配置和动态自适应优化配置两个方面研究自贸区金融机构反洗钱资源的多场景优化配置方案[①]。

8.1　反洗钱资源配置

8.1.1　资源配置理论

资源配置是在经济学关于资源有限性和需求无限性的共识基础上提出的。学者们不约而同地认为，资源配置是对稀缺资源进行选择、配置或进行权力安排的过程（Robbins，2007；Alchian et al.，2018；Stiglitz，1997；Samuelson，1972），他们研究视角多种多样，但重点集中在资源配置的主体、目标、机制、作用等方面。

第一，资源配置主体。Koopmans（1951）从微观经济层次和宏观经济层次研究资源配置方式。现代经济学认为，政府是资源配置的宏观经济主体，而企业和个人是资源配置的微观经济主体。Bettis 和 Prahalad（1983）指出，企业的资源配置主要是一个通过资本市场运作的市场过程。企业的规模大小、产品的多样性、管理复杂性的趋势、资本市场的结构特征、国家作为资本的主要来源及政治意识形态等方面的影响因素，对于经济中的资源配置至关重要。Schubert（1979）认

---

① 本章主要由课题组成员、西南交通大学经济管理学院博士研究生洪鑫涛执笔。特此鸣谢！

为，由市场还是由政府来配置资源，其逻辑界限在于资源的权利（rights）或者特权（privilege）属性。权利性商品应该由政府来提供，特权性商品应该由市场来配置，这才是更关注社会效率最大化的资源配置方式。

第二，资源配置的核心目标。资源配置的核心目标是研究其经济有效性和社会合理性问题，这不仅关系到资源本身的合理有效利用，而且对社会经济的平稳发展产生重大影响。19 世纪，意大利经济学家维尔弗雷德·帕累托（Vilfredo Pareto）在《政治经济学教程》中首次提出帕累托最优（Pareto optimality），获得西方经济学界的广泛认同。20 世纪以来，西方经济学者对"帕累托标准"进行了进一步的修正和完善。Kaldor（1939）提出帕累托改进理论，认为资源配置通过"虚拟补偿原则"增加了总的社会福利。Hicks（1941）在"虚拟补偿原则"基础上，提出"长期自然的补偿原则"。因此，在市场经济条件下，微观经济主体与宏观经济主体的资源配置目标是不同的。微观经济主体资源配置的目标是企业在遵循自愿、平等、公平、诚实信用的市场交换原则下，寻求以高收益为导向的资源配置方式，以实现资源配置的经济有效性。但这种方式忽视了资金流向引导，会引起社会结构失衡，不利于维护社会公平，也不具有社会合理性。于是，需要政府对社会资源配置进行调控，追求微观和宏观目标的协调统一。

第三，资源配置机制。Hurwicz（1973）指出，资源配置机制是可以重新设计的，其作用是指导宏观或微观经济主体做出引导资源流向的决定。资源配置机制与信息经济理论和组织化理论问题有着密切的联系。一方面对于特定的资源配置机制确立可行性、最优性和收敛性等性质；另一方面其可行性取决于资源配置所对应的环境信息，这里"环境信息"由个体禀赋、技术和偏好三者构成，且不能被资源配置机制的设计者和参与者改变。具体而言，一项资源配置是否最优，取决于其可行性和个体偏好，而可行性取决于个体禀赋和技术。在资源配置方面，该机制由两部分组成：一部分是配置参数（资源持有量和利润份额）的设置，另一部分是关联程序。

第四，资源配置对经济增长的促进作用。资源配置研究，主要集中在其对经济发展的贡献上。Debreu（1959）、Arrow（1964）和 Diamond（1984）着重研究资源配置的效率。Schumpeter（1934）和 Bagehot（1873）从金融系统的制度安排视角，研究金融资源优化配置的功能。随着金融创新的发展，许多学者开始从提取信息、风险管理及公司治理等方面研究金融资源配置对经济发展的促进作用。

（1）信息提取与资源配置。金融系统提供的价格信息，有助于协调经济各部门的分散决策，同时金融市场又为决策提供有益信息。价格的波动性为风险管理和战略财务规划决策提供关键信息。金融衍生工具在提供更丰富信息集的同时，也使得金融市场更具流动性，并催生更有价值的信息生成，促进更有效的资源分配决策（Merton and Bodie, 1995; Merton, 1987; Boyd and Prescott, 1986; Greenwood and Jovanovic, 1990）。

（2）风险管理与资源配置。金融系统通过交换和集中资源，有助于达到降低风险的目的。随着信息和交易成本的增加，金融系统的风险管理从跨部门风险分散、跨期风险分担和流动性风险等方面影响着资源配置和经济增长（Levine, 2005）。一个运作良好的金融体系有助于有效分散风险，通过金融中介机构提供有效的风控措施，帮助企业和个人改变资源配置，并影响金融体系稳定和长期的增长（Gurley and Shaw, 1960）。Acemoglu 和 Zilibotti（1997）仔细模拟了风险多样化与经济增长之间的关系，认为借助风险多元化的投资组合金融工具，可以调配个人储蓄向高回报投资组合重新聚集，进而对经济增长产生积极影响。

（3）公司治理与资源配置。公司治理是影响金融体系稳定和经济增长的关键因素。在一定程度上，企业所有者和债权人能够合理控制资本的使用程度并寻求企业价值最大化，提升企业资源配置效率，调动更多的社会个人储蓄为生产和创新融资（Stiglitz and Weiss, 1983）。各种各样的市场摩擦可能会使公司和整个社会、管理者和小股东之间存在巨大的道德风险、逆向选择和信息不对称。激励问题使得企业筹集外部资本的成本高于使用内部资本的成本。大量的信息和契约成本可能会阻碍分散型股东有效参与公司治理，对资源有效配置和经济稳定增长产生负面影响。金融体系提供了处理激励问题的方法。在 Diamond（1984）提出的金融中介机构改善公司治理模型中，中介机构调动了许多个人储蓄，并将资金信贷调配给企业，中介机构对所有投资者进行监管。从远期来看，这种方式可以使信息获取成本大幅减少。在经济增长方面，Bencivenga 和 Smith（1993）通过节约控制成本来减少信贷配给，从而提高企业生产效率、促进资本积累和经济快速稳定增长。Sussman（1993）和 Harrison 等（1999）研究了金融中介机构在信息不对称情况下，如何促进资源从储户流向投资者，并产生积极的增长效应。

8.1.2 反洗钱资源类型

从全球来看，反洗钱是涉及众多部门和机构的一项系统工程。我国国务院批准设立了反洗钱工作部际联席会议制度，各个自贸区也积极响应，要求区内反洗钱义务机构切实贯彻落实好反洗钱法律法规，有效遏制和打击洗钱、恐怖融资及逃税等金融犯罪活动，维护区内金融稳定。同时，中国人民银行作为全国反洗钱工作部际联席会议的牵头单位，着力促进自贸区与海关、税务、商务、工商等成员单位的信息共享及政策联通和执法合作,进一步健全自贸区反洗钱工作协调联动机制。

反洗钱资源是社会资源的一部分,包括制度资源、司法资源、财务资源、科技资源、信息资源和人力资源等。在反洗钱监管活动中同时存在着宏观和微观两个层面的主体,而不同主体所能调动和配置的反洗钱资源不尽相同。从宏观层面看,反洗钱主体主要是指国务院反洗钱行政主管部门(含其派出机构)和其他依法负有反洗钱监督管理职责的部门、机构,它们依照法律规定程序,负责预防、监测、报告、控制、侦查、起诉、审判和处罚洗钱行为,并承担相应的权利、义务与责任。从微观层面看,根据《中华人民共和国反洗钱法》第三条,反洗钱义务机构为"在中华人民共和国境内设立的金融机构和按照规定应当履行反洗钱义务的特定非金融机构",其职责是"依法采取预防、监控措施,建立健全客户身份识别制度、客户身份资料和交易记录保存制度、大额交易和可疑交易报告制度,履行反洗钱义务"。

一般地,宏观反洗钱主体所能使用和调配的资源属于国家的监管资源,以强调该主体的监督管理职能;微观反洗钱主体所投入的资源称为义务机构(金融机构和特定非金融机构)的反洗钱合规资源,如表 8-1 所示(本书行文中,有时并未严格区分"反洗钱监管资源"和"反洗钱资源"两个概念)。

表8-1 宏观层面和微观层面的反洗钱资源

资源名称	主要内容	
	宏观层面 (政府行政部门、监管部门、司法部门)	微观层面 (义务机构)
制度资源	主要包括相关的国家法律(包括修正案和司法解释等)、法规、规章、规范性文件(包括监管机构令、行级发文等)等	主要是指义务机构内部控制机制,包括内控度、政策、程序和控制措施等
司法资源	司法机构、司法人员及与司法活动相关的资源。在反洗钱工作中是指涉洗钱犯罪及其上游犯罪的侦查、起诉和审判工作的相关资源	
财务资源	政府为了预防、制止、惩治洗钱犯罪,保障国家反洗钱工作正常开展的相关财政保障资源	义务机构为了遵守国家反洗钱法律法规,确保反洗钱工作正常开展的财力投入
人力资源	包括参与政府制定反洗钱法律法规,成立反洗钱机构和实施反洗钱监管工作的人员	义务机构为遵守国家法律法规、配合监管、建立新制度等与反洗钱相关活动而投入的人力资源
信息资源	政府相关部门综合各种文件、资料、图表和数据等金融情报信息,协助调查洗钱活动,促进情报信息共享,提高金融情报信息向案件线索的转化,主要包括金融信息、执法信息、商业信息等	义务机构综合各种金融交易数据、公司图表和视频等,协助分析甄别可疑交易信息,促进可疑交易信息向可疑交易报告的有效转化,主要包括金融信息、商业信息等
科技资源	包括两个方面:一是相关的软件资源,如相关的数据库、科学数据、技术专利等;二是开展反洗钱监测分析所需的设备、工具等硬件资源,如利用计算机系统,运用人工智能和大数据等信息技术、侦查和调查技术有效识别可疑交易	

8.1.3 反洗钱资源配置目标

反洗钱资源配置目标主要是经济有效性和社会合理性（白钦先和丁志杰，1998）。

第一，反洗钱资源配置的经济有效性目标，体现了资源配置的效率导向。资源配置要有一定的经济效益，反洗钱资源的投入和产出应该是匹配的。基于风险为本原则，金融机构在了解外部威胁和内部漏洞的基础上，识别评判自身风险程度，将资源配置到风险危害程度大的客户、业务、产品、条线，并完善相关风控措施。反洗钱监管部门在充分研判国家面临的系统性洗钱风险的基础上，采取宏观审慎策略，聚焦系统重要性领域、区域、机构等，有效将监管重点引导至更高或新出现的洗钱风险，快捷高效应对较低风险，确保不会对金融服务的获取和使用产生不必要的影响（高增安，2017）。

第二，反洗钱资源配置的社会合理性目标，反映了公共政策的社会诉求。反洗钱资源配置的宏观、微观两个层次经济主体的目标一致性，要求监管部门和义务机构从自身出发，努力达成预防洗钱风险、减小洗钱危害的目标。

8.1.4 风险为本的反洗钱资源配置

风险为本的反洗钱监管，要求根据风险状况采取差异化风险管理模式，加强对义务机构在反洗钱制度建设、组织架构、系统开发、机制有效性等方面的指导，确保义务机构和监管部门运行成本最小、取得效用最大。

从宏观层面看，政府及反洗钱监管部门要对反洗钱义务机构的业务活动和面临风险进行评估，采取分类评级、走访调查、约谈高管、现场检查、非现场监管等多种手段，动态跟踪洗钱风险变动情况，对存在较高风险的义务机构优先配置监管资源，指导义务机构加强履职能力建设，并对严重违规机构依法采取行政处罚措施。同时，要调配相关的监管资源，对洗钱犯罪进行刑事诉讼的侦查、起诉和审判程序；制定、优化和健全反洗钱法律法规制度体系；培养、提升社会反洗钱意识；指导金融情报工作和负责国际反洗钱合作。

从微观层面看，反洗钱义务机构应当在审视洗钱威胁的基础上，利用适当的技术分析产品或服务中存在的薄弱环节，识别洗钱风险、自我评判风险和危害程度，将反洗钱资源进行有针对性的配置；选择实施与风险程度相对应的反洗钱合规措施，实现利润最大化的经营目标。本章分析正是从微观层面入手，以可疑交易报告制度工作流程为基础，研究自贸区反洗钱义务机构的资源优化配置问题。

8.2 基于可疑交易报告制度的自贸区金融机构反洗钱资源配置分析框架

8.2.1 反洗钱资源配置与可疑交易报告制度有效性

可疑交易（行为）报告制度是有效防范和打击洗钱犯罪的立法基点和实践基础，是各国（地区）反洗钱制度安排的核心和关键（高增安，2007a）。可疑交易报告制度要求义务机构以"合理怀疑"为基础，建立监测标准，分析甄别信息，完成从信息到情报的转化，为执法部门查处洗钱犯罪提供可靠的案件线索支持。作为打击洗钱及其上游犯罪的首道防线，义务机构在履行反洗钱职责过程中发现，需要投入大量合规成本以应对可疑交易监测、分析、甄别、上报等要求，而合规工作本身还可能对机构的客户关系维护产生影响，造成收益下降。持续增强的监管压力在拉升金融机构的合规成本的同时，也为机构带来了越来越多的制裁处罚。于是，监管部门和义务机构在反洗钱目标上出现异化，两者难以真正实现实质性合作，进而难以形成利益同盟。

第一，有限的反洗钱资源与海量数据处理需求，给自贸区金融机构反洗钱工作带来巨大挑战。中国反洗钱监测分析中心收到大量可疑交易报告，但"防御性报告"（defensive filing）和"狼来了效应"（crying wolf）使得可疑交易报告制度的有效性大大降低（高增安，2007a；Takáts，2011）。目前洗钱数据类型的广度不断拓展，多媒体和表格文件形式越来越多，对数据分析要求日益提高。

第二，有限的反洗钱资源与不断创新的自贸区制度，影响着自贸区金融机构反洗钱工作的有效性。创新是我国自贸区与生俱来的使命，而不论其表现为深化改革、扩大开放还是源头创新或本源创新。与境内区外地区相比，自贸区经济金融环境更加自由、便利与开放，但便捷高效的制度环境和优惠政策措施在增强经济活力的同时，也增加了经济金融运行风险，扩大了洗钱、恐怖融资、逃税、非法集资等经济犯罪空间。金融产品不断翻新，交易模式更趋复杂，洗钱行为隐匿其中，增大了检测和监测难度。金融机构不得不遵从反洗钱监管要求，适时升级监测分析系统，投入更多人力、物力和财力，而一旦其报送可疑信息的积极性受到挫伤，所报送信息的情报线索价值必将下降。

第三，反洗钱资源开放共享壁垒，影响自贸区金融机构反洗钱资源的利用效率。由于自贸区内机构间的数据保护及数据本地化限制，机构间存在信息沟通壁垒，高风险行业、机构的反洗钱资源不足，而低风险行业、机构的资源相对过剩。反洗钱资源相对于洗钱风险的不均衡分布，影响了反洗钱资源整体的充分有效利用，加大了监管难度。根据"风险为本"的反洗钱监管理念，基于风险识别和风险度量的洗钱风险排序应该成为反洗钱资源配置的重要依据。尤其是在当前新冠疫情给全球经济造成严重冲击，义务机构反洗钱战略性资源投入不足的情况下，更应该建立健全基于风险评估的反洗钱资源优化配置机制，切实提高资源使用效益和效率（Hong et al., 2015, 2017）。

8.2.2 可疑交易报告制度工作流程

各国（地区）反洗钱制度几乎都以可疑交易（行为）报告制度为中心。过度防御性报告的"狼来了效应"，是任何反洗钱制度都亟待解决的一个关键缺陷。"狼来了效应"损害了金融机构和其他专业人士为遵守反洗钱规定而必须传递的可疑交易报告的信息价值。因此，金融情报作为信息收集、分析和加工的结果，对反洗钱监管部门和执法部门有效打击洗钱活动至关重要。目前，我国及欧美许多国家都建立了反洗钱可疑交易报告制度，金融机构、中央银行设立的金融情报机构和司法系统各司其职。同样，我国自贸区可疑交易报告制度流程也分为三个环节：①从数据向报告的转化；②从报告向线索的转化；③从线索向案件的转化（图8-1）。本节主要针对可疑交易报告制度工作流程的第一个环节，探讨自贸区内义务机构如何优化反洗钱资源配置，提升反洗钱工作效率。

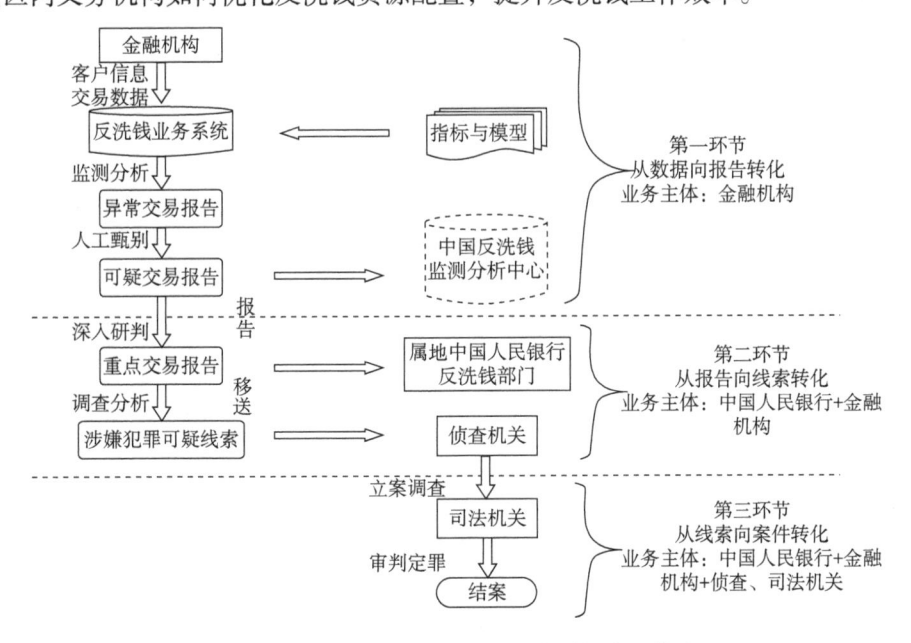

图 8-1 我国自贸区金融机构可疑交易报告工作流程

8.3 自贸区金融机构反洗钱资源优化配置研究

自贸区不断创新发展，注定了区内金融机构对反洗钱资源的需求越来越大，但目前我国反洗钱可疑交易报告制度仍然采用集中分析处理方式，导致不同风险等级、不同行业机构的反洗钱资源利用不均衡，高风险区域金融机构反洗钱资源严重不足，影响可疑交易分析效率，从而不能及时有效遏制洗钱行为。

2020 年，党的十九届五中全会通过的《中华人民共和国国民经济和社会发展第十四个五年规划和 2035 年远景目标纲要》明确提出要"发展数字经济，推进数字产业化和产业数字化，推动数字经济和实体经济深度融合，打造具有国际竞争力的数字产业集群"，为"十四五"时期我国数字经济发展指明了方向。不管是从国家战略方面，还是从金融监管要求，乃至从市场需求来看，云计算自《中国金融业信息技术"十三五"发展规划》发布以来已给金融业发展带来了巨大变革，成为驱动金融行业数字化发展最重要的手段之一。得益于云计算创新的计算资源使用方式，基于互联网标准的链接方式，金融机构可以整合金融产业链各方参与者所拥有的面向最终客户的各类服务资源，实现更高效、更紧密的多方协同。而基于云计算技术的云业务模式，可以通过资源聚合、共享和重新分配，实现业务处理能力、信息甚至实物等资源（Huang et al., 2010；Satyanarayanan et al., 2009）的按需索取。

我国提出数字自由贸易试验区战略，意味着以数字经济为核心的自贸区探索上升为国家战略。自贸区依托互联网、云计算、大数据、人工智能等前沿技术向数字化全面转型，积极推动信息数据平台向云计算构架快速发展，赋能自贸区的高质量发展和高效率提升。为了满足自贸区金融机构反洗钱监管的需要，提高区内金融机构可疑交易的监测效率和反洗钱工作的监管效能，本章根据"风险为本"反洗钱监管原则，结合现行反洗钱可疑交易报告制度，利用云计算技术，构建自贸区金融机构 AMLPAS 平台。基于 SMDP，在综合考虑可疑交易的风险级别和系统整体反洗钱收益与成本的条件下，建立自贸区金融机构反洗钱资源静态固定配置和动态自适应优化配置模型，从资源可持续利用的角度，探寻新的反洗钱资源配置方式。

8.3.1 反洗钱资源静态固定配置

利用 SMDP 构建自贸区金融机构反洗钱资源静态固定配置模型，供金融机构在反洗钱资源有限的情况下分析处理被预警的可疑交易，以获取 AMLRAS 的最大收益，提高资源利用率和效益。

本节所提出的针对自贸区金融机构反洗钱资源静态固定配置模型的架构和处理流程如图 8-2 所示。

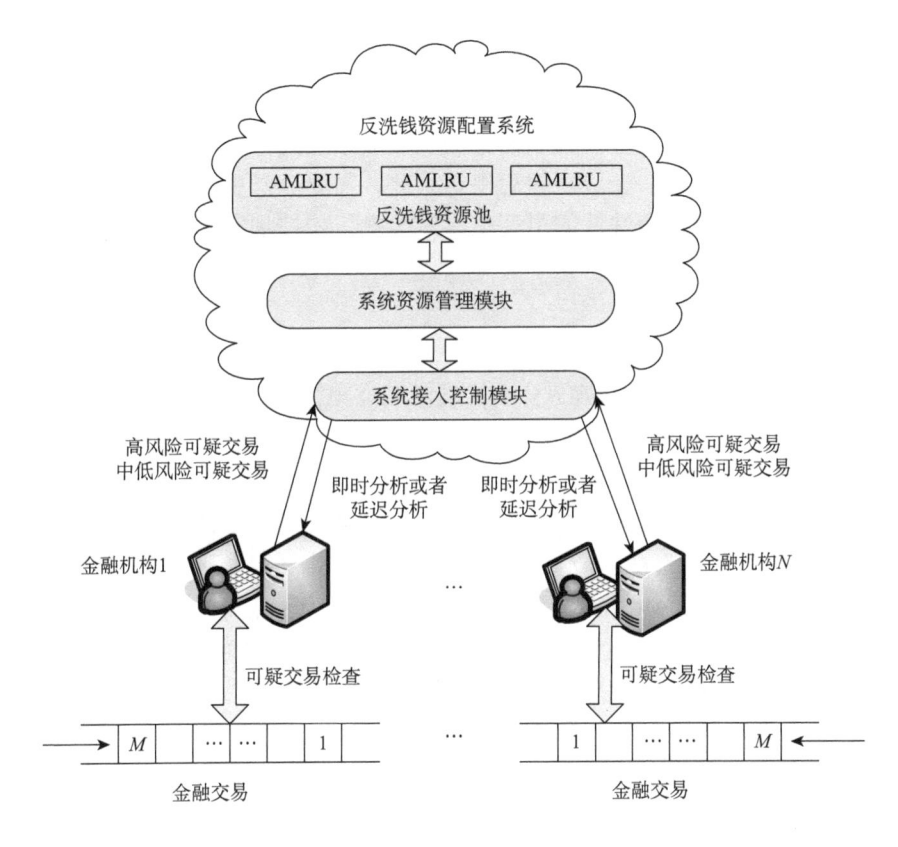

图 8-2 反洗钱资源静态固定配置模型的架构与处理流程

当一个被预警的可疑交易提交到 AMLRAS 时，系统的接入控制功能模块向反洗钱资源管理功能模块询问该可疑交易所标记的风险级别（高风险可疑交易或中低风险可疑交易[①]）、系统当前分析处理可疑交易的情况及系统资源池中闲置可用的反洗钱资源状况［图 8-2 中表示为反洗钱资源块（anti-money laundering resource unit，AMLRU）］。AMLRAS 被定义为分析调查可疑交易可使用的最小反洗钱资源单元模块，包括人力、信息技术、计算、通信及存储资源等。每一个

---

① 参见 FATF《银行业风险为本指南》（*Guidance for a Risk-Based Approach：The Banking Sector*）。https://www.fatf-gafi.org/documents/riskbasedapproach/documents/risk-based-approach-banking-sector.html？hf=10&b=0&s=desc（fatf_releasedate）。

AMLRU 一次只能分析一笔可疑交易。如果 AMLRAS 中可用的 AMLRU 充足，系统会发出立即分析的指令，接下来系统资源管理功能模块就会根据该可疑交易所标记的风险级别做出决策：是否立即分配 AMLRU 对该可疑交易进行分析，否则，系统会对该可疑交易做出延迟分析的决策。被延迟分析的可疑交易，会等待系统释放反洗钱资源后，重启分析处理流程。

根据"风险为本"反洗钱监管原则，被预警的交易数据会被标记为高风险可疑交易或中低风险可疑交易。高风险可疑交易表明该交易具有更高的洗钱风险，更容易导致金融机构的资金损失、商誉损失和成本上升，以及更可能通过金融机构介入洗钱等犯罪活动，造成严重后果，因此，需要分配更多的资源做进一步甄别、分析和判断。对涉嫌洗钱的可疑交易，金融机构按规定向金融情报机构提交报告。

1. 系统模型

为了方便讨论，我们用 l 和 h 分别代表已经被预警标记的中低风险可疑交易和高风险可疑交易。本节提出的反洗钱资源静态固定配置模型，将系统中所有的反洗钱资源分为 K 个 AMLRU。系统反洗钱资源管理功能模块会针对不同风险级别的可疑交易分配不同数量的 AMLRU，高风险可疑交易和中低风险可疑交易分配的 AMLRU 数量分别为 α_h 和 α_l，$0 < \alpha_l + \alpha_h < K$。由于自贸区内金融机构反洗钱资源是有限的，也就是 AMLRU 的数量是有限的，为了获得系统最大收益，需要根据当前系统中可用的反洗钱资源状况、提交到系统的可疑交易数量及该系统分析可疑交易的速率来做出相应决策：对当前收到的可疑交易立即进行分析还是延迟分析。

本模型中，中低风险可疑交易 l 和高风险可疑交易 h 到达 AMLRAS 都是独立的泊松过程[①]，其单位时间内到达率（可疑交易到达系统的数量）分别为 λ_l 和 λ_h。中低风险可疑交易 l 和高风险可疑交易 h 在 AMLRAS 中所需的分析时间服从指数分布，其平均分析时间分别为 $1/\mu_l$ 和 $1/\mu_h$。下面对反洗钱资源优化配置模型进行建模分析，相关符号说明见表 8-2。

---

① 泊松过程是描写随机事件累计发生次数的基本数学模型之一。从直观上，只要随机事件在不相交时间区间是独立发生的，而且在充分小的区间上最多只发生一次，它们的累计次数就是一个泊松过程。在应用中，很多场合都近似地满足这些条件。例如，某系统在时段 $[0,t]$ 内产生故障的次数，一真空管在加热 t 秒后阴极发射的电子总数，都可假定为泊松过程。泊松过程是由法国著名数学家泊松（Poisson）证明的。1943 年 C. 帕尔姆在电话业务问题研究中运用了这一过程，后来 A. R. 辛钦于 20 世纪 50 年代在服务系统研究中又进一步发展了它。

表 8-2　符号列表（一）

符号	含义
K	系统里 AMLRU 的总数
λ_h	高风险可疑交易的到达率
λ_l	中低风险可疑交易的到达率
μ	系统使用单位资源在单位时间分析处理可疑交易的平均速率（处理率）
a_h	高风险可疑交易分配的 AMLRU 数量
a_l	中低风险可疑交易分配的 AMLRU 数量
s_h	系统中正在被分析处理的高风险可疑交易
s_l	系统中正在被分析处理的中低风险可疑交易
S	系统状态空间
e	系统的所有事件集合
e_h	高风险可疑交易的到达事件
e_l	中低风险可疑交易的到达事件
e_f	系统完成一笔可疑交易分析，并且释放其占用的 AMLRU 时，即一个完成事件
φ	系统在占用反洗钱资源对可疑交易进行分析时，单位时间占用反洗钱资源的支出成本
α	连续时间的折扣因子

2. 状态空间

假设到达 AMLRAS 的中低风险可疑交易 l 或者高风险可疑交易 h 的请求是一个到达的事件，而对可疑交易结束分析并释放所占用的反洗钱资源，则可认为是一个分析完成的事件。因此，在系统模型里，定义如下类型的事件。

（1）一笔中低风险可疑交易 l 被发送到 AMLRAS，可表示为 e_l；

（2）一笔高风险可疑交易 h 被发送到 AMLRAS，可表示为 e_h；

（3）一笔可疑交易在系统中结束分析，并释放出所占用的反洗钱资源，该事件可表示为 e_f。

系统中正在被分析处理的中低风险可疑交易 l 和高风险可疑交易 h 的数量可分别表示为 s_l 和 s_h，可用的反洗钱资源数量（用 AMLRU 数量来表示）为 M。

现定义系统状态为

$$S = \{s | s = \langle s_l, s_h, M, e \rangle\} \qquad (8-1)$$

式中，$e \in \{e_l, e_h, e_f\}$，$0 \leqslant a_l s_l + a_h s_h \leqslant K$。

3. 行动集合

尽管决策时刻可能发生在 0 到 ∞ 之间的任意点，但实际上 AMLRAS 的决策时刻是在有新的事件发生时，即一笔可疑交易到达或者离开时，此时系统会根据当前的状态决定采取哪种行为，行动集合表示为

$$A = a(s) = \begin{cases} \{0,1\}, & e \in \{e_h, e_l\} \\ -1, & e = e_f \end{cases} \quad (8\text{-}2)$$

式中，$a(s)=1$ 表示当可疑交易 e_l 或 e_h 到达 AMLRAS，且系统中有充足的反洗钱资源时，系统可采取的行动为立即分配资源对该可疑交易进行分析处理；$a(s)=0$ 表示当可疑交易 e_l 或 e_h 到达 AMLRAS，且系统中可用的反洗钱资源不足时，系统可采取的行动如下：延迟分析——系统将被延迟分析的可疑交易依次退回到等待队列的队首位置，待系统资源释放后，重新再次提交到系统进行分析处理。当可疑交易（l 或 h）分析完成，并且释放所占用的 AMLRU 时，系统的行动为 $a(s)=-1$。

4. 状态转移概率

SMDP 的决策时刻是指系统中任一事件发生的时间点。例如，一笔中低风险可疑交易 l 或者一笔高风险可疑交易 h 被发送到 AMLRAS 的时间点，或者一笔可疑交易在系统中完成分析并且释放出所占用的 AMLRU 的时间点。任意两个事件之间的时长 $t(s,a)$ 可由式（8-3）计算得出：

$$t(s,a) = \begin{cases} \left[\gamma + a_{\langle s_l, s_h, M, e_l \rangle}\mu_l\right]^{-1}, & e = e_l \\ \left[\gamma + a_{\langle s_l, s_h, M, e_h \rangle}\mu_h\right]^{-1}, & e = e_h \\ \gamma^{-1}, & e = e_f \end{cases} \quad (8\text{-}3)$$

式中，$\gamma = \lambda_l + \lambda_h + s_l\mu_l + s_h\mu_h$。

当系统的状态为 s，选择的行动为 a 时，用 $q(j|s,a)$ 表示系统从状态 s 到下个状态 j 的转移概率。系统状态为 $s = \langle s_l, s_h, M, e \rangle$ 时，若采取的行动是 $a(s)=0$，则下个状态可能为 $j_1 = \langle s_l, s_h, M, e_l \rangle$，$j_2 = \langle s_l, s_h, M, e_h \rangle$，该状态下的状态转移概率 $q(j|s,a)$ 可以表示为

$$q(j|s,a) = \begin{cases} \lambda_l t(s,a), & j = j_1 \\ \lambda_h t(s,a), & j = j_2 \end{cases} \quad (8\text{-}4)$$

系统状态为 $s = \langle M_l, M_h, C, e \rangle$ 时，若采取的行动是 $a(s)=-1$，则下个状态可

能为 $j_3=\langle s_l-1,s_h,M,e_f\rangle$ $(s_l\geqslant 1)$，$j_4=\langle s_l,s_h-1,M,e_f\rangle$ $(s_l\geqslant 1)$，该状态下的状态转移概率 $q(j|s,a)$ 可以表示为

$$q(j|s,a)=\begin{cases}s_l\mu_l t(s,a), & j=j_3\\ s_h\mu_h t(s,a), & j=j_4\end{cases} \quad (8\text{-}5)$$

式中，$0\leqslant a_l s_l+a_h s_h\leqslant K$。

系统状态为 $s=\langle s_l,s_h,M,e_l\rangle$ 时，若采取的行动为 $a(s)=1$，则下个状态可能为 $j_5=\langle s_l+1,s_h,M,e_l\rangle$，$j_6=\langle s_l+1,s_h,M,e_h\rangle$，$j_7=\langle s_l,s_h,M,e_f\rangle$ 与 $j_8=\langle s_l+1,s_h-1,M,e_f\rangle$ $(M_h\geqslant 1)$，该状态下的状态转移概率 $q(j|s,a)$ 为

$$q(j|s,a)=\begin{cases}\lambda_l t(s,a), & j=j_5\\ \lambda_h t(s,a), & j=j_6\\ (s_l+1)\mu_l t(s,a), & j=j_7\\ s_h\mu_h t(s,a), & j=j_8\end{cases} \quad (8\text{-}6)$$

系统状态为 $s=\langle s_l,s_h,M,e_h\rangle$ 时，若采取的行动为 $a(s)=1$，则下个状态可能为 $j_9=\langle s_l,s_h+1,M,e_l\rangle$，$j_{10}=\langle s_l,s_h+1,M,e_h\rangle$，$j_{11}=\langle s_l-1,s_h+1,M,e_f\rangle$ $(s_l\geqslant 1)$ 与 $j_{12}=\langle s_l,s_h,M,e_f\rangle$，该状态下的状态转移概率 $q(j|s,a)$ 为

$$q(j|s,a)=\begin{cases}\lambda_l t(s,a), & j=j_9\\ \lambda_h t(s,a), & j=j_{10}\\ s_l\mu_l t(s,a), & j=j_{11}\\ (s_h+1)\mu_h t(s,a), & j=j_{12}\end{cases} \quad (8\text{-}7)$$

5. 收益函数

系统收益 $r(s,a)$ 由分析可疑交易的收入与相应的成本决定，其计算公式可以表示为

$$r(s,a)=w(s,a)-o(s,a)t(s,a) \quad (8\text{-}8)$$

式中，$w(s,a)$ 表示系统在 s 状态行动为 a 时得到的收入；$o(s,a)$ 表示单位时间占用反洗钱资源的成本；$t(s,a)$ 表示在行动为 a 时系统由状态 s 转到下个状态的时间间隔。

收入 $w(s,a)$ 的计算公式如下：

$$w(s,a) = \begin{cases} 0, & a_{\langle s_l, s_h, M, e_f \rangle} = 0 \\ U_h, & a_{\langle s_l, s_h, M, e_h \rangle} = 0 \\ U_l, & a_{\langle s_l, s_h, M, e_l \rangle} = 0 \\ Z_h, & a_{\langle s_l, s_h, M, e_h \rangle} = 1 \\ Z_l, & a_{\langle s_l, s_h, M, e_l \rangle} = 1 \end{cases} \qquad (8\text{-}9)$$

式中，Z_l 和 Z_h 分别表示系统立即分析中低风险可疑交易 l 和高风险可疑交易 h 时所带来的短期即时收入[①]；U 表示金融机构因延迟分析可疑交易而可能产生的惩处成本、机会成本、客户流失成本和司法诉讼成本等间接成本（Harvey，2004；Masciandaro，2007；Masciandaro and Barone，2008）。

可疑交易在单位时间内的分析成本 $o(s,a)$ 由反洗钱资源被使用的数量来计算为

$$o(s,a) = \begin{cases} a_l s_l + a_h s_h, & a_{\langle s_l, s_h, M, e \rangle} = 0 \\ a_l (s_l + 1) + a_h s_h, & a_{\langle s_l, s_h, M, e_l \rangle} = 1 \\ a_l s_l + a_h (s_h + 1), & a_{\langle s_l, s_h, M, e_h \rangle} = 1 \end{cases} \qquad (8\text{-}10)$$

6. 最优策略求解

决策的目的是使系统的运行在某种意义（称为准则）下达到最优，因此最优值函数也称为目标函数（胡奇英和刘建庸，2000；刘克，2004）。在 AMLRAS 中，基于 SMDP 的资源优化配置就是寻找最优策略，以使长期期望收益最大化。最优策略可以描述为，当系统处于某种状态时，采取某种行动以最大化系统收益。

基于 SMDP 的折扣准则（Puterman，1990，2014；刘克，2004），可得到时长 $t(s,a)$ 的即时收入：

$$r(s,a) = w(s,a) - o(s,a) E_s^a \left\{ \int_0^{t_1} e^{-at} dt \right\} = w(s,a) - \frac{o(s,a)t(s,a)}{1+at(s,a)} \quad (8\text{-}11)$$

根据 Bellman 方程（Bellman，1966），考虑状态转移概率和折扣率 η，从 AMLRAS 的最大期望收益的角度，可以得到最优方程：

$$v(s) = \max_{a \in A} \left\{ r(s,a) + \eta \sum_{j \in S} q(j|s,a) v(j) \right\} \qquad (8\text{-}12)$$

[①] 金融机构执行可疑交易报告制度的收入是指执行可疑交易报告制度为金融机构带来的短期即时收入，包括声誉收益、提供破案线索的激励等。

式中，$\eta = \dfrac{1}{1+at(s,a)}$，$\eta \in [0,1]$，折扣因子 $\alpha \in [0,1]$。AMLRAS 的状态是随机的，无法确定未来的收益是否与当前状态带来的收益一致，所以引入折扣率，以平衡系统未来收益与当前收益之间的差距。特别地，$\eta=0$ 表示不考虑未来收益，而只考虑即时收益；$\eta=1$ 表示状态转移是确定的，未来的收益可根据当前的状态和行为来确定。

由于状态空间和动作空间是有限的，Peterman（1990）已经证明，如果对于每个 v 都能获得式（8-12）的最大值，则存在一个稳定的确定性最优策略 d^*，由此可以得到

$$d^* \in \arg\max_{d \in D} \left\{ z(s,a) + \eta \sum_{j \in S} q(j|s,a) v(j) \right\} \quad (8\text{-}13)$$

式中，d^* 表示系统从当前状态 s 转移到下一个可能状态 j 的最优策略。

7. 可疑交易延迟分析概率

反洗钱资源优化配置模型的可疑交易延迟分析概率定义为，被延迟分析的可疑交易（包括中低风险和高风险可疑交易）数量占全部可疑交易（包括中低风险和高风险可疑交易）总数的比值。对可疑交易进行延迟分析，不仅意味着系统总体长期收益下降，同时也意味着系统工作效率降低。因此，延迟率是系统的一个重要性能指标。利用系统的稳态概率 $\pi_{\langle s_l,s_h,M,e_l \rangle}$ 与 $\pi_{\langle s_l,s_h,M,e_h \rangle}$，可以分别定义系统延迟分析高风险可疑交易和中低风险可疑交易的概率 $P_{\text{High-Delaying}}$ 和 $P_{\text{Low-Delaying}}$ 为

$$P_{\text{High-Delaying}} = \dfrac{\sum_{s_h} \left(1 - a_{\langle s_l,s_h,M,e_h \rangle}\right) \pi_{\langle s_l,s_h,M,e_h \rangle}}{\sum_{s_h} \pi_{\langle s_l,s_h,M,e_h \rangle}} \quad (8\text{-}14)$$

$$P_{\text{Low-Delaying}} = \dfrac{\sum_{s_l} \left(1 - a_{\langle s_l,s_h,M,e_l \rangle}\right) \pi_{\langle s_l,s_h,M,e_l \rangle}}{\sum_{s_l} \pi_{\langle s_l,s_h,M,e_l \rangle}} \quad (8\text{-}15)$$

式中，$0 \leqslant \alpha_l s_l + \alpha_h s_h \leqslant K$；$a_{\langle s_l,s_h,M,e_l \rangle}$ 与 $a_{\langle s_l,s_h,M,e_h \rangle}$ 为系统在状态为 $\langle s_l,s_h,M,e_l \rangle$ 和 $\langle s_l,s_h,M,e_h \rangle$ 时选择的对应动作；$\pi_{\langle s_l,s_h,M,e_l \rangle}$ 与 $\pi_{\langle s_l,s_h,M,e_h \rangle}$ 为反洗钱资源优化配置模型的稳态概率。

在本章构建的反洗钱资源静态固定配置模型中，系统收益可由下列四个因素通过系统资源管理功能模块计算获得。

（1）高风险可疑交易和中低风险可疑交易的到达率及离开率；

（2）系统中正在被分析的高风险可疑交易 s_h 和中低风险可疑交易 s_l 的数量；

（3）可用的 AMLRU 的数量；

(4)对高风险可疑交易和中低风险可疑交易进行分析所获得的收入与付出的成本,以及因延迟分析而带来的惩处成本。

高风险可疑交易往往具有更高的洗钱风险,更可能使金融机构面临经济损失、费用增加和商誉损失等。因此,对高风险可疑交易的分析通常需要占用更多的反洗钱资源,当然也会使系统获得更大的收益。在反洗钱资源有限的情况下,反洗钱资源静态固定配置模型通过计算式(8-12)中的系统最大长期期望收益$v(s)$,得到反洗钱资源优化配置方案,获得反洗钱系统的最大系统收益或最小系统支出成本。

8. 模型性能仿真验证

在对反洗钱资源优化配置模型性能进行仿真验证时,首先,需要建立一个AMLRAS,该系统包含的AMLRU最多为15个,最少为2个。

其次,根据2019年LexisNexis调查报告《反洗钱合规真实成本调查——美国和加拿大版本》(*True Cost of AML Compliance Study-United States and Canada Edition*),每笔可疑交易处理时间平均为3~6个小时,使用单位资源平均每天处理的可疑交易的数量是4~8笔。在本节中,处理率μ取值为6,单位时间内高风险可疑交易和中低风险可疑交易到达率分别取值为$\lambda_h=5$和$\lambda_l=2$,并作为仿真实验的输入参数。

最后,根据《中华人民共和国反洗钱法》相关规定和《2020年中国反洗钱报告》[1]的实际数值,推算出系统即时分析一笔高风险可疑交易的即时收入为4,分配的AMLRU为2个;即时分析一笔中低风险可疑交易的即时收入为0.8,分配的AMLRU为1个。为了实现反洗钱资源静态固定配置模型在求解时收敛的目的,设置折扣因子$\alpha=0.1$。

在高风险可疑交易到达系统的到达率不同的情况下,中低风险可疑交易被延迟分析的概率和高风险可疑交易被延迟分析的概率分别如图8-3和图8-4所示。当AMLRU数量比较充足时,系统对可疑交易进行延迟分析的概率比较低。此外,分析高风险可疑交易占用AMLRU的数量是分析中低风险可疑交易的2倍,并且分析高风险可疑交易和中低风险可疑交易获得的收益分别为4和0.8。系统为了获得更多的收益,会接收更多的高风险可疑交易,从而减少高风险可疑交易被延迟分析的概率。实验时,在系统中AMLRU数量确定的情况下,当把高风险可疑交易到达率由2提高到5以后,随着高风险可疑交易到达数量的迅速增加,可用的AMLRU数量快速减少,导致高风险可疑交易和中低风险可疑交易被延迟分析的概率都增加。

---

[1] 参见 http://www.pbc.gov.cn/fanxiqianju/resource/cms/2021/12/20211223091252300038.pdf。

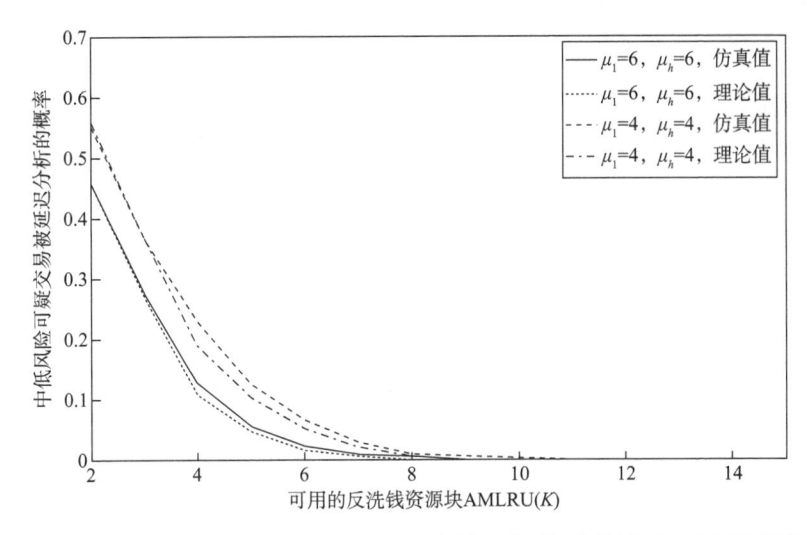

图 8-3　高风险可疑交易不同到达率下，中低风险可疑交易被延迟分析的概率

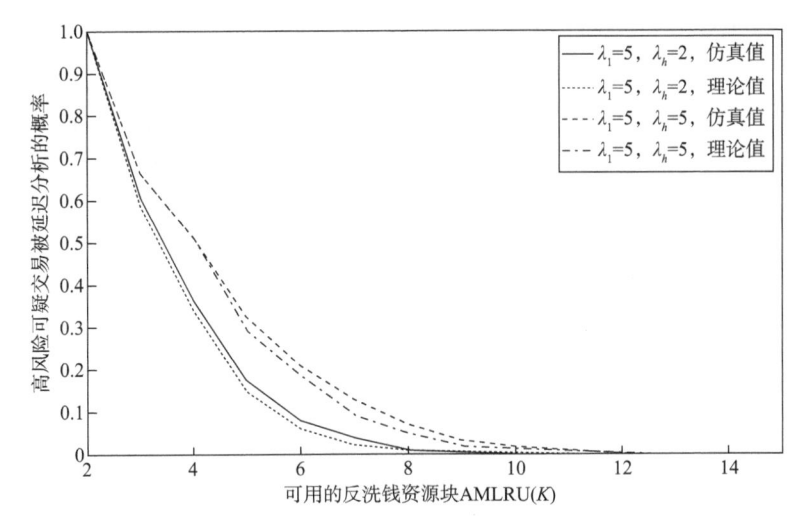

图 8-4　高风险可疑交易不同到达率下，高风险可疑交易被延迟分析的概率

图 8-5 和图 8-6 分别展示了不同到达率下中低风险可疑交易和高风险可疑交易在系统完成分析处理并释放所占用的 AMLRU 的过程中，中低风险可疑交易和高风险可疑交易被延迟分析的概率。从图 8-5 和图 8-6 可知，中低风险可疑交易和高风险可疑交易在系统中分析处理的时间越长（占用 AMLRU 的时间也越长），系统中可用 AMLRU 的数量越少，因而系统的支出成本上升，收益下降。随着系统中可用的 AMLRU 数量减少，系统接收到的可疑交易被延迟分析的概率增大。

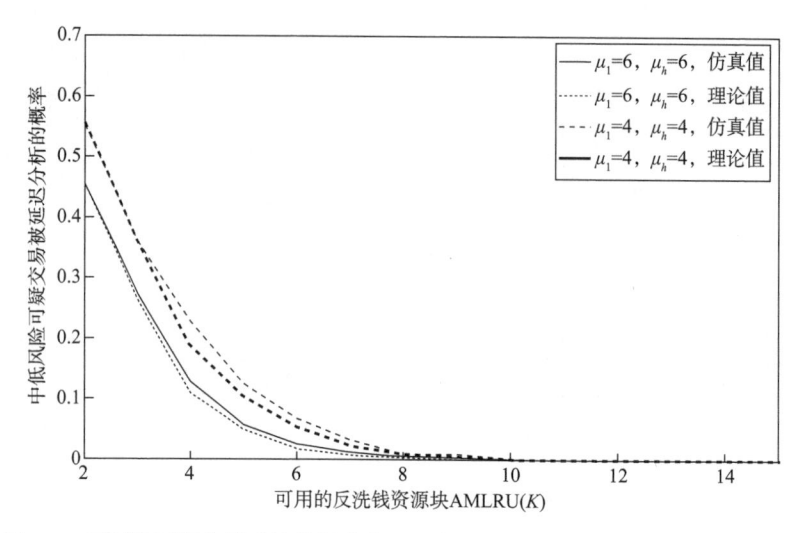

图 8-5　不同的可疑交易平均分析速率下，中低风险可疑交易被延迟分析的概率

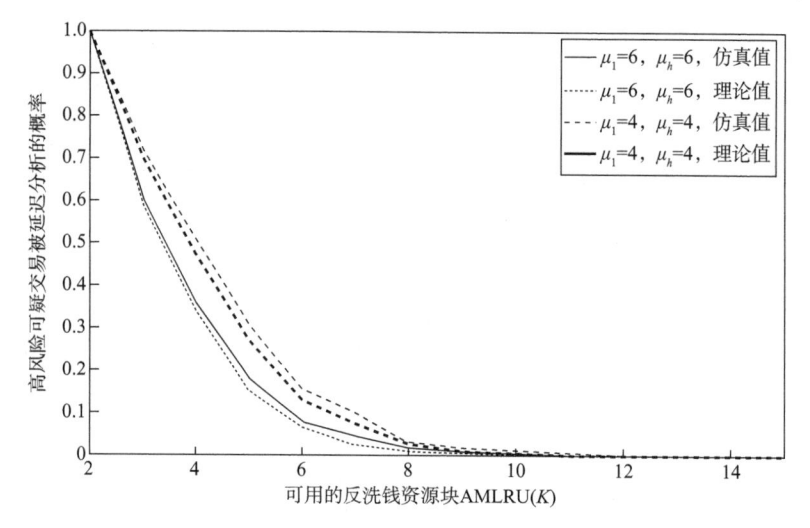

图 8-6　不同的可疑交易平均分析速率下，高风险可疑交易被延迟分析的概率

此外，从图 8-5 和图 8-6 还可知，随着系统分析处理中低风险可疑交易和高风险可疑交易的时间缩短，中低风险和高风险可疑交易被延迟分析的概率都逐渐下降，这验证了本节构建的反洗钱资源静态固定配置模型的理论计算值与仿真实验值趋于一致。

8.3.2　反洗钱资源动态自适应优化配置

随着互联网金融的迅猛发展，金融衍生产品日益丰富，密集的业务成交量带来数据的海量增长，客户身份识别及交易追踪难度加大，金融机构反洗钱工作面临更大挑战。在反洗钱严监管持续深入推进背景下，自贸区金融机构如何能更灵敏高效地实现反洗钱资源的战略性配置，在有效降低合规成本的同时规避违规处罚，成为亟待研究的热点问题。

本章8.3.1节利用SMDP对自贸区金融机构反洗钱资源静态配置进行了优化建模。该模型在系统的 AMLRU 数量一定的情况下，同时考虑了可疑交易风险级别和处理时间，并将其作为收益的衡量指标予以优化，给出最优决策的解决方案，从而最大化系统的期望长期收益。但是，该模型每次为分析可疑交易而分配的 AMLRU 数量是固定的，即为中低风险可疑交易和高风险可疑交易分别分配 α_l 个和 α_h 个。在实际分析处理工作中，为不同类型可疑交易分配固定数量的反洗钱资源的操作方式容易实现，但缺少灵活性，无法合理高效地统筹调配全部资源。随着自贸区金融机构业务模式的不断创新，交易规模持续扩大，交易数据呈海量增长，反洗钱资源的静态固定配置方式难以满足对可疑交易的实时监测、分析、报告要求。为此，8.3.2节将进一步探讨如何借助云计算技术实现自贸区金融机构反洗钱资源的动态自适应优化配置，以使机构能在高效率分析甄别可疑交易的同时，获得更好的系统性能与收益。

1. 系统模型

如前文所述，根据"风险为本"原则，预警的交易数据会被标记为高风险可疑交易或中低风险可疑交易，AMLRAS 基于此进行反洗钱资源分配，并将资源集中于风险较高的可疑交易做进一步甄别、分析和判断，对涉嫌洗钱的交易按程序报送或移送相关信息。

当一笔被预警的可疑交易提交至 AMLRAS 时，系统首先会根据反洗钱资源池存量情况、目前正在处理的可疑交易情况及预判不同风险程度的可疑交易到达的数量，估算系统分析该交易的成本收益，进而做出是否立即分析处理的决策，并自动根据其标记的风险程度配置适量 AMLRU。如果系统中用于分析可疑交易的 AMLRU 数量不足，系统会对该可疑交易做出延迟分析处理的决策。

假设AMLRAS中共有 K 个AMLRU，系统根据可疑交易被标注的不同风险级别、系统资源池中反洗钱资源的状况以及系统中正在发生的事件，分配 c 个AMLRU 来分析一笔可疑交易，$c \in \{1, 2, \cdots, C\}$，$C < K$。一般来说，随着系统为分析可疑交易而分配的 AMLRU 数量的增加，一笔可疑交易所需的分析时间将缩短。系统分析一笔可疑交易的时长与分配的 ALMRU 数量的函数关系表示为 $\xi(c)$。假设系统仅分配 1 个 AMLRU 来分析一笔可疑交易所需的时间为 θ_s，则用 c 个AMLRU 来分析该可疑交易所需的时长为 $\xi(c)\theta_s$。

为了对反洗钱资源动态自适应优化配置过程进行建模分析，假设可疑交易到达系统为泊松过程，高风险和中低风险可疑交易的到达率分别为 λ_h 和 λ_l。同时，假设分析可疑交易的时长的概率分布为指数分布。当系统为一笔可疑交易仅配置 1 个 AMLRU 进行分析时，设该可疑交易被分析的平均时间为 $1/\mu$。那么，当系统为该可疑交易配置 c 个 AMLRU 进行分析时，该交易被分析的平均时长为 $\dfrac{\xi(c)}{\mu}$，即分析该交易的平均速率为 $\dfrac{\mu}{\xi(c)}$。

下面将对自贸区金融机构反洗钱资源动态自适应优化配置模型的状态、决策、所有事件的类型与收益算法模型做深入分析，相关符号说明见表 8-3。

表 8-3　符号列表（二）

符号	含义
K	系统中 AMLRU 的总数
M	系统中可用的 AMLRU 数量
C	系统为分析一笔可疑交易能够配置的 AMLRU 数量最大值
c	系统为分析一笔可疑交易实际配置的 AMLRU 数量
θ_s	分配 1 个 AMLRU 分析一笔可疑交易所需的时间
λ_h	高风险可疑交易的到达率
λ_l	中低风险可疑交易的到达率
μ	系统使用单位资源在单位时间分析处理可疑交易的平均速率（处理率）
s_c	系统占用 c 个 AMLRU 正在分析的可疑交易的数量
S	系统的状态空间
e	系统的所有事件集合
A_h	高风险可疑交易的到达事件
A_l	中低风险可疑交易的到达事件
D_c	当系统完成一笔可疑交易分析，并且释放其占用的 AMLRU 时，即一个完成事件
E_h	系统分析一笔高风险可疑交易获得的收益
E_l	系统分析一笔中低风险可疑交易获得的收益
φ	系统对可疑交易进行分析时，单位时间占用反洗钱资源的支出成本
α	连续时间的折扣因子

2. 状态空间

自贸区金融机构反洗钱资源动态自适应优化配置模型的状态空间为 AMLRAS 中正在被分析的可疑交易的数量、系统资源池中闲置可用的反洗钱资源状况及该系统中正在发生的事件（包括可疑交易到达事件和完成可疑交易分析并释放反洗钱资源事件）的集合。从前文可知，可疑交易到达系统、完成可疑交易分析并释放所占用的资源是不同的独立事件。

下面定义两种事件类型。

（1）一笔可疑交易到达AMLRAS中，分别用A_h和A_l表示高风险可疑交易和中低风险可疑交易到达系统的事件；

（2）用D_c表示完成一笔可疑交易分析并释放c个AMLRU的事件。

于是，AMLRAS中的所有事件集合e为$\{A_h, A_l, D_1, D_2, \cdots, D_c\}$。

根据表8-3，AMLRAS的状态空间可表示为

$$S = \{s | s = \langle s_1, s_2, \cdots, s_C, M, e \rangle\} \quad (8\text{-}16)$$

式中，$\sum_{c=1}^{C}(S_c \times c) \leq K$，$e \in \{A_h, A_l, D_1, D_2, \cdots, D_c\}$。

3. 行动集合

当一笔可疑交易（A_h或者A_l）到达系统时，系统会根据当前的状态，决定是否即时分析这笔可疑交易。

如果决定即时分析该可疑交易，就需要进一步考虑配置多少资源，即为该可疑交易分配c个AMLRU，所以，接收并即时分析该可疑交易的动作为$a(s) = c$，$c \in \{1, 2, \cdots, C\}$。

如果系统对到达的可疑交易的动作策略是延迟分析，就表明当前系统中已没有足够的资源配置给该可疑交易。因此，延迟分析该可疑交易的动作为$a(s) = 0$。

当一笔可疑交易分析处理完成后（事件为$e = D_c$），AMLRAS的动作为释放所占用的AMLRU，并计算当前系统中可用的AMLRU数量，表示为$a(s) = -1$。

综上，自贸区金融机构反洗钱资源动态自适应优化配置模型的行动集合可以表示为

$$A = a(s) = \begin{cases} 0, 1, \cdots, C, & e \in \{A_h, A_l\} \\ -1, & e \in \{D_1, D_2, \cdots, D_c\} \end{cases} \quad (8\text{-}17)$$

式中，$a(s) \subseteq A_s$。

4. 状态转移概率

同8.3.1节，反洗钱资源动态自适应优化配置模型的状态转移概率$p(j|s,a)$含义如下：当AMLRAS中任一事件发生，系统采取的行动为a时，系统从当前状态s转移到下一个状态j的概率。

系统状态为$s = \langle s_1, s_2, \cdots, s_c, \cdots, s_C, M, D_c \rangle$时，从当前状态到下一状态的转移概率$p(j|s,a)$为

$$p(j|s,a) = \begin{cases} \dfrac{\lambda_h}{\gamma(s,a)}, & j = \langle s_1, s_2, \cdots, s_C, M, A_h \rangle \\ \dfrac{\lambda_l}{\gamma(s,a)}, & j = \langle s_1, s_2, \cdots, s_C, M, A_l \rangle \\ \dfrac{s_c \mu}{\xi(c)\gamma(s,a)}, & j = \langle s_1, s_2, \cdots, s_c - 1, \cdots, s_C, M, D_c \rangle,\ s_c \geq 1 \end{cases}$$

(8-18)

式中，$c \subseteq \{1, 2, \cdots, C\}$。

系统状态为 $s = \langle s_1, s_2, \cdots, s_c, \cdots, s_C, M, A_h \rangle$ 时，从当前状态到下一状态的转移概率 $p(j|s,a)$ 为

$p(j|s,a) =$

$$\begin{cases} \dfrac{\lambda_h}{\gamma(s,a)}, & j = \langle s_1, s_2, \cdots, s_C, M, A_h \rangle,\ a = 0 \\ \dfrac{\lambda_l}{\gamma(s,a)}, & j = \langle s_1, s_2, \cdots, s_C, M, A_l \rangle,\ a = 0 \\ \dfrac{s_c \mu}{\xi(c)\gamma(s,a)}, & j = \langle s_1, s_2, \cdots, s_c - 1, \cdots, s_C, M, D_c \rangle,\ s_c \geq 1,\ a = c \\ \dfrac{(s_c + 1)\mu}{\xi(c)\gamma(s,a)}, & j = \langle s_1, s_2, \cdots, s_c, \cdots, s_C, M, D_c \rangle,\ a = c \\ \dfrac{s_m \mu}{\xi(m)\gamma(s,a)}, & j = \langle s_1, s_2, \cdots, s_m - 1, \cdots, s_c + 1, \cdots, s_C, M, D_m \rangle,\ s_m \geq 1,\ m \neq c,\ a = c \\ \dfrac{\lambda_h}{\gamma(s,a)}, & j = \langle s_1, s_2, \cdots, s_c + 1, \cdots, s_C, M, A_h \rangle,\ s_c \leq C - 1,\ a = c \\ \dfrac{\lambda_l}{\gamma(s,a)}, & j = \langle s_1, s_2, \cdots, s_c + 1, \cdots, s_C, M, A_l \rangle,\ s_c \leq C - 1,\ a = c \end{cases}$$

(8-19)

式中，$\{c, m\} \subseteq \{1, 2, \cdots, C\}$。

系统状态为 $s = \langle s_1, s_2, \cdots, s_c, \cdots, s_C, M, A_l \rangle$ 时，从当前状态到下一状态的转移概率 $p(j|s,a)$ 为

$$p(j|s,a)=\begin{cases}\dfrac{\lambda_h}{\gamma(s,a)}, & j=\langle s_1,s_2,\cdots,s_C,M,A_h\rangle,\ a=0\\[2mm] \dfrac{\lambda_l}{\gamma(s,a)}, & j=\langle s_1,s_2,\cdots,s_C,M,A_l\rangle,\ a=0\\[2mm] \dfrac{s_c\mu}{\xi(c)\gamma(s,a)}, & j=\langle s_1,s_2,\cdots,s_c-1,\cdots,s_C,M,D_c\rangle,\ s_c\geqslant 1,\ a=0\\[2mm] \dfrac{(s_c+1)\mu}{\xi(c)\gamma(s,a)}, & j=\langle s_1,s_2,\cdots,s_c,\cdots,s_C,M,D_c\rangle,\ a=c\\[2mm] \dfrac{s_m\mu}{\xi(m)\gamma(s,a)}, & j=\langle s_1,s_2,\cdots,s_m-1,\cdots,s_c+1,\cdots,s_C,M,D_m\rangle,\ s_m\geqslant 1,\ m\neq c,\ a=c\\[2mm] \dfrac{\lambda_h}{\gamma(s,a)}, & j=\langle s_1,s_2,\cdots,s_c+1,\cdots,s_C,M,A_h\rangle,\ s_c\leqslant C-1,\ a=c\\[2mm] \dfrac{\lambda_l}{\gamma(s,a)}, & j=\langle s_1,s_2,\cdots,s_c+1,\cdots,s_C,M,A_l\rangle,\ s_c\leqslant C-1,\ a=c\end{cases}$$

(8-20)

式中，$\{c,m\}\subseteq\{1,2,\cdots,C\}$。

5. 收益函数

根据前面的定义，反洗钱资源动态自适应优化配置模型的收益表示为 $z(s,a)$，取决于分析可疑交易的收入与相应的成本，计算公式为

$$z(s,a)=y(s,a)-x(s,a),\ e\in\{A_h,A_l,D_1,D_2,\cdots,D_c\} \quad (8\text{-}21)$$

式中，$y(s,a)$ 表示系统在 s 状态下，采取行动 a 时得到的即时收入，表示为

$$y(s,a)=\begin{cases}0, & a(s)=-1,\ e\in\{D_1,D_2,\cdots,D_c\}\\ U, & a(s)=0,\ e\in\{A_h,A_l\}\\ E_h-\xi(c)\theta_s\varphi, & a(s)=c,\ e=A_h\\ E_l-\xi(c)\theta_s\varphi, & a(s)=c,\ e=A_l\end{cases} \quad (8\text{-}22)$$

式中，E_h 和 E_l 分别表示系统接收并即时分析一笔高风险或中低风险可疑交易的收入，包括声誉收益、提供线索协助破案的奖励、执行制度免于监管部门处罚、免遭国际诉讼赔偿等，相应的成本支出包括制度建设、组织与人力资源、操作、技术等直接成本（Harvey，2004；Saunders，2018）和其他间接成本；φ 表示系统在占用反洗钱资源对可疑交易进行分析时，单位时间占用资源的支出成本，它与系统获得的即时收入 E_h 和 E_l 的计量单位相同；$\theta_s\varphi$ 表示系统只使用 1 个 AMLRU 对可疑交易进行分析的时间成本，使用 c 个 AMLRU 对可疑交易进行分析的时间成本则为 $\xi(c)\theta_s\varphi$；U 表示金融机构因延迟分析可疑交易而可能产生的

惩处成本、机会成本、客户流失成本和司法诉讼成本等间接成本。

此外，系统在一系列事件内，从当前状态转移到下一个状态前对可疑交易进行分析所需要的成本 $x(s,a)$ 可计算如下：

$$x(s,a) = t(s,a)n(s,a), \ a(s) \subseteq A_s \tag{8-23}$$

式中，$t(s,a)$ 表示系统采取行动 a 时，从当前状态转移到下一状态前对可疑交易进行分析处理的时间；$n(s,a)$ 表示当前状态下分析系统中所有可疑交易所占用的 AMLRU 数量：

$$n(s,a) = \sum_{c=1}^{C}(s_c \times c) \tag{8-24}$$

6. 最优策略求解

8.3.2 节定义了高风险可疑交易到达事件或中低风险可疑交易到达事件，以及系统完成可疑交易分析并释放所占用的反洗钱资源事件，其中，任一事件发生的时间点都是本节反洗钱资源动态自适应优化配置模型进行行动决策的时刻。AMLRAS 资源优化配置，就是寻找最优策略，以实现系统长期期望收益的最大化。简单地说，该最优策略也可以描述为系统处于某种状态时采取某种行动使系统收益最大化。

根据前面的假设，可疑交易到达 AMLRAS 的过程为独立的泊松过程，可疑交易在系统中的分析时长服从指数分布，因此，上述三类事件发生的速率 $\gamma(s,a)$ 可表示为

$$\gamma(s,a) = t(s,a)^{-1} = \begin{cases} \lambda_h + \lambda_l + \sum_{c=1}^{C}\dfrac{s_c\mu}{\xi(c)}, & e \in \{D_1, D_2, \cdots, D_C\}, \text{ or } e \in \{A_h, A_l\}, \ a = 0 \\ \lambda_h + \lambda_l + \sum_{c=1}^{C}\dfrac{s_c\mu}{\xi(c)} + \dfrac{\mu}{\xi(c)}, & e \in \{A_h, A_l\}, \ a = c \end{cases} \tag{8-25}$$

根据 SMDP 模型（Puterman，1990，2014），可以得到系统期望分析时长 $t(s,a)$ 之间的期望收益 $z(s,a)$：

$$\begin{aligned} z(s,a) &= y(s,a) - n(s,a)E_s^a\left\{\int_0^t e^{-at}dt\right\} = y(s,a) - \frac{n(s,a)t(s,a)}{1+at(s,a)} \\ &= y(s,a) - \frac{n(s,a)}{a+\gamma(s,a)} \end{aligned} \tag{8-26}$$

式中，a 表示折扣因子；$y(s,a)$、$n(s,a)$ 和 $\gamma(s,a)$ 的定义分别见式（8-22）、式（8-24）、式（8-25）。

根据 SMDP 折扣准则（刘克，2004）和贝尔曼方程（Bellman，1966），从

AMLRAS 的最大期望收益角度考虑，可以得到最优方程：

$$\upsilon(s) = \max_{a(s) \subseteq A_s} \left\{ z(s,a) + \eta \sum_{j \in S} p(j|s,a)\upsilon(j) \right\} \quad (8\text{-}27)$$

式中，$\eta = \dfrac{\gamma(s,a)}{\alpha + \gamma(s,a)}$，$\eta \in [0,1]$，$\alpha \in [0,1]$。

由于状态空间和行动空间是有限的，式（8-27）的所有最大值对所有的 υ 都存在。如果每个 υ 都能获得最大值，则存在一个稳定的确定性最优策略 d^*。由此，可以得到

$$d^* \in \arg\max_{d \in D} \left\{ z(s,a) + \lambda \sum_{j \in S} q(j|s,a)\upsilon(j) \right\} \quad (8\text{-}28)$$

式（8-28）获得的 d^* 是系统从当前状态 s 转移到下一个可能状态 j 的最优策略。为了获得最大的 $\upsilon(s)$ 值和最优的策略 d^*，考虑有限的状态空间和有限的行动集合，但是连续时间内到达和离开的可疑交易数量可能较多，因此采用值迭代（value iteration，VI）的方法解决大规模状态空间的 SMDP，求解得到公式中的优化解。具体的求解算法如下：

算法 8-1　值迭代算法

步骤 1：对每一个状态 s，设置 $\upsilon(s) = 0$，并设一个大于 0 的小常数 $\varepsilon > 0$，设 $k=0$；

步骤 2：对每一个状态 s，利用下式计算总收益 $\upsilon^{k+1}(s)$：

$$\upsilon^{k+1}(s) = \max_{a(s) \subseteq A_s} \left\{ z(s,a) + \lambda \sum_{s \in S} p(s+1|s,a)\upsilon^k(s+1) \right\}$$

步骤 3：如果 $\|\upsilon^{k+1} - \upsilon^k\| > \varepsilon \dfrac{(1-\lambda)}{2\lambda}$，转到步骤 4；否则 $k = k+1$，转到步骤 2；

步骤 4：对每一个状态 $s \in S$，计算稳态优化决策策略为

$$d_\varepsilon^*(s) \in \arg\max_{a(s) \subseteq A_s} \left\{ z(s,a) + \lambda \sum_{s \in S} p(s+1|s,a)\upsilon^k(s+1) \right\}$$

步骤 5：停止，退出运算。

---

7. 模型性能分析

自贸区金融机构利用反洗钱资源进行可疑交易实时监测分析，最关心的是资源的利用情况和高风险可疑交易被延迟分析的概率（延迟率）。因此，AMLRAS 的反洗钱资源利用效率可以用两个指标来衡量。

（1）为可疑交易分配 c 个 AMLRU 的概率。它对于金融机构基于 AMLRAS 的系统参数（如可疑交易的到达率、系统分析可疑交易的平均速率、系统资源池中闲置可用的 AMLRU 数量等）来充分利用资源、掌握系统的性能状况非常重要。

（2）对高风险可疑交易进行延迟分析的概率。对高风险可疑交易进行延迟分析，不仅意味着系统整体收益的下降，也意味着系统反洗钱效率的降低，因此，对于 AMLRAS 来说，延迟率是系统的重要性能指标之一。

下面对反洗钱资源动态自适应优化配置模型的延迟率以及为可疑交易分配 c 个 AMLRU 的概率进行计算。根据式（8-18）~式（8-20）和式（8-27），可以得到模型在系统状态为 $s \in S$ 时的总体长期收益 $\upsilon(s)$ 仅与高风险可疑交易的到达率 λ_h 和中低风险可疑交易的到达率 λ_l、利用 c 个 AMLRU 对可疑交易进行分析的平均速率 $\dfrac{\mu}{\xi(c)}$、AMLRAS 中 AMLRU 的总数 K 及正在被占用的数量 $\sum_{c=1}^{C}(s_c \times c)$ 相关。因此，当系统状态为 $\langle s_1,s_2,\cdots,s_c,\cdots,s_C,M,A_h \rangle$ 和 $\langle s_1,s_2,\cdots,s_c,\cdots,s_C,M,A_l \rangle$ 时，参数 λ_h、λ_l、$\dfrac{\mu}{\xi(c)}$、$\sum_{c=1}^{C}(s_c \times c)$ 和 K 都是确定的。由此，可以计算出模型配置 c 个 AMLRU 对可疑交易进行即时分析或延迟分析的概率。

用 π_s 表示系统在 s 状态下的稳态概率。由此，分别计算稳态概率 $\pi_{\langle s_1,s_2,\cdots,s_C,M,A_h \rangle}$、$\pi_{\langle s_1,s_2,\cdots,s_C,M,A_l \rangle}$ 和 $\pi_{\langle s_1,s_2,\cdots,s_C,M,D_c \rangle}$。当系统状态为 $\langle s_1,s_2,\cdots,s_c,\cdots,s_C,M,A_h \rangle$ 和 $\langle s_1,s_2,\cdots,s_c,\cdots,s_C,M,A_l \rangle$ 时，可以利用稳态概率，求解得到系统对可疑交易做出每个决策的概率，该概率被定义为上述状态下系统中具有相同事件与决策的可疑交易稳态概率之和与具有相同事件的可疑交易稳态概率之和的比值。本节用 q_{ha} 表示对高风险可疑交易选择行动 a 的概率，用 q_{la} 表示对中低风险可疑交易选择行动 a 的概率，分别有

$$q_{ha} = \dfrac{\sum\limits_{a_{\langle s_1,s_2,\cdots,s_C,M,A_h \rangle} = a} \pi_{\langle s_1,s_2,\cdots,s_C,M,A_h \rangle}}{\sum\limits_{m=0}^{C}\left(\sum\limits_{a_{\langle s_1,s_2,\cdots,s_C,M,A_h \rangle} = m} \pi_{\langle s_1,s_2,\cdots,s_C,M,A_h \rangle} \right)}, \quad a = \{0,1,2,\cdots,C\} \quad (8\text{-}29)$$

$$q_{la} = \dfrac{\sum\limits_{a_{\langle s_1,s_2,\cdots,s_C,M,A_l \rangle} = a} \pi_{\langle s_1,s_2,\cdots,s_C,M,A_l \rangle}}{\sum\limits_{m=0}^{C}\left(\sum\limits_{a_{\langle s_1,s_2,\cdots,s_C,M,A_l \rangle} = m} \pi_{\langle s_1,s_2,\cdots,s_C,M,A_l \rangle} \right)}, \quad a = \{0,1,2,\cdots,C\} \quad (8\text{-}30)$$

根据对可疑交易采取任一行动的概率，式（8-29）和式（8-30）可以通过稳态概率求解，得到 AMLRAS 在状态 $\langle s_1,s_2,\cdots,s_c,\cdots,s_C,M,A_h \rangle$ 和

$\langle s_1, s_2, \cdots, s_c, \cdots, s_C, M, A_l \rangle$下,对高风险可疑交易和中低风险可疑交易进行延迟分析的概率,并分别表示为q_{h0}和q_{l0},它们是衡量系统分析能力、分析效率和分析质量的重要指标。下面通过MATLAB仿真实验进行具体分析,并评估本节提出的反洗钱资源动态自适应优化配置模型的性能。

8. 模型性能验证

在"规则为本"理念下,对可疑交易分析进行资源调配时,主要根据监管部门制定的详尽、全面、即时的规则进行"可疑度"量化,但实际交易行为变化多端,可能不完全符合典型"异常"模式或模型的特征而存在重叠交叉的情况。由于各判别规则相对独立,为了对每笔可疑交易进行无差别判断,不可避免要调配大量分析资源,一来总体上误报率比较高,二来系统对反洗钱资源的需求量大且效率低下。本节将基于贪婪算法(greedy algorithm,GA)的模型应用于"规则为本"理念下的反洗钱资源配置场景,并将其与现行"风险为本"模式下上述基于 SMDP 的反洗钱资源动态自适应配置模型进行对比,以研究反洗钱资源优化配置系统的性能。

贪婪算法是用于解决优化问题的一种简单、直观的算法,要求在每个步骤都进行最优选择,试图找到解决整个问题的总体最优方法。当预警的可疑交易被发送到 ALMRAS 时,系统为了获得即时分析处理的最大收益,总会尽可能地分配最多的反洗钱资源来进行分析。在资源优化配置方面,贪婪算法在尝试寻找局部最优解时,可能错过全局最优解,因而缺乏统筹全局的能力。

SMDP 模型考虑的优化目标如下：在一定的准则下,集中寻找一个最优策略,该策略从满足系统长远运行来看,能使系统获得的收益最大化,从而实现对 SMDP 决策系统的优化控制。当一笔被预警的可疑交易提交至 AMLRAS 时,系统首先会根据可用的反洗钱资源情况、目前正在处理的可疑交易情况及预判不同风险程度的可疑交易到达的数量,估算系统分析该交易的成本收益,进而做出决策。由于系统在持续动态运转,过去的决策通过状态转移影响当前的决策。一般来说,一步最优的选择不是最好的决策,必须要通盘考虑系统将来状态下的预期机会和收益。

与中低风险可疑交易相比,高风险可疑交易更需要 AMLRAS 提高系统分析能力和分析质量。因此,本节仿真实验将从对高风险可疑交易进行分析处理所获得的长期收益和对高风险可疑交易进行延迟分析的概率等方面,对比分析基于 SMDP 的反洗钱资源动态自适应优化配置模型及基于贪婪算法的反洗钱资源配置模型,以验证 AMLRAS 对高风险可疑交易的分析性能。

假设 AMLRAS 共有 10 个 AMLRU(即 K=10),但最多能配置 3 个 AMLRU 来分析一笔可疑交易,即 $c_i = i, i = 1,2,3$。根据前面的描述,AMLRAS 分析一笔可疑交易的时间是其配置给该可疑交易的 AMLRU 数量的函数，有 $\xi(c)=1/c$。因此，配置 1 个、2 个、3 个 AMLRU 来分析一笔可疑交易的时间分别为 $\xi(c_1)=1$，$\xi(c_2)=1/2$ 与 $\xi(c_3)=1/3$。此外，根据 8.3.1 节对到达率与离开率的数值预估，在以下实验中，高风险可疑交易和中低风险可疑交易的到达率分别为 $\lambda_h=2$、$\lambda_l=5$，占用 1 个 AMLRU 的可疑交易在系统中被分析完成的平均速率为 $\mu_{c_1}=6$、时间为 $1/\mu$，所以，占用 c 个 AMLRU 的可疑交易被分析完成的平均速率为 $\mu_c=\dfrac{\mu}{\xi(c)}$，分别占用 2 个、3 个 AMLRU 的可疑交易被分析完成的平均速率为 $\mu_{c_2}=12$、$\mu_{c_3}=18$。

本节实验参数如表 8-4 所示。

表 8-4　参数表

参数	E_h	E_l	φ	θ_s
取值	40	8	1	12

实验发现，当高风险可疑交易到达率 λ_h 增加时，基于 SMDP 的反洗钱资源动态自适应优化配置模型分析高风险可疑交易获得的长期收益曲线走势明显优于基于贪婪算法的反洗钱资源配置模型，只有在 λ_h 值较高时收益才呈现缓慢下降趋势，如图 8-7 所示；基于 SMDP 的模型对高风险可疑交易的延迟分析概率显著低于基于贪婪算法的模型，其幅度达 20%以上，如图 8-8 所示。

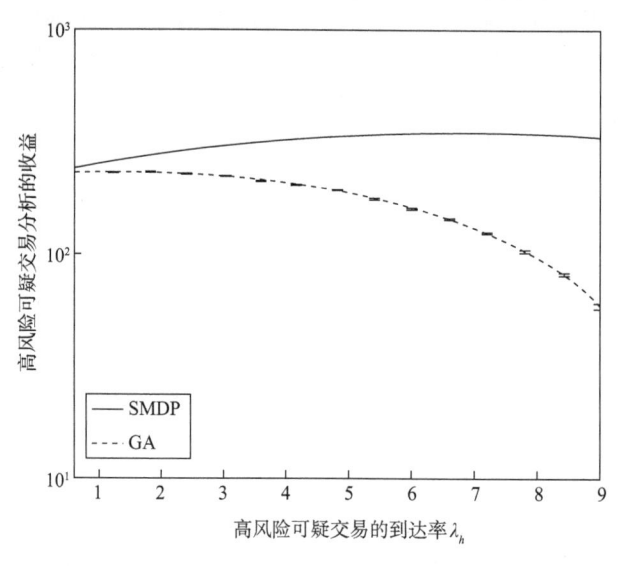

图 8-7　高风险可疑交易分析的收益（$\lambda_l=5$、$\mu=6$、$K=6$）

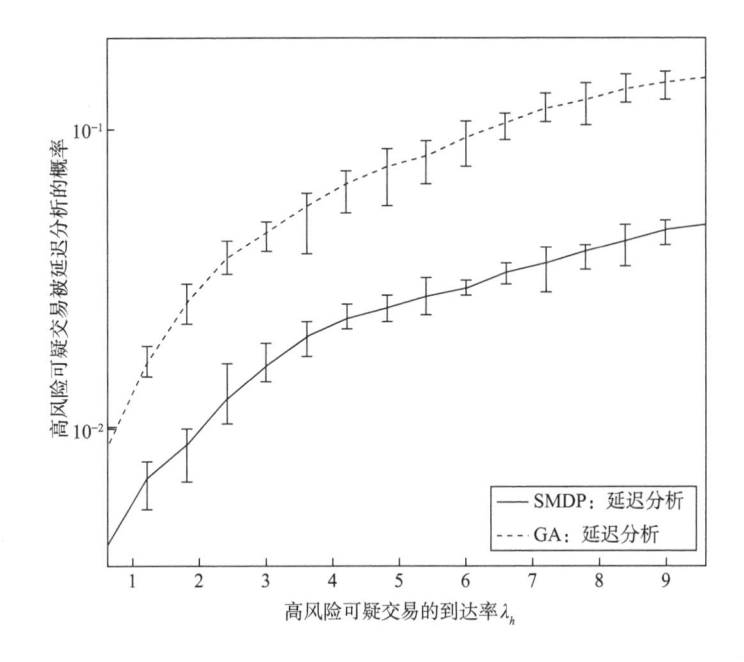

图 8-8　高风险可疑交易被延迟分析的概率（$\lambda_l=5$、$\mu=6$、$K=6$）

综上，从高风险可疑交易的到达率角度看，在对高风险可疑交易进行分析时，8.3.2 节构建的反洗钱资源动态自适应优化配置模型比基于贪婪算法的模型能获得更高的整体系统收益和更低的延迟分析概率。

下面继续从系统可用的反洗钱资源块数量（即 K 值）变化的角度，进一步对两个模型的性能进行对比验证。

图 8-9 显示，当系统的 AMLRU 数量不超过 8 个（即 $K\leqslant 8$）时，随着 K 值的增加，本节构建的反洗钱资源动态自适应优化配置模型因分析高风险可疑交易而获得的系统收益也迅速增加。但当 $K>8$ 时，随着 K 值的增加，该模型分析高风险可疑交易的收益增加速率逐步减缓。此外，本节构建的模型分析高风险可疑交易获得的收益平均高于基于贪婪算法模型的收益 20%。

图 8-10 显示，本节构建的模型对高风险可疑交易的延迟分析概率平均低于基于贪婪算法的模型 20%。

综上，从系统可用的 AMLRU 数量角度，同样验证了随着系统反洗钱资源的增加，本节提出的基于 SMDP 的反洗钱资源动态自适应优化配置模型的性能优于基于贪婪算法的反洗钱资源配置模型。

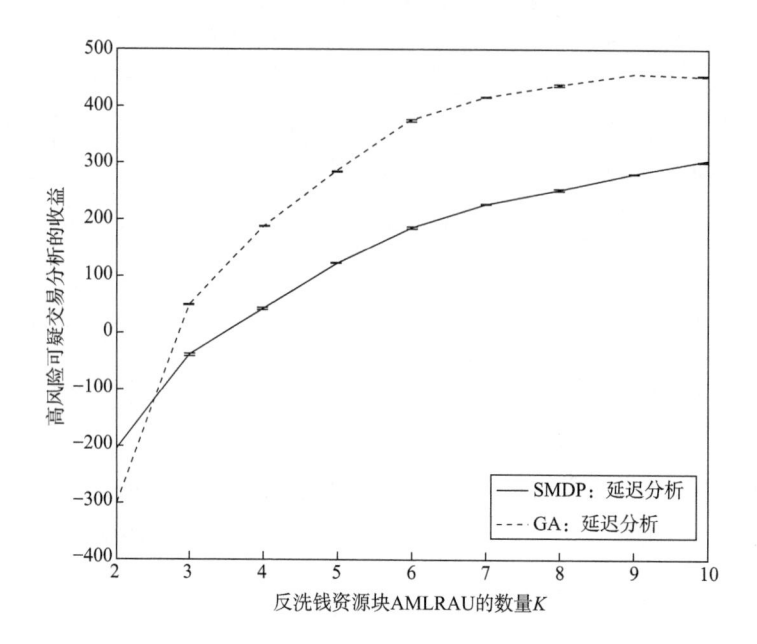

图 8-9　高风险可疑交易分析的收益（$\lambda_h = 2$、$\lambda_l = 5$、$\mu = 6$）

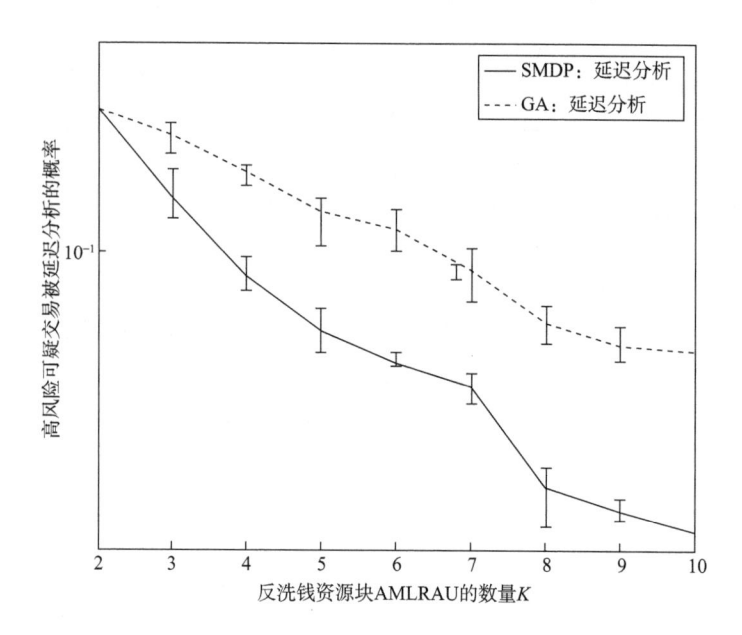

图 8-10　高风险可疑交易被延迟分析的概率（$\lambda_h = 2$、$\lambda_l = 5$、$\mu = 6$）

8.4 本章小结

在"风险为本"反洗钱监管背景下,结合现行的可疑交易报告制度安排,研究自贸区金融机构在提高可疑交易监测分析效率和反洗钱工作效能的同时降低反洗钱合规成本。本章利用 SMDP 分别提出了自贸区金融机构反洗钱资源静态固定配置和动态自适应优化配置模型,主要贡献如下:第一,反洗钱资源静态固定配置模型,考虑了资源分配过程中不同风险程度的可疑交易到达率、处理率及服务时间,并将其作为收益衡量指标予以优化,给出最优策略的解决方法,确定特定状态下的行为,从而最大化系统的长期收益。第二,反洗钱资源动态自适应优化配置模型,将资源分配过程中可疑交易的风险级别和系统对于可疑交易的分析处理时间作为收益的衡量指标予以优化,给出最优策略解决方案,并分析系统整体收益。对模型进行的仿真实验表明,与基于贪婪算法的反洗钱资源配置模型比较,本章提出的反洗钱资源动态自适应优化配置模型的性能提高了 20%,其具体表现是系统分析高风险可疑交易的整体收益水平上升和延迟分析率下降。

本章研究是自贸区金融机构如何进行反洗钱资源优化调配并给出最优策略的首次尝试。国家要以风险为导向,加快构建"事前""事中""事后"的全链条洗钱风险防控体系,将有限的监管资源优先投入高风险领域,切实提高反洗钱工作实效。

第 9 章 专题六：自贸区反洗钱监管机制设计

在自贸区的特殊优惠政策和宽松监管体制下，洗钱等经济犯罪活动有机可乘，将给地区经济、政治和社会稳定带来负面影响。我国自贸区处于建设初期，各项制度与规定仍在不断探索和完善中，做好高水平反洗钱监管工作显得尤为重要和迫切。基于此，本章首先梳理自贸区主要的洗钱犯罪方式，其次分析当前我国自贸区反洗钱监管现状，借鉴美国、德国、英国等国家和联合国、FATF、欧盟、巴塞尔银行监管委员会等国际组织的自贸区反洗钱监管经验与做法，提出我国自贸区反洗钱监管机制构想，为促进我国自贸区持续高质量发展保驾护航。

9.1 自贸区洗钱犯罪的主要方式

自贸区洗钱犯罪主要表现为利用离岸中心优惠政策洗钱、骗取出口退税洗钱、国际进出口贸易洗钱、利用公司交易洗钱和虚开增值税发票洗钱等方式。从发生率看，空壳公司（shell company）交易洗钱和骗取出口退税洗钱等案件发生率高、涉案金额大、涉案企业多、涉案地域广，危害日益严重。同时，走私洗钱活动依然十分猖獗，其复合型、集团化、职业化、链条化、信息化特点逐步凸显，打击难度进一步加大。

9.1.1 利用离岸中心优惠政策洗钱

离岸中心（offshore center）被称为"避税天堂"，是洗钱风险的高发地。离岸公司是在离岸中心设立的空壳公司，具有设立条件简单、不需实际办公地址、出资起点低、对设立人没有国籍限制，甚至允许匿名股东、不需报送账务报表等特点，还有较强的保密性（王怡靓，2018）。因此，洗钱者会利用离岸金融中心的保密规定来隐匿实际控制人或受益所有人，从而达到洗钱的目的。联合国毒品和犯罪问题办公室指出，这些金融避风港和银行保密机制都是洗钱者的"工具包"。在美国，每年估计有4 000万~7 000万美元税收通过离岸中心逃避了美国国家税务局（Internal Revenue Service，IRS）的征管（崔晓静，2014）。

离岸中心建设在不断实施开放政策、促进跨境贸易和提升资金配置效率的同时，也给犯罪分子洗钱提供了空间。第一，离岸中心便利的贸易政策和简化的行政流程，对追踪贸易链和受益所有人造成很大困扰，加大了反洗钱的监测和调查难度。第二，便捷的跨境融资渠道，为掩护洗钱资金的转移提供了渠道，加大了非法资金的追溯难度。第三，较强的保密制度，使得管理部门只掌握离岸公司少量的法人信息，这种不充分的审查和批准程序会使非法公司绕过反洗钱监管规定，使不法分子通过离岸中心进行洗钱犯罪的风险增大。此外，Chernykh和Mityakov（2017）还指出，离岸中心的银行业务与客户公司逃税、洗钱之间有着密切联系，与传统的金融业务（如商业借款和吸收存款）相比，银行的离岸业务更有助于将非法资金转移到海外，用于公司洗钱行为。

9.1.2　骗取出口退税洗钱

骗取出口退税罪是指故意违反税收法规，采取以假报出口等欺骗手段，骗取国家出口退税款、数额较大的行为。骗取出口退税犯罪不仅侵犯了国家的出口退税制度，还侵犯了国家外贸经济秩序和国家财产所有权，其实质是以虚假手段骗取国库收入。同时，骗取出口退税犯罪是涉税犯罪中环节最多、技术性最强、最易获取暴利的犯罪，业已成为由各个不同的犯罪主体在不同环节实施相互关联的不同犯罪行为的"罪群"。

从理论上说，骗取出口退税犯罪是洗钱的上游犯罪，洗钱活动清洗的对象是骗取的出口退税款。根据俞光远（2007）和中国人民银行海口中心支行课题组（2013）的研究，在我国，通过骗取出口退税进行洗钱的手法主要有以下三种：一是将骗取的退税款以现金方式在黑市购买外汇，通过个人账户或其他方式转移到境外，再以出口收汇的名义汇回，以骗取出口退税，开始新一轮的跨境洗钱循环；二是通过非法金融机构将非法资金汇出或汇入；三是分散投资，化整为零，再与合法收益混合，完成非法资金清洗。骗取出口退税洗钱的直接恶果是国家税收减少及外汇流失、扰乱外贸外经秩序，甚至对金融市场造成冲击。

9.1.3 国际贸易洗钱

国际贸易具有参与主体多、交易程序复杂、时空跨度大、涉及面广、贸易融资渠道多样等特点，加之联合打击跨国（境）洗钱犯罪的国际司法援助制度的不完善，注定了国际贸易对洗钱者有着巨大的诱惑力。高增安（2007c，2008，2009，2011）、Gao 和 Weng（2006）及 Gao（2008）等系列成果对基于国际进出口贸易的洗钱和恐怖融资进行了较系统、全面、深入的理论、实证与应用研究，发现贸易洗钱是洗钱与表面上正常、合法贸易的有机结合，并集洗钱、欺诈、单证伪造、涉税犯罪、货物走私等于一体，而构成自组织的犯罪体系。贸易洗钱本质上也不只是非法收益合法化的途径，而演变为典型的非传统安全威胁、犯罪的放大器和市场经济体系最大的漏洞，因而大大促成了洗钱犯罪的全球化趋势和贸易经济的犯罪化趋势。可以说，国际贸易发展到哪里，洗钱就蔓延到哪里；贸易赚钱的方法有多少，洗钱的手法就有多少，贸易促进条件也是贸易洗钱的便利条件；洗钱贯穿于贸易的每一个环节和每一种方式，并随贸易的发展而渗透到了世界的每一个角落，严重威胁到世界贸易体系的正常运行。洗钱甚至成为某些贸易的出发点和归宿点。

9.1.4 公司交易洗钱

公司经理或所有者盗窃公司财产也是洗钱的一种形式，会造成国家财政重大损失（Desai et al.，2007）。Mironov（2013）发现，公司会通过向短命的空壳公司转移资金以达到洗钱的目的。Braguinsky 和 Mityakov（2015）也指出，私营企业的雇员薪酬与公司洗钱有着密切的联系。根据国家税务总局估算，外资企业和私营企业出于避税目的将收入转移到境外导致的税收损失每年不下 1 000 亿元人民币，约占全国每年清洗到国外的黑钱的 50%（中国人民银行海口中心支行课题组，2013）。

将单位账户资金转入个人账户，再提取现金，既能逃税，也能洗钱。由个人账户代收公司货款，能隐瞒公司真实收入，同样达到逃税目的。王怡靓（2018）指出，洗钱犯罪在公司交易中有五个特点：第一，个人账户结算对公资金，即名义上是个人账户，实际上用于公司结算；第二，以员工名义在银行柜面分批开立结算账户，并将单位账户资金转入这些活期账户中，然后取现或转给公司少数高级管理人员；第三，对公账户频繁向个人账户转入大额资金，再通过本票或现金形式转入公司高管个人账户；第四，个人账户资金进出频繁且金额基本一致，主要用于过渡资金而非正常的个人结算；第五，资金交易量与企业注册资本和经营规模明显不符，交易对手众多且不固定，交易对手名称与可疑主体经营范围相关性不高。

9.1.5 虚开增值税发票洗钱

虚开增值税专用发票是指为他人虚开、为自己虚开、让他人为自己虚开、介绍他人虚开增值税专用发票的行为。不法分子会通过伪造收购清单和销售凭证等证明文件，虚开增值税发票和其他可抵扣税款的发票，进行"洗票"活动，把发票"洗白"，从而实施洗钱犯罪。梅德祥（2018）统计分析国家税务机关公布的数据发现：2014年10月至2018年，税务机关公布"黑名单"案件共10 340件；2017年认定虚开和接受虚开增值税专用发票及其他可抵扣凭证584万份，涉及税额1 205亿元；2018年上半年，国家税务总局公布"黑名单"案件2 781件，比上年同期增长80%。

许井荣（2019）针对2018年7月12日江苏省连云港市连云区人民法院审理的一起虚开增值税发票案，发现涉案人员许某、陈某的洗钱犯罪手法主要有以下几种：第一，犯罪分子注册控制会计公司，提供皮包公司注册、代理记账、申领和虚开增值税发票"一条龙"服务，规避税侦部门的监管；第二，犯罪分子购买居民身份证，冒名注册大量网银账户并交替使用，规避开户行的监测；第三，犯罪分子利用网络聊天工具非实名地与受票企业商讨虚开增值税发票事宜，规避相关部门的管理和追踪；第四，犯罪分子租赁无关人员的账户用于手续费接收，手续费到账后立刻提现，切断资金流与自身的关联。

9.2 我国自贸区反洗钱监管现状

9.2.1 我国反洗钱法律框架体系

随着经济的发展，洗钱犯罪日益猖獗。为适应形势发展需要，我国出台了一系列反洗钱法律制度，不断为打击洗钱活动夯实完善法治基础，相关工作成绩、成果、成效受到FATF的高度肯定。目前，我国反洗钱法律制度包括三个层级。

一是由全国人民代表大会及其常务委员会通过的法律。1995年通过并经修正后于2004年2月1日起施行的《中国人民银行法》规定了人民银行"指导、部署金融业反洗钱工作，负责反洗钱的资金监测"的责任。2007年1月1日起正式施行的《中华人民共和国反洗钱法》规定了我国反洗钱工作的框架、原则和内容，奠定了我国预防和控制洗钱法律体系建设的基本框架。2015年12月27日第十二届全国人民代表大会常务委员会第十八次会议通过，2018年4月27日第十三届全国人民代表大会常务委员会第二次会议修正的《中华人民共和国反恐怖主义法》就反恐融资及相关监督职责、涉恐资产冻结义务、反恐融资国际合作等事项做出了规定。

二是由国务院颁布的涉及反洗钱工作的行政法规。具体包括《非法金融机构和非法金融业务取缔办法》（1998年）、《金融违法行为处罚办法》（1999年）、《个人存款账户实名制规定》（2000年）、《国务院办公厅关于完善反洗钱、反恐怖融资、反逃税监管体制机制的意见》（2017年）等。

三是由中国人民银行等主管部门制定，或由其会同国务院相关部门颁布的规章和规范性文件。其中，《金融机构反洗钱规定》（2006年）、《金融机构客户身份识别和客户身份资料及交易记录保存管理办法》（2007年）、《金融机构报告涉嫌恐怖融资的可疑交易管理办法》（2007年）、《金融机构大额交易和可疑交易报告管理办法》（2016年）等明确了对金融机构的反洗钱监管要求，标志着中国反洗钱工作开始步入制度化轨道。此外，中国人民银行先后印发了《反洗钱调查实施细则（试行）》《支付机构反洗钱和反恐怖融资管理办法》《金融机构反洗钱监督管理办法（试行）》《执法检查程序规定》等文件，促进了我国反洗钱监管执法的规范化运行。近年来，为深入践行"风险为本"反洗钱监管理念，中国人民银行发布《关于加强反洗钱客户身份识别有关工作的通知》《关于进一步做好受益所有人身份识别工作有关问题的通知》《关于加强开户管理及可疑交易控制措施的通知》《金融机构洗钱和恐怖融资风险评估及客户分类管理指引》《关于进一步加强反洗钱和反恐怖融资工作的通知》等文件，进一步强化反洗钱监管要求；会同银保监会、证监会联合发布《互联网金融从业机构反洗钱和反恐怖融资管理办法（试行）》；印发《法人金融机构洗钱和恐怖融资风险评估管理办法（试行）》《法人金融机构洗钱和恐怖融资风险管理指引（试行）》等规范性文件。

我国反洗钱制度逐步从金融行业扩展到特定非金融行业，形成了以国家反洗钱法律为核心，多层级规章和规范性文件互为补充的反洗钱法律框架体系，但尚未与国际完全接轨，相关工作仍然任重而道远。

9.2.2 我国自贸区反洗钱监管规制

我国针对自贸区的金融、贸易、投资等主要业务领域，不断探索完善反洗钱监管规制体系，促进自贸区各项业务健康有序发展，特别是为创新性业务发展营造公平、可及、可预期的国际化、法治化、便利化营商环境。

1. 金融领域自贸区反洗钱相关规制

金融方面，中国人民银行《关于金融支持中国自由贸易试验区建设的意见》提出自贸区内金融机构和特定非金融机构应按照法律法规要求切实履行反洗钱、反恐融资、反逃税等义务，向人民银行和其他金融监管部门报送资产负债表及相关业务信息，配合金融监管部门密切关注跨境异常资金流动。中国人民银行上海总部《关于切实做好中国（上海）自由贸易试验区反洗钱和反恐怖融资工作的通知》明确了自贸区内业务机构的反洗钱和反恐怖融资业务，贯彻了"风险为本"的反洗钱工作要求，有利于合理评估和有效控制自贸区业务可能隐含的洗钱风险。该通知同样强调要与当地自贸区管委会、海关、税务、工商等部门信息共享，建立反洗钱工作交流合作机制。

中国人民银行《关于全口径跨境融资宏观审慎管理有关事宜的通知》、中国银监会办公厅《关于自由贸易试验区银行业监管有关事项的通知》、国家外汇管理局《跨国公司跨境资金集中运营管理规定》、国家发展改革委《关于推进企业发行外债备案登记制管理改革的通知》等文件关注了跨境资本流动中出现的苗头性、倾向性、潜在性问题，提出加强事中事后监管，实施外债和境外放款宏观审慎管理。各自贸区内中国人民银行分行和国家外汇管理局分局发布的《关于支持中国自由贸易试验区扩大人民币跨境使用的通知》《进一步推进中国自由贸易试验区外汇管理改革试点实施细则》等文件贯彻落实跨境人民币业务监管职能，对跨境人民币贷款实行非现场监管和现场检查。具体针对各自贸区的管理办法，如《关于上海市支付机构开展跨境人民币支付业务的实施意见》《上海市金融机构自贸试验区业务反洗钱措施评估试行办法》《中国（上海）自由贸易试验区分账核算业务境外融资与跨境资金流动宏观审慎管理实施细则（试行）》《中国（上海）自由贸易试验区分账核算业务实施细则（试行）》《中国（上海）自由贸易试验区分账核算业务风险审慎管理细则（试行）》《中国（上海）自由贸易试验区业务风险评估指导意见（试行）》《广东南沙、横琴新区跨境人民币贷款业务试点管理暂行办法》《福建省特殊经济区域台资企业资本项目管理便利化试点实施细则》《厦门跨境人民币贷款业务试点暂行管理办法》等文件，则加强了跨境资金流动等方面的风险防控，对宏观审慎管理金融机构跨境融资做出了更为明确的要求。

2. 贸易领域自贸区反洗钱相关规制

贸易方面，国务院颁布的《优化营商环境条例》《关于印发优化口岸营商环境促进跨境贸易便利化工作方案的通知》《关于"先照后证"改革后加强事中事后监管的意见》、中国海事局《关于放开自由贸易试验区国际登记船舶入级检验有关事项的公告》、海关总署《海关特殊监管区域和保税监管场所保税货物流转管理》《关于出境加工业务有关问题的公告》《关于支持和促进中国自由贸易试验区建设发展的若干措施》、中国证监会《在自由贸易试验区开展"证照分离"改革全覆盖试点工作实施方案》、商务部《在自由贸易试验区开展"证照分离"改革全覆盖试点工作的实施方案》等指导方案,明确了货物流转监管和企业经营许可事项的具体事宜,实行"一次备案多次使用"和"证照分离"制度,加强对风险的跟踪预警。具体针对各自贸区的管理办法,如《中国(上海)自由贸易试验区跨境服务贸易负面清单管理模式实施办法》《进一步优化上海市机电类自动进口许可证申领和通关工作完善跨境贸易营商环境实施办法》《中国(上海)自由贸易试验区大宗商品现货市场交易管理规则(试行)》《厦门市人民政府办公厅关于印发厦门市提升跨境贸易便利化实施方案的通知》《厦门检验检疫局中国(福建)自由贸易试验区厦门片区进口商品检验监管办法(试行)》等管理办法,提出按照职责分工,建立重大情况通报机制和风险预警机制,实行"双随机、一公开"的监管模式,进一步优化监管执法流程,逐步由"串联执法"转为"并联执法",加强事中事后监管,建设跨境服务贸易监管体系。

3. 投资领域自贸区反洗钱相关规制

投资方面,国务院颁布的《中华人民共和国外商投资法实施条例》《关于进一步做好利用外资工作的意见》《关于进一步引导和规范境外投资方向的指导意见》《关于创新投资管理方式建立协同监管机制的若干意见》《关于促进创业投资持续健康发展的若干意见》《自由贸易试验区外商投资国家安全审查试行办法》、国家外汇管理局《关于改革外商投资企业外汇资本金结汇管理方式的通知》、商务部《外商投资企业设立及变更备案管理暂行办法》《自由贸易试验区外商投资备案管理办法》、国家外汇管理局《跨国公司外汇资金集中运营管理规定》等法规和规章,共同建立起外商投资安全审查体系,对影响或者可能影响国家安全的外商投资进行安全审查。上海、天津、福建自贸区分别公布了《中国自由贸易试验区境外投资管理办法》《中国自由贸易试验区境外投资项目备案管理办法》,其中,上海发布了《中国(上海)自由贸易试验区境外投资开办企业备案管理办法》《自贸区跨境债券业务登记托管、清算结算实施细则》《中国(上海)自由贸易试验区外商投资企业备案管理办法》《中国(上海)自由贸易试验区外商投资项目备案管理办法》《银行间市场清算所股份有限公司上海自贸区跨境债券业务登记托管、清算结算业务指南》《银行间市场清算所股份有限公司中国（上海）自由贸易试验区跨境债券业务登记托管、清算结算实施细则》等更为完善的办法和细则，规定由外国投资者并购境内企业安全审查部际联席会议具体承担自贸试验区的外商投资安全审查工作。

4. 其他领域自贸区反洗钱相关规制

国务院办公厅《关于推广随机抽查规范事中事后监管的通知》、工商总局《关于新形势下推进监管方式改革创新的意见》提出，大力推广随机抽查，规范监管行为，创新管理方式。此外，《上海市工商行政管理局综合监管随机抽查试行办法》《关于进一步优化中国（上海）自由贸易试验区银行业机构和高管准入监管的通知》《上海市事中事后综合监管平台建设工作方案》《进一步深化中国（上海）自由贸易试验区和浦东新区事中事后监管体系建设总体方案》《在中国（上海）自由贸易试验区深化推进工商登记前置审批改为后置审批工作实施方案》《中国（广东）自由贸易试验区保险机构和高级管理人员审批备案管理办法》《厦门海关推进中国（福建）自由贸易试验区厦门片区建设监管服务改革方案》《中国（福建）自由贸易试验区监管信息共享管理试行办法》等各自贸区印发的文件，建立了信息共享机制，提出了高危行业、重点工程、重点领域的风险监测评估、风险预警跟踪、风险防范联动机制，完善了自贸区内的风险防控基础制度体系，其中，《海关总署关于优化汇总征税制度的公告》（2017年第45号）、《中国（上海）自由贸易试验区内企业非货币性资产投资资产评估增值企业所得税政策备案事项操作规程（试行）》、《关于加强中国（福建）自由贸易试验区税收事项事中事后监管措施的意见》等规章以风险管理为导向，适应简政放权后的税收管理与服务新形势，探索完善税收风险防控运行机制，进一步明确各级各部门的风险管理职责，梳理完善风险管理导向下的税收征管流程。

9.2.3 我国自贸区反洗钱监管缺陷

一是国家缺乏实施自贸区反洗钱工作的整体细则。上海作为第一批建设的自贸区，相比于之后的自贸区而言拥有较为完善的反洗钱制度体系。但除了2014年2月28日发布的《中国人民银行上海总部关于切实做好中国（上海）自由贸易试验区反洗钱和反恐怖融资工作的通知》外，后续建设的自贸区缺乏完善的直接与反洗钱相关的管理办法和细则。

二是自贸区现有的反洗钱管理办法涵盖内容不够广泛且过于笼统。目前大多集中在金融方面的反洗钱监管，近年来逐步向投资、贸易方面的监管发展，但仍缺乏针对房地产、贵金属等领域特定非金融机构的监管细则。此外，与自贸区反洗钱监管有关的管理办法通常过于笼统，没有具体的操作规程，在实际应用中有一定的困难。

三是监管政策无法完全匹配现有的自贸区发展模式。传统的反洗钱监管方式主要是大额和可疑交易报告制度、现场检查和非现场监管等，而自贸区通常涉及大宗商品贸易，容易造成无谓的监管成本。此外，在自贸区内经营业务的除了本国居民外还有大量的离岸机构，现有的风险评估制度和监控措施在非居民机构方面存在一定缺失。洗钱分子通过离岸金融中心在地区之间多次转移资金，调查机构在调查资金之间的联系和资金背后的非法行为上也受到阻碍（童文俊，2014）。

四是自贸区内监管力度放松所带来的洗钱风险。为提高开放度和透明度，持续深化"放管服"改革，自贸区按照直接取消审批、审批改为备案、实行告知承诺、优化审批服务四种方式分类推进改革，由此带来的监管不足容易增加利用自贸区进行贸易洗钱的风险。

五是系统和部门协调存在一定的难度。目前，自贸区内初步建立了以人民银行为核心，海关、税务、工商、自贸区管委会等部门共同合作的反洗钱监管机制，但是这些部门在政策和操作层面的协调客观上还存在一定困难。同时，作为我国的金融情报中心，中国反洗钱监测分析中心与美国 FinCEN 相比，在采集洗钱信息、分析大数据的软件技术方面还有一定的差距（朱军，2017）。

六是我国现行反洗钱法律制度没有完全与国际接轨，其最主要的表现是，《刑法》中洗钱罪的上游犯罪仅限于七种，不利于全面打击洗钱犯罪。

9.3 境外自贸区反洗钱监管经验借鉴

9.3.1 美国经验

1. 美国自贸区反洗钱监管概况

美国是全世界洗钱犯罪的摇篮，也是洗钱犯罪最为多发的国家之一，其历史可以追溯到 20 世纪 20 年代芝加哥以阿里·卡彭、约·多里奥、勒基·鲁西诺等为首的有组织犯罪集团利用洗衣店清洗贩毒所得。美国共有 276 个自贸区，已经形成了较为严密的反洗钱法律法规体系。2001 年"9·11"恐怖袭击事件发生后，美国空前重视反洗钱和反恐融资，出台了一系列严格的举措。美国财政部所属的 FinCEN 是美国反洗钱工作体系的核心和金融情报中心，其主要职责是收集、分析处理来自各个金融机构和执法部门的洗钱情报;与执法机关配合开展调查;代表财政部制定相关行政法规;开展反洗钱国际合作。在美国反洗钱法规体系下,反洗钱职能由财政部、海关总署、司法部、联邦调查局等多部门共同承担。

2. 美国反洗钱法律体系

美国的自贸区起步早、发展快,《自贸区》法案早在1934年即已颁布。随着自贸区金融市场的迅速发展,洗钱活动日渐增多。为此,美国相继制定和出台了严密的多层次反洗钱法律法规。1956年通过《麻醉品控制法》,拉开反洗钱监管序幕;1970年《银行保密法》提出对银行保密原则进行改进;1986年《洗钱控制法》第一次正式将隐瞒或掩饰犯罪收益的洗钱行为确定为犯罪;1999年通过《反洗钱法》,授权财政部和司法部联合工作组负责制定对涉嫌参与洗钱的金融机构进行监控和账户控制的具体措施;2001年"9·11"恐怖袭击事件后颁布《爱国者法案》(Uniting and Strengthening America by Providing Appropriate Tools Required to Intercept and Obstruct Terrorism Act of 2001,简称 The Patriot Act),对客户识别、可疑行为报告(suspicious activity report,SAR)、金融犯罪信息化网络构建等提出更为严格的要求,并对洗钱行为提出更严厉的惩罚措施。近年来,美国对反洗钱立法更加重视。2017年11月,为实现和加强反洗钱与反恐融资制度,出台《反洗钱与反恐融资现代化法案》,对反洗钱反馈机制提出新的要求。2018年1月,美国国会审议了一项新的法案《反恐怖主义和非法金融》,该法案侧重于金融机构、监管机构和执法机构之间的关系,主要集中在完善《银行保密法》及其关于反洗钱、反恐融资的框架体系,这是《爱国者法案》出台以来对《银行保密法》进行的最重大的修改。美国国会更是提出,需要不断更新FinCEN 的职能和权责,以适应21世纪反洗钱和反恐融资的需要。

除了美国国会制定的法律,美国的政府部门也参与制定了一系列法规,用以规范金融主体的行为。相关监管机构和行业组织制定了内部反洗钱行业准则,监管机构按照操作性准则和相关规范对金融机构进行反洗钱监管。2010年,FinCEN 发布《向金融机构提供贸易洗钱可疑报告的建议》,以通报案例的方式,协助金融机构上报涉嫌贸易洗钱的行为。该建议特别指出,其详述的活动类型基于美国与中南美洲贸易的具体执法经验但决不局限于这些地区,并建议金融机构采取适当措施以降低类似活动在全球范围内发生的风险。巴拿马贸易洗钱可疑交易报告总数排名第三,该建议将其原因归结为巴拿马科隆自由贸易区的洗钱活动增多。在"黑市比索交易"中,自贸区也提供了潜在条件,其中美国、韩国、西班牙等设立自贸区的国家(地区)此类问题更为严重。

《美国反洗钱指南》第一版已经发行十余年,旨在为基本的反洗钱问题提供简明扼要的答案。2017 年，第六版对一系列反洗钱新话题和扩展的反洗钱问题进行了解答，结合 FATF 在 2010 年发布的《自贸区的反洗钱漏洞》详细介绍了自由贸易区的反洗钱问题。反大规模杀伤性武器扩散融资报告指出，当前存在滥用自由贸易区交易、在出口管制薄弱的国家存在扩散融资的情况，并提出了控制扩散融资风险的应对措施。

3. 美国反洗钱监管组织体系

从全球来看，美国是拥有最完善的反洗钱监管组织体系的国家之一。美国的反洗钱监管工作由行业监管部门负责组织实施。美国财政部作为反洗钱的主导部门，有义务协调其他行业监管部门的反洗钱工作，其下设机构包括货币监理署、海外资产控制办公室、FinCEN 等，其中 FinCEN 是全国的金融情报中心。财政部、国土安全部和司法部共同组成反洗钱执法机构，由国土安全部负责防范打击恐怖融资洗钱活动，司法部负责对洗钱犯罪提起诉讼并予以惩罚。以上部门与国税局、美联储、联邦调查局等其他行业主管部门，共同构成了美国"蛛网式"反洗钱监管体系（图 9-1）。各监管部门之间通过信息共享，形成相互补充、相互配合的网络结构。反洗钱监管机构设置的多样化，既有利于各个部门有效发挥自己的监管特长，又能避免职责重复，减少监管漏洞。

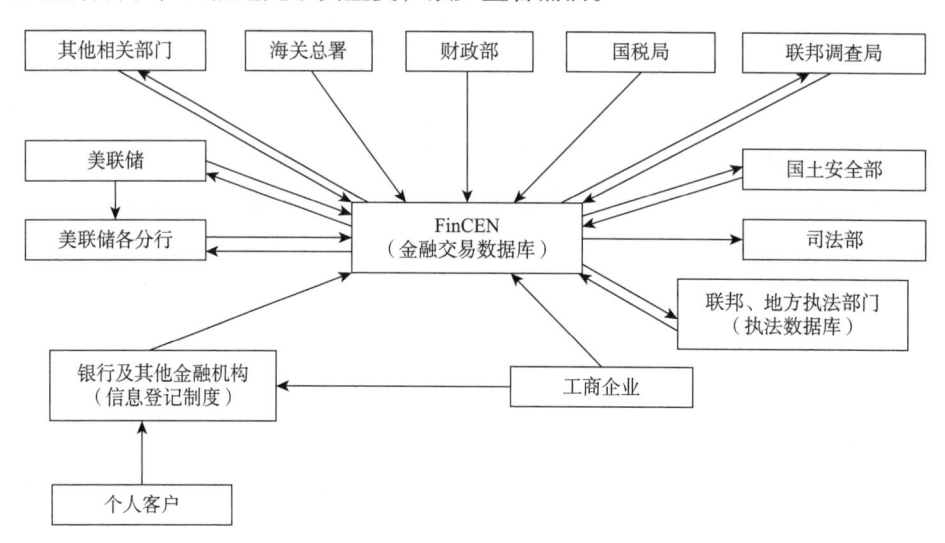

图 9-1 美国"蛛网式"反洗钱监管体系
单线、双线表示情报数据交换关系

自贸区内的贸易、投资等活动具有跨境特点。在自贸区的反洗钱监管方面，美国除了依靠国内的监管机构网络，还积极与区域性组织进行合作和交流，建立反洗钱监管国际合作机制。2015 年，美洲药物滥用管制委员会和美洲反恐怖主义委员会共同就反洗钱和反恐融资举办了两次区域会谈。一次在美国，主要是对打击非法金融、网络犯罪和恐怖主义活动进行充分商讨；另一次是巴拿马、危地马拉、哥斯达黎加、哥伦比亚等 34 个与会国共同讨论了与自由贸易区有关的洗钱风险。会谈结束后，美洲药物滥用管制委员会发布了《国际麻醉品管制战略报告》，对美国应采取何种行动以消除自贸区内的反洗钱障碍提出了建议。

4. 美国反洗钱监管措施

概括起来，美国的自贸区反洗钱监管措施主要侧重以下三个方面。

第一，市场准入监管。监管机构严格审查自贸区内的金融机构和各类企业的高管任职资格、控股股东是否有洗钱在案记录或者与犯罪集团有所联系，以避免洗钱者或者犯罪集团通过经营企业从事洗钱犯罪，防止金融机构主动参与洗钱活动。同时，监管机构对于新设立的金融机构和企业也有所要求，尤其是金融机构必须完善自身的反洗钱组织框架和内控制度，保证自己能够有效采取反洗钱行动，才能进入市场。

第二，行业准则指引。美国监管机构通过发布行业准则对金融等行业的反洗钱进行指导。金融机构通过制定反洗钱具体流程、总结反洗钱实践经验，提出具体的操作规范；监管机构将金融机构反洗钱工作与业务规范相结合，制定相关规则。通过反洗钱工作实践的不断深入，监管机构所制定的行业准则也不断更新。

第三，定期检查评估。反洗钱监管部门对金融机构的反洗钱工作进行定期检查评估，如对内控制度、客户身份识别、客户身份信息资料及交易记录保存、大额和可疑交易报告、反洗钱宣传与培训等情况进行了解评估。如果在定期的审查和评估中发现问题，在要求相关金融机构进行整改的同时，还会处以一定的惩罚。

以上监管措施除了适用于美国的自贸区反洗钱外，也普遍适用于美国除自贸区外的反洗钱工作。随着对自贸区反洗钱问题研究的不断深入，美国针对自贸区的反洗钱监管措施日益健全。例如，通过升级自贸区内的各类机构，包括海关、金融机构、标准认证机构、竞争政策机构等，在自贸区反洗钱上首先赢得竞争优势；在处理自贸区内交易时，无论对高风险还是低风险的客户，凡是涉及大笔资金，包括现金、第三方支票和电汇支票，银行和其他金融机构都更加强化尽职调查。近年来，FinCEN 开始采用地理定位指令（geographic targeting order，GTO）处理自贸区内长期和急性洗钱威胁。GTO 需要对美国国内金融机构或者国际金融机构提出额外但有时限的交易记录进行保存和报告，在没有延期的情况下，最多保留 180 天。

5. 美国反洗钱激励机制

美国监管机构对于违反反洗钱法规的反向激励非常严厉。根据《银行保密法》，美国对洗钱犯罪活动的罚金如表 9-1 所示。除此之外，在最严重的情况下，还可能面临银行被吊销执照、个人被解雇的风险。

表 9-1 美国相关法律对洗钱犯罪活动的罚金计算细则

涉及的洗钱犯罪类型	处罚对象	处罚力度
未保留有关数据记录	违规金融机构和人员	不超过 1 000 美元
未报告货币工具的转移交易	违规金融机构和人员	交易总额减去没收金额
违反《爱国者法案》中的信息共享准则	违规金融机构和人员	2 500 美元/天
未对与金融机构的往来进行登记	相关负责人	最多为每笔交易 5 000 美元/天
未报告与国外金融机构的交易情况	违规人员	交易总额（小于 10 万美元）或 2.5 万美元

资料来源：张红军.2005.美国反洗钱惩罚机制对我国的借鉴意义[J].经济管理，（24）：77-81

6. 简要评价

美国是最早从法律层面进行反洗钱监管立法的国家，也是目前处罚最严厉的国家。美国不仅从法律上界定了洗钱犯罪活动的性质、规定了金融机构的反洗钱义务，对反洗钱的技术支持也是巨大的。美国对金融情报工作非常重视，为打击洗钱犯罪提供了很多有价值的线索。美国对被监管对象的违规处罚非常严厉，一定程度上迫使义务主体对监管要求不敢怠慢。同时，监管机构过度重视每起案件的细节，对于整个反洗钱体制机制的风险防范不足，因而很难更有效地提高义务主体的主观能动性。

9.3.2 德国经验

1. 德国自贸区反洗钱监管概况

德国是欧元区的主要成员国，对有组织的犯罪分子和逃税者具有较大吸引力。许多研究表明，德国由于经济规模大、金融机构先进、国际联系紧密，易受洗钱和恐怖融资的困扰。德国虽然不是主要的毒品生产国，但却是毒品的重要消费国和麻醉品的主要转运中心。德国有不来梅港、库克斯港、代根多夫、杜伊斯堡、汉堡等自贸区，洗钱者通过空壳公司、信托公司、控股公司和基金会等掩盖资产及现金来源的情况十分普遍。德国从 1992 年开始开展国家层面的反洗钱工作，监管成效较显著，在 FATF 成员国中具有一定代表性。

2. 德国反洗钱法律体系

德国作为欧盟成员国和全球大国，为建立健全反洗钱法律制度做出了巨大努力。1992 年颁布《防止毒品贩运与其他形式的有组织犯罪法》，旨在改善剥夺犯罪分子所得收益的法律手段。1993 年出台《反洗钱法》，至此基本奠定了德国反洗钱的法律基础。2002 年颁布旨在提高当局打击洗钱和恐怖融资能力的若干法律，其中比较典型的是《加强反洗钱与反恐融资法》。这些法律基本与欧盟第一号和第二号反洗钱指令一致。德国的立法已完全纳入 FATF 关于洗钱的四十条建议，并采取积极措施打击恐怖融资。

针对自贸区，德国有两部法律专门用于监测货币和流通票据的跨境实物运输，分别适用于德国与非欧盟国家之间的流动和欧盟国家内部的流动，前者需要声明义务，后者需要承担披露义务。在自贸区反洗钱的其他法律法规方面，与上述制止跨境洗钱的法律要求相似，德国也将重点放在对货币的跨境运输监管上，对洗钱活动实施严格的监管。

3. 德国反洗钱监管组织体系

2022 年 5 月 1 日，德国联邦银行监管局（Die Bundesaufsichtsamt für das Kreditwesen，BAKred）、联邦保险监管局（Die Bundesaufsichtsamt für das Versicherungswesen，BAV）、联邦证券监管局（Die Bundesaufsichtsamt für das Wertpapierhandel，BAEe）合并为联邦金融监管局（The Federal Financial Supervisory Authority，BaFin）。BaFin 是德国的一个独立的联邦机构，负责监管全国 2 700 家银行、800 家金融服务机构和超过 700 家保险企业，并受德国联邦财政部监督。BaFin 依照反洗钱相关立法要求编制德国所有银行账户信息登记表。2003 年，BaFin 建立了一个中央数据库，可以电子访问德国银行持有的所有重要账户数据。银行与当局合作，并使用计算机辅助系统分析客户和他们的金融活动以识别可疑交易。德国许多银行都独立开发了风险评估软件，以筛选潜在客户和现有客户，并监控可疑交易。反洗钱工作主要由联邦内政部负责，其他反洗钱主管部门包括联邦司法部、联邦财政部、联邦金融监管局、各联邦的警察部队及海关当局等。

4. 德国反洗钱监管措施

德国反洗钱监管措施如下：对客户采取有区别的识别；重视案例分析，总结国内反洗钱案例经验，运用到反洗钱监管中，以提升可疑报告的准确性；利用商业审计代替现场检查，在提高效率的同时节约社会资源。

除了自贸区外，德国位于海域的免税区也允许为欧盟外部市场提供增值加工和制造。欧盟范围的不断扩大和关税的持续下降，已经削弱了自贸区的有效性和实用性。对于德国来说，欧盟与自贸区的经济环境在一定程度上有相似性，自贸区内的反洗钱监管措施与欧盟的反洗钱措施有很大的关联。

5. 德国反洗钱激励机制

德国《加强反洗钱和反恐融资法》第十七条规定，德国联邦金融监管局有行政罚款和行政支付的权利。行政罚款是指在任何机构未进行客户身份识别、未保存客户资料信息、未上报可疑交易报告、未识别客户是否为受益所有人时进行一定金额的罚款。在发现金融机构违规行为时，德国联邦金融监管局一般会先向机构发出整改通知书，在整改问题未被整改或者整改不到位的情况下再对其进行行政处罚。对于多次拒绝整改的机构，执行顶格处罚。

行政支付是指联邦金融监管局在个别情况下对良好的反洗钱行为进行的奖励，最高限额为 250 000 欧元。联邦金融监管局每年运用行政指令的次数大约为 20 次，主要是执行监管令，包括提供信息和文件的正式行政命令。大多数受联邦金融监管局监管的机构在没有行政指令的情况下也能好好遵守反洗钱要求，在极少数情况下，监管机构的行政指令有助于各机构和个人达到反洗钱合规要求。德国在反洗钱监管中，利用行政支付手段对反洗钱履职表现好的金融机构给予一定的奖励，以激励其进一步做好反洗钱工作。

6. 简要评价

德国反洗钱方面的法律法规已经较为完善，但由于欧盟与自贸区的经济环境在一定程度上的相似性，德国的自贸区反洗钱监管对于欧盟法规有很大的依赖性。对洗钱处罚较为严格，对反洗钱履职表现好的机构予以正向激励，这对其他国家有一定的示范性和引领性。

9.3.3 英国经验

1. 英国自贸区反洗钱监管概况

在英国，自贸区通常称为"自由港"（freeport）。自由港是经济特区的一种特殊类型，旨在便利优惠海关制度和费率下的货物流动，同时允许区内企业从事进出口贸易，甚至开展制造业务（因为部件材料进口免税）。英国脱欧后，英国政府宣布引入新的自由港作为在英国的全球贸易和投资中心。这些"自由港"其实就是海关特殊监管区，区内适用排他性的海关、增值税和消费税税则，这使得企业在区内从事进口、仓储、来料加工等业务更容易或更具有成本效益性。2020 年 2 月 10 日深夜，英国政府突然宣布，将在英国开设 10 个集创新、贸易和企业于一体的自由贸易港，以加速脱欧后的英国经济增长。由于金融市场的规模和复杂程度，洗钱给英国带来重大风险，英国也因此建立了全面的、世界领先的反洗钱制度，积极参与打击跨国金融犯罪的国际行动，并在其中发挥着主导作用。

2. 英国反洗钱法律体系

英国是世界上最早通过刑事立法对洗钱犯罪活动进行惩治的国家之一，其反洗钱法律法规可以分为四类。

第一，议会法案。英国已经制定了反洗钱方面的主要法律。1988年刑事司法法令、1994年贩毒法令和2000年反恐法案中明确了英国打击洗钱犯罪的国际义务。2002年议会颁布《犯罪收益法》，对英国之前的反洗钱法律进行了重新整合，对洗钱的罪名进行了重新界定，并提出了一系列反洗钱措施。2007年，议会对《犯罪收益法》进行了重新修订，将欧盟第三号反洗钱指令纳入英国反洗钱法律体系。2015年《严重犯罪法案》通过多种方式修改了2002年的《犯罪收益法》，其中包括对受权披露洗钱信息的公司进行民事责任保护等。2017年英国将欧盟的第四号反洗钱指令纳入英国法律体系。

第二，行政法规。英国反洗钱行政法规主要是指英国财政部发布的《反洗钱条例》和《恐怖主义融资和资金转移条例》。2007年，英国财政部将欧盟第三号反洗钱指令引入《反洗钱条例》，重新界定了反洗钱的义务机构，要求相关义务机构履行反洗钱义务，通过建立合适的内部控制制度、对风险客户进行尽职调查等措施对洗钱活动进行全面监管。2016年实施《反洗钱和反恐融资行动计划》，以解决2015年国家风险评估中提到的关于反洗钱的缺陷问题。2017年《恐怖主义融资和资金转移条例》对欧盟第四号反洗钱指令进行了回应，这是英国在多年反洗钱工作上做出的最大规模的改革，也是英国反洗钱工作的最大进展，其具体内容包括加强执法权力、更新《反洗钱条例》以实施最新的国际标准。2017年，英国还进行了国家风险评估，发现风险与自贸区有联系，通常涉及欺诈、腐败、逃税、现金洗钱等。

第三，监管部门反洗钱手册。英国金融监管局发布的反洗钱手册规定了金融机构的反洗钱义务和反洗钱措施，以及高级反洗钱专员和反洗钱报告官的职责，这是英国反洗钱的行业指引。

第四，反洗钱行业自律指引。1990年，英国16个行业发起成立了反洗钱指导小组，通过发布行业反洗钱工作指引对反洗钱法律法规等专业文件做出解释，并结合各行业反洗钱特点，提供反洗钱实务操作建议。

3. 英国反洗钱监管组织体系

在2013年4月1日前，英国的金融服务管理都由金融服务管理局负责。随着2008年金融危机的爆发，英国政府决定重新调整金融监管体系，最终英国金融服务管理局被废止，其职能被新成立的金融行为监管局（Financial Conduct Authority，FCA）和审慎监管局（Prudential Regulation Authority，PRA）取代。金融行为监管局是一个行为授权机构（原金融服务管理局是服务授权机构），统一行使对英国金融业的监管，包括对反洗钱的监管。另外，英格兰银行作为中央银行，仍然保留了反恐融资功能。英国海关和税务总局专门负责对货币服务、珠宝行业，以及不是职业团体的审计师、外部会计师、税务顾问等进行反洗钱监管。

2017年3月15日，英国政府宣布成立专业机构反洗钱监管办公室（Office for Professional Body Anti-Money Laundering Supervision，OPBAS），其隶属于金融行为监管局，并与英国所有反洗钱监管机构合作以提高监管的整体水准，确保监管者和执法人员有效配合。同时公布的还有《反洗钱规则（草案）》，以确保英国的反洗钱和反恐融资制度符合最新的国际标准，同时传递出一个强烈信号：洗钱和恐怖融资不应该也不会被容忍。同年，英国设立联合洗钱情报工作组，联合银行和英国主要执法机构合作侦查、制止洗钱者，还成立了包括美国执法部门在内、涉及多个领域专业人员的国际反腐败协调中心。

4. 英国反洗钱监管措施

英国反洗钱监管措施主要由金融行为监管局发布，主要措施如下：采用"所有犯罪"的定义来规定洗钱犯罪，针对洗钱犯罪的法律具有域外效力，积极投入打击跨国金融犯罪的多边合作；实施强制性的监管报告程序，要求在反洗钱监管年度报告中体现英国监管和执法的透明度原则及问责制度，鼓励采取最佳实践做法；在"风险为本"反洗钱监管原则下，消除监督机制不一致的问题；实行《专业机构反洗钱和反恐融资监督条例》，完善政府与私营部门的合作，以提高对金融犯罪的认知水平和防范能力，形成多维监管机制。

英国反洗钱监管措施注重对跨境洗钱的监管，这与英国自贸区反洗钱监管的要求一致。完善的报告系统使得自贸区反洗钱问题可以及时暴露，因此，自贸区反洗钱监管措施的制定和实施也较为迅速及时。

5. 英国反洗钱激励机制

英国金融服务监管机构的反洗钱处罚措施有警告、整改通告和罚款。英国在反洗钱激励机制上比较具有特色的是对反洗钱员工的激励制度。英国《2014~2015年反洗钱与反恐融资监督报告》指出，执法行动并不总能改善反洗钱效能，执法行动的增加或减少本身并不能证明监管的有效性，关键是采取有效率的监管方式对金融机构的反洗钱工作进行监管。有效的监管制度是利用较少的资源将洗钱风险控制在一定范围内，所以，相比于取消会员资格和吊销许可证的监管制度，提高准入门槛、防止犯罪分子或具有犯罪倾向的工作人员在监管业务中获得专业认证或管理职能是更好的制度设计。

6. 简要评价

英国反洗钱监管起步早，处于世界领先地位，尤其在 2016 年之后，英国反洗钱监管机构在数量和效率上进展迅速，反洗钱监管办公室等专门机构对贸易洗钱的监管更为严格，这对英国自贸区的反洗钱监管具有重要意义。采取"双牵头"模式，主要由财政部和内政部负责政策制定与国际合作，其中，财政部负责行政方面，内政部负责刑事方面；金融情报中心设在内政部，并向相关部门开放，与有关执法部门直接联网；法律法规不断更新完善，脱欧后立即制定缓冲性的反洗钱规范；激励政策颇具特色，员工激励注重效率，与自贸区内的反洗钱工作人员有更高的职业素养和工作能力要求相匹配。

9.3.4 联合国经验

联合国在全球反洗钱研究中扮演着"领头羊"角色，从 20 世纪 60 年代起就着手制定反洗钱举措，包括针对反洗钱与反恐融资的法规、安理会决议等，其诸多条款成了各成员国制定反洗钱法律法规的基础。

1988 年联合国颁布《禁止非法贩运麻醉药品和精神药物国际公约》（以下简称《禁毒公约》），这是第一个将洗钱犯罪化的国际文件，旨在通过打击毒品洗钱犯罪来减少当时日益猖獗的毒品交易行为。毒品交易所涉及的掩饰收入来源和隐藏非法所得，是国际组织最早提出的洗钱概念。《禁毒公约》首次界定毒品洗钱犯罪，不仅体现了对洗钱犯罪于全球经济安全的影响有了一定的认知，而且也标志着国际组织开始承担反洗钱的国际责任，通过与缔约国开展合作，共同惩罚、打击各缔约国国内及全球范围内的洗钱行为。《禁毒公约》还在具体的反洗钱监管制度方面为联合国之后的各项反洗钱公约提供了框架。

1999 年联合国颁布《制止向恐怖主义提供资助的国际公约》，恐怖主义融资被认定为一种犯罪行为。该公约进一步扩展了缔约国的反洗钱义务，要求其在履行反洗钱和反恐融资义务的同时，视情况调整本国法律制度，以遏制国内外的洗钱和恐怖融资行为。

2000 年联合国通过《打击跨国有组织犯罪公约》，首次对洗钱罪的上游犯罪做出具体定义，对洗钱犯罪主体、管辖、目的及具体的防治措施提出具体方案。在继承《制止向恐怖主义提供资助的国际公约》的基础上，吸收了 FATF 对于洗钱的规定，奠定了反洗钱立法的基本框架。

2003 年联合国颁布《反腐败国际公约》，对《禁毒公约》有关反洗钱条文进行了丰富完善，将腐败犯罪加入洗钱罪的上游犯罪，提出追回资产的新处理办法，要求各国对公职人员进行一定程度的账户审查以防止腐败犯罪。

联合国有关反洗钱的《禁毒公约》《打击跨国有组织犯罪公约》《反腐败国际公约》等法律法规都强调惩治洗钱犯罪，要求缔约国对洗钱行为犯罪化，强调没收犯罪工具和没收犯罪收益。

9.3.5 FATF 经验

1. 关于反洗钱与反恐融资建议

FATF 自 1989 年成立以来，专门致力于打击和预防全球范围内的洗钱与恐怖融资犯罪，并协调国际反洗钱和反恐融资行动，是世界上最为权威的反洗钱与反恐融资国际组织。1990 年，FATF 根据国际形势制定《40 项建议》，符合当时多数国家的反洗钱需要。1996 年，FATF 修订《40 项建议》，得到了 130 多个国家的签署认可，成为当时的反洗钱纲领。2003 年，FATF 再次修订《40 项建议》，2004 年又增加了九条建议，形成《40+9 项建议》，成为反洗钱法律领域中最为专业的文件，也是各国制定反洗钱法律的基础。

2012 年，在第三轮成员自评估、互评结果中反洗钱规则有效性不强的情况下，FATF 颁布反洗钱新标准《打击洗钱、恐怖融资与扩散融资的国际标准：FATF 建议》，其主要变化如下：①全面推行"风险为本"的反洗钱工作理念，优化"风险为本"的监管方法，以便反洗钱资源更集中于高风险领域。②应联合国安全理事会要求，增加了反大规模杀伤性武器扩散融资的相关措施，反恐和扩散融资成为反洗钱的核心任务。③提高公司法人或类似安排的结构透明度，防止犯罪分子或恐怖分子通过公司法人隐匿身份。④对政治公众人物（politically exposed persons，PEPs）提出更高的反洗钱要求。⑤建议将税收犯罪纳入洗钱罪的上游犯罪类型。⑥更加强调反洗钱的国家战略，倡导更有效的国际合作，包括相关部门的信息交换、联合调查，以及对不法财产的追踪、冻结和查封。⑦赋予金融情报机构和执法机构在调查、分析、起诉洗钱和恐怖融资案件时更好的操作工具及更广泛的技术与职权。

FATF 通过在全球范围内推行 FATF 网络建设、扩展成员数量、发布不合作国家和地区黑名单（non-cooperative countries and territories，NCCTs）、监督并评估各成员执行《40+9项建议》情况等措施，强力推进和协调全球反洗钱行动，吸取最先进经验用于改进全球反洗钱最佳实践指引。

2. 关于自贸区反洗钱

2010年3月，FATF发布《自贸区的反洗钱漏洞》，这是自贸区反洗钱的指导性文件，也是制定相关法律规范的重要标准，对相关监管实务有重大的影响力。该文件首先对自贸区的作用范围进行了详细说明，指出由于监管宽松、透明度缺乏、区内各系统不协调、货物贸易存在监管漏洞等原因，自贸区内的洗钱行为频发。该文件还详细说明了洗钱者借助自贸区交易进行洗钱活动的手段。在对世界范围内自贸区反洗钱案例进行归纳总结的基础上，FATF提出了自贸区洗钱风险四项指标和反洗钱六项原则。

自贸区洗钱风险四项指标：①金融机构相关的自贸区风险指标；②异常经营活动相关的自贸区风险指标；③传统上与贸易洗钱相关的自贸区风险指标；④空壳公司相关的自贸区风险指标。FATF在每项指标下都罗列了具体的洗钱风险行为实例。

自贸区反洗钱六项原则：①打破反洗钱监管中的障碍。建议一开始便提出打破银行保密规定，防止由于银行保密规定造成的银行隐匿或瞒报客户的资料信息。该项原则适用于自贸区内的各类监管机构，对监管的全面性有着必不可少的作用。②开展自贸区反洗钱案例和风险指标研究，根据自贸区反洗钱案例不断更新风险指标。③验证客户身份信息并保存交易记录。建立完整的机制，对客户的身份信息进行验证，并在一定时限内保存交易记录，将收集的客户身份信息、存储交易记录和分析系统结合起来。④贸易数据收集与交换。自贸区内贸易数据收集与使用，应符合所在地区关于隐私保护的法律，客户信息应以授权方式使用，防止造成客户隐私泄露的情况。⑤强调国际合作。重点是各国自贸区内的贸易信息共享、对第三方的尽职调查、各国之间的相互协作及与国际组织的反洗钱配合。⑥反洗钱培训。对从事反洗钱的相关工作人员进行培训，将最新的反洗钱与反恐融资内容纳入培训体系，定期培训。

3. 关于跨国资本流动

自贸区内资本项目可自由兑换、利率市场化及外汇宽松管制等系列改革措施，为跨国资本流动创造了极大的便利。跨国资本流动既是促进自贸区健康发展的动力，也是自贸区的重要表现形式。FATF明确规定，不允许各成员政府通过控制跨国金融活动来实现反洗钱目的，而更希望各国通过完善自身法律，形成国际反洗钱网络体系来最终控制跨国资本流动，通过监控跨国资本流动来收集有效信息，防止洗钱行为。

根据 FATF 要求，各成员主要通过以下方式制止自贸区内的洗钱行为：①在各自领域内制定反洗钱法律，并与国际反洗钱组织的法律法规相匹配适应，通过减少各个国家内的洗钱活动来提高全球金融体系的稳定性。就自贸区而言，一方面要积极完善区内法律体系，另一方面要加强与区外合作。各成员在法律体系上合作越紧密，越能减少洗钱行为。②通过对洗钱犯罪行为的信息共享和法律合作实施国际反洗钱行动，尤其是加强洗钱案例、追逃追赃等方面的信息共享，消除合作障碍。

9.3.6　欧盟经验

1991年12月，欧洲共同体马斯特里赫特首脑会议通过《欧洲联盟条约》（又称《马斯特里赫特条约》）。1993 年 11 月 1 日，《马斯特里赫特条约》正式生效，欧盟正式诞生。目前，欧盟共有 27 个成员国。

欧盟对反洗钱立法一直持积极态度，是 FATF 的发起者和重要成员。在 FATF 的指导下，欧洲议会和欧盟理事会共颁布了六个反洗钱指令，针对不同时期出现的问题，不断更新反洗钱监管制度和立法规范。欧盟的法律凌驾于各成员国的法律之上，欧盟关于反洗钱的各项指令是各成员国制定相关法律的最低标准，因此，欧洲议会和欧盟理事会制定的各项指令、条例、公约是欧盟反洗钱法律法规的共同基础。

1990 年，欧洲议会通过《关于搜查、查封和没收犯罪收益公约》（简称《斯特拉斯堡公约》），这是欧盟第一个反洗钱公约，为欧盟后续反洗钱指令奠定了法律基础。

1991 年，欧盟理事会发布第一号反洗钱指令《关于防止利用金融系统洗钱的指令（91/308/EEC）》，要求成员国通过立法来防止其国内金融系统被用于洗钱活动。第一号反洗钱指令对洗钱的范围、反洗钱义务做出规定，要求对客户身份进行核实，将超过 15 000 欧元的大额交易和可疑交易上报有关监管机构，对客户资料保存期限不得少于 5 年；鼓励成员国将上游犯罪扩展到其他形式的犯罪；在内部控制制度上，对金融机构的工作人员进行反洗钱培训，提高专业人员的素养。在第一号反洗钱指令框架下，各成员国开始制定反洗钱法律法规。

2001 年，欧洲议会和欧盟理事会发布第二号反洗钱指令《关于修订理事会〈关于防止利用金融系统洗钱的指令〉的指令（2001/97/EC）》，要求各成员国在辖内实施更为严格的反洗钱控制措施，这是反洗钱领域的一大飞跃，其影响远远超越了联合国和 FATF 等组织所发布的类似标准。第二号反洗钱指令不再局限于涉毒犯罪，还涉及包括违背欧洲共同体金融利益的腐败和诈骗犯罪在内的一切重罪；将货币兑换所和汇款机构纳入反洗钱监管范围；对犯罪行为的"明知"可从客观实际情况进行推定；对洗钱进行了更为准确的定义；拓宽了接受其约束的行业与职业范围，包括审计师、外部会计师、税务顾问、房地产经纪商、公证员及法律专业人员。

2005 年，为了能够更好地配合全球反洗钱行动，按照 FATF《40+9 项建议》，欧洲议会和欧盟理事会发布第三号反洗钱指令《关于防止利用金融系统洗钱和恐怖融资的指令（2005/60/EC）》，将恐怖融资（包括为恐怖活动筹集资金或财产）纳入洗钱罪的上游犯罪范畴，将客户身份识别及可疑交易报告义务扩展至信托和公司服务提供商、人寿保险中介，以及商品现金交易额超过 15 000 欧元的经销商，详细规定了"风险为本"的客户尽职调查方法，对报告可疑洗钱活动或恐怖融资活动的员工进行保护，规定成员国必须保留有关可疑交易报告的使用及其结果的全面统计数据，要求所有金融机构识别并验证所有由法律实体或个人持有的账户的"受益所有人"。

2015 年，欧洲议会和欧盟理事会发布第四号反洗钱指令《关于防止利用金融系统洗钱和恐怖融资的指令（2015/849）》。第四号反洗钱指令仍以前三号反洗钱指令为框架，但对具体规定更加严格。第四号反洗钱指令重新进行风险建模，对于最终受益人的身份识别更为细致，将受贿腐败行为纳入洗钱罪的上游犯罪范畴，重点关注政治公众人物。相较于前三号反洗钱指令，第四号反洗钱指令又有很多变化。例如，指令适用范围再度扩大，赌博、电子货币等行业也被纳入监管框架，现金交易监管额度也从 15 000 欧元下降到 10 000 欧元；进一步完善了受益所有人的鉴别方式，允许成员国根据各自国情制定判定受益所有人的标准；弱化简化尽职调查和强化尽职调查的标准，强调根据实际国情开展尽职调查，适用简化程序时注意"风险为本"原则，适用强化程序时不轻视高风险国家。

2018 年 7 月 9 日，欧洲议会和欧盟理事会发布第五号反洗钱指令《关于防止利用金融系统洗钱和恐怖融资的指令（2018/843）》，对现行第四号反洗钱指令的重大修订主要包括以下几个方面：①将从事虚拟货币与法定货币之间兑换服务的主体及钱包保管服务提供商纳入被监管机构范围，这两类主体将在欧盟成员国中接受登记和监管要求。②为了解决匿名性所带来的风险，禁止继续使用匿名保管箱。作为配套措施，要求信贷机构和金融机构针对存量匿名保管箱的所有者和受益人执行客户尽职调查程序。③通过降低第四号反洗钱指令中规定的某些阈值，收紧对电子货币产品实施客户尽职调查措施的要求。④进一步扩大金融情报机构的调查权力。⑤为了增强金融交易的透明度，要求成员国必须逐步建立集中自动化机制，以便及时识别持有或控制支付账户和银行账户的任何自然人或法人实体及由其持有的保管箱信息。⑥扩展并加强业已建立的收益所有权集中登记制度。

2018 年 10 月 28 日，欧洲议会和欧盟理事会发布第六号反洗钱指令《关于通过刑法打击洗钱的指令（2018/1673）》，对洗钱犯罪范围、开展国际协助、加大洗钱犯罪惩处、使用有效调查工具等要求做了进一步规定。

欧盟除了制定和颁布反洗钱指令，还通过一系列条例规则打击自贸区内的洗钱与逃税行为。2016 年，欧盟宣布采纳应对成员国境内大公司避税的建议，在提高成员国税收透明度的基础上，向理事会提出在整个欧盟地区实现税收机关之间的合作以便查阅反洗钱信息。反避税措施以及税收机关信息共享能有效减少成员国自贸区内利用空壳公司洗钱的行为，确保自贸区公平竞争的环境，也有利于欧盟国家整体的金融体系安全。2017 年，欧盟发布《离岸活动和洗钱：最新发现和挑战》，对欧盟离岸金融市场洗钱和逃税现状进行讨论，并概述了欧盟各成员国的反洗钱政策，为如何减少逃税和洗钱提供政策建议。

对于离岸金融业务的洗钱活动，欧盟提出三种监管方式：实施极其严厉的制裁手段、利用各种执行机构的资源对洗钱行为进行打击；在反洗钱过程中，引入更多监管者，这是从长远角度来考虑的，旨在通过不同的激励机制来健全合规的反洗钱监管体系；监管者掌握足够多的受益所有人身份信息，共享银行账户数据和信息，以检测是否存在逃税和洗钱行为。利用离岸金融业务洗钱是自贸区常见的洗钱方式，因此，欧盟针对离岸业务洗钱的监管同样适用于自贸区反洗钱监管。在防止逃税和洗钱的政策生效后，就自贸区反洗钱信息共享，欧盟进一步要求成员国之间自动交换跨国公司的所有新的跨境税务裁决信息，要求成员国税务机关之间共享在反洗钱立法框架内收集的数据。

欧盟还有很多机构，如欧洲警察学院（European Police College，CEPOL）、欧洲毒品和药物成瘾检测中心（European Monitoring Centre for Drugs and Drug Addiction，EMCDDA）、欧洲刑警组织（European Union Agency for Law Enforcement Cooperation，EUROPOL）等，都按欧盟委员会的要求参与打击包括洗钱在内的一系列跨境犯罪行为，其中最典型的是欧洲检察署（European Public Prosecutor's Office，EPPO）重点调查洗钱、恐怖融资、腐败等犯罪行为，欧洲刑警组织主要负责洗钱犯罪情报信息收集。

总之，欧盟针对自贸区反洗钱监管，以第五号反洗钱指令为基础，重点解决跨境洗钱、跨国公司逃税等问题。将反避税和反洗钱信息共享作为法律条例的一个重要内容，辅以众多分散机构，打击包括洗钱在内的众多跨境犯罪行为。

9.3.7 巴塞尔银行监管委员会经验

1974 年，巴塞尔银行监管委员会成立，主要负责银行业的关键标准制定，受权加强全球银行的监管、监督和实践指导。巴塞尔银行监管委员会没有担负一个正式的跨国性的监管责任，因而它做出的决议没有法律效力，主要依靠成员国的承诺保证实施。银行作为最早的反洗钱义务的天然承担者，在反洗钱中有着极其重要的防线作用，因此，巴塞尔银行监管委员会针对银行业的反洗钱监管标准对自贸区反洗钱监管具有重要意义。

随着有组织犯罪活动的国际化程度越来越高，特别是在麻醉品贸易领域，银行和其他金融机构可能在不知不觉中被用作转移或存放犯罪所得的中间人，因此，银行反洗钱国际合作需求更加殷切。1988年，巴塞尔银行监管委员会通过《关于防止犯罪分子利用银行系统洗钱的声明》，确定了反洗钱的客户身份识别、合法合规、严格的道德标准、与国家执法机构全力合作、人员培训、客户身份资料和交易记录保存六项原则，确保银行管理层实施一些基本政策和程序，以协助国内外银行体系制止洗钱行为。例如，对客户身份进行识别，特别注意所有账户及其使用处在安全监管下，以确保金融体系不被当作洗钱犯罪的渠道，对于未能提供身份证明的客户不能与之进行重要交易；银行管理层应确保业务符合道德标准，并遵守与金融交易有关的法律法规，对于可疑交易，银行不应该提供服务；银行应与国家执法机构充分合作，以规避企图通过提供篡改、不完整或误导信息来欺骗执法机构的客户。如果知道存款持有人通过银行进行洗钱活动，银行应采取适当措施予以制止，如依照法律拒绝提供服务、与客户断绝关系及冻结账户等。

1997年，巴塞尔银行监管委员会发布《有效银行监管的核心原则》，要求银行业监管机构必须确定银行制定了充分的政策、实践措施和各种程序，包括严格的KYC（know your customer，了解你的客户）政策，提高金融行业的道德水平和职业标准，并防范银行有意或无意被犯罪因素所利用，还敦促各国采纳FATF《40项建议》。

巴塞尔银行监管委员会在回溯1999年跨境银行业务内部调查结果时发现，不少国家的KYC政策存在较多问题，即使是金融市场发达的国家，KYC政策健全程度也各不相同。2001年，巴塞尔银行监管委员会发布《银行客户尽职调查》白皮书，就KYC政策及其落实提供更为准确的指引，对所有银行应该在全球范围内执行的最低标准提供指南，具体内容包括了解客户非常重要、熟悉客户标准、监管机构的作用、跨国背景下的KYC政策等。KYC政策不仅限于简单的开户和记录，还渗透到客户验收政策和分级客户识别计划，对更高风险的账户进行更广泛的尽职调查，并主动对涉嫌可疑活动的账户进行监控。该白皮书检视现行客户识别程序，制定适用于所有国家银行的建议标准，成为全球建立客户识别程序的基准。

2003年，巴塞尔银行监管委员会发布《账户开立和客户身份识别指南》。

2004年，巴塞尔银行监管委员会发布《一体化了解你的客户风险管理》白皮书，作为2001年《银行客户尽职调查》的补充。该白皮书审视了整个银行业内有效管理KYC政策的关键因素，指出银行业需要有一个全球统一的方法。

2014年，在2012年FATF新标准基础上，巴塞尔银行监管委员会发布《洗钱和恐怖融资风险管理指引》。FATF标准和巴塞尔银行监管委员会核心原则适用于跨境经营的银行，并符合银行业监管的整体框架，为自贸区银行的跨境业务反洗钱监管提供了核心原则。2016年，巴塞尔银行监管委员会发布《洗钱和恐怖融资风险健全管理》和修订版《账户开立通用指南》，介绍了银行应如何将这些风险纳入整体风险管理框架，主要内容包括风险分析与治理、合规文化、"三道防线"（业务部门、反洗钱部门、内审稽核部门）、客户尽职调查、交易监控系统和持续监控、信息管理、报告可疑交易和资产冻结等。

9.4 我国自贸区反洗钱监管机制构想

构建完善我国自贸区反洗钱监管机制，应从法律制度层面、执行管理层面、国内协调层面、国际合作层面四个层面发力，如图 9-2 所示。第一，在法律制度层面，主要是制定完善自贸区反洗钱法律法规体系。第二，在执行管理层面，重在加强自贸区洗钱源头监管，做好登记工作；加强跨区域监管，提供跨区域监管部门信息沟通交换有效路径；加强自贸区重点洗钱行为监管，有效打击利用离岸中心优惠政策洗钱、骗取出口退税洗钱、国际贸易洗钱、公司交易洗钱及虚开增值税发票洗钱等行为。第三，在国内协调层面，完善自贸区反洗钱管理制度，加强对洗钱犯罪的预防监控；完善信息共享制度，加强反洗钱监管机构与税务机构、金融机构、公安、海关、工商、审计等部门的信息交互共享；完善科学监管制度，提升自贸区反洗钱监测分析水平。第四，在国际合作层面，充分对接国际自贸区领域反洗钱标准，开展国际自贸区领域反洗钱交流合作。

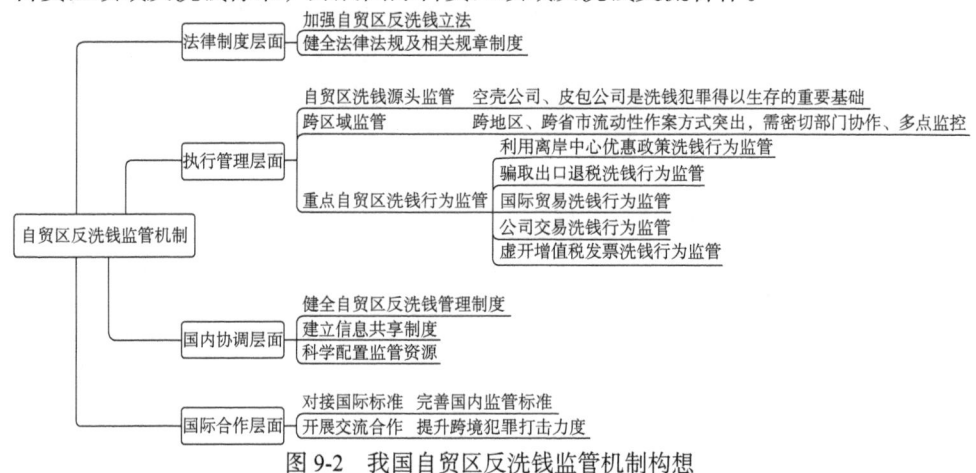

图 9-2 我国自贸区反洗钱监管机制构想

9.4.1 法律制度层面

在立法方面，尚需进一步建立健全自贸区反洗钱法律体系。洗钱不同于洗钱罪，尤其是在我国，洗钱罪是针对特定上游犯罪而言的。2006年6月29日，第十届全国人民代表大会常务委员会第二十二次会议通过《中华人民共和国刑法修正案（六）》，将洗钱罪的上游犯罪扩大到包括毒品犯罪、黑社会性质的组织罪、恐怖活动犯罪、走私犯罪、贪污贿赂犯罪、破坏金融管理秩序犯罪、金融诈骗犯罪七种犯罪行为，从而使中国反洗钱立法更加接近国际上将洗钱罪的上游犯罪扩展到"一切罪"的趋势。2020年12月26日，全国人大常委会审议通过《中华人民共和国刑法修正案（十一）》，进一步完善洗钱罪相关规定，为有效惩治"自洗钱"等洗钱犯罪提供法律保障。2020年，在中央全面依法治国委员会指导下，中国人民银行积极推动将修改反洗钱法列入年度立法工作计划，目前各项工作正按立法程序稳步推进。但是，专门针对自贸试验区反洗钱的立法工作尚未启动，防止利用自贸试验区优惠政策实施洗钱等犯罪活动尚未纳入相关法律体系。因此，要从立法层面，按照 FATF 新标准，结合我国自贸区洗钱风险，完善反洗钱立法体系，修订征管、稽查等相关法律制度，建立健全惩治犯罪的司法保障，为打击洗钱和追踪犯罪提供法律依据。规范《金融机构反洗钱规定》《反洗钱部际联席会议制度》等规章制度中相关部门的职责和义务，完善有效打击自贸区洗钱活动的工作机制，不断提高法律法规对反洗钱工作的针对性、时效性、前瞻性。同时，针对当前反洗钱制度体系中仍存在的特定非金融机构、受益所有人等领域的空白和短板问题，强化中国人民银行与相关主管部门的沟通协作，加快出台制度规范，进一步完善反洗钱法律法规体系，为新时代反洗钱工作奠定坚实基础（巢克俭，2022）。

9.4.2 执行管理层面

1. 自贸区洗钱源头监管

加强自贸区洗钱源头监管，做好资金流动登记工作。登记注册是反洗钱管理工作的首要环节，也是空壳公司、皮包公司得以设立、生存的重要基础。要加强登记反洗钱信息的监督和管理，对纳税人填报的各项材料、提供的各项证件进行严格审查，不给洗钱犯罪分子建立空壳公司、皮包公司机会。通过源头治理、系统治理和综合治理，构建完善国家自贸区洗钱风险防控体系，依法打击各类洗钱违法犯罪行为，坚决遏制洗钱及相关犯罪的蔓延势头，切实维护自贸区良好的营商环境。

2017年5月,国家税务总局联合五部委出台《非居民金融账户涉税信息尽职调查管理办法》,有关统一报告标准(common reporting standard,CRS)成为重中之重。对于金融机构,CRS中最为核心的合规工作是识别账户持有人的税收居民身份,以确定账户持有人是否属于CRS中需要申报的对象。燕彬(2018)指出,金融机构在反洗钱制度下本身就负有识别客户身份的义务,CRS的出笼使得金融机构在原有义务上增加了识别账户持有人税收居民身份的义务。也就是说,金融机构在承接客户时,可以将反洗钱制度要求和CRS合规程序整合起来,以准确识别客户真实身份,满足反洗钱等多方面的合规要求。

2. 跨区域监管

加强跨区域监管,提供跨区域监管部门信息沟通交换有效路径。自贸区洗钱行为流动性十分突出,且逐步由沿海沿边地区向内地蔓延。犯罪分子大多采取跨地区、跨省份作案的方式,呈现跨行业、长链条、多环节的特点,有些案件甚至涉及全国数十个省份的几百家单位,全过程监控需要获取税务、金融、工商和其他特定非金融机构等的信息,给查处洗钱行为带来极大的困难。同时,各个部门之间的信息壁垒广泛存在,快速的信息交换、信息沟通通道尚未形成,时间成本极为高昂,大大降低了办案人员的积极性和办案效率,也为洗钱犯罪分子提供了转移非法资金的时间和空间。因此,要密切跨区域监管部门协作,明确相关方的数据提供职责和范围,打破地区间、部门间、行业间信息壁垒,促进信息流动和交换,实现对自贸区洗钱行为的多点监控监管,有效防控洗钱犯罪分子进行非法资金跨区域转移的风险。

3. 重点自贸区洗钱行为监管

第一,针对利用离岸中心优惠政策洗钱行为,监管部门应加强离岸公司和非居民管理,提升对跨境资金流入流出监测预警水平,构建完善的跨境资金流动统计监测平台。同时,加强离岸中心政策开放和创新业务风险评估,及时制定跟进风险控制措施,制定离岸中心反洗钱监管细则,有效确保公司和法人信息准确,提高非法资金和贸易链的溯源追踪能力,确保反洗钱规章制度顺应离岸中心创新业务发展的监管需要。

第二,针对骗取出口退税洗钱行为,监管部门应掌握不法分子利用骗取出口退税进行洗钱的各种途径和方式,严查涉外购销合同造假、虚开票据、非法投资等行为,严密追踪逃税洗钱路径。

第三,针对国际贸易洗钱行为,监管部门应有效识别国际贸易洗钱方法,加大进出口报关单审核和现场查验力度,加强海关、银行、外汇管理、税务、检验检疫等人员的反贸易洗钱意识培养和能力建设（高增安，2011），科学预测国际贸易洗钱发展趋势，做到有的放矢、防患于未然。

第四，针对公司交易洗钱行为，监管部门应加强公司交易资金监测，把公司交易背景真实性审核作为尽职调查的重点内容，并贯穿整个投资、贸易、交易过程的始末。

第五，针对虚开增值税发票洗钱行为，监管部门应全面监察公司注册、开户、申领和使用发票的各项行为，追踪非法资金与犯罪分子的关联，运用现代科技和大数据应用平台，对虚开增值税发票洗钱的行为进行提前预判、实时监控和事后查处。

9.4.3 国内协调层面

1. 自贸区反洗钱制度保障

不折不扣地贯彻执行国家规定的相关政策，把住关口，强化登记注册管理，核实纳税人的应纳税所得额，杜绝虚假申报。做好法人监管制度安排，规范反洗钱违法犯罪、反洗钱与反恐融资监管手段和措施，不断探索完善自贸区反洗钱监管制度。同时，引用反洗钱原则，加强对洗钱犯罪的预防监控。建立对特定非金融机构反洗钱监管机制，研究特定非金融机构洗钱的特征和风险，加强反洗钱的业务工作指引，强化可疑交易报告协查移送，提高识别和判断可疑交易能力。

2. 自贸区反洗钱信息共享制度

建立自贸区反洗钱信息共享制度，加强反洗钱监管机构与税务机构、金融机构、公安、海关、工商、审计等部门信息交互共享管理，实行联网，提高信息使用效率。特别是与贸易、投资密切相关的银行、海关、商务、税务、外汇管理等部门和单位尽快建立信息通报系统，采用现代科技手段，简化信息交换程序，增强信息交互的安全性和保密性，降低监控自贸区洗钱犯罪的成本，及时甄别洗钱犯罪活动及其动向。

3. 丰富自贸区反洗钱监管手段

遵循"高风险、高投入，低风险、低投入"原则，深入推进"风险为本"税收领域反洗钱监管，科学配置反洗钱与反恐融资监管资源，对违法犯罪规模、恐怖融资规模、洗钱犯罪外部威胁做出及时、科学的判断。同时，提升自贸区领域反洗钱监测水平，完善反洗钱、反恐融资数据采集体系，充实中国反洗钱监测分析中心数据内容和范围，提高信息采集效率。建立洗钱金融情报的专项数据库和案例库，深化对信息数据的分析和挖掘手段，提高分析复杂数据的能力。加强对反洗钱监测和分析结果的运用，提高税务部门、侦查机关和义务主体对反洗钱监测分析工作的参与度，建立对金融情报和信息的反馈评价体系。

9.4.4 国际合作层面

坚持多边主义，深入参与国际治理和规则制定，推动国际反洗钱体系更加包容、平衡发展。同时主动对标国际反洗钱高标准，坚持合规性和有效性"两手抓"，推动反洗钱整体工作高质量发展（巢克俭，2022）。对标国际自贸区领域反洗钱标准，立足国内工作实际，积极开展交流合作，尽快完善国内监管标准。加强跨境监管合作，有效提升对跨境洗钱和恐怖融资犯罪的打击力度。充分利用双边和多边交流与合作机制，开辟国家之间、地区之间、部门之间的合作途径，依法交换有关洗钱信息资料，并在符合有关规定的情况下积极拓展信息使用范围，使跨境资金交易信息得到最大程度的利用，更好地服务于反洗钱、反恐融资、反扩散融资、反涉税犯罪、反腐败追逃追赃国际和域际合作的需要。

9.5 本章小结

自贸区主要通过利用离岸中心优惠政策、骗取出口退税、国际贸易、公司交易、虚开增值税发票等方式进行洗钱。本章从我国反洗钱法律框架体系、自贸区反洗钱监管规制与缺陷方面描述我国自贸区反洗钱监管现状。从法律体系、监管组织体系、监管措施、激励机制等方面，系统梳理总结美国、德国、英国等国家和联合国、FATF、欧盟、巴塞尔银行监管委员会等国际组织先进的自贸区反洗钱监管经验，并对这些经验做法做了简要评价。依据此前各章专题研究结论，结合境外先进经验，从法律制度、执行管理、国内协调、国际合作等层面，提出了适用于我国自贸区的反洗钱监管机制构想，旨在为促进我国自贸区持续高质量发展保驾护航。

第10章 结论与政策建议

本书围绕"风险为本"视域下中国自贸区反洗钱研究主题,从我国自贸区洗钱风险影响因素分析、自贸区设立背景下对外贸易与金融发展对洗钱规模的影响、自贸区反洗钱监管风险评价、自贸区反洗钱监管演化博弈、自贸区反洗钱资源优化配置、自贸区反洗钱监管机制设计六个方面展开专题研究,形成如下主要研究结论,并以此为基础,提出了富有操作性、针对性和科学性的政策建议。

10.1 主要研究结论

(1)改革、创新"双轮驱动",以"先行先试""形成可复制、可推广的经验"为使命,着力全面深化改革、扩大开放、展现全新国际形象的中国自贸区,绝不能沦为洗钱、恐怖融资、大规模杀伤性武器扩散融资、涉税犯罪、贪腐转赃的温床。相反,作为高质量发展的策源地,具有丰富内涵、正在不断创新发展的中国自贸区,应妥善处理推进国家自贸区战略与形成高水平对外开放新格局、维护新时期总体国家安全与健全公共安全体系的辩证关系,助力提升我国在全球经济治理中的制度性话语权。

(2)"监管"表面看来与"开放"对立,但没有监管的开放无异于放任自流,只有在有效监管下的高水平开放才是深化改革的题中之意。"在开放中监管"与"在监管中开放"的对立统一,是我国自贸区创新发展、可持续发展、高质量发展的应然与必然选择。

(3)"风险为本"是当下国际反洗钱与反恐融资监管的最新理念,是提升反洗钱监管机构履职有效性的核心原则。中国自贸区面临外部洗钱威胁和内部反洗钱漏洞,试点探索资本项目可兑换和金融服务业全面开放,蕴含洗钱和恐怖融资风险。因此,中国自贸区反洗钱与反恐融资监管应上升到国家安全战略和公共安全体系高度,从防范非传统性风险源着手,当前重点是洗钱和恐怖融资,包括逃税和贪腐转赃，未来可能涉及大规模杀伤性武器扩散融资等。

（4）中国自贸区反洗钱与反恐融资监管的总体目标是为全面、系统推进改革开放保驾护航，捍卫新时期总体国家安全，维护国家的良好国际形象，保护人民群众切身利益，因而，应通过外部监管促进内部自律，通过强化规制有效性落实执行有效性，注重将监管重点聚焦于系统重要性地域、行业、机构、产品、业务等方面。例如，针对洗钱罪的七种上游犯罪，应着重打击诈骗与毒品类犯罪，因为此类案件产生的洗钱规模最大。同时，要努力规避对外贸易与金融发展对洗钱规模的负面影响。

（5）中国自贸区实施"风险为本"的反洗钱与反恐融资监管，应充分虑及自贸区先行先试的种种特殊性，聚焦高风险领域、地域、业务、条线，着力反洗钱法律法规健全度、上游犯罪规模、监管部门和义务主体履职效力、司法合作水平、上游犯罪结案率、腐败程度等关键影响因素，实施适度监管，对不同业务种类和风险状况的机构采取强度适配的监管措施，并做好有限监管资源的优化高效配置。

（6）基于云计算系统和 SMDP 算法的自贸区反洗钱资源自适应优化配置模型，可较好针对自贸区 AMLRAS 收益的最大化，灵活适应动态变化的自贸区反洗钱监管应用场景，进而提高自贸区反洗钱系统的资源利用效率。因此，积极采用云计算、人工智能等前沿技术算法，能为有效破解当前自贸区反洗钱与反恐融资资源的配置难题和低效利用问题提供新思路、新方案。

（7）在行政监管部门主动监管的机制下，我国自贸区反洗钱效力明显提升。因此，提升自贸区反洗钱效力，主要是减少监管部门和义务机构在反洗钱制度建设中的额外成本，加大监管部门对洗钱者和违规违法义务机构的处罚，减少监管对区域金融创新的影响，提高有关方面的监管积极性。在监管机制设计上，应着力于自贸区法律制度、执行管理、国内协调、国际合作等方面。

（8）中国自贸区反洗钱与反恐融资监管的整体效能，是国家治理体系和治理能力现代化的重要标志。面对"两个大局"的深刻变化，自贸区反洗钱工作要全面贯彻落实深刻把握"国之大者"对反洗钱工作的要求，坚持贯彻落实党中央、国务院重大部署决策，坚持围绕高质量发展主题，坚持服务于国家安全和社会稳定，坚持服务于保护人民群众切身利益，不断提升相关工作水平，积极促进中国特色社会主义制度优势转化为治理效能，进一步释放反洗钱在国家治理体系和治理能力现代化建设中的巨大潜能，积极推动以新安全格局保障新发展格局。

10.2 政 策 建 议

认真贯彻落实党的二十大报告精神，推进高水平对外开放，扩大规则、规制、管理、标准等制度型开放，加快建设贸易强国。针对我国自贸区建设发展过程中可能面临的洗钱和恐怖融资风险，深化反洗钱和反恐融资工作定位，切实践行"风险为本"原则，做到自贸试验区内外联动、本外币监管合一、反洗钱与反恐融资互促共进，协同提高监管合力和整体效能。

10.2.1 厘清我国自贸区反洗钱监管思路和框架

自贸区作为我国新一轮改革开放试验田，围绕政府职能转变、投资贸易便利化、金融自由化等方面进行了多项制度改革创新，实行了多种激励措施，旨在实现"自由贸易、要素自由流动"为主导的高层次开放水平。但开放水平的提高与制度的便利给了洗钱分子一定的空间，在一定程度上使得自贸区洗钱活动易发，加大了自贸区洗钱风险，因此，应加强自贸区反洗钱工作，防范和控制我国自贸区洗钱风险。

在自贸区反洗钱原则与方法上，考虑到资源的稀缺性与对标国际的需求，我国自贸区反洗钱工作应认真践行"风险为本"的国际反洗钱原则与方法，以风险为导向，采取差异化监管措施，依据洗钱风险程度的大小，聚焦系统重要性因素，合理配置反洗钱资源，加强对洗钱高风险领域、行业、机构、业务、产品和环节的监督管理，在自贸区内构建符合国际标准的洗钱风险评估体系与反洗钱生态环境，将风险防控意识贯穿到整个自贸区建设发展过程始终。考虑到传统的反洗钱监管与自贸区"自由"发展理念一定程度上有悖，应着重寻求开放与适度监管之间的风险平衡点，不断探索实践。对自贸区每个发展阶段及时予以回顾、评估和反思，积极探索与开放创新环境相适应的洗钱风险防控措施，切不可只顾及开放而忽视背后潜在的洗钱风险，也不能一味强调风险而阻碍开放进程。具体来说，我国自贸区反洗钱工作应从顶层设计、管理、执行和国际合作等方面展开，做好依法监管、系统监管、源头监管、辩证监管。

1. 顶层设计方面

重视自贸区多层次反洗钱法律体系的构建。国家层面，加快出台并试行与自贸区相适应的系统的反洗钱法律法规，吸收借鉴国外自贸区反洗钱经验，对标国际先进水平,尽早发布新修订的《中华人民共和国反洗钱法》,对自贸区反洗钱法律要求予以明确,以解决自贸区反洗钱监管的上位法缺位问题。地方层面,通过地方性法规,细化自贸区反洗钱相关法律法规要求,建立与地方自身发展和试点要求相适应的自贸试验区反洗钱规章制度体系,增强打击洗钱相关犯罪的法理依据、前瞻性、科学性和可操作性。

2. 管理方面

坚持"内紧外松""宽进严管"的自贸区反洗钱工作思路,在推进自贸区建设发展的同时,加快健全区内反洗钱配套机制,以预防和打击潜在的洗钱活动。自贸区内多部门应积极配合形成监管合力,探索适宜自贸区发展特点的反洗钱监管合作体制机制,建立电子化信息平台,促进信息共享机制建设,打破信息共享壁垒。加强市场主体"宽进"后的过程监督与后续管理,强化义务机构作为"反洗钱一线"主动防控洗钱风险的意识和能力。对难以人为干预的洗钱威胁保持高度警惕,对可人为干预的反洗钱漏洞,如管理措施、内控制度等方面的缺陷及时采取措施予以弥补和完善。充分发挥行业自律组织的作用。银行业协会、证券业协会、会计师协会、律师协会等行业自律组织要制定相应的行业反洗钱规范,加强对反洗钱重点行业的指导作用,在促进官方管理与民间自律、政策制定与实务操作的有效结合方面发挥应有的功能,搭建各行业反洗钱工作交流平台。

3. 执行方面

自贸区反洗钱监管部门应围绕信息交流、形势通报、情报会商、案件查处等方面,加强与海关、税务、监委、公安、检察院、法院等部门间的协调配合,对自贸区内查办洗钱上游犯罪案件情况、犯罪态势及特点、新型洗钱手法等进行汇总分析,及时总结自贸区内洗钱类型,基于"追踪资金"理念构造"资金链治理体系",加大对自贸区内洗钱及其上游犯罪活动的打击力度。加强对利用新型支付业务、虚拟货币、伪金融创新等洗钱手法和环境犯罪、贸易洗钱等洗钱类型的研究,及时发布相关风险提示。

4. 国际合作方面

积极参与全球治理体系改革和建设,加强反洗钱双边及多边交流与合作,深度参与反洗钱国际治理,吸收借鉴先进反洗钱经验。自贸区反洗钱监管部门应主动探索与相关国家(地区)建立跨境监管合作机制,建立信息交换常态机制和重大监管活动通报机制,加强自贸区反洗钱跨境监管。积极参与国际自贸区反洗钱多边合作,完善自贸区司法合作法律网络,通过国际合作加强对利用自贸区进行跨国洗钱犯罪案件的侦破。稳步推进全球反洗钱战略改革，深入参与防扩散融资、虚拟资产、受益所有人等国际规则制定，为国际反洗钱治理提出"中国方案"，推动国际反洗钱体系向更加平等、包容的方向发展（巢克俭，2022）。

10.2.2　提升我国自贸区反洗钱监管资源效力

奥斯本和盖布勒的新公共管理理论强调，政府管理要引入企业管理方法，合理分配管理资源，以工作效率为首要考量因素，以结果为导向，才能够提高政府工作的绩效。根据第 8 章专题研究的分析结果可知，自贸区内反洗钱资源配置不太合理，已成为监管中最大的风险点。金融系统是大多数洗钱活动的重要阵地，各国一般都偏向于在金融领域的反洗钱监管及技术分析方面投入较多资源，导致其他特定非金融领域的监管资源相对较少，从而使得自贸区内反洗钱监管资源分配不合理成为一个不容忽视的风险，我国也不例外。提升我国自贸区反洗钱监管资源投入的配置和使用效率，尤其应该从以下几个方面着手。

1. 明确自贸区反洗钱各监管部门职责

我国反洗钱监管是以部门联席会议机制为主，多部门合作进行，这就要求各监管部门职责界定清晰，避免出现推诿现象，也更利于实际运作。因此，应系统梳理监管业务流程，并做必要优化完善，同时按照相关制度规定，清晰界定各职能部门的监管职责，明确绩效目标，有条不紊开展工作，也便于各部门间的合作协同。

2. 强化自贸区反洗钱监管部门间的协同联动

自贸区反洗钱是一个复杂而庞大的系统工程，涉及立法、执法、司法、监管等多个层面，纵跨中央和地方多个层级，坚持系统观念和大局意识、加强统筹协作、避免出现"木桶效应"具有重要意义。第一，进一步转变反洗钱工作只有反洗钱部门"单打独斗"的态势，构筑坚固的业务部门、反洗钱部门和内审稽核部门"三道防线"。第二，区内反洗钱监管部门应在符合相关法律制度要求的前提下，构建基于组织协调的"网络化"合作模式，明确具体职责、强化协调配合、切实履行监管的行政执法。例如，海关通过跨境贸易的往来记录，积极配合洗钱线索的监测、分析与证据的收集；人民银行作为预防和监测洗钱犯罪的主干力量，切实做好监测和分析工作，逐步形成各部门齐抓共管、协调联动的合作机制。第三，区内相关监管部门定期进行沟通交流，分享关于自贸区反洗钱监管取得的成果或者在合作过程中存在的问题，不断探索优化符合自贸区实际情况的科学的合作协调机制。

3. 强化自贸区反洗钱监管主体和义务机构的履职效力

中国人民银行作为国务院反洗钱行政主管部门,负责全国的反洗钱监督管理工作。反洗钱工作部际联席会议成员单位相对于其他部门,商务部、海关总署、国家税务总局、国家市场监管总局、银保监会、证监会、国家外汇管理局等与自贸区反洗钱工作有直接关系。为完善人民银行与自贸区管委会反洗钱工作交流合作机制,建议明确自贸区内各项反洗钱工作和主要环节的责任主体,重点关注跨部门合作机制的沟通协调问题,厘清部门职责,实现有效分工。建议自贸区内设反洗钱办公室,全面负责本自贸区反洗钱相关工作。例如,制定自贸区反洗钱手册,及时向义务机构(金融机构和特定非金融机构)宣贯反洗钱立法、规制、文件通知等,并做好相关培训;对区内义务机构反洗钱义务履行情况及内控制度建设情况进行指导、监督和检查、评估;开展区内洗钱类型分析和风险评估,提出工作建议;加强与海关、外汇管理、税务、市场监管、行业协会、自律组织等的工作交流。建议探索前置反洗钱监管环节,强调将反洗钱嵌入业务流程,寓监管于服务之中,共同探索"产品(业务)+反洗钱"的自贸区金融产品(业务)开发新模式,提高机构全方位的洗钱风险识别、评估、监测和管理能力。

自贸区反洗钱监管部门应对义务机构洗钱风险状况进行评估评级,实现差异化分类分层分级监管,综合运用多种监管措施提高监管效能。加强对义务机构反洗钱履职有效性的监督指导,强化现场检查和非现场监管。督促区内义务机构按照"风险为本"原则全面践行反洗钱义务,重视将前沿信息技术应用于自身反洗钱实践;完善反洗钱风控全流程体系,健全业务真实性、合规性审查机制;加大对机构内部反洗钱专业人才的招募与培养;完善洗钱风险评估机制,对自身业务、产品开展全方位洗钱风险评估和防控。

10.2.3 夯实我国自贸区反洗钱重点领域工作

自贸区的设立对我国经济社会发展具有重要的作用,但自贸区存在的一些薄弱环节使得其易被不法洗钱分子利用。为有效控制我国自贸区的洗钱风险,应重视和夯实以下重点领域的工作。

1. 提高自贸区反洗钱法律法规健全度

当下,我国自贸区遵循的反洗钱法律法规主要有四方面。一是全国人大及其常务委员会颁布的《中华人民共和国反洗钱法》《中华人民共和国中国人民银行法》《中华人民共和国反恐怖主义法》等法律。二是国务院和中国人民银行等颁布的反洗钱行政法规、规章等，如《关于完善反洗钱、反恐怖融资、反逃税监管体制机制的意见》。三是针对自贸区反洗钱工作制定的管理办法或细则，如《关于金融支持中国（上海）自由贸易试验区的意见》、中国人民银行上海总部《关于切实做好中国（上海）自由贸易试验区反洗钱和反恐怖融资工作的通知》等。四是地方性法规、条例，如《中国（上海）自由贸易试验区条例》明确提出要做好自贸区反洗钱工作。

可以看出，我国反洗钱行政主管部门围绕自贸区反洗钱制度建设做了很多工作，但由于我国自贸区建设发展时期较短，尚处于探索期，各方面建设还未完成，相应的法律法规还有待完善健全。以上海自贸区为例，它是我国首个自贸区，各方面发展较国内其他自贸区早，针对区内洗钱活动风险，中国人民银行上海总部出台了《关于切实做好中国（上海）自由贸易试验区反洗钱和反恐怖融资工作的通知》，明确要求区内金融机构与支付机构按规定提交大额和可疑交易报告，全面落实各项反洗钱和反恐融资制度措施。但各项要求比较概括，具体操作层面的指导性不够充足，对反洗钱各义务机构缺乏相应的惩罚和激励机制。而且，反洗钱义务主体范畴不含房地产、珠宝和贵金属交易等特定非金融机构，存在监管缺位，易出现"木桶效应"，让不法分子从薄弱处攻破。

建议从以下方面着手，提高自贸区反洗钱法律规制健全度。一是对标国际标准，依据《中华人民共和国反洗钱法》，制定并发布自贸区反洗钱规章，将区内房地产、珠宝和贵金属等领域特定非金融机构及从事进出口贸易的企业纳入反洗钱义务主体范畴，完善相应的监管制度及处罚措施，提高区内法人实体信息透明度，加强贸易和投资相关反洗钱制度建设。二是由自贸区反洗钱监管部门或有关行业自律组织、行业主管部门将相关规章细化，结合自贸区这一特殊区域的自身特征制定专门的洗钱活动预防和打击计划，将独立审查和内部审计相结合，进一步形成自贸区操作性和规范性强的反洗钱执行要求细则，让打击自贸区洗钱犯罪有法可依、有法可循。三是向下放权，给予一线管理者以更多的权利和激励，以便他们有更多的监管权限对区内义务主体实施检查，同时配套完善相应的监察制度，以防相关人员失职渎职、滥用职权，从而导致监管效力低下。

2. 遏制自贸区洗钱上游犯罪规模扩大

极高的隐蔽性使得洗钱活动的识别与侦破通常较为困难。洗钱的上游犯罪所得及其产生的收益都是"黑钱"，最终势必都要通过洗钱途径予以洗白，因而，追踪上游犯罪不失为发现洗钱活动的有效途径。从源头入手，预防和打击洗钱的上游犯罪活动，防范资金非法跨境流动，封堵走私、逃税等上游犯罪活动资金的外逃通道。

自贸区反洗钱相关监管主体应联手建立自贸区犯罪案件情报信息库，加强对区内犯罪类型与特征研究，重点关注货物走私、毒品犯罪、有组织犯罪、涉税犯罪、非法集资、非法资本外逃、金融诈骗等犯罪类型，进一步构建自贸区洗钱犯罪案例库，提炼自贸区洗钱风险指标用于后期风险防控。同时，区内可充分利用先进网络技术，如大数据和云计算等搭建资金流动实时监控平台、货物转移信息监测平台、可疑交易或异常交易智能识别平台，探索建立区内跨部门合作和信息共享的长效机制，形成反洗钱工作合力，做到全面监测、及时发现、有效管控。

3. 提高自贸区司法合作水平和洗钱上游犯罪结案率

作为我国对外开放的新平台，自贸区在加强对外经济、贸易、投资联系的同时，不可避免产生一些跨国跨地区经济纠纷、经济犯罪或刑事案件，纠纷调解和案件侦破往往需要双方或多方在政策和操作层面的协调与合作。因此，不仅要提升国内各自贸区间司法合作水平，还应提升自贸区与境外其他国家（地区）、国际组织间的司法合作水平，形成和谐有序的经贸投资关系和务实有效的司法合作局面。从执法角度看，国内各自贸区间应加强反洗钱信息网络建设，促进相关部门间信息互联互通，精准审理有关案件，提高自贸区洗钱上游犯罪案件结案率。跨境洗钱犯罪侦破难度较大，建议积极与其他国家（地区）从反洗钱监管、执法及金融情报交换等渠道开展广泛合作，如缔结引渡条约和刑事司法协助条约，实现在反洗钱调查、司法文书传递、罪犯引渡、国际追逃追赃等方面的司法互助；签署金融情报合作协议，持续推进反洗钱监测国际合作。

4. 降低自贸区腐败程度

反腐败与反洗钱协同联动，追逃防逃追赃一体推进。盯紧自贸区内权力部门重点岗位，梳理重点岗位存在的廉政风险点，建立健全廉政监督问责机制，开展一系列反腐宣传活动，提升廉政监督的精准性。针对地区腐败案件暴露出的制度漏洞补短板、强弱项，制定切实有效的防控措施。推动自贸区反腐败与国际追逃追赃相结合，追防并重、重点在防；紧盯资金流向，有逃必追、一追到底。

5. 扩大自贸区反洗钱的社会参与度

洗钱问题是严重的犯罪问题，其手段和途径多、涉及领域广、影响恶劣。自贸区内金融机构、特定非金融机构作为反洗钱工作"第一道防线"，应加强员工反洗钱意识培养与能力建设，通过邀请专家举办反洗钱讲座、组织员工参与反洗钱培训课程及反洗钱案例学习研讨、与高校院所加强交流合作、针对员工尽职反洗钱行为予以表彰奖励等方式提高员工反洗钱积极性和主动性。但反洗钱不应只是反洗钱行政主管部门和金融机构、特定非金融机构的责任与义务，需要社会大众的共同参与。鉴于目前相当一部分人对洗钱的危害性和反洗钱的重要性认识不足，要着力提升反洗钱宣传辐射面和穿透力，联合自贸区内各相关组织、机构加强对自贸区反洗钱基础知识、案例及形势的系统性宣传和培训工作，如开展线上线下反洗钱知识讲解会、设立反洗钱咨询点、举办反洗钱知识竞赛等，向广大公民普及洗钱危害、揭示犯罪本质、剖析典型案例及犯罪伎俩，提高公众的反洗钱意识和技能。要引导公众理性认识客户身份识别、客户尽职调查、可疑交易报送等反洗钱制度措施的必要性，加强人民群众对反洗钱工作的理解支持，形成良好的社会氛围，构建全社会积极主动、自觉自愿参与的反洗钱预防体系。

10.2.4　创新自贸区反洗钱监管技术支撑

1. 构建高效的智能化反洗钱信息共享平台

信息是处理问题的"预警器"，更为组织决策起到方向引领作用。加快构建自贸区反洗钱监管信息共享平台，不但有利于监管部门及时发现问题所在，更有利于明晰监督方向避免资源浪费。要做好以下几点：第一，统一信息标准。自贸区内行业种类众多、各类信息繁杂，要统一规范信息采集、交换、存储、传输、显示、识别、提取、控制、加工、利用标准，方便查询、检索、使用或再加工。第二，拓展共享技术。现代条件下，信息共享高度依赖于发达的网络技术。现行反洗钱大额和可疑交易报送都是利用先进的信息网络技术完成的，要加强数据信息格式的校验和数据信息的智能化存储、筛选、关联分析等方面的技术开发，提升改进监测分析手段，不断提高监管效能。第三，构建"蛛网式"信息共享网络。畅通双向通道，各监管主体可建立内部数据库，定期向监测分析机构报送数据，也可从监测分析机构的数据库按权限调取数据分析信息。

2. 改进优化自贸区现有监管手段

自贸区反洗钱监管部门应加强对可疑交易报告的甄别与信息处理能力，构建多层次、多维度的跨境资金流动反洗钱监测分析网络；加强互联网金融反洗钱监测分析平台建设，加强对各种洗钱类型的手法、规律及特点的研判和应用工作。借鉴《自贸区的反洗钱漏洞》（FATF，2010）中的自贸区洗钱风险警示指标，对自贸区内洗钱风险较高的行业、新业务、新产品及特殊的金融交易活动和"伪金融创新"等予以特别关注，做好可疑交易资金的监测分析工作，提高异常交易研判水平。自贸区强调自由、宽松、开放的营商环境，但对境内关外的开放区域应秉持"开放中监管，监管中开放"的理念，正确认识和处理监管与开放的辩证关系、适度监管与促进创新的关系。根据实际情况，适时引入"监管沙盒"，相应优化监管要求、方式、力度等，确保监管强度能满足风险防控需要。另外，加强非现场监测和现场核查检查，完善跨部门联合监管机制，牢牢守住不发生系统性、区域性金融风险的底线，营造安全、可靠、稳定和可及的国际化、法治化、便利化营商环境。

3. 提升情报获取与分析能力

情报获取是识别风险的基础。只有获取有关线索或数据信息之后，经过专业的分析，才能够基本判定是否存在风险。因此，针对自贸区的监管环境改进，首先，应拓宽区内情报线索的收集渠道。除义务机构按规定程序报送可疑信息外，还应大力倡导社会公众积极参与公共事务管理，主动举报。其次，强化技术支持。结合区内犯罪的特点，适时更新、升级分析设备、算法模型等，为高水平分析研判提供物资技术保障。最后，完善反馈机制。对区内义务机构或其他主体提供的情报线索，经过分析研判之后，予以结果反馈，以提高全社会参与反洗钱工作的积极性。

参 考 文 献

巴曙松. 2004. 新时期资本外逃理论研究的重要进展——评《资本外逃与中国的对策》[J]. 财经理论与实践，（3）：128.

白钦先，丁志杰. 1998. 论金融可持续发展[J]. 国际金融研究，（5）：28-32.

蔡伊鸽，陈建，张毅. 2017. 上海自贸区离岸金融中心路径选择及风险防范[J]. 现代管理科学，（2）：21-23.

巢克俭. 2022-08-05. 中国人民银行反洗钱局局长巢克俭：加快推进反洗钱法修订[EB/OL]. https://finance.sina.com.cn/money/bank/bank_yhfg/2022-08-05/doc-imizirav6836427.shtml.

陈雨露，王芳，杨明. 2005. 作为国家竞争战略的货币国际化：美元的经验证据——兼论人民币的国际化问题[J]. 经济研究，（2）：35-44.

崔军辉，魏瑞轩，崔建汝，等. 2015. 基于FCM的UAV事故成因预测方法[J]. 系统工程理论与实践，35（12）：3258-3264.

崔晓静，刘笑云. 2014. 洗钱与逃税法律问题研究[J]. 税务与经济，（3）：90-95.

豆军. 2015. 基于演化博弈的金融监管与金融创新研究[D]. 大连理工大学硕士学位论文.

冯叔君. 2015. 全球视野下的自由贸易区[M]. 上海：复旦大学出版社.

高海红，余永定. 2010. 人民币国际化的含义与条件[J]. 国际经济评论，（1）：46-64.

高海乡. 2006. 中国保税区转型的模式[M]. 上海：上海财经大学出版社.

高增安. 2007a. 国际贸易可疑洗钱行为透析[J]. 财经科学，（3）：112-117.

高增安. 2007b. 金融机构基于风险的反洗钱机制探讨[J]. 证券市场导报，（10）：65-70.

高增安. 2007c. 反洗钱：可疑交易行为报告制度有效吗[J]. 证券市场导报，（4）：17-22.

高增安. 2008. 国际贸易基于信用证交易的洗钱分析[J]. 经济学家，（2）：102-107.

高增安. 2009. 转移定价—洗钱—资本外逃关联机制透视[J]. 经济学家，（11）：79-84.

高增安. 2011. 贸易洗钱与反洗钱研究[M]. 北京：科学出版社.

高增安. 2014-07-10. 互联网支付洗钱风险蔓延[N]. 法制日报.

高增安. 2017. 宏观审慎监管视角的国家系统性洗钱风险与反洗钱研究[M]. 北京：科学出版社.

高增安，廖民超，金虹敏. 2018a. 内陆自贸区建设发展影响因素研究[J]. 西南交通大学学报

（社会科学版），（2）：100-106.

高增安，童宇. 2018. 洗钱规模及其对金融发展的影响研究——基于上海市数据分析[J]. 投资研究，37（12）：17-30.

高增安，汪小草. 2022. 基于模糊认知图的我国自贸区洗钱风险影响因素研究[J]. 运筹与管理，31（5）：177-182.

高增安，姚毅，廖民超. 2018b. 内陆自贸区研究：理论、经验与借鉴[M]. 成都：四川大学出版社.

高增安，张宝江，余江. 2012. 基于金融自由度模型的人民币离岸市场反洗钱监管[J]. 财经科学，（9）：19-25.

高增安，张鹏强，李肖萌. 2018c. 境外典型内陆自贸区税收优惠政策比较研究[J]. 西南民族大学学报（人文社会科学版），（6）：142-148.

郭峰，胡军，洪占卿. 2013. 贸易进口和外商直接投资空间溢出效应研究[J]. 国际贸易问题，（11）：125-135.

韩福荣，许诺. 2006. 外商直接投资与我国资本外逃关系的实证研究——协整分析与误差修正模型[J]. 北京工业大学学报，（1）：83-87.

韩光林. 2010. 中国反洗钱监管制度变迁的路径锁定及对策[J]. 国际金融研究，（11）：73-80.

韩光林，孙森. 2011. 博弈论和委托代理理论视角下的反洗钱监管研究[J]. 上海金融，（3）：66-72.

贺卫，伍山林. 2003. 制度经济学[M]. 北京：机械工业出版社.

贺瑛. 2013. 自贸区反洗钱问题研究——以离岸业务为例[J]. 上海金融学院学报，（6）：5-8.

胡奇英，刘建庸. 2000. 马尔可夫决策过程引论[M]. 西安：西安电子科技大学出版社.

胡晓翔，赵联宁. 2001. Internet 网络银行服务与洗钱犯罪[J]. 金融研究，（11）：110-115.

黄敏. 2016. 上海自贸区反洗钱可疑交易报告制度创新探讨[J]. 铜陵学院学报，15（4）：38-41.

霍明. 2010. 反贸易洗钱合作机制研究[D]. 西南交通大学硕士学位论文.

黎宜春. 2013. 论中国—东盟自由贸易区反洗钱刑事司法合作机制的构建——以分析现有反洗钱刑事司法合作的阻碍因素为切入点[J]. 广西社会科学，（9）：34-38.

李葆斐. 2017. "博弈论"与 P2P 平台风险监管[J]. 中国外资，（1）：68-69.

李彬，黎宇，周海燕，等. 2015. 沿边跨境资金流动背景下洗钱风险控制策略探究——以广西为视角[J]. 区域金融研究，（4）：4-11.

李稻葵，刘霖林. 2008. 双轨制推进人民币国际化[J]. 纪实，（11）：84-86.

李建军. 2008. 中国未观测货币金融状况指数与经济景气指数——理论设计与内在关系的实证研究[J]. 财贸经济，（7）：57-62.

李岚清. 1995. 中国利用外资基础知识[M]. 北京：中共中央党校出版社，中国对外经济贸易出版社.

李晓峰. 2000. 中国资本外逃的理论与现实[J]. 管理世界，（4）：123-133，217.

李子白，沈杰，贺聪. 2007. 金融机构反洗钱的激励机制研究[J]. 金融理论与实践，（9）：22-25，16.

连玉君，苏治. 2009. 融资约束、不确定性与上市公司投资效率[J]. 管理评论，21（1）：19-26.

梁剑，乔海曙. 2003. 构建我国反洗钱立体监管网：联合金融监管系统[J]. 管理评论，（5）：39-42，11.

林松，刘小弟，朱建军，等. 2019. 基于模糊认知图的航天商业发射服务竞价影响因素分析[J]. 运筹与管理，28（3）：158-165.

刘晨阳，田华. 2011. 避税港型离岸金融中心对我国跨境资本流动的影响及监管建议[J]. 财政研究，（9）：38-41.

刘俊奇，安英俭. 2017. 基于 VAR 模型的资本项目开放对中国洗钱规模影响实证研究[J]. 上海金融，（5）：45-49.

刘克. 2004. 实用马尔可夫决策过程[M]. 北京：清华大学出版社.

刘勇政，冯海波. 2011. 腐败、公共支出效率与长期经济增长[J]. 经济研究，（9）：17-28.

陆符玲，丁志杰. 2004. 论新形势下我国银行间外汇市场发展战略的转变[J]. 中国货币市场，（4）：47-49.

陆忠伟. 2003. 非传统安全论[M]. 北京：时事出版社.

吕文学，张磊，毕星. 2014. 基于模糊认知图的工程项目争端处理决策研究[J]. 中国软科学，（10）：165-173.

梅德祥. 2015. 世界流入中国的洗钱规模研究[J]. 经济与管理研究，36（9）：43-52.

梅德祥. 2018-08-08. 加强税收领域反洗钱反恐怖融资监管[N]. 法制日报.

梅德祥，高增安. 2015. 中国产生的洗钱规模及其流出研究[J]. 经济学家，12（1）：64-72.

苗文龙. 2014. 国家洗钱风险评估：国际框架及我国的思考[J]. 国际金融，（8）：60-66.

苗文龙，张菁华. 2016. 国家面临的洗钱风险评估：方法设计与风险计量[J]. 金融监管研究，（9）：82-99.

聂辉华，张彧，江艇. 2014. 中国地区腐败对企业全要素生产率的影响[J]. 中国软科学，（5）：37-48.

诺思. 1994. 制度、制度变迁与经济绩效[M]. 刘守英译. 上海：上海三联书店.

裴平，金素. 2011. 洗钱的规模测度和渠道识别——基于中国 2001-2009 年样本数据的分析[J]. 江苏行政学院学报，（2）：46-52.

钱科. 2010. 亚洲新兴市场国家非正常资本流动的成因研究[D]. 复旦大学硕士学位论文.

任红. 2018. 我国自贸实验区洗钱风险审视与监管思路[J]. 学术探索，（1）：63-67.

任鹏飞，黄辉，李双红，等. 2015. 构建区域洗钱风险评估指标体系研究[J]. 生产力研究，（10）：26-29，156.

上海财经大学自由贸易区研究院，上海发展研究院. 2015. 全球自贸区发展研究及借鉴[M]. 上海：格致出版社，上海人民出版社.

苏超，张红，梁迅. 2014. 基于模糊认知图的生态风险管理探究[J]. 生态学报，34（20）：5993-6001.
孙婧雯. 2014. 洗钱风险的构成及其管理框架构建[J]. 当代经济科学，36（4）：117-123，128.
谭学瑞，邓聚龙. 1995. 灰色关联分析：多因素统计分析新方法[J]. 统计研究，12（3）：46-48.
唐旭，张雁，师永彦，等. 2011. 中国洗钱风险评估研究[J]. 金融发展评论，（5）：121-146.
童文俊. 2014. 自由贸易区洗钱风险与反洗钱对策研究[J]. 海南金融，（4）：71-75.
王思维，随鲁辉. 2017. 自由贸易试验区内的洗钱犯罪风险及其防范[J]. 犯罪研究，32（5）：39-48.
王维安，杨靖. 2003. 资本市场对我国货币供给影响的实证分析：1999~2002[J]. 上海金融，（12）：18-20.
王筱，杨一鑫. 2019. 我国自由贸易区内经济类犯罪的风险防控[J]. 黑龙江省政法管理干部学院学报，（6）：30-34.
王怡靓. 2018. 人民币国际化及自贸区建设对跨境洗钱监管的影响及建议[J]. 金融经济，（6）：124-125.
邬红华. 2007. 中国资本外逃趋势与对外直接投资比较的实证研究[J]. 统计与决策，（21）：134-136.
吴一平，芮萌. 2010. 地区腐败、市场化与中国经济增长[J]. 管理世界，（11）：10-17.
习近平. 2017. 决胜全面建成小康社会 夺取新时代中国特色社会主义伟大胜利[M]. 北京：人民出版社.
习近平. 2022. 高举中国特色社会主义伟大旗帜 为全面建设社会主义现代化国家而团结奋斗：在中国共产党第二十次全国代表大会上的报告[M]. 北京：人民出版社.
项后军，何康，于洋. 2016. 自贸区设立、贸易发展与资本流动——基于上海自贸区的研究[J]. 金融研究，（10）：48-63.
肖本华. 2014. 上海自贸区金融服务业对外开放研究[J]. 上海立信会计金融学院学报，（5）：16-22.
谢波. 2019. 论中国自贸试验区建设中的经济犯罪及其防控机制构建[J]. 中国人民公安大学学报（社会科学版），35（6）：55-64.
邢妍，王薇. 2009. 建立商业银行反洗钱激励机制的重要性[J]. 中国乡镇企业会计，（4）：78-79.
许井荣. 2019. 虚开增值税发票洗钱犯罪手法分析及整治建议——以连云港市一起案件为例[J]. 金融会计，（4）：57-61.
薛耀文，王雪娟，张鹏翥. 2008. 洗钱交易模式及其防范分析[J]. 系统管理学报，17（4）：418-422.
严立新. 2006. 银行业反洗钱机制研究——约束条件下激励机制框架的构建[D]. 复旦大学博士学位论文.

严立新. 2013. 中国反洗钱战略（2013~2018）的升级转型及其实施机制的建立[J]. 管理世界，（9）：1-8.

颜为民，邵传林，裴志伟. 2015. 地区腐败、金融市场化与企业家精神——基于中国省级层面的经验证据[J]. 当代经济管理，37（4）：91-97.

燕彬. 2018. 反逃税与反洗钱在CRS下的融合[J]. 中国外汇，（10）：43-45.

杨冬梅，冯芸，吴冲锋. 2008. 国家反洗钱政策组合效果分析——国家监管机构、金融机构和洗钱者的博弈分析[J]. 系统管理学报，（2）：181-188.

杨海珍，Gunter F R. 2002. 中国资本外逃与外国直接投资关系的实证分析（1984~1999）[J]. 经济学（季刊），（2）：715-722.

杨建文，陆军荣. 2008. 中国保税港区：创新与发展[M]. 上海：上海社会科学院出版社.

杨泾，Walker J，吴志明. 2013. 中国脏钱流向哪里？——Walker引力模型与"起源地-目的地"五维分析[J]. 金融理论与实践，（7）：42-47.

杨胜刚，何靖. 2004. 反洗钱领域大额与可疑信息报告制度的经济学分析[J]. 金融研究，（10）：113-119.

杨胜刚，何靖，曾翼. 2007. 反洗钱中监管机构和商业银行的博弈与委托代理问题研究[J]. 金融研究，（1）：71-83.

叶葆华，袁达松. 2014. 论自由贸易区试验下的反洗钱监管法制[J]. 河南警察学院学报，23（6）：124-129.

叶媛博. 2019. 广东自贸区经济犯罪风险及应对策略[J]. 中国刑警学院学报，（1）：59-64.

殷华，高维和. 2017. 自由贸易试验区产生了"制度红利"效应吗？——来自上海自贸区的证据[J]. 财经研究，43（2）：48-59.

俞光远. 2007. 反洗钱与反涉税犯罪[J]. 中国税务，（2）：25-26.

袁达松. 2016. 论自由贸易区试验下中央银行的货币定价权[J]. 社会科学，（5）：88-95.

詹欣，乔晗. 2015. 网络支付行业主体反洗钱博弈模型及策略研究[J]. 系统工程理论与实践，35（8）：1947-1955.

张合金，甘力，刘颖. 2011. 基于委托—代理模型的反洗钱监管行为研究[J]. 西南民族大学学报（人文社会科学版），32（3）：121-127.

张进. 2017. 防范自贸区贸易洗钱风险[J]. 中国外汇，（19）：76-77.

张娟. 2013. 关于世界自由贸易区的若干问题研究[J]. 国际市场，（4）：42-44.

张军，高远，傅勇，等. 2007. 中国为什么拥有了良好的基础设施？[J]. 经济研究，（3）：4-19.

章志光，金盛华. 1996. 社会心理学[M]. 北京：人民教育出版社.

中国人民银行海口中心支行课题组. 2013. 税收犯罪与反洗钱研究[J]. 海南金融，（7）：59-62.

周黎安，陶婧. 2009. 政府规模市场化与地区腐败问题研究[J]. 经济研究，（1）：57-69.

朱宝明. 2004. 我国银行业反洗钱的成本与收益分析——从博弈论的视角[J]. 金融研究，

（4）：57-65.

朱军. 2017. 我国自贸区发展中反洗钱监管的挑战与思考[J]. 中国刑警学院学报，（1）：59-64.

朱毅敏，严忠华，付红梅. 2016. 上海自贸试验区刑事检察工作情况调查[J]. 人民检察，（7）：67-70.

卓志. 2006. 风险管理理论研究[M]. 北京：中国金融出版社.

Abrigo M, Love I. 2016. Estimation of panel vector autoregression in Stata[J]. Stata Journal Promoting Communications on Statistics & Stata, 16（3）：778-804.

Acemoglu D, Zilibotti F. 1997. Was prometheus unbound by chance? Risk, diversification, and growth[J]. Journal of Political Economy, 105：709-751.

Agarwal J D, Agarwal A. 2004. Globalization and international capital flows[J]. Finance India, 19（1）：65-99.

Agarwal J D, Agarwal A. 2006. Money laundering: new forms of crime, and victimization[R]. The National Workshop on New Forms of Crime.

Ai L. 2013-05-20. Anti-money laundering (AML) regulation and implementation in Chinese financial sectors: money-laundering vulnerabilities and the "rule-based but risk-oriented" AML approach[EB/OL]. http://ro.uow.edu.au/theses/3641.

Alchian A A, Allen W R, Jordan J L. 2018. Universal economics[R]. Liberty Fund.

Alldridge P. 2001. The moral limits of the crime of money laundering[J]. Buffalo Criminal Law Review, 5（1）：279-319.

Aluko A, Bagheri M. 2012. The impact of money laundering on economic and financial stability and on political development in developing countries[J]. Journal of Money Laundering Control, 15（4）：442-457.

Ardizzi G, Petraglia C, Piacenza M, et al. 2014. Money laundering as a crime in the financial sector: a new approach to quantitative assessment, with an application to Italy[J]. Journal of Money Credit & Banking, 46（8）：1555-1590.

Arrow K J. 1964. The role of securities in the optimal allocation of risk-bearing[J]//Review of Economic Studies, 31（2）：91-96.

Baker R. 2005. Capitalism's Achilles Heel: Dirty Money and How to Renew the Free-Market System[M]. New York: John Wiley and Sons.

Bartlett B L. 2002. The negative effects of money laundering on economic development[R]. Asian Development Bank, Regional Technical Assistance Project.

Bellman R. 1966. Dynamic programming[J]. Science, 153：34-37.

Bencivenga V R, Smith B D. 1993. Some consequences of credit rationing in an endogenous growth model[J]. Journal of Economic Dynamics and Control, 17：97-122.

Bettis R A, Prahalad C. 1983. The visible and the invisible hand: resource allocation in the industrial sector[J]. Strategic Management Journal, 4: 27-43.

Bhattacharjee M, Chowdhury J, Ghosh D. 2019. Financial integration, its implication for money laundering - an introspection[C]//Bhattacharyya R. The Gains and Pains of Financial Integration and Trade Liberalization. Bingley: Emerald Publishing Limited: 207-217.

Boyd J H, Prescott E C. 1986. Financial intermediary-coalitions[J]. Journal of Economic Theory, 38: 211-232.

Boyrie M, Pak S J, Zdanowicz J S. 2005a. The impact of Switzerland's Money Laundering Law on capital flows through abnormal pricing in international trade[J]. Applied Financial Economics, 15(4): 217-230.

Boyrie M, Pak S J, Zdanowicz J S. 2005b. Estimating the magnitude of capital flight due to abnormal pricing in international trade: the Russia-USA case[J]. Accounting Forum, 29(3): 249-270.

Braguinsky S, Mityakov S. 2015. Foreign corporations and the culture of transparency: evidence from Russian administrative data[J]. Journal of Financial Economics, 117(1): 139-164.

Camacho A R. 2013. Modelling the risk profiles of clients in the fight against money laundering and terrorism financing[J]. International Journal of Business & Economics, 12(2): 97-120.

Camdessuss M. 1998. Money laundering: the importance of international countermeasures[C]. Address at the Plenary Meeting of the Financial Action Task Force on Money Laundering.

Chernykh L, Mityakov S. 2017. Offshore schemes and tax evasion: the role of banks[J]. Journal of Financial Economics, 9(4): 516-542.

Chong A, López-de-Silanes F. 2015. Money laundering and its regulation[J]. Economics & Politics, 27(1): 78-123.

Chunhachida P, Boyrie M, Pak S. 2008. Thailand capital flight through trade with the US during times of political and economic instability[J]. Review of Pacific Basin Financial, 11(3): 363-387.

Coase R H. 1960. The nature of the firm[J]. Economica, 6: 386-405.

Debreu G. 1959. Theory of Value: An Axiomatic Analysis of Economic Equilibrium[M]. New Haven: Yale University Press.

Delston R S, Walls S C. 2009. Reaching beyond banks: how to target trade-based money laundering and terrorist financing outside the financial sector[J]. Cazo Weston Reserve Journal of International Low, 41: 85-118.

Demirgüç-Kunt A, Huizinga H. 1999. Determinants of commercial bank interest margins and profitability: some international evidence[J]. World Bank Economic Review, (2): 379-408.

Desai M A, Dyck A, Zingales L. 2007. Theft and taxes[J]. Journal of Financial Economics, 84(3): 591-623.

Diamond D W. 1984. Financial intermediation and delegated monitoring[J]. The Review of Economic

Studies, 51: 393-414.

Djankov S, Porta La R, Florencio L D S, et al. 2002. The regulation of entry[J]. Quarterly Journal of Economics, (1): 1-37.

Dooley M. 1986. Country specific risk premiums, capital flight, and net investment income payments in selected developing countries[C]. International Monetary Fund.

FATF. 2007-06-22. Guidance on the risk-based approach to combating money laundering and terrorist financing: high level principles and procedures[EB/OL]. https://www.fatf-gafi.org/content/fatf-gafi/en/publications/Fatfrecommendations/Fatfguidanceontherisk-basedapproachtocombatingmoneylaunderingandterroristfinancing-highlevelprinciplesandprocedures.html.

FATF. 2008-07-26. Risk based approach guidance for real estate sector[EB/OL]. https://www.fatf-gafi.org/content/fatf-gafi/en/publications/Fatfrecommendations/Guidance-rba-real-estate-sector.html.

FATF. 2010-03-26. Money laundering vulnerabilities of free trade zones[EB/OL]. https://www.fatf-gafi.org/content/fatf-gafi/en/publications/Methodsandtrends/Moneylaunderingvulnerabilitiesoffreetradezones.html.

FATF. 2013-03-05. National money laundering and terrorist financing risk assessment[EB/OL]. https://www.fatf-gafi.org/content/fatf-gafi/en/publications/Methodsandtrends/Nationalmoneylaunderingandterroristfinancingriskassessment.htmlingandterroristfinancing-highlevelprinciplesandprocedures.html.

FATF-GAFI. 2005. Third mutual evaluation report on anti-money laundering and competing the financing of terrorism-Norway[R]. Paris, France.

FATF/OECD. 2006. Trade based money laundering[EB/OL]. http://www.fatf-gafi.org/media/fatf/documents/reports/Trade%20Based%20Money%20Laundering.pdf.

FATF/OECD. 2008-06-20. Best practices paper on trade based money laundering[EB/OL]. hhttp://www.fatf-gafi.org/dataoecd/9/28/40936081.pdfH.

Fecht F, Gruener H P, Hartmann P. 2012. Financial integration, specialization and systemic risk[J]. Journal of International Economics, 88(1): 150-161.

Felix G, Nápole G, Falcon R. 2019. A review on methods and software for fuzzy cognitive maps[J]. Artificial Intelligence Review, 52(3): 1707-1737.

FinCEN. 1997. Colombian black market peso exchange[R]. FinCEN Advisory Issue 9.

Fisman R, Gatti R. 2002. Decentralization and corruption: evidence from U.S. Federal Transfer Programs[J]. Public Choice, 113(1/2): 25-35.

Gao Z. 2008. Transfer price-based money laundering: a transit trader's perspective[C]. 2008 4th International Conference on Wireless Communications, Networking and Mobile Computing. IEEE.

Gao Z, Weng L. 2006. Transfer price-based money laundering in international trade[C]. Management

Science and Engineering.

Giannetti M. 2007. Financial liberalization and banking crises: the role of capital inflows and lack of transparency[J]. Journal of Financial Intermediation, 16（1）: 32-63.

Glaeser E L, Saks R E. 2006. Corruption in America[J]. Journal of Public Economics, 90（6/7）: 1053-1072.

Goel R K, Rich D P. 1989. On the economic incentives for taking bribes[J]. Public Choice, 61（3）: 269-275.

Goldberg L G, Lothian J R, Okunev J. 2003. Has international financial integration increased? [J]. International Finance, 14（3）: 299-317.

Greenwood J, Jovanovic B. 1990. Financial development, growth, and the distribution of income[J]. Journal of Political Economy, 98: 1076-1107.

Guariglia A, Poncet S. 2008. Could financial distortions be no impediment to economic growth after all? Evidence from China[J]. Social Science Electronic Publishing, 36（4）: 633-657.

Gurley J G, Shaw E S. 1960. Money in a Theory of Finance[M]. Washington: The Brookings Institution.

Harrison P, Sussman O, Zeira J. 1999. Finance and growth: theory and new evidence[R]. Available at SSRN 186142.

Harvey J. 2004. Compliance and reporting issues arising for financial institutions from money laundering regulations: a preliminary cost benefit study[J]. Journal of Money Laundering Control, 7: 333-346.

Hicks J R. 1941. The rehabilitation of consumers' surplus[J]. The Review of Economic Studies, 8: 108-116.

Holden C. 2017. Graduated sovereignty and global governance gaps: special economic zones and the illicit trade in tobacco products[J]. Political Geography, 59（2）: 72-81.

Hong X, Liang H, Cai L X, et al. 2015. Peer to peer anti-money laundering resource allocation based on semi-markov decision process[C]. 2015 IEEE Global Communications Conference （globecom）, 1-6.

Hong X, Liang H, Gao Z, et al. 2017. An adaptive resource allocation model in anti-money laundering system[J]. Peer-to-Peer Networking and Applications, 10: 315-331.

Huang D, Zhang X, Kang M, et al. 2010. MobiCloud: building secure cloud framework for mobile computing and communication[C]. 2010 Fifth IEEE International Symposium on Service Oriented System Engineering, 27-34.

Hurwicz L. 1973. The design of mechanisms for resource allocation[J]. The American Economic Review, 63: 1-30.

Idowu A, Obasan K. 2012. Anti-money laundering policy and its effects on bank performance in

Nigeria[J]. Business Intelligence Journal, 5（2）：367-373.

Imanpour M, Rosenkranz S, Westbrock B, et al. 2019. A microeconomic foundation for optimal money laundering policies[J]. International Review of Law and Economics, 60：105856.

IMF. 1996. Macroeconomic implications of money laundering[R]. Prepared by Quirk Peter J. International Monetary Fund, Monetary and Exchange Affairs Department, Paper Prepared for the Plenary Meeting of the FATF, Washington D.C.

IMF. 2010. Financial system abuse, financial crime and money laundering-background paper[R].

Kaldor N. 1939. Welfare propositions of economics and interpersonal comparisons of utility[J]. The Economic Journal, 49（195）：549-552.

Kelly R W. 1998. Shutting down the systems：combatting global money laundering[J]. Vital Speeches of the Day, 65（2）：39.

Khan M S, Quaddus M. 2004. Group decision support using fuzzy cognitive maps for causal reasoning[J]. Group Decision and Negotiation, 13（5）：463-480.

Koopmans T C. 1951. Efficient allocation of resources[J]. Econometrica：Journal of the Econometric Society, 19（4）：455-465.

Kumar B V. 2003. The prevention of money laundering in India[J]. Journal of Money Laundering Control, 7（2）：158-169.

Levine R. 2005. Finance and growth：theory and evidence[J]. Handbook of Economic Growth, 1：865-934.

Li L Q. 1995. Achievements and problems in the China's economic reform and opening to the outside world[J]. World Economy & China, （Z1）：1-3.

Liao J, Acharya A. 2011. Transshipment and trade-based money laundering[J]. Journal of Money Laundering Control, 14（1）：79-92.

Lussange J, Lazarevich I, Bourgeois-Gironde S, et al. 2021. Modelling stock markets by multi-agent reinforcement learning[J]. Computational Economics, 57：113-147.

Masciandaro D. 2000. The illegal sector, money laundering and the legal economy：a macroeconomic analysis[J]. Journal of Financial Crime, 8（2）：103-112.

Masciandaro D. 2007-03-19. Economics of money laundering：a primer[EB/OL]. https://www.researchgate.net/publication/228218126_Economics_of_Money_Laundering_A_Primer.

Masciandaro D. 2008. Offshore financial centres：the political economy of regulation[J]. European Journal of Law & Economics, 26（3）：307-340.

Masciandaro D, Barone R. 2008. Worldwide anti-money laundering regulation：estimating costs and benefits[J]. Global Business and Economics Review, 10（3）：243-264.

McSkimming S. 2010. Trade-based money laundering：responding to an emerging threat[J]. Deakin Law Review, 15（1）：37-63.

Merton R C. 1987. A simple model of capital market equilibrium with incomplete information[J]. The Journal of Finance, 42（3）: 483-510.

Merton R C, Bodie Z. 1995. A conceptual framework for analyzing the financial system[A]//The Global Financial System: a Functional Perspective, Harvard Business School Press, 3-31.

Mironov M. 2013. Taxes, theft, and firm performance[J]. Journal of Finance, 68（4）: 1441-1472.

Mitchell D J. 2004. US government agencies confirm that low-tax jurisdictions are not money-laundering havens[J]. Journal of Financial Crime, 11（2）: 127-133.

Miyagiwa K F. 1986. A reconsideration of the welfare economics of a free-trade zone[J]. Journal of International Economics, 21（3）: 337-350.

Moulette P. 2000. Money laundering: staying ahead of the latest trends[J]. OECD Observer, （220）: 28-30.

Naheem M A. 2017. Trade based money laundering: a primer for banking staff[J]. International Journal of Disclosure and Governance, 14（2）: 95-117.

Omar N, Zolkaflil S. 2015. Profit shifting and earnings management through tax haven subsidiaries: an exploratory analysis of multinational companies[J]. Procedia Economics and Finance, 28（5）: 53-58.

Pak S J, Zanakis S H, Zdanowicz J S. 2003. Detecting abnormal pricing in international trade: the Greece-USA case[J]. Interfaces, 33（2）: 54-65.

Papageorgiou E I. 2011. Review study on fuzzy cognitive maps and their applications during the last decade[C]. IEEE International Conference on Fuzzy Systems, 828-835.

Passas N. 2012. Terrorist finance, informal markets, trade and regulation: challenges of evidence regarding international efforts[C]//Lum C, Kennedy L W. Evidence-Based Counterterrorism Policy. New York: Springer: 255-279.

Patnaik I, Gupta A S, Shah A. 2009. Trade misinvoicing: a channel for de facto capital account openness[C]. Technical Report, NIPFP DEA Research Program.

Perez M F, Brada J C, Drabek Z. 2012. Illicit money flows as motives for FDI[J]. Journal of Comparative Economics, 40（1）: 108-126.

Pierre M, Picard, Pieretti P. 2011. Bank secrecy, illicit money and offshore financial centers[J]. Journal of Public Economics, 95（7/8）: 942-955.

Pound R. 1942. Social Control Through Law[M]. New Haven: Yale University Press.

Pound R. 1959. Jurisprudence（Volume Ⅲ）[M]. Eagan: West Publishing Co.

Puterman M L. 1990. Markov decision processes[A]//Heyman D P, Sobel M J, Eds. Handbooks in Operations Research and Management Science, Volume 2: Stochastic Models. North-Holland: Elsevier Science Publishers B.V. 331-434.

Puterman M L. 2014. Markov Decision Processes: Discrete Stochastic Dynamic Programming[M].

New York: John Wiley & Sons.

Quirk P J. 1997. Money laundering: muddying the macroeconomy[J]. Finance & Development, 34（1）: 7-9.

Ranciere R, Tornell A, Westermann F. 2006. Decomposing the effects of financial liberalization: crises vs. growth[J]. Journal of Banking & Finance, 30（12）: 3331-3348.

Reganati F, Oliva M. 2018. Determinants of money laundering: evidence from Italian regions[J]. Journal of Money Laundering Control, 21（3）: 402-413.

Reuter P, Truman E M. 2004. Chasing dirty money: the fight against money laundering[R]. Washington: Institute for International Economics.

Ricci P. 2019. How economic freedom reflects on the bitcoin transaction network[J]. Journal of Industrial and Business Economics, 47（1）: 133-161.

Robbins L. 2007. An Essay on the Nature and Significance of Economic Science[M]. New York: Ludwig von Mises Institute.

Ross E A. 1901. Social Control: A Survey of the Foundations of Order[M]. New York: Macmillan.

Ross S, Hannan M. 2007. Money laundering regulation and risk-based decision-making[J]. Journal of Money Laundering Control, 10（1）: 106-115.

Samuelson P A. 1972, Maximum principles in analytical economics[J]. The American Economic Review, 62: 249-262.

Sathye M, Islam J. 2011. Adopting a risk-based approach to AMLCTF compliance: the Australian case[J]. Journal of Financial Crime, 18（2）: 169-182.

Satyanarayanan M, Bahl P, Caceres R, et al. 2009. The case for VM-based cloudlets in mobile computing[J]. IEEE Pervasive Computing, 8: 14-23.

Saunders A. 2018. Financial Institutions Management: A Risk Management Approach[M]. Boston: McGraw-Hill Irwin.

Savona E U, Riccardi M. 2017-05-29. Assessing the risk of money laundering in Europe-final report of project IARM[EB/OL]. https://www.researchgate.net/publication/317256472_Assessing_the_risk_of_money_laundering_in_Europe_-_Final_report_of_project_IARM.

Schneider F. 2010. The influence of public institutions on the shadow economy: an empirical investigation for OECD countries[R]. Review of Law & Economics, 6（3）: 441-468.

Schneider F, Windischbauer U. 2008. Money laundering: some facts[J]. European Journal of Law and Economics, 26（3）: 387-404.

Schubert W. 1979. On the proper role of government in the dual economy[J]. Journal of Post Keynesian Economics, 1: 127-130.

Schumpeter J. 1934. The Theory of Economic Development[M]. Cambridge: Harvard University Press.

Scott K A. 2008. Trade-based money laundering[J]. New York Law Journal, 240（55）: 1-2.

Sicular. 1998. Capital flight and foreign investment: two tales from china and russia[J]. The World Economy, 21（5）: 589-602.

Stigler G. 1964. Public regulation of the securities markets[J]. The Journal of Business, 19（3）: 721-753.

Stiglitz J E. 1997. The role of government in economic development[C]. Annual World Bank Conference on Development Economics. Washington: World Bank, 11-23.

Stiglitz J E, Weiss A. 1983. Incentive effects of terminations: applications to the credit and labor markets[J]. The American Economic Review, 73: 912-927.

Stylios C D, Groumpos P P. 2004. Modeling complex systems using fuzzy cognitive maps[J]. IEEE Transactions on Systems, Man, and Cybernetics-Part A: Systems and Humans, 34（1）: 155-162.

Sunkara R. 2016. The study of free trade zone policy in India: a make in India initiative[J]. International Journal of Multidisciplinary Management Studies, 6（2）: 10-18.

Sussman O. 1993. A theory of financial development[A]//Giovannini A, Ed. Finance and Development: Issues and Experience. Cambridge: Cambridge University Press, 29-64.

Takáts E. 2011. A theory of "Crying Wolf": the economics of money laundering enforcement[J]. The Journal of Law, Economics & Organization, 27: 32-78.

Tiefenbrun S. 2013. US foreign trade zones, tax-free trade zones of the world, and their impact on the US economy[J]. Journal of International Business and Law, 12（2）: 149.

Toft P. 1996. The radon transform-theory and implementation[D]. PhD Dissertation of Department of Mathematical Modelling Section for Digital Signal Processing of Technical University of Denmark.

Toni I. 2019. Role of the reporting center for financial transactions in criminal money laundering[J]. Kader Bangsa Law Review, 1（2）: 101-113.

Unger B. 2006. The amounts and effects of money laundering[R]. The Dutch Ministry of Finance Report, Den Haag, The Netherlands.

Unger B. 2007. The Scale and Impacts of Money Laundering[M]. Northampton: Edward Elgar Publishing.

Unger B. 2009. The gravity model for measuring money laundering and tax evasion[R]. Paper Prepared for the Workshop on Macroeconomic and Policy Implication of Underground Economy and Tax Evasion, at Bocconi University, Milan, Italy, February.

UNODC. 1980. United Nations Office on Drugs and Crime Trends in Crime and Justice[R].

UNODC. 2005. United Nations Office on Drugs and Crime Trends in Crime and Justice[R].

UNODC. 2008. United Nations Office on Drugs and Crime Trends in Crime and Justice[R].

US Immigration and Customs Enforcement. 2005. Trade-Based Money Laundering and the ICE Trade Transparency Unit[Z]. A Presentation for the APG, Asia Pacific Group on Money Laundering. Cairns, Australia.

Vassileva A. 2007. A strategic assessment of trade-based money laundering in Florida[R].

Villa E, Loayza N, Misas M A. 2016. Illicit activity and money laundering from an economic growth perspective: a model and an application to Colombia[J]. Social Science Electronic Publishing, 159（3）: 442-487.

Walker J. 1995. Estimates of the extent of money laundering in and through Australia[R]. Prepared for the Australian Transaction Reports and Analysis Centre by John Walker Consulting Services.

Walker J. 1999. How big is global money laundering?[J]. Journal of Money Laundering Control, 3（1）: 25-37.

Walker J. 2007. Measuring global money laundering[R]. Paper Presented at the Conference Tacking Money Laundering, University of Utrecht, Utrecht, the Netherlands, November.

Walker J, Unger B. 2009. Measuring global money laundering: "the walker gravity model"[J]. Review of Law & Economics, 5（2）: 821-853.

Wolfsberg, ICC, BAFT. 2017-01-24. The Wolfsberg Group, ICC and BAFT Trade Finance Principles[EB/OL]. https://iccwbo.org/news-publications/policies-reports/wolfsberg-trade-finance-principles/.

Yan L, Tong W. 2016. Money Laundering and Anti-Money Laundering in Free Trade Zones: International Experience and Shanghai Strategies[M]. Shang Hai: New Strategic Research on China (Shanghai) Pilot Free Trade Zone.

Zdanowicz J S. 2004. Detecting money laundering and terrorist financing via data mining[J]. Communications of the ACM, 47（5）: 53-55.

Zdanowicz J S. 2009. Trade-based money laundering and terrorist financing[J]. Review of Law & Economics, 5（2）: 855-878.

Zdanowicz J, Pak S J, Sullivan M. 1999. Brazil-United States trade: capital flight through abnormal pricing[J]. International Trade Journal, XIII（4）: 423-443.

Zesmi U, Zesmi S L. 2004. Ecological models based on people's knowledge: a multi-step fuzzy cognitive mapping approach[J]. Ecological Modelling, 176（1）: 43-64.

附录1 我国自贸区洗钱风险影响因素专家访谈提纲

为了科学开展关于我国自贸区洗钱风险的影响因素研究，西南交通大学高增安教授国家社会科学基金课题组就有关我国自贸区洗钱风险及其影响因素等方面的问题向相关专家征询看法及意见。我们承诺将充分保密，访谈结果仅作为学术研究用途，保护专家的个人隐私，研究人员以外人员无权查阅。本次访谈我们希望了解专家对以下几个问题的观点看法。

一、我国自贸区面临的洗钱风险有哪些？自贸区洗钱活动发生的可能原因是什么？（监管视角、相关领域研究学者视角、义务机构视角）

二、有哪些因素会影响我国自贸区洗钱风险？（监管视角、相关领域研究学者视角、义务机构视角）

三、针对当前我国自贸区面临的洗钱风险，有无相应的风险防控策略建议？（监管视角、相关领域研究学者视角、义务机构视角）

附录2 我国自贸区洗钱风险及其影响因素相互关系专家评分表

各位专家好！感谢您参与西南交通大学高增安教授国家社会科学基金课题组开展的课题研究。本书是基于模糊认知图法来分析我国自贸区洗钱风险的影响因素。在前期研究中，我们通过文献研究与专家访谈法归纳提炼了14个影响我国自贸区洗钱风险的因素，本项调研的目的是获取您对我国自贸区洗钱风险及其影响因素间的相互关系评分。

我们承诺收集到的评分仅供学术研究，保证绝不单独举例您所填写的内容，更不会在论文研究陈述中单独出现。希望您能根据自身知识与经验积累客观、认真填写，您的合作对我们获取相关数据进行研究具有十分重要的作用，感谢您的支持！

一、我国自贸区洗钱风险的影响因素

前期研究归纳提炼的14个影响我国自贸区洗钱风险的因素及其含义如表1所示，您可在评分前浏览了解。

表1 我国自贸区洗钱风险的影响因素

自贸区洗钱风险的影响因素	含义
公民文化水平	自贸区内公民文化教育普及和发展程度
区域稳定性	自贸区整体发展和社会治安的稳定程度
网络技术发达度	自贸区内先进和新型技术发展状况、网络基础设施建设、网络技术产业发展、网络安全程度等
是否处于沿海沿边地区	自贸区所处地理位置是否为沿海沿边地区
区域开放度	自贸区信息流动、资本流动、人员流动、贸易活跃度及边界开放程度
金融发展水平	自贸区金融开放程度、金融创新程度、金融发展深度、金融机构数目及业务广度、互联网金融发展水平等

续表

自贸区洗钱风险的影响因素	含义
人均GDP	自贸区人均地区生产总值,衡量自贸区经济发展状况
经济自由度	自贸区贸易政策、投资政策、货币政策、政府对经济的干预程度、资本流动和外国投资等十项指标测评,衡量自贸区市场化程度
上游犯罪规模	自贸区内发生《中华人民共和国反洗钱法》所定义的七种上游犯罪案件的发案数、涉案金额、增长率等
上游犯罪结案率	自贸区内七种洗钱上游犯罪案件的结案数占法院受理案件的比重,表示审判效率,反映打击力度
监管部门和义务主体的履职效力	自贸区内反洗钱监管部门执行效率、监管质量和义务机构的反洗钱义务履行情况。监管部门执行效率和监管质量包括洗钱情报的搜集共享能力、反洗钱资金的监测能力、反洗钱调查分析工作质量、对义务机构的反洗钱内控制度建设和反洗钱义务履行情况的监督管理是否到位等。义务机构的反洗钱义务包括建立健全内控制度和加强组织建设、认真履行三项制度(客户身份识别制度、客户身份资料和交易记录保存制度、大额交易和可疑交易报告制度)、对员工进行反洗钱培训
腐败程度	自贸区内腐败增量与存量
反洗钱法律法规健全度	自贸区内反洗钱法律法规内容涵盖的全面性、可操作性,反洗钱措施的更新与推广及时性
司法合作水平	自贸区司法部门间合作水平及司法国际合作的信息传递与共享程度、协作紧密程度、司法程序衔接程度

二、我国自贸区洗钱风险及其影响因素相互关系评分

说明:首先,请您判断自贸区洗钱风险及其影响因素**两两之间**是否存在**直接影响关系**,并用"+""-""0"表示。其中"+"表示表格中左列影响因素对顶部影响因素存在**直接正向影响**关系,即左列影响因素的提高或增强会**直接**引起顶部影响因素的同向提高或增强;以此类推,"-"表示**直接负向影响关系**,"0"表示**没有影响或影响极其微弱可忽略不计**。其次,若您认为两个影响因素间存在**直接影响关系**,请在相应空格中为这种影响程度的大小进行 1~5 分制打分。结合关系判断及影响程度评分,**分值区间为−5 ~ 5**,具体分值代表的影响关系参见表 2,请您了解清楚评分步骤后在表 3 中填写您对自贸区洗钱风险及其影响因素间相互关系的评分。注:**表 3 中除斜线所在格不填外,其余空白格均需填写**。

表 2　影响关系分值对应表

分值	−5	−4	−3	−2	−1	0	+1	+2	+3	+4	+5
影响程度	负影响很强	←――― 递增 ―――			负影响很弱	无影响	正影响很弱	――― 递增 ―――→			正影响很强

实例:假设存在 A,B,C 三个影响因素,判断三者间两两作用关系为:A 对 B 有较大直接正影响,打分为+4;A 对 C 有较弱直接负影响,打分为−2;B 对 A 无影响,打分为 0;B 对 C 有很弱直接正影响,打分为+1;C 对 A 无影响,打分为

0；C 对 B 有中等直接正影响，打分为+3。

影响因素	被影响因素		
	A	B	C
A		+4	−2
B	0		+1
C	0	+3	

表3　自贸区洗钱风险及其影响因素相互关系评分

影响因素	被影响因素													
	公民文化水平	区域稳定性	网络技术发达度	是否处于沿海沿边地区	区域开放度	金融发展水平	人均GDP	经济自由度	上游犯罪规模	上游犯罪结案率	监管部门和义务主体的履职效力	腐败程度	反洗钱法律法规健全度	司法合作水平	自贸区洗钱风险状况
公民文化水平															
区域稳定性															
网络技术发达度															
是否处于沿海沿边地区															
区域开放度															
金融发展水平															
人均GDP															
经济自由度															
上游犯罪规模															
上游犯罪结案率															
监管部门和义务主体的履职效力															
腐败程度															
反洗钱法律法规健全度															
司法合作水平															
自贸区洗钱风险状况															

附录3　我国自贸区洗钱风险影响因素模糊认知图迭代运算结果

迭代	X_1	X_2	X_3	X_4	X_5	X_6	X_7	X_8	X_9	X_{10}	X_{11}	X_{12}	X_{13}	X_{14}	R
0	1	1	1	1	1	1	1	1	1	1	1	1	1	1	1
1	0.6985	0.7311	0.7389	0.5	0.7350	0.7721	0.7721	0.7721	0.8808	0.7925	0.8235	0.7577	0.8557	0.7958	0.9393
2	0.6567	0.6294	0.6740	0.5	0.6840	0.6917	0.6877	0.6923	0.8252	0.7624	0.7858	0.7431	0.8088	0.7704	0.8641
3	0.6405	0.6339	0.6644	0.5	0.6677	0.6728	0.6694	0.6746	0.8037	0.7496	0.7677	0.7189	0.7999	0.7559	0.8251
4	0.6370	0.6357	0.6606	0.5	0.6645	0.6714	0.6683	0.6728	0.7924	0.7477	0.7678	0.7086	0.7952	0.7543	0.8174
5	0.6368	0.6382	0.6598	0.5	0.6639	0.6717	0.6687	0.6730	0.7893	0.7486	0.7685	0.7047	0.7950	0.7547	0.8139
6	0.6368	0.6397	0.6598	0.5	0.6638	0.6722	0.6693	0.6735	0.7876	0.7494	0.7694	0.7031	0.7951	0.7553	0.8125
7	0.6370	0.6407	0.6598	0.5	0.6639	0.6726	0.6697	0.6738	0.7869	0.7499	0.7699	0.7022	0.7953	0.7557	0.8118
8	0.6370	0.6412	0.6598	0.5	0.6639	0.6728	0.6699	0.6740	0.7865	0.7502	0.7702	0.7018	0.7955	0.7559	0.8115
9	0.6371	0.6414	0.6598	0.5	0.6640	0.6729	0.6700	0.6741	0.7863	0.7504	0.7704	0.7015	0.7955	0.7561	0.8113
10	0.6371	0.6416	0.6598	0.5	0.6640	0.6730	0.6701	0.6741	0.7865	0.7505	0.7705	0.7014	0.7956	0.7562	0.8112
11	0.6371	0.6417	0.6598	0.5	0.6640	0.6730	0.6701	0.6742	0.7861	0.7505	0.7706	0.7013	0.7956	0.7562	0.8111
12	0.6371	0.6417	0.6598	0.5	0.6640	0.6730	0.6702	0.6742	0.7861	0.7506	0.7706	0.7013	0.7956	0.7562	0.8111
13	0.6371	0.6417	0.6598	0.5	0.6640	0.6730	0.6702	0.6742	0.7861	0.7506	0.7706	0.7013	0.7956	0.7562	0.8111
14	0.6371	0.6417	0.6598	0.5	0.6640	0.6730	0.6702	0.6742	0.7861	0.7506	0.7706	0.7013	0.7956	0.7562	0.8111

附录4 2000~2015年我国设自贸区省市洗钱上游犯罪案件的单位洗钱规模

单位：美元

省份	年份	案件类别					
		诈骗	毒品	盗窃	抢劫	杀人	殴打
河南	2000	5 124.70	3 229.58	16.15	45.21	7.27	0.07
	2001	5 547.42	3 531.81	17.66	49.45	7.95	0.08
	2002	5 963.19	3 844.74	19.22	53.83	8.65	0.09
	2003	5 254.97	4 371.64	21.86	61.20	9.84	0.10
	2004	6 273.57	5 453.42	27.27	76.35	12.27	0.12
	2005	7 695.39	6 794.62	33.97	95.12	15.29	0.15
	2006	8 894.98	8 171.57	40.86	114.40	18.39	0.18
	2007	11 214.53	10 329.99	51.65	144.62	23.24	0.23
	2008	13 670.47	13 548.43	67.74	189.68	30.48	0.30
	2009	14 136.12	14 791.63	73.96	207.08	33.28	0.33
	2010	16 483.40	17 715.26	88.58	248.01	39.86	0.40
	2011	20 105.07	21 768.87	108.84	304.76	48.98	0.49
	2012	22 085.20	24 478.89	122.39	342.70	55.08	0.55
	2013	25 657.11	27 098.61	135.49	379.38	60.97	0.60
	2014	32 243.61	29 605.74	148.03	414.48	66.61	0.66
	2015	33 299.07	30 814.28	154.07	431.40	69.33	0.69
重庆	2000	6 692.81	3 327.95	16.64	46.59	7.49	0.07
	2001	6 987.82	3 685.90	18.43	51.60	8.29	0.08
	2002	7 042.87	4 179.61	20.90	58.51	9.40	0.09
	2003	7 719.79	4 795.41	23.98	67.14	10.79	0.11

附录 4　2000~2015 年我国设自贸区省市洗钱上游犯罪案件的单位洗钱规模

续表

省份	年份	案件类别					
		诈骗	毒品	盗窃	抢劫	杀人	殴打
重庆	2004	8 383.39	5 704.13	28.52	79.86	12.83	0.13
	2005	8 418.49	6 576.63	32.88	92.07	14.80	0.15
	2006	8 493.38	7 653.42	38.27	107.15	17.22	0.17
	2007	13 075.73	10 728.04	53.64	150.19	24.14	0.24
	2008	14 139.24	14 473.04	72.37	202.62	32.56	0.32
	2009	21 356.81	16 459.88	82.30	230.44	37.03	0.37
	2010	30 612.60	19 997.97	99.99	279.97	45.00	0.45
	2011	32 701.09	26 203.76	131.02	366.85	58.96	0.58
	2012	36 746.73	30 241.33	151.21	423.38	68.04	0.67
	2013	40 167.06	34 237.03	171.19	479.32	77.03	0.76
	2014	43 982.86	38 213.07	191.07	534.98	85.98	0.85
	2015	42 369.64	41 209.36	206.05	576.93	92.72	0.92
天津	2000	22 624.54	10 283.11	51.42	143.96	23.14	0.23
	2001	28 572.20	11 344.57	56.72	158.82	25.53	0.25
	2002	30 709.81	12 675.74	63.38	177.46	28.52	0.28
	2003	27 912.78	15 139.53	75.70	211.95	34.06	0.34
	2004	29 360.80	18 121.76	90.61	253.70	40.77	0.40
	2005	40 310.12	21 428.86	107.14	300.00	48.21	0.48
	2006	36 291.91	25 206.38	126.03	352.89	56.71	0.56
	2007	39 440.46	30 947.38	154.74	433.26	69.63	0.69
	2008	49 265.78	41 431.46	207.16	580.04	93.22	0.92
	2009	51 162.84	44 937.20	224.69	629.12	101.11	1.00
	2010	57 529.77	52 896.50	264.48	740.55	119.02	1.18
	2011	59 757.31	64 721.77	323.61	906.10	145.62	1.44
	2012	59 794.78	72 407.75	362.04	1013.71	162.92	1.61
	2013	69 394.48	79 293.39	396.47	1110.11	178.41	1.77
	2014	68 035.62	84 037.60	420.19	1176.53	189.08	1.87
	2015	66 656.49	85 032.06	425.16	1190.45	191.32	1.90
浙江	2000	14 252.13	7 950.11	39.75	111.30	17.89	0.18
	2001	16 972.39	8 720.16	43.60	122.08	19.62	0.19
	2002	17 536.41	10 062.59	50.31	140.88	22.64	0.22

续表

省份	年份	案件类别					
		诈骗	毒品	盗窃	抢劫	杀人	殴打
浙江	2003	19 616.08	12 116.84	60.58	169.64	27.26	0.27
	2004	22 014.24	14 433.40	72.17	202.07	32.48	0.32
	2005	22 302.56	16 590.10	82.95	232.26	37.33	0.37
	2006	21 416.99	19 497.55	97.49	272.97	43.87	0.43
	2007	26 721.77	23 661.17	118.31	331.26	53.24	0.53
	2008	33 571.83	29 246.28	146.23	409.45	65.80	0.65
	2009	30 705.36	31 484.91	157.42	440.79	70.84	0.70
	2010	32 720.01	37 473.36	187.37	524.63	84.32	0.84
	2011	39 035.23	45 001.35	225.01	630.02	101.25	1.00
	2012	45 544.16	49 249.98	246.25	689.50	110.81	1.10
	2013	43 450.93	54 500.59	272.50	763.01	122.63	1.22
	2014	45 253.15	58 299.49	291.50	816.19	131.17	1.30
	2015	40 659.08	61 154.40	305.77	856.16	137.60	1.36
福建	2000	13 532.84	6 633.39	33.17	92.87	14.93	0.15
	2001	13 203.11	7 048.20	35.24	98.67	15.86	0.16
	2002	13 583.34	7 668.15	38.34	107.35	17.25	0.17
	2003	15 274.31	8 494.94	42.47	118.93	19.11	0.19
	2004	16 843.71	9 761.15	48.81	136.66	21.96	0.22
	2005	18 440.60	11 166.27	55.83	156.33	25.12	0.25
	2006	20 698.61	13 016.41	65.08	182.23	29.29	0.29
	2007	28 952.34	16 503.98	82.52	231.06	37.13	0.37
	2008	34 851.09	21 017.34	105.09	294.24	47.29	0.47
	2009	34 810.23	24 012.61	120.06	336.18	54.03	0.54
	2010	36 876.27	29 004.88	145.02	406.07	65.26	0.65
	2011	44 026.37	35 984.22	179.92	503.78	80.96	0.80
	2012	49 149.65	41 003.83	205.02	574.05	92.26	0.91
	2013	57 346.72	46 056.78	230.28	644.79	103.63	1.03
	2014	65 619.03	50 688.82	253.44	709.64	114.05	1.13
	2015	70 961.35	53 531.76	267.66	749.44	120.45	1.19
四川	2000	5 124.55	2 936.85	14.68	41.12	6.61	0.07
	2001	5 055.22	3 186.27	15.93	44.61	7.17	0.07

附录4 2000~2015年我国设自贸区省市洗钱上游犯罪案件的单位洗钱规模   241

续表

省份	年份	案件类别					
		诈骗	毒品	盗窃	抢劫	杀人	殴打
四川	2002	5 563.90	3 490.91	17.45	48.87	7.85	0.08
	2003	5 542.05	3 925.35	19.63	54.95	8.83	0.09
	2004	6 265.39	4 679.36	23.40	65.51	10.53	0.10
	2005	6 560.32	5 425.63	27.13	75.96	12.21	0.12
	2006	7 181.44	6 489.75	32.45	90.86	14.60	0.14
	2007	8 988.58	8 362.95	41.81	117.08	18.82	0.19
	2008	9 894.84	10 944.84	54.72	153.23	24.63	0.24
	2009	10 296.61	12 451.91	62.26	174.33	28.02	0.28
	2010	12 186.74	15 349.94	76.75	214.90	34.54	0.34
	2011	15 193.20	19 848.78	99.24	277.88	44.66	0.44
	2012	17 694.13	23 009.33	115.05	322.13	51.77	0.51
	2013	22 505.60	25 836.00	129.18	361.70	58.13	0.58
	2014	24 895.40	28 053.26	140.27	392.75	63.12	0.63
	2015	26 048.98	28 964.93	144.82	405.51	65.17	0.65
湖北	2000	6 515.78	3 729.13	18.65	52.21	8.39	0.08
	2001	7 262.37	4 069.96	20.35	56.98	9.16	0.09
	2002	7 349.41	4 407.79	22.04	61.71	9.92	0.10
	2003	7 054.79	4 965.51	24.83	69.52	11.17	0.11
	2004	7 863.37	5 866.53	29.33	82.13	13.20	0.13
	2005	8 765.92	6 845.52	34.23	95.84	15.40	0.15
	2006	16 970.92	8 092.18	40.46	113.29	18.21	0.18
	2007	14 182.20	10 571.27	52.86	148.00	23.79	0.24
	2008	17 696.55	14 026.63	70.13	196.37	31.56	0.31
	2009	19 712.00	16 285.37	81.43	228.00	36.64	0.36
	2010	14 725.74	20 222.62	101.11	283.12	45.50	0.45
	2011	29 260.70	25 973.62	129.87	363.63	58.44	0.58
	2012	31 458.23	29 975.55	149.88	419.66	67.44	0.67
	2013	44 444.17	33 922.57	169.61	474.92	76.33	0.76
	2014	59 153.49	37 650.05	188.25	527.10	84.71	0.84
	2015	60 781.12	39 896.39	199.48	558.55	89.77	0.89
陕西	2000	4 208.40	2 943.96	14.72	41.22	6.62	0.07

续表

省份	年份	案件类别					
		诈骗	毒品	盗窃	抢劫	杀人	殴打
陕西	2001	4 402.08	3 263.32	16.32	45.69	7.34	0.07
	2002	4 909.85	3 642.04	18.21	50.99	8.19	0.08
	2003	5 076.88	4 165.38	20.83	58.32	9.37	0.09
	2004	6 133.03	5 089.50	25.45	71.25	11.45	0.11
	2005	6 552.08	5 928.07	29.64	82.99	13.34	0.13
	2006	7 941.51	7 238.04	36.19	101.33	16.29	0.16
	2007	10 413.31	10 029.35	50.15	140.41	22.57	0.22
	2008	13 852.84	13 915.03	69.58	194.81	31.31	0.31
	2009	15 126.83	15 761.13	78.81	220.66	35.46	0.35
	2010	17 791.73	19 662.45	98.31	275.27	44.24	0.44
	2011	21 063.44	25 416.89	127.08	355.84	57.19	0.57
	2012	21 458.96	29 969.33	149.85	419.57	67.43	0.67
	2013	27 071.06	34 153.07	170.77	478.14	76.84	0.76
	2014	30 556.29	37 477.56	187.39	524.69	84.32	0.84
	2015	33 212.60	37 511.46	187.56	525.16	84.40	0.84
广东	2000	10 285.67	754.71	37.74	105.66	16.98	0.17
	2001	10 713.56	820.81	41.04	114.91	18.47	0.18
	2002	11 182.36	910.42	45.52	127.46	20.48	0.20
	2003	9 659.62	1 054.68	52.73	147.66	23.73	0.24
	2004	10 439.23	1 236.96	61.85	173.17	27.83	0.28
	2005	15 379.83	1 463.30	73.17	204.86	32.92	0.33
	2006	17 014.57	1 727.79	86.39	241.89	38.88	0.39
	2007	21 133.60	2 146.51	107.33	300.51	48.30	0.48
	2008	24 236.67	2 658.55	132.93	372.20	59.82	0.59
	2009	26 370.49	2 832.08	141.60	396.49	63.72	0.63
	2010	25 157.26	3 241.88	162.09	453.86	72.94	0.72
	2011	27 168.22	3 858.94	192.95	540.25	86.83	0.86
	2012	42 087.98	4 203.90	210.19	588.55	94.59	0.94
	2013	43 617.51	4 660.17	233.01	652.42	104.85	1.04
	2014	49 943.10	5 068.64	253.43	709.61	114.04	1.13
	2015	49 749.03	5 316.71	265.84	744.34	119.63	1.19

附录4　2000~2015年我国设自贸区省市洗钱上游犯罪案件的单位洗钱规模

续表

省份	年份	诈骗	毒品	盗窃	抢劫	杀人	殴打
上海	2000	31 256.67	17 805.37	89.03	249.28	40.06	0.40
	2001	34 598.89	18 846.77	94.23	263.85	42.41	0.42
	2002	30 327.41	20 126.37	100.63	281.77	45.28	0.45
	2003	26 002.59	22 810.05	114.05	319.34	51.32	0.51
	2004	35 527.30	26 576.01	132.88	372.06	59.80	0.59
	2005	36 419.41	29 732.00	148.66	416.25	66.90	0.66
	2006	45 953.70	33 758.25	168.79	472.62	75.96	0.75
	2007	49 563.80	40 024.51	200.12	560.34	90.06	0.89
	2008	46 554.79	47 277.19	236.39	661.88	106.37	1.05
	2009	45 719.56	49 670.49	248.35	695.39	111.76	1.11
	2010	49 610.76	55 128.48	275.64	771.80	124.04	1.23
	2011	49 128.26	62 706.73	313.53	877.89	141.09	1.40
	2012	54 074.19	66 346.11	331.73	928.85	149.28	1.48
	2013	57 161.11	72 075.76	360.38	1 009.06	162.17	1.61
	2014	67 073.51	77 759.80	388.80	1 088.64	174.96	1.73
	2015	73 021.24	81 751.60	408.76	1 144.52	183.94	1.82

附录5　我国自贸区反洗钱监管机制风险评价调查问卷

感谢您参与西南交通大学国家社会科学基金项目"风险为本视域下中国自贸区反洗钱与反恐融资研究"的问卷调查。本项调查的目的是评价上海自贸区反洗钱监管机制存在的风险，主要包括识别当前上海自贸区反洗钱监管机制存在的漏洞与不足，分析和评价制约上海自贸区反洗钱监管效力发挥的影响因素，提出提升防范和打击自贸区洗钱犯罪监管效力的政策建议。

需要请您在下列各表中完成两项工作。

第1步，结合上海自贸区反洗钱监管现状，在表1指标中，依据重要性程度选出15个（您认为）当前制约着上海自贸区反洗钱监管效力发挥的主要因素指标，并请在该指标后空格处打"√"。

第2步，根据反洗钱监管机制影响因素的作用，判断各指标间是否存在相互关联的情况，若存在，请在表2中相应的空格处打"√"。

我们承诺本问卷仅作为学术研究之用，不会用于任何其他目的。为了保证研究的科学性，我们希望您能根据实际工作的情况和经历，如实认真回答每个项目。谢谢您的合作！祝您工作顺利！生活愉快！

2018年9月

您所从事的行业：

表1 上海自贸区反洗钱监管机制风险影响因素

要素层	因素层	注释	是否考虑打"√"
政策法规 A	法律法规 A_1	完备的反洗钱法律法规，有助于打击洗钱犯罪分子，更有强大的震慑作用	
	规章制度 A_2	包括部门和地方各种规章制度及管理办法，影响反洗钱监管效果	
	激励政策 A_3	激励政策影响各义务主体参与反洗钱的积极性	
	国际规则 A_4	涉及国际贸易领域，反洗钱规定是否符合国际通行规则	
行政调查 B	领导重视 B_1	高层领导重视，影响自贸区反洗钱监管效率	
	专门机构设置 B_2	针对自贸区设置反洗钱监管机构，向上对接中国人民银行上海总部和管委会等部门，向下对接区内义务主体	
	内控制度 B_3	良好的内部控制制度影响组织管理的运营	
	相关部门职责界定清晰 B_4	各相关部门职责清晰，便于开展反洗钱监管工作	
	监管态势 B_5	监管主体针对区内义务主体反洗钱落实情况的检查以及监管力度、监管方式是否符合监管要求	
	监管资源的分配 B_6	对入驻的企业进行风险评估，针对自贸区高风险交易的重点监控，合理分配监管资源	
	人员素质 B_7	行政人员的意识与素质影响监管效果	
	宣传教育 B_8	反洗钱的宣传、教育及培训等是否到位影响义务主体对洗钱的认知	
	财政支持 B_9	充足的财政支持，提高监管运作的效力	
协调机制 C	部门间合作 C_1	相关部门间的协调与合作，影响组织管理的效果	
	主客体间沟通 C_2	监管主体与义务主体间的沟通，影响义务主体参与反洗钱的积极性	
	国际信息交流 C_3	国际情报信息的交流与合作，有利于提高反洗钱工作效力	
监测分析 D	可疑信息的来源 D_1	公众举报渠道完善，提高反洗钱监测分析的效率	
	情报分析与反馈 D_2	情报分析、调查，影响反洗钱工作的效力；双向反馈机制有利于提高义务主体的积极性	
	信息共享 D_3	信息数据库的共享互联，影响分析工作的效率	
	人才队伍建设 D_4	情报分析人员的专业性与素养，影响对洗钱识别的效力	

您认为在上海自贸区反洗钱监管机制风险评价体系中除上述所列的评价指标外，还应考虑：

表 2　上海自贸区反洗钱监管机制风险评价指标关联情况调查表

影响因素	被影响因素	政策法规 A A_1	A_2	A_3	A_4	行政调查 B B_1	B_2	B_3	B_4	B_5	B_6	B_7	B_8	B_9	协调机制 C C_1	C_2	C_3	监测分析 D D_1	D_2	D_3	D_4	添加项
政策法规 A	A_1																					
	A_2																					
	A_3																					
	A_4																					
行政调查 B	B_1																					
	B_2																					
	B_3																					
	B_4																					
	B_5																					
	B_6																					
	B_7																					
	B_8																					
	B_9																					
协调机制 C	C_1																					
	C_2																					
	C_3																					
监测分析 D	D_1																					
	D_2																					
	D_3																					
	D_4																					
添加项																						

注：顶部元素为被影响因素，左列为可能引起顶部风险的影响因素。请在左列因素影响顶部因素的相应空格中打"√"。例如，若"部门间合作（C_1）"影响"法律法规（A_1）"的制定与实施，则在相应空格位置打"√"。添加项主要指专家在表 1 中填写的另需考虑因素

附录6 我国自贸区反洗钱监管机制风险评价指标相互比较重要性程度的调查问卷

各位专家：

  再次感谢您参与我们的调查问卷。本模型建立了自贸区反洗钱监管机制的风险评价指标体系，由于采用网络分析法对指标进行赋权，通过前期对指标及关联关系进行确定，现需要您根据工作经验，客观、严谨地对各个指标之间的相对重要程度作两两比较，您的宝贵经验和意见将对指标体系的赋权结果产生重要影响。我们承诺不会用于任何其他目的。为了保证研究的科学性，我们希望您能够根据实际工作的情况和经历，认真回答每个项目。谢谢您的合作！

2018 年 12 月

  表格填写说明：请您对表格中的项目作相互重要性的两两对比，用 1、2、3、4、5、6、7、8、9 表示表格中横向某项目相对于纵向某项目的重要程度。

  说明如下。

  填表数字意义：

1	表示两个元素相比，具有同样的重要性
3	表示两个元素相比，一个元素比另一个元素稍微重要
5	表示两个元素相比，一个元素比另一个元素明显重要
7	表示两个元素相比，一个元素比另一个元素强烈重要
9	表示两个元素相比，一个元素比另一个元素极端重要
2、4、6、8	为上述相邻判断的中值

  注：您只需根据比较在相对应的数字中打"√"即可

请各位专家填写：

1. 在 A 的影响下，A、B、C 及 D 两两比较重要程度

A	9	8	7	6	5	4	3	2	1	2	3	4	5	6	7	8	9	B
A	9	8	7	6	5	4	3	2	1	2	3	4	5	6	7	8	9	C
A	9	8	7	6	5	4	3	2	1	2	3	4	5	6	7	8	9	D
B	9	8	7	6	5	4	3	2	1	2	3	4	5	6	7	8	9	C
B	9	8	7	6	5	4	3	2	1	2	3	4	5	6	7	8	9	D
C	9	8	7	6	5	4	3	2	1	2	3	4	5	6	7	8	9	D

2. 在 B 的影响下，A、B、C 及 D 两两比较重要程度

A	9	8	7	6	5	4	3	2	1	2	3	4	5	6	7	8	9	B
A	9	8	7	6	5	4	3	2	1	2	3	4	5	6	7	8	9	C
A	9	8	7	6	5	4	3	2	1	2	3	4	5	6	7	8	9	D
B	9	8	7	6	5	4	3	2	1	2	3	4	5	6	7	8	9	C
B	9	8	7	6	5	4	3	2	1	2	3	4	5	6	7	8	9	D
C	9	8	7	6	5	4	3	2	1	2	3	4	5	6	7	8	9	D

3. 在 C 的影响下，A、B 及 D 两两比较重要程度

A	9	8	7	6	5	4	3	2	1	2	3	4	5	6	7	8	9	B
A	9	8	7	6	5	4	3	2	1	2	3	4	5	6	7	8	9	D
B	9	8	7	6	5	4	3	2	1	2	3	4	5	6	7	8	9	D

4. 在 D 的影响下，A、B、C 及 D 两两比较重要程度

A	9	8	7	6	5	4	3	2	1	2	3	4	5	6	7	8	9	B
A	9	8	7	6	5	4	3	2	1	2	3	4	5	6	7	8	9	C
A	9	8	7	6	5	4	3	2	1	2	3	4	5	6	7	8	9	D
B	9	8	7	6	5	4	3	2	1	2	3	4	5	6	7	8	9	C
B	9	8	7	6	5	4	3	2	1	2	3	4	5	6	7	8	9	D
C	9	8	7	6	5	4	3	2	1	2	3	4	5	6	7	8	9	D

5. 在 A_1 影响下，B_2 和 B_3 的两两比较重要程度

B_2	9	8	7	6	5	4	3	2	1	2	3	4	5	6	7	8	9	B_3

6. 在 A_2 影响下，A_1 和 A_3 的两两比较重要程度

A_1	9	8	7	6	5	4	3	2	1	2	3	4	5	6	7	8	9	A_3

7. 在 A_2 影响下，B_1、B_2、B_3、B_5 的两两比较重要程度

B_1	9	8	7	6	5	4	3	2	1	2	3	4	5	6	7	8	9	B_2
B_1	9	8	7	6	5	4	3	2	1	2	3	4	5	6	7	8	9	B_3
B_1	9	8	7	6	5	4	3	2	1	2	3	4	5	6	7	8	9	B_5
B_2	9	8	7	6	5	4	3	2	1	2	3	4	5	6	7	8	9	B_3
B_2	9	8	7	6	5	4	3	2	1	2	3	4	5	6	7	8	9	B_5
B_3	9	8	7	6	5	4	3	2	1	2	3	4	5	6	7	8	9	B_5

8. 在 A_3 影响下，A_1 和 A_2 的两两比较重要程度

A_1	9	8	7	6	5	4	3	2	1	2	3	4	5	6	7	8	9	A_2

9. 在 A_3 影响下，C_1 和 C_3 的两两比较重要程度

C_1	9	8	7	6	5	4	3	2	1	2	3	4	5	6	7	8	9	C_3

10. 在 B_1 影响下，A_1 和 A_2 的两两比较重要程度

A_1	9	8	7	6	5	4	3	2	1	2	3	4	5	6	7	8	9	A_2

11. 在 B_1 影响下，B_2、B_3、B_5、B_6 之间两两比较重要程度

B_2	9	8	7	6	5	4	3	2	1	2	3	4	5	6	7	8	9	B_3
B_2	9	8	7	6	5	4	3	2	1	2	3	4	5	6	7	8	9	B_5
B_2	9	8	7	6	5	4	3	2	1	2	3	4	5	6	7	8	9	B_6
B_3	9	8	7	6	5	4	3	2	1	2	3	4	5	6	7	8	9	B_5
B_3	9	8	7	6	5	4	3	2	1	2	3	4	5	6	7	8	9	B_6
B_5	9	8	7	6	5	4	3	2	1	2	3	4	5	6	7	8	9	B_6

12. 在 B_2 影响下，B_1、B_3、B_4、B_5 之间两两比较重要程度

B_1	9	8	7	6	5	4	3	2	1	2	3	4	5	6	7	8	9	B_3
B_1	9	8	7	6	5	4	3	2	1	2	3	4	5	6	7	8	9	B_4
B_1	9	8	7	6	5	4	3	2	1	2	3	4	5	6	7	8	9	B_5
B_3	9	8	7	6	5	4	3	2	1	2	3	4	5	6	7	8	9	B_4
B_3	9	8	7	6	5	4	3	2	1	2	3	4	5	6	7	8	9	B_5
B_4	9	8	7	6	5	4	3	2	1	2	3	4	5	6	7	8	9	B_5

13. 在 B_3 影响下，B_1 和 B_5 的两两比较重要程度

B_1	9	8	7	6	5	4	3	2	1	2	3	4	5	6	7	8	9	B_5

14. 在 B_5 影响下，B_4 和 B_5 的两两比较重要程度

B_4	9	8	7	6	5	4	3	2	1	2	3	4	5	6	7	8	9	B_5

15. 在 C_1 影响下，B_3、B_4、B_5 之间两两比较重要程度

B_3	9	8	7	6	5	4	3	2	1	2	3	4	5	6	7	8	9	B_4
B_3	9	8	7	6	5	4	3	2	1	2	3	4	5	6	7	8	9	B_5
B_4	9	8	7	6	5	4	3	2	1	2	3	4	5	6	7	8	9	B_5

16. 在 C_3 影响下，A_1 和 A_3 的两两比较重要程度

A_1	9	8	7	6	5	4	3	2	1	2	3	4	5	6	7	8	9	A_3

17. 在 C_3 影响下，D_1 和 D_2 的两两比较重要程度

D_1	9	8	7	6	5	4	3	2	1	2	3	4	5	6	7	8	9	D_2

18. 在 C_2 影响下，D_1 和 D_2 的两两比较重要程度

D_1	9	8	7	6	5	4	3	2	1	2	3	4	5	6	7	8	9	D_2

19. 在 D_2 影响下，C_1 和 C_3 的两两比较重要程度

C_1	9	8	7	6	5	4	3	2	1	2	3	4	5	6	7	8	9	C_3

20. 在 D_3 影响下，D_1 和 D_2 的两两比较重要程度

D_1	9	8	7	6	5	4	3	2	1	2	3	4	5	6	7	8	9	D_2

附录7　我国自贸区反洗钱监管机制风险评价判断矩阵一致性检验

经过数据搜集整理之后形成的两两矩阵及一致性检验结果，见表1~表19。

表1　基于行政调查 B 的反洗钱监管机制元素层两两比较矩阵

B	A	B	C	D	一致性检验结果
A	1	1	2	2	
B	1	1	1	2	0.024 81<0.1
C	1/2	1	1	1	
D	1/2	1/2	1	1	

表2　基于协调机制 C 的反洗钱监管机制元素层两两比较矩阵

C	A	B	D	一致性检验结果
A	1	2	2	
B	1	1	1	0.009 06<0.1
D	1/2	1/2	1	

表3　基于监测分析 D 的反洗钱监管机制元素层两两比较矩阵

D	A	B	C	D	一致性检验结果
A	1	1/3	1/3	1/2	
B	3	1	1/2	1	0.017 16<0.1
C	3	2	1	2	
D	2	1	1	1	

表4　基于 A_1 在 B 元素层两两比较矩阵

A_1	B_2	B_3	一致性检验结果
B_2	1	2	0.000 00<0.1
B_3	1/2	1	

表 5　基于 A_2 在 A 元素层两两比较矩阵

A_2	A_1	A_3	一致性检验结果
A_1	1	2	0.000 00<0.1
A_3	1/2	1	

表 6　基于 A_2 在 B 元素层两两比较矩阵

A_2	B_1	B_2	B_3	B_5	一致性检验结果
B_1	1	1	2	1	
B_2	1	1	2	3	0.060 15<0.1
B_3	1/2	1/2	1	1/2	
B_5	2	1/3	2	1	

表 7　基于 A_3 在 A 元素层两两比较矩阵

A_3	A_1	A_2	一致性检验结果
A_1	1	2	0.000 00<0.1
A_2	1/2	1	

表 8　基于 A_3 在 C 元素层两两比较矩阵

A_3	C_1	C_3	一致性检验结果
C_1	1	1/2	0.000 00<0.1
C_3	2	1	

表 9　基于 B_1 在 A 元素层两两比较矩阵

B_1	A_1	A_2	一致性检验结果
A_1	1	1	0.000 00<0.1
A_2	1	1	

表 10　基于 B_1 在 B 元素层两两比较矩阵

B_1	B_2	B_3	B_5	B_6	一致性检验结果
B_2	1	1/2	1	2	
B_3	2	1	2	3	0.003 88<0.1
B_5	1	1/2	1	2	
B_6	1/2	1/3	1/2	1	

表 11　基于 B_2 在 B 元素层两两比较矩阵

B_2	B_1	B_3	B_4	B_5	一致性检验结果
B_1	1	2	1	1	
B_3	1/2	1	1/3	1/2	0.007 72<0.1
B_4	1	3	1	1	
B_5	1	2	1	1	

表 12　基于 B_3 在 B 元素层两两比较矩阵

B_3	B_1	B_5	一致性检验结果
B_1	1	1	0.000 00<0.1
B_5	1	1	

表 13　基于 B_5 在 B 元素层两两比较矩阵

B_5	B_4	B_5	一致性检验结果
B_4	1	1	0.000 00<0.1
B_5	1	1	

表 14　基于 C_1 在 B 元素层两两比较矩阵

C_1	B_3	B_4	B_5	一致性检验结果
B_3	1	2	2	
B_4	1/2	1	1	0.001 75<0.1
B_5	1/2	1	1	

表 15　基于 C_2 在 D 元素层两两比较矩阵

C_2	D_1	D_2	一致性检验结果
D_1	1	1	0.000 00<0.1
D_2	1	1	

表 16　基于 C_3 在 A 元素层两两比较矩阵

C_3	A_1	A_3	一致性检验结果
A_1	1	1/2	0.000 00<0.1
A_3	2	1	

表 17　基于 C_3 在 D 元素层两两比较矩阵

C_3	D_1	D_2	一致性检验结果
D_1	1	1/2	0.000 00<0.1
D_2	2	1	

表 18　基于 D_2 在 C 元素层两两比较矩阵

D_2	C_1	C_3	一致性检验结果
C_1	1	1/2	0.000 00<0.1
C_3	2	1	

表 19　基于 D_3 在 D 元素层两两比较矩阵

D_3	D_1	D_2	一致性检验结果
D_1	1	1	0.000 00<0.1
D_2	1	1	

附录8　1944~2022年国内外反洗钱大事纪要

年	月	主要事件
1944	12	IMF成立
1970	10	美国颁布《银行保密法》
1975	2	国际清算银行发起成立巴塞尔银行监管委员会
1977	12	瑞士各银行与瑞士国有银行首次签署《瑞士尽职调查协议》
1985	9	美国司法机关审判世界上首例洗钱刑事犯罪案件
1986	9	英国《毒品贩运犯罪法》生效，规定毒品贸易洗钱是犯罪
1986	10	美国通过《洗钱控制法》
1988	12	联合国签署《禁毒公约》，这是打击洗钱犯罪的第一个国际公约，要求缔约国通过本国立法使洗钱构成犯罪，但仅限于清洗贩毒收益；巴塞尔银行监管委员会通过《关于防止犯罪分子利用银行系统洗钱的声明》
1989	2	澳大利亚成立现金交易报告机构，1992年更名为澳大利亚交易报告与分析中心（Australian Transaction Reports and Analysis Center，AUSTRAC）
1990	4	美国建立FinCEN
1990	4	FATF提出《40项建议》
1990	4	欧盟通过《关于清洗、追查、扣押与没收犯罪收益的公约》，突破联合国《禁毒公约》的限制，将洗钱的上游犯罪规定为所有犯罪
1990	12	中国颁布《关于禁毒的决定》，明确规定"掩饰、隐瞒毒赃性质和来源罪"
1991	6	欧盟理事会发布第一号反洗钱指令《关于防止利用金融系统洗钱的指令（91/308/EEC）》
1992	5	《美国反洗钱示范法》颁布，首次规定了过失洗钱罪的构成，并规定"公司企业可以构成洗钱犯罪"
1992	11	加勒比地区反洗钱金融行动特别工作组成立
1993	7	英国颁布刑事司法，介绍除毒品贩运之外的新洗钱犯罪手法
1993	10	德国颁布《反洗钱法》
1993	11	英国《反洗钱条例》生效
1994	4	尼日利亚《反洗钱法令》开始实施
1995	1	埃格蒙特集团（Egmont Group）组建

续表

年	月	主要事件
1995	4	联合国拟定《禁止洗钱法律范本》，供各国当局制定反洗钱法律时参考
1997	2	亚太反洗钱组织（Asia/Pacific Group on Money Laundering，APG）成立
	3	中国修订《刑法》，以专门条款规定"资助恐怖活动罪"和"洗钱罪"
	7	中国香港证券与期货委员会发布《反洗钱指南修正案》
	9	巴塞尔银行监管委员会发布《有效银行监管的核心原则》
1998	3	巴西制定《反洗钱法》
	4	瑞士引入防止金融系统洗钱的法律
1999	1	南非实施《防止有组织犯罪法》
	8	东非—南非反洗钱小组成立
	12	联合国通过《制止向恐怖主义提供资助的国际公约》
2000	1	英国发布《新千年的新监管者》，提出风险为本反洗钱监管原则
	2	FATF正式通过《40项建议》，并发布第一份不合作国家和地区（NCCTs）报告；日本开始立法，强调可疑交易制度建设，并成立金融情报中心
	7	加拿大金融交易与报告分析中心（Financial Transaction and Reports Analysis Center of Canada，FINTRAC）成立
	10	沃尔夫斯贝格集团（Wolfsberg Group）成立，并发布《沃尔夫斯贝格集团反洗钱原则》
	11	联合国通过《打击跨国有组织犯罪公约》，要求各缔约国建立反洗钱工作制度
	12	南美洲反洗钱金融行动特别工作组成立；中国香港货币局修订《反洗钱指南》
2001	3	巴塞尔银行监管委员会发布《银行客户尽职调查》
	4	IMF指出，洗钱威胁到全球金融系统的安全
	10	FATF发布《八项特别建议》；巴塞尔银行监管委员会发布《银行客户尽职调查》白皮书；美国颁布《爱国者法案》
	11	南非《金融情报中心法》生效；加拿大《犯罪（洗钱）收益法》生效；俄罗斯金融监督委员会成立
	12	中华人民共和国第九届全国人大常委会通过《中华人民共和国刑法修正案（三）》，将恐怖活动犯罪增列为洗钱罪的上游犯罪；欧洲议会和欧盟理事会发布第二号反洗钱指令《关于修订理事会〈关于防止利用金融系统洗钱的指令〉的指令》
2002	1	沙特阿拉伯批准《反洗钱法》；阿拉伯联合酋长国《反洗钱法》生效
	2	欧盟成员国议会发表反洗钱《巴黎宣言》；以色列新反洗钱条例生效；科威特国会批准《反洗钱法案》；俄罗斯打击洗钱犯罪的联邦法律第115-FZ号实施，金融监督委员会开始运作
	3	阿曼颁布反洗钱法律
	5	沃尔夫斯贝格集团修订《沃尔夫斯贝格集团反洗钱原则》；埃及颁布打击洗钱的第80号法律
	7	美国实施旨在消除企业欺诈和弊端的《萨班斯—奥克斯利法案》；英国颁布《反犯罪收益法》
	8	德国金融情报中心开始运作
2003	1	联合国安理会通过《关于打击恐怖主义的决议案》；澳大利亚《犯罪收益法》生效；日本立法，要求金融机构识别客户身份并保留交易记录；英国《犯罪收益法》生效
	2	巴塞尔银行监管委员会发布《账户开立和客户身份识别指南》；印度批准《反洗钱法》
	3	中国实施《金融机构反洗钱规定》《人民币大额和可疑交易报告管理办法》《金融机构大额和可疑外汇资金交易报告管理办法》，明确提出对银行类金融机构的反洗钱监管要求，确立中国反洗钱报告与信息监测制度的基本框架；联合国通过《反腐败国际公约》

续表

年	月	主要事件
2003	4	中国香港证券与期货委员会进一步修订《反洗钱指南》
	5	尼日利亚制定《禁止洗钱法》
	6	FATF 修订《40 项建议》
	7	巴西规定恐怖融资是洗钱的上游犯罪；南非制定新的反洗钱法；瑞士《反洗钱法令》生效，该法令适用于瑞士金融机构在国外的任何公司和子公司
	8	乌干达中央银行发布《外汇经销商反洗钱指南》
	9	叙利亚制定反洗钱法律，并建立反洗钱局
	10	联合国通过《反腐败公约》，对缔约国的反洗钱工作制度提出更加严格的要求
2004	3	英国《反洗钱条例》生效
	4	中国反洗钱监测分析中心成立，具体负责反洗钱情报的接收和分析工作
	10	欧亚反洗钱和反恐怖融资组织（Eurasian Anti-Money Laundering and Anti-Terrorist Financing Group，EAG）成立；巴塞尔银行监管委员会发布《一体化了解你的客户风险管理》；英国发布《国家反洗钱战略》
2005	6	欧洲议会和欧盟理事会发布第三号反洗钱指令
	12	美国发布《美国洗钱威胁评估报告》
2006	6	中华人民共和国第十届全国人大常委会通过《中华人民共和国刑法修正案（六）》，将洗钱罪的上游犯罪扩大到包括毒品犯罪、黑社会性质的组织犯罪、恐怖活动犯罪、走私犯罪、贪污贿赂犯罪、破坏金融管理秩序犯罪、金融诈骗犯罪七种犯罪行为，从而使中国反洗钱立法更加接近国际上将洗钱罪的上游犯罪扩展到"一切罪"的趋势
	10	全国人大常委会通过《中华人民共和国反洗钱法》
	11	中国人民银行发布《金融机构反洗钱规定》，自 2007 年 1 月 1 日起施行；发布《金融机构大额交易和可疑交易报告管理办法》，自 2007 年 3 月 1 日起施行
2007	1	《中华人民共和国反洗钱法》生效，《金融机构反洗钱规定》开始施行
	3	中国《金融机构大额交易和可疑交易报告管理办法》开始施行
	6	中国成为 FATF 正式成员国
2008	6	FATF 将反洗钱职责范围扩大到防范大规模杀伤性武器扩散融资，并通过一条新建议（建议 7），旨在确保有效实施与扩散融资相关的定向金融制裁
	8	中国公布并实施修订后的《中华人民共和国外汇管理条例》，明确规定对转移、隐匿违法资金等违法行为采取措施
	11	英国通过《2008 年反恐怖主义法》
2009	2	《中华人民共和国刑法修正案（七）》增设"单位洗钱罪"
	5	中国发布《彩票管理条例》，以法规的形式明确彩票行业的反洗钱义务
	7	中国恢复在亚太反洗钱组织的合法地位
	10	新西兰颁布并执行《反洗钱和反恐怖融资法案》
	11	中国出台《最高人民法院关于审理洗钱等刑事案件具体应用法律若干问题的解释》
2010	3	FATF 发布《自贸区的反洗钱漏洞》
	9	中国实施《非金融机构支付服务管理办法》
	12	英国颁布《2010 年涉恐资产冻结法》，重点是冻结恐怖分子的财产

年	月	主要事件
2011	2	瑞士《独裁者资产法》生效，赋予瑞士联邦委员会冻结和没收有争议资产的权力，并可以向其所在国归还资产
	10	十一届全国人大常委会通过关于加强反恐怖工作有关问题的决定
2012	2	FATF通过《打击洗钱、恐怖融资与扩散融资国际标准》，正式确立"风险为本"的反洗钱与反恐融资监管方法
	4	中国实施《支付机构反洗钱和反恐怖融资管理办法》；中国香港《打击洗钱及恐怖分子资金筹集（金融机构）条例》生效
	6	英国出台对第三次洗钱指令修订的意见；菲律宾通过《反洗钱法加强法》和《防止恐怖主义融资暨压制法（2012）》
	7	巴西通过新的《反洗钱法》，对"洗钱罪"做了更加明确的界定，并对"洗钱罪"给予更加严厉的惩处
	10	墨西哥通过《反洗钱法案》
2013	1	美国颁布《海外账户纳税法案》
	2	FATF发布《FATF建议技术性合规评估方法与反洗钱和反恐怖融资体系有效性评估方法》，旨在加强对各国反洗钱/反恐融资制度合规性和有效性评估；FATF发布《国家洗钱与恐怖融资风险评估》；欧盟通过《新反洗钱法案》和《打击制造假钞法案》；印度尼西亚通过《制止向恐怖主义提供资助法案》；菲律宾批准《反洗钱新法案》，旨在避免该国被FATF列入洗钱国家黑名单
	3	美国财政部FinCEN发布关于虚拟货币的文件，旨在加强金融犯罪执法网络法规在个人管理、交换或使用虚拟货币中的应用
	4	柬埔寨通过《反洗钱法》修正案
	5	蒙古国通过《反洗钱与反恐怖融资法》修正案
	7	俄罗斯颁布《打击非法金融交易法案》
	8	梵蒂冈成立金融安全委员会，预防和打击清洗黑钱、资助恐怖主义和扩散大规模杀伤性武器行为
	12	中国发布《关于防范比特币风险的通知》，加强虚拟货币监管；中国人民银行出台《关于金融支持中国（上海）自由贸易试验区建设的意见》，主要有创新有利于风险管理的账户体系、探索投融资汇兑便利、扩大人民币跨境使用、稳步推进利率市场化、深化外汇管理改革五大方面
2014	1	中共中央国家安全委员会正式成立；中国实施《涉及恐怖活动资产冻结管理办法》；中国国务院发布《关于加强影子银行监管有关问题的通知》；巴塞尔银行监管委员会发布《洗钱和恐怖融资风险管理指引》
	2	中国人民银行上海总部发布《关于切实做好中国（上海）自由贸易试验区反洗钱和反恐怖融资工作的通知》；经济合作与发展组织发布《金融账户信息自动交换标准》报告（简称《AEOI标准》）
	5	瑞士签署一项有关自动交换信息的全球新标准——《信息透明协议》，承诺将自动向其他国家提交外国人账户的详细资料
	6	哈萨克斯坦通过《反洗钱公约修改法案》
	7	新加坡宣将停止印发1万新加坡元面额的钞票，以打击洗钱和贿赂活动
	10	日本内阁会议通过《国际涉恐资产冻结法案》，对国际恐怖组织及其头目在该国活动采取限制和调查措施
	11	中国人民银行发布《金融机构反洗钱监督管理办法（试行）》，规范反洗钱监管手段和措施，明确风险为本和法人监管原则
2015	2	朝鲜新设国家调整委员会，主管全国反洗钱和反恐融资工作
	5	中国实施《存款保险条例》；欧盟颁布《欧盟反洗钱第四号指令》
	7	国务院发布《关于促进互联网金融健康发展的指导意见》

续表

年	月	主要事件
2015	10	英国进行第一次全面的关于洗钱和恐怖融资的国家风险评估；新加坡出台针对银行贸易融资服务和代理行的反洗钱和反恐融资指引
	11	东非共同体（East African Community，EAC）讨论通过《反洗钱新提案》，加强成员国反洗钱监管
	12	《中华人民共和国反恐怖主义法》正式颁行，对反恐怖融资监管职责、涉恐资产冻结义务、反恐怖融资国际合作等事项做出规定；中国发布《非银行支付机构网络支付业务管理办法》；中美签署《关于反洗钱和反恐怖融资信息交流合作谅解备忘录》
2016	1	《中华人民共和国反恐怖主义法》正式施行；瑞士全面修订的《反洗钱条例》生效；英国根据《反恐怖、犯罪和安全法（2001）》，公布受到金融制裁的指定人员名单，对其颁布冻结令
	2	澳大利亚《反洗钱与打击恐怖融资条例》生效
	4	巴拿马总统巴雷拉表示将成立独立委员会，对本国金融运作方式进行审查，以提高金融及法律系统的透明度；英国发布《反洗钱和反恐怖主义融资行动计划》
	5	朝鲜通过《反洗钱、反资金支恐法》
	6	中国发布并实施《银行卡清算机构管理办法》，并对反洗钱和反恐怖融资内部控制制度方案、组织架构方案以及开展相关工作的技术条件进行说明
	7	《中国人民银行关于进一步加强银行卡风险管理的通知》
	8	中国银监会、工业和信息化部、公安部、国家互联网信息办公室联合下发《网络借贷信息中介机构业务服务管理暂行办法》
	12	中国人民银行发布修订的《金融机构大额交易和可疑交易报告管理办法》，引导金融机构自主确定异常交易监测标准，切实提高可疑交易报告质量，自2017年7月1日起施行
2017	1	中国人民银行印发《法人金融机构反洗钱分类评级管理办法（试行）》，规范分类评级工作程序和指标体系
	5	中国人民银行发布《关于加强开户管理及可疑交易报告后续控制措施的通知》，指导义务机构有效提升洗钱预防工作有效性
	6	中国证监会发布《证券公司和证券投资基金管理公司合规管理办法》，持续推进证券期货业反洗钱法规制度建设
	7	中国决定设立国务院金融稳定发展委员会，强化中国人民银行宏观审慎管理和系统性风险防范职责
	8	国务院办公厅正式印发《关于完善反洗钱、反恐怖融资、反逃税监管体制机制的意见》，对反洗钱监管体制机制进行顶层设计和整体规划，提出到2020年，初步形成适应社会主义市场经济要求、适合中国国情、符合国际标准的"三反"法律法规体系，建立职责清晰、权责对等、配合有力的"三反"监管协调合作机制，有效防控洗钱、恐怖融资和逃税风险
	10	中国人民银行发布《关于加强反洗钱客户身份识别有关工作的通知》，指导义务机构强化客户身份识别
	11	在"新金融大安全，反洗钱新高度——2017第七届中国反洗钱高峰论坛"上，各成员单位联合签署并发布了《2017反洗钱上海宣言》
2018	1	FATF首次发布《恐怖组织招募活动的融资报告》
	2	中国国家发展和改革委员会颁布《企业境外投资管理办法配套格式文本（2018年版）》；中国香港金融管理局发布《2018年反洗钱与反恐怖融资（金融机构）条例（修订版）》；中国香港地产代理监管局发布《地产代理业遵守反洗钱和反恐怖融资规定的指引》
	6	中国人民银行下发《关于进一步做好受益所有人身份识别工作有关问题的通知》；布鲁金斯学会发布《新技术如何同时促进反洗钱监管和金融准入》的研究报告
	7	中国人民银行发布《关于进一步加强反洗钱和反恐怖融资工作的通知》和《关于加强特定非金融机构反洗钱监管工作的通知》；FATF发布《关于人寿保险业风险为本方法指引（草案）》、《关于证券行业风险为本方法指引（草案）》公开征求意见稿和《司法系统反洗钱和反恐怖融资报告》，并首次发布《职业洗钱人研究报告》；欧盟颁布《欧盟反洗钱第五号指令》，旨在提高金融交易的透明度，打击欧洲各地的洗钱和恐怖融资活动

续表

年	月	主要事件
2018	10	中国人民银行、银保监会、证监会联合发布《互联网金融从业机构反洗钱和反恐怖融资管理办法（试行）》；欧盟制定《欧盟反洗钱第六号指令草案》；埃格蒙特集团发布《理解金融情报机构业务独立性和自主权的特征》报告
2019	2	中国银保监会发布《银行业金融机构反洗钱和反恐怖融资管理办法》
	6	中国互联网金融协会正式发布《互联网金融从业机构反洗钱和反恐怖融资风险管理及内控框架指引手册》
	8	中央纪委办公厅、国家监委办公厅印发《纪检监察机关办理反腐败追逃追赃等涉外案件规定（试行）》
	10	FATF正式发布《法人企业受益所有权问题之最佳实践》详细指南文件
	11	中国反洗钱工作被正式纳入国务院金融稳定发展委员会议事日程，协调层级得到实质提升；欧盟公报发布《欧盟反洗钱第六号指令草案》，要求各成员国最晚在2020年12月3日前将新指令中的反洗钱要求纳入本国法律
2020	1	《欧盟反洗钱第五号指令》正式生效
	2	《中国银保监会办公厅关于预防银行业保险业从业人员金融违法犯罪的指导意见》发布
	4	中国公安部发布《关于新冠肺炎疫情期间依法严厉打击跨境赌博和电信网络诈骗犯罪的通告》
	7	中国互联网金融协会召开互联网金融反洗钱专业委员会成立会议暨2020年第一次工作会议
	9	《中国人民银行金融消费者权益保护实施办法》发布，第二十九条规定：金融消费者不能或者拒绝提供必要信息，致使银行、支付机构无法履行反洗钱义务的，银行、支付机构可以根据《中华人民共和国反洗钱法》的相关规定对其金融活动采取限制性措施；确有必要时，银行、支付机构可以依法拒绝提供金融产品或者服务
	10	中国人民银行反洗钱局发布《关于落实金融行动特别工作组公布的高风险及应加强监控的国家或地区管理要求的说明》
	12	中华人民共和国第十三届全国人大常委会通过《中华人民共和国刑法修正案（十一）》，进一步完善洗钱罪相关规定，为有效惩治"自洗钱"等洗钱犯罪提供法律保障；中国人民银行公开发布《关于〈金融机构反洗钱和反恐怖融资监督管理办法（修订草案征求意见稿）〉公开征求意见的通知》
2021	1	中国人民银行发布《法人金融机构洗钱和恐怖融资风险自评估指引》，指导金融机构开展多维度的洗钱风险自评估，并对机构洗钱固有风险和控制措施有效性开展监管评估
	3	《中华人民共和国刑法修正案（十一）》正式施行，"自洗钱"入刑；中国人民银行、银保监会、证监会就《金融机构客户尽职调查和客户身份资料及交易记录保存管理办法（修订草案征求意见稿）》联合公开征求意见；FATF发布《风险为本监管指引》
	4	中国人民银行发布修订的《金融机构反洗钱和反恐怖融资监督管理办法》，进一步突出"风险为本"监管思路，优化反洗钱监管措施和手段，自2021年8月1日起施行
	5	中国互联网金融协会、中国银行业协会、中国支付清算协会联合发布《关于防范虚拟货币交易炒作风险的公告》
	6	最高人民法院、最高人民检察院、公安部联合发布《关于办理电信网络诈骗等刑事案件适用法律若干问题的意见（二）》，严厉惩治电信网络诈骗犯罪，对其上下游关联犯罪实行全链条、全方位打击；FATF发布《洗钱与环境犯罪报告》《扩散融资风险评估和控制指引》《民族或种族主义驱动的恐怖融资报告》
	7	FATF发布《数据整合、协作分析和数据保护报告》《第二轮为期12个月的虚拟资产和虚拟资产服务商标准执行报告》；菲律宾反洗钱委员会发布《扩散融资定向金融制裁列名和解冻指南》
	8	中国人民银行发布《系统重要性银行附加监管规定（试行）》，自2021年12月1日起施行
	11	澳大利亚反洗钱部门发布《限额以上交易报告指南》征求意见稿
2022	1	中国人民银行会同公安部、国家监委等十部门联合印发《打击治理洗钱违法犯罪三年行动计划（2022—2024年）》；中国移动支付网发布《中国金融机构反洗钱合规实践白皮书2021》；欧洲理事会评估反洗钱措施特设专家委员会MONEYVAL发布《危机期间反洗钱和反恐怖融资监管报告》

续表

年	月	主要事件
2022	3	柬埔寨首相牵头成立国家反洗钱、反恐怖融资和反扩散融资委员会，指示各部门强化反洗钱防控，努力退出 FATF "灰名单"；英格兰银行金融政策委员会发布《金融稳定专项报告：加密资产及区域中心化金融》，表示加密资产和去中心化金融具有广泛的消费者权益保护、金融诚信、洗钱和恐怖融资等风险
	4	菲律宾修订《2001年反洗钱法》，授权反洗钱委员会可向法院申请冻结资产，向银行查询存款等；加拿大财政部修订《犯罪所得（洗钱）和恐怖融资条例》
	5	美国财政部发布《2022年打击恐怖主义和其他非法融资国家战略》，确定4个优先事项和14项支持行动，指导美国政府有效应对美国金融体系面临的最严重的非法融资威胁和风险；FATF 发布土耳其、墨西哥、以色列、新西兰加强反洗钱和反恐怖融资措施的后续评估报告，发布法国、几内亚比绍反洗钱和反恐怖融资的互评估报告；沃尔夫斯堡集团发布关于负面新闻筛选的常见问题及解答；欧洲银行业管理局（European Banking Authority, EBA）发布关于非银行贷款的最终报告，涉及非银行实体在监管、消费者保护、反洗钱和反恐怖融资、宏观和微观审慎风险等领域提供贷款所产生的风险，并提出了一些解决问题的建议
	10	党的二十大报告指出，国家安全是民族复兴的根基，社会稳定是国家强盛的前提。必须坚定不移贯彻总体国家安全观，把维护国家安全贯穿党和国家工作各方面全过程，确保国家安全和社会稳定